Hamburger Edition

Der Entstehung des modernen humanitären Völkerrechts liegt der Wunsch zugrunde, die schlimmsten Auswirkungen des Krieges zu begrenzen. Ging es vor über 100 Jahren vorrangig um die Interessen der kriegführenden Staaten, wurden diese Normen Mitte des 20. Jahrhunderts insbesondere zum Schutz der Zivilbevölkerung erweitert und strenger gefasst.

Die Politikwissenschaftlerin Tanisha M. Fazal analysiert Veränderungen in der Praxis des humanitären Völkerrechts anhand von vergangenen und gegenwärtigen zwischenstaatlichen Kriegen und Bürgerkriegen, etwa dem Bangladesch-Krieg, dem Falkland/Malvinas-Krieg und dem Krieg im Sudan. Ihre Untersuchung belegt, dass Staaten in den vergangenen Jahrzehnten und bis heute zunehmend versuchen, Unklarheit darüber zu erzeugen, ob das humanitäre Völkerrecht, das das Verhalten der Kämpfenden in bewaffneten Konflikten regeln soll, gilt. So bezeichnen Staaten ihre zwischenstaatlichen Kriege nicht mehr als Kriege: Die Rede ist stattdessen von »Polizeiaktionen«, »Aufstandsbekämpfung« oder »Kampf gegen Terrorismus«.

Fazal liefert eine lebendige und faszinierende Darstellung der Entwicklung und der brisanten und nicht beabsichtigten Auswirkungen des humanitären Völkerrechts – von der Seeblockade des 19. Jahrhunderts bis zum Cyberwar heutiger Provenienz. Ihre Analyse mündet in ein Plädoyer dafür, die künftige Rechtsetzung durch das humanitäre Völkerrecht auf eine breitere Wissensgrundlage über konkrete Praktiken zu stellen und angesichts geänderter Konfliktarten die Schutzfunktion dieses Rechts – vor allem auch für die Zivilbevölkerung – deutlich zu verbessern.

Tanisha M. Fazal ist Associate Professor für Politikwissenschaften an der University of Minnesota. Ihre Schwerpunkte liegen in den Bereichen Souveränität, Völkerrecht, politische Gewalt sowie Medizin und bewaffnete Konflikte.

Tanisha M. Fazal

[Kein] Recht im Krieg?

Nicht intendierte Folgen
der völkerrechtlichen Regelung
bewaffneter Konflikte

Aus dem Englischen von
Enrico Heinemann und Ursel Schäfer

Hamburger Edition

Für meine Eltern Maydene und Abul

Hamburger Edition HIS Verlagsges. mbH
Verlag des Hamburger Instituts für Sozialforschung
Mittelweg 36
20148 Hamburg
www.hamburger-edition.de

Umschlaggestaltung: Wilfried Gandras
Satz aus der Minion Pro von Dörlemann Satz, Lemförde
Druck und Bindung: CPI books GmbH, Leck
Printed in Germany
ISBN 978-3-86854-333-9
1. Auflage September 2019

Inhalt

	Krieg und Frieden erklären	7
1	Die Ausweitung und Kodifizierung des Kriegsrechts	21
2	Internationale Anerkennung, Kosten der Erfüllung und die Kriegsformalitäten	61
3	Kriegserklärungen in zwischenstaatlichen Kriegen	109
4	Die Einhaltung des Kriegsrechts in zwischenstaatlichen Kriegen	165
5	Friedensverträge in zwischenstaatlichen Kriegen	197
6	Unabhängigkeitserklärungen in Bürgerkriegen	239
7	Sezessionismus und Angriffe auf Zivilpersonen	285
8	Friedensverträge in Bürgerkriegen	325
	Umgehung, Beachtung und die Gesetze des Krieges	365
	Danksagung	383
	Bibliografie	389

Krieg und Frieden erklären

Die Vereinigten Staaten haben seit 1952, als die Besetzung Japans im Anschluss an den Zweiten Weltkrieg endete, keinen formellen Friedensvertrag mehr geschlossen. Damit fügen sie sich in einen weltweiten Trend ein. Seit jeher wurden Instrumente wie Kriegserklärungen und Friedensschlüsse verbreitet dafür eingesetzt, Kriege zu beginnen und zu beenden und festzuhalten, dass die kriegführenden Parteien sich in einem Kriegszustand befanden, für den das Kriegsrecht galt. Vom Ende der Napoleonischen Kriege 1815 bis 1948 wurde die Hälfte der zwischenstaatlichen Kriege formell erklärt, und 70 Prozent endeten mit einem formellen Friedensvertrag. Doch seit Abschluss der Genfer Abkommen 1949 wurden nur zwei von 36 zwischenstaatlichen Kriegen mit einer Kriegserklärung eröffnet, und nur sechs von 38 Kriegen, die seit 1949 endeten, wurden mit einem formellen Friedensvertrag abgeschlossen.

Bei den Formalitäten des Krieges gab es ähnlich erstaunliche Tendenzen auch im Kontext von Bürgerkriegen. Unmittelbar nach Gründung der Vereinten Nationen wurden rund 48 Prozent der Unabhängigkeitskriege mit einer formellen Unabhängigkeitserklärung eröffnet, 2007 hatte sich diese Zahl beinahe halbiert. Doch anders als zwischenstaatliche Kriege enden Bürgerkriege heute öfter mit einem formellen Friedensvertrag. 1946 wurde kein einziger Bürgerkrieg mit einer formellen Friedensvereinbarung abgeschlossen. Zehn Jahre nach dem Ende des Kalten Krieges war diese Zahl von null auf über 40 Prozent angestiegen.

Kriegserklärungen und Friedensverträge sind mehr als bloße Formalitäten; sie sagen uns, wann Kriege beginnen und enden. Sie setzen bestimmte rechtliche Regelungen in Kraft – die Gesetze des Krieges –, die für die Kriegszeit gelten sollen. Als widersinnige unbeabsichtigte Folge hat genau die Vermehrung dieser Gesetze des Krieges die Anreize für Staaten und Rebellengruppen verändert, die Formalitäten des Krieges einzuhalten. Als die Gesetze des Krieges Mitte des 20. Jahrhunderts strenger und zahlreicher wurden, haben die Staaten keine formellen zwischenstaatlichen Kriege mehr geführt; sie haben beinahe aufgehört, Kriegserklärungen abzugeben und Friedensverträge zu schließen. Stattdessen versuchen sie, Unklarheit darüber zu erzeugen, ob die neuen Gesetze des Krieges, insbesondere das humanitäre Völkerrecht (HVR), das das Verhalten der Kämpfenden in bewaffneten Konflikten regeln soll[1], gilt. Rebellengruppen hingegen, die Bürgerkriege führen, haben sich gegenüber der Ausweitung der Gesetze des Krieges aufgeschlossener gezeigt. Das gilt ganz besonders für solche, die für einen unabhängigen Staat kämpfen; sie fordern die Unterstützung der internationalen Gemeinschaft, die die Gesetze des Krieges erlassen hat, um ihre politischen Ziele zu erreichen.

Nehmen wir den Krieg zwischen Armenien und Aserbaidschan um das nach Autonomie strebende Gebiet Bergkarabach Anfang der 1990er Jahre. Der Krieg begann ohne eine formelle Kriegserklärung der beiden Konfliktparteien. Hätte entweder Armenien oder Aserbaidschan den Krieg erklärt, wäre das betreffende Land ganz klar verpflichtet gewesen, sich an alle Verträge des HVR zu halten, die die Kriegserklärung aktiviert hätte. Tatsächlich unterzeichneten sowohl Armenien wie auch Aserbaidschan 1949 während des Konflikts die Genfer Abkommen aus dem Jahr 1949, was sie zur Einhaltung der Gesetze des Krieges verpflichtete. Aber es gab mehrere nachvollziehbare Vorwürfe, dass sie die Regeln des HVR nicht beachtet hätten. Zum

---

1 Ich benutze den Begriff »humanitäres Völkerrecht« synonym mit *ius in bello* und »Recht des bewaffneten Konflikts«. Das Internationale Komitee vom Roten Kreuz, die Organisation, die am engsten mit dem HVR in Verbindung gebracht wird, definiert es so: »Das humanitäre Völkerrecht besteht aus Regelungen, die aus humanitären Gründen die Effekte bewaffneter Konflikte einzudämmen versuchen. Es schützt Menschen, die nicht oder nicht mehr am Kriegsgeschehen teilnehmen, und begrenzt Kriegsmittel und -methoden, die eingesetzt werden dürfen. Das humanitäre Völkerrecht wird auch als Kriegsrecht oder Recht bewaffneter Konflikte bezeichnet.« Siehe International Committee of the Red Cross, What Is International Humanitarian Law? Zu Unterschieden zwischen den Begriffen siehe Evangelista, Law, Ethics, and the War on Terror, S. 6 f.

Beispiel soll Aserbaidschan wahllos auch zivile Gebiete in Armenien bombardiert haben.[2] Armenische Bodentruppen sollen unterschiedslos Militärangehörige und Zivilpersonen angegriffen und Zivilpersonen vertrieben haben.[3] Beide Seiten verstießen offensichtlich durch willkürliche Hinrichtungen von Kriegsgefangenen gegen das Kriegsrecht.[4] Der Krieg zwischen Armenien und Aserbaidschan »endete« 1994, aber ohne einen formellen Friedensvertrag. Ohne Friedensvertrag blieben Hunderttausende aserbaidschanische Flüchtlinge heimatlos.[5] Eine wichtige Eisenbahnstrecke kann nicht weitergebaut werden.[6] Die schlechten Handelsbeziehungen zwischen Armenien und Aserbaidschan haben beide Länder wirtschaftlich geschwächt, ganz besonders Armenien.[7]

Der Konflikt um Bergkarabach gehört zu einer wachsenden Zahl »eingefrorener Konflikte«, deren Lösung weiter offen ist. Während die beiden neu zur Staatengemeinschaft gestoßenen Länder versuchten, sich durch die Unterzeichnung verschiedener völkerrechtlicher Verträge als Mitglieder in die internationale Gemeinschaft einzufügen, führten sie gleichzeitig einen Landkrieg, für den diese rechtlichen Verpflichtungen nicht zu gelten schienen. Diese Diskrepanz hängt teilweise damit zusammen, dass der Krieg um Bergkarabach weder ein offizielles Ende noch einen offiziellen Anfang hatte, etwas, das für zwischenstaatliche Kriege heute typisch ist.

Staaten bezeichnen ihre zwischenstaatlichen Kriege nicht mehr als Kriege. Das vielleicht deutlichste Beispiel für diese Art der Vorspiegelung gab Russland bei der Invasion der Krim ab. Am 28. Februar 2014 besetzten Hunderte russische Soldat_innen Flughäfen und Militärstützpunkte in der Autonomen Republik Krim in der Ukraine.[8] Russland hatte alles dafür getan, die Aktion später bestreiten zu können, indem es die Truppen ohne Hoheitszeichen losschickte. Gleichzeitig

---

2 Panico, Azerbaijan, S. xiii.
3 UNHCR, UNHCR CDR Background Paper on Refugees and Asylum Seekers from Armenia.
4 Goltz, Severed Ears, Slavery and the Azeri, S. C4.
5 Cornwell, Bitter Armenian Dispute Edges towards Accord, S. 16.
6 Shermatova, The Silk Way for Oil.
7 Goldberg, Armenia Choking as Economic Stranglehold Tightens.
8 Booth/DeYoung, Ukraine Calls Russian Troops »Invasion«.

wurde gesagt, die Intervention solle die Ausbreitung radikaler Bestrebungen und einen Bürgerkrieg verhindern.[9] Die völkerrechtliche Fiktion verschaffte Russland zumindest ein Feigenblatt, um zu verbergen, dass es sowohl gegen die völkerrechtlichen Regeln über die Anwendung von Gewalt, *ius ad bellum*, wie gegen die Regeln über das Verhalten im Krieg, *ius in bello*, verstieß. In ähnlicher Weise sprechen auch die Vereinigten Staaten von »Polizeiaktionen«, »Aufstandsbekämpfung« oder »Kampf gegen Terrorismus« – und nicht von Krieg. Zwischenstaatliche Kriege bleiben heute immer öfter unter dem rechtlichen Radar.

Nehmen wir einen weiteren anhaltenden separatistischen Konflikt und betrachten ihn diesmal aus der Sicht der nach Unabhängigkeit strebenden Gruppe. Die Kurd_innen haben in den letzten 50 Jahren eine Reihe von Bürgerkriegen geführt. Die kurdischen Gruppen im Irak versuchen durch komplexe, wohlüberlegte diplomatische Bemühungen, zu einem eigenen Staat zu kommen. Zwar gehören die Kurd_innen weltweit zu den aussichtsreichsten separatistischen Bewegungen, aber bisher schreckten sie davor zurück, eine formelle Unabhängigkeitserklärung abzugeben, weil sie die erklärte Abneigung der internationalen Gemeinschaft gegen einseitige Unabhängigkeitserklärungen kennen. Im September 2017 wurde in Irakisch-Kurdistan ein Referendum über die Unabhängigkeit abgehalten, obwohl die internationale Gemeinschaft das vehement ablehnte. Und auch die Kurd_innen im Irak wissen, dass das Votum für die Unabhängigkeitserklärung ihnen nicht den eigenen Staat bringen kann, den sie sich wünschen. Wie ein Verantwortlicher der Bewegung für das Referendum es ausdrückte: »Ein Staat zu werden braucht seine Zeit.«[10] Um das zu erreichen, haben die Verantwortlichen von Irakisch-Kurdistan öffentlich erklärt, dass sie keine Zivilpersonen angreifen werden, anders als die Streitkräfte der irakischen Regierung in der Vergangenheit und die Kämpfer_innen des Islamischen Staats in der jüngeren Vergangenheit. Alles spricht dafür, dass sie sich an ihr Versprechen halten. Obwohl ihnen die internationale Anerkennung als unabhängiger Staat fehlt, haben sie signalisiert, dass sie willens sind, die Bestimmun-

---

9   Myers, Putin, Flashing Disdain, Defends Action in Crimea.
10 Zucchino, As Kurds Celebrate Independence Vote, Neighbors Threaten Military Action.

gen der Genfer Abkommen von 1949 zu beachten.[11] In Erbil, der Hauptstadt von Irakisch-Kurdistan, gibt es ein Regionalbüro des Internationalen Komitees vom Roten Kreuz, der Organisation, die es sich zur Aufgabe gemacht hat, die Einhaltung des humanitären Völkerrechts zu kontrollieren.[12] Die Kurd_innen haben eine öffentliche »Verpflichtungserklärung« unterzeichnet, dass sie keine Landminen einsetzen werden.[13] Im offiziellen Programm der Demokratischen Partei Kurdistans heißt es, dass die Kurd_innen ihre regionalen und internationalen Ziele »durch das allgemeine Völkerrecht und mit friedlichen Mitteln« zu erreichen versuchen, und im Einklang mit den Grundsätzen der UN-Charta.[14]

Das Beispiel der Kurd_innen ist ähnlich wie die Fälle vieler anderer in Bürgerkriege verwickelter Rebellengruppen, die sich zunehmend an die Gesetze des Krieges halten. 1960 versuchte die Provisorische Regierung der algerischen Republik, den Genfer Abkommen von 1949 beizutreten, obwohl sie noch keinen anerkannten Staat repräsentierte.[15] Die Frente Polisario in der Westsahara unterhält diplomatische Vertretungen in mehreren afrikanischen Staaten.[16] Die Unabhängigkeitsbewegung von Eritrea hat eine Hilfsorganisation ins Leben gerufen, die während des Eritreischen Unabhängigkeitskrieges internationale Legitimität bei Nichtregierungsorganisationen (NGOs) erlangte.[17] Diese Gruppen – unter den Rebellengruppen in Bürgerkriegen ganz besonders die sezessionistischen Rebellengruppen – brauchen die Unterstützung der internationalen Gemeinschaft, hier definiert als die Gruppe von Akteur_innen (Staaten und NGOs), die sich auf die in der Charta der Vereinten Nationen niedergelegten Prin-

---

11 PKK Statement to the United Nations.
12 Kurdistan Regional Government, Department of Foreign Relations, Current Foreign Representation in the Kurdistan Region.
13 Deed of Commitment under Geneva Call for Adherence to a Total Ban on Anti-Personnel Mines and for Cooperation in Mine Action.
14 Kurdistan Democratic Party, Constitution and Bylaws, 13th Congress, December 11–18, 2010.
15 Roberts/Sivakumaran, Lawmaking by Nonstate Actors, S. 148; Sivakumaran, The Law of Non-International Armed Conflict, S. 119.
16 Huang, Rebel Diplomacy in Civil Wars, S. 98.
17 Poole, The Eritrean People's Liberation Front, S. 33.

zipien verpflichtet haben, um ihre politischen Ziele zu erreichen. Das schafft für sie Anreize, starke Signale auszusenden, dass sie bereit und willens sind, gute Mitglieder der internationalen Gemeinschaft zu sein.

Die Argumentation in diesem Buch

Die Argumentation und die Belege in diesem Buch werden in drei Teilen präsentiert. Im ersten Teil, der historisch und theoretisch ist, lasse ich die Entwicklung des Kriegsrechts Revue passieren. Ich zeige, dass die Anzahl der Bestimmungen des humanitären Völkerrechts dramatisch angestiegen ist und dass ihr Charakter sich verändert hat. 1856 gab es nur eine kodifizierte Bestimmung für bewaffnete Konflikte. 2015 waren es 72. In den Anfängen lag der Schwerpunkt des Kriegsrechts bei den Rechten der kriegführenden Parteien, etwa in der großzügigen Definition von Kontrabande in der Pariser Seerechtsdeklaration von 1856. Im Lauf des 20. Jahrhunderts und besonders mit Verabschiedung der Genfer Abkommen 1949 konzentrierte sich das HVR stärker auf den Schutz von Zivilpersonen.

Heute liegt die Messlatte beim HVR so hoch, dass manche sagen, nicht einmal die am besten ausgerüsteten Militärapparate könnten es vollständig einhalten. Diese Entwicklung hängt mit einer wachsenden Kluft zwischen »Gesetzgebenden« und »Gesetznehmenden« zusammen: Der Anteil von Militärs, die an wichtigen HVR-Konferenzen teilnehmen, bei denen diese Gesetze diskutiert und formuliert werden, ist seit Beginn des 20. Jahrhunderts und ganz besonders seit Verabschiedung der Genfer Abkommen 1949 signifikant zurückgegangen. Neue Vorschläge für Regelungen des HVR kommen heute hauptsächlich von wohlmeinenden, humanitär gesinnten Personen bei NGOs und Mitgliedern der akademischen völkerrechtlichen Zunft; insofern ist es vielleicht nicht überraschend, dass die Hürden für die Einhaltung des HVR mittlerweile so hoch sind.

Ich untersuche außerdem, ob und warum die Gestalter_innen des HVR sich mit der Frage befasst haben, wie die von ihnen formulierten Gesetze von Rebellengruppen aufgenommen werden, die in Bürgerkriege verstrickt sind. Dazu habe ich herausgefunden, dass die Gestalter_innen des HVR, soweit sie an Rebellengruppen dachten, sich fast ausschließlich darauf konzentrierten, sicherzustellen, dass eine Erwähnung von Rebellengruppen im Kriegsrecht diesen nicht etwa Legitimität verlieh. Dass das Verhalten von Rebellengruppen keine Rolle spielte, reflektiert die ausgeprägt staatszentrierte Natur des HVR und die Tatsache, dass Staaten in der Regel Rivalen nicht legitimieren wollen. Die Beobachtung enthält auch eine Lehre für Rebellengruppen, die sich auf das HVR einlassen wollen: Es lohnt sich, ein Staat zu sein. Schutz durch das HVR genießen überwiegend Soldat_innen, Zivilpersonen und das Eigentum von Staaten, die Vertragsparteien internationaler Verträge sind.

Im zweiten Teil meiner Argumentation untersuche ich die Folgen der Entwicklung des HVR für Beginn, Führung und Beendigung von zwischenstaatlichen Kriegen. Ich argumentiere, dass die Zunahme der Bestimmungen des HVR widersinnige Anreize für Staaten geschaffen hat, die zwischenstaatliche Kriege führen. Die steigenden Kosten der Einhaltung des HVR mit seinen immer höheren Standards hatten zur Folge, dass immer weniger Staaten die roten Linien überschreiten wollen, die sie unwiderruflich zur Einhaltung des Kriegsrechts verpflichtet hätten. Ich konzentriere mich darauf, unter welchen Bedingungen Staaten in zwischenstaatlichen Kriegen formelle Kriegserklärungen abgeben und formelle Friedensverträge schließen, und komme zu dem Ergebnis, dass derartige Formalitäten seltener geworden sind, seit die Bestimmungen des HVR zugenommen haben.

Im dritten und abschließenden Teil konzentriere ich mich auf Bürgerkriege und dabei besonders auf die Frage, wie sezessionistische Rebellengruppen – Gruppen, die einen neuen, unabhängigen Staat wollen – es mit dem Kriegsrecht halten. Ich argumentiere, dass sezessionistische Gruppen in hohem Maß empfänglich für die Signale sind, die die internationale Gemeinschaft aussendet. Verglichen mit anderen Typen von Rebellengruppen haben sezessionistische Gruppen Anreize, auf derartige Signale zu achten, weil sie für die Verwirklichung ihrer politischen Ziele die Zustimmung der internationalen Gemeinschaft brauchen. Wenn die internationale Gemeinschaft einseitige Unabhängigkeitserklärungen ablehnt, geht der Anteil sezessionistischer Gruppen, die Unabhängigkeitserklärungen abgeben, zurück. Sezessionistische Gruppen greifen auch seltener als nichtsezessionistische Gruppe Zivilpersonen an, was zumindest teilweise mit ihrem Wunsch zusammenhängt, einen guten Eindruck bei der internationalen Gemeinschaft zu hinterlassen, indem sie demonstrieren, dass sie sich an das HVR halten. Schließlich und in direktem Gegensatz zur abnehmenden Bedeutung von Friedensverträgen in zwischenstaatlichen Kriegen ist der Anteil von Bürgerkriegen, die mit einem Friedensvertrag endeten, im Lauf der Zeit gestiegen. Ich zeige, dass das eine Reaktion auf die Präferenz der modernen internationalen Gemeinschaft für Verhandlungslösungen darstellt.

Die besondere Geschichte des Kriegsrechts hat seine Einhaltung in zwischenstaatlichen und in Bürgerkriegen beeinflusst. Sie hat auch dazu geführt, dass das Verhältnis der kriegführenden Parteien zu den Gesetzen des Krieges in zwischenstaatlichen Kriegen ein anderes ist als in Bürgerkriegen. Sollten diese Muster weiterhin Bestand haben, werden sie die künftige Entwicklung des Kriegsrechts beeinflussen. Wenn es nicht gelingt, mehr Militärpersonal in die Gestaltung der Gesetze einzubeziehen, könnte es ein, dass neue Regelungen weniger beachtet werden. Bisher haben sich manche Rebellengruppen sehr bemüht, die Gesetze des Krieges einzuhalten. Wenn ihre Bemühungen nicht gewürdigt werden (und bisher ist das nicht der Fall), dann dürfte die Kluft, die die Gestalter_innen des HVR absichtlich zwischen dem Recht und nichtstaatlichen Akteur_innen geschaffen haben, sehr negative Auswirkungen zeitigen.

Warum die Gesetze des Krieges wichtig sind

Skeptische Stimmen sagen, dass das Völkerrecht generell und ganz besonders das Kriegsrecht schlichtweg unwirksam sei.[18] Aber Staaten investieren enorme Ressourcen in die Schaffung und den Erhalt des Völkerrechts im Allgemeinen und des humanitären Völkerrechts im Besonderen. Und ganz aktuelle Forschungen zu dem Thema sprechen dafür, dass Krieg tatsächlich oft in einem hochgradig regulierten Rahmen geführt wird.[19]

---

18 Mearsheimer, The False Promise of International Institutions.
19 Morrow, Order within Anarchy.

Politikwissenschaftler_innen haben versucht zu verstehen, unter welchen Bedingungen kriegführende Parteien das HVR einhalten. Immer mehr Studien zu Angriffen auf Zivilpersonen in zwischenstaatlichen Kriegen fanden einen starken Zusammenhang zwischen bestimmten Arten von Kriegszielen und Militärstrategien auf der einen Seite und Angriffen auf Zivilpersonen auf der anderen Seite.[20] Bei Staaten, denen es um Gebietsgewinne geht, ist die Wahrscheinlichkeit besonders hoch, dass sie in zwischenstaatlichen Kriegen Zivilpersonen attackieren, ebenso bei Staaten, deren Gegner Guerillamethoden einsetzen. Andere Forschungen haben diese Erkenntnisse auf die Behandlung von Kriegsgefangenen übertragen und sind zu ähnlichen Ergebnissen gekommen.[21] Ein aktuelles Buch über die Einhaltung des HVR weist darauf hin, wie wichtig Reziprozität ist, insbesondere in Verbindung mit Demokratie und der gemeinsamen Ratifizierung wichtiger Bestimmungen des HVR, um vorherzusagen, ob im Kontext eines zwischenstaatlichen Krieges das HVR eingehalten wird.[22] Das Fundament für diese speziellen Forschungen haben Wissenschaftler_innen gelegt, die sich mit dem Völkerrecht in einem allgemeineren Sinn und da vor allem mit Menschenrechtsnormen beschäftigt und die im Speziellen Zusammenhänge zwischen Ratifizierung, Regimetypus und Einhaltung des HVR untersucht haben.[23] Bei diesen Untersuchungen wurden hoch entwickelte Methoden eingesetzt, die es den Autor_innen erlauben, die These zu formulieren, dass nur besonders gesetzestreue Staaten diese internationalen Vereinbarungen unterzeichnen werden. Und dabei haben sie außerdem herausgefunden, dass die Unterzeichnung völkerrechtlicher Verträge einen bedeutenden unabhängigen Effekt auf die Einhaltung hat.

Die umfangreiche politikwissenschaftliche Literatur über das Verhalten von Rebellengruppen etwa gegenüber Zivilpersonen hat sich

---

20 Downes, Targeting Civilians in War; Valentino / Huth / Croco, Covenants without the Sword.

21 Wallace, Life and Death in Captivity.

22 Morrow, Order within Anarchy

23 Siehe beispielsweise Simmons, Mobilizing for Human Rights; Stein, Do Treaties Constrain or Screen?; Hathaway, Do Human Rights Treaties Make a Difference?

auf die Finanzierungsstrukturen und die Disziplin solcher Gruppen, auf ihre Rekrutierungsverfahren, ihren Zusammenhalt, den Grad der Kontrolle über ein bestimmtes Territorium und ihre Verbindungen zu lokalen Netzwerken konzentriert.[24] Forschungen in jüngerer Zeit haben die Wirkungen der politischen Ziele von Rebellengruppen und ihrer inneren Führungsstrukturen auf Verhaltensweisen untersucht, die Gegenstand des HVR sind.[25] Aber nur wenige Forscher_innen haben sich direkte Zusammenhänge zwischen dem Verhalten von Rebellengruppen und dem HVR angeschaut.[26]

Völkerrechtsforscher_innen haben auch Beiträge zu der Debatte über die Wirksamkeit des Völkerrechts insgesamt und der für das Verhalten im Krieg geltenden Bestimmungen im Besonderen geleistet. Eric Posner schreibt, das Völkerrecht sei so komplex und einschränkend geworden, dass es sich selbst bedeutungslos gemacht habe. Posner kritisiert das Wuchern von, wie er es sieht, zahnlosen Menschenrechtsverträgen und kommentiert, »die Menschenrechtsnormen haben es nicht geschafft, die Achtung vor den Menschenrechten zu verbessern, [weil] das Recht schwach ist – die Verträge sind vage und inkonsistent, und die Institutionen sind zersplittert, unzureichend finanziert und mit zu wenig rechtlicher Autorität ausgestattet«.[27] Jens David Ohlin antwortet mit der Feststellung, dass Staaten sich dennoch daran halten sollten, weil sie den Wert der langfristig wirksamen einschränkenden Kraft des Völkerrechts schätzen.[28]

Ich baue auf diesen früheren Forschungen auf und bringe die langfristige Perspektive in die Debatten über die Gesetze des Krieges

---

24   Weinstein, Inside Rebellion; Cunningham, Inside the Politics of Self-Determination; Kalyvas, The Logic of Violence in Civil War; Parkinson, Organizing Rebellion; Daly, Organized Violence After Civil War.

25   Fortna, Do Terrorists Win?; Stanton, Terrorism in the Context of Civil War.

26   Eine aktuelle Ausnahme ist Jo, Compliant Rebels.

27   Posner, The Twilight of Human Rights Law, S. 104. Aktuelle Veröffentlichungen von Hopgood und Martti Koskenniemi gehen in die gleiche Richtung, obwohl ihre Aussagen nicht so eindeutig sind wie die von Posner. Hopgood, The Endtimes of Human Rights; Koskenniemi, The Gentle Civilizer of Nations.

28   Ohlin, The Assault on International Law.

ein, die in der Literatur bisher fehlt. Eine weitere Neuerung dieses Buchs ist, dass es Trends bei den Gesetzen und den Formalitäten des Krieges in zwischenstaatlichen Konflikten und in Bürgerkriegen parallel analysiert. Diese Strategie ist zwar unüblich, aber aus drei Gründen ein wichtiger Ansatzpunkt. Erstens ist unser Verständnis des Verhältnisses von zwischenstaatlichen Kriegen und Bürgerkriegen immer in die Gestaltung des Kriegsrechts eingeflossen. Nehmen wir als Beispiel den *Lieber Code*, der als Feldhandbuch für die Truppen der Nordstaaten im Amerikanischen Bürgerkrieg diente; er gilt weithin als das erste Beispiel für kodifiziertes Kriegsrecht, wie wir es heute kennen. Hier gibt es einen eklatanten Unterschied, denn die meisten Bestimmungen des modernen Kriegsrechts wurden mit dem vorrangigen Ziel formuliert, das Verhalten der kriegführenden Parteien in zwischenstaatlichen Kriegen und nicht in Bürgerkriegen zu regulieren. Zweitens ist es in einem Werk, das sich direkt mit der Geschichte des Kriegsrechts befasst, wichtig, der historischen Entwicklung des Krieges selbst zu folgen. In Lauf der Zeit, die ich abdecke, ist Krieg von einem Geschehen, das hauptsächlich zwischen Staaten stattfindet, zu einem Geschehen hauptsächlich innerhalb von Staaten geworden. Nur die Gesetze des Krieges zu betrachten, soweit sie zwischenstaatliche Kriege betreffen, würde die Relevanz dieses Projekts für viele der heutigen Konflikte schmälern. Umgekehrt würde bei der Beschränkung auf Bürgerkriege der wichtige historische Kontext außer Acht bleiben, und generell würde das die historische Perspektive, die das Buch bietet, aushöhlen. Drittens bin ich der Ansicht, dass die zugeben ungewöhnliche Entscheidung, zwischenstaatliche Kriege und Bürgerkriege gemeinsam in einem Buch zu untersuchen, eine Stärke des Projekts darstellt. In der Regel bewegen sich Wissenschaftler_innen, die zwischenstaatliche Kriege oder Bürgerkriege untersuchen, in unterschiedlichen Kreisen, aber diese Kluft zwischen den Disziplinen hängt oft mehr von praktischen als von inhaltlichen Gründen ab und ist tatsächlich nicht immer begründet aufrechtzuerhalten.[29] Einen Schritt zurückzutreten und sich anzusehen, wie unterschiedliche Formen von Krieg und Recht sich im Lauf der Zeit entwickelt haben,

---

29 Cunningham/Lemke, Combining Civil and Interstate Wars.

zwingt uns, diese Spaltungen zu überbrücken und ermöglicht überdies einen dringend nötigen Ausblick auf künftige Bemühungen, Recht
zu formulieren.

Der Plan für das Buch

Das Buch ist entsprechend der skizzierten Argumentation in drei Teile
aufgeteilt. Kapitel 1 bietet eine analytische Geschichte des humanitären Völkerrechts anhand von Daten über die großen völkerrechtlichen Konferenzen seit 1899 sowie eine Textanalyse der Kommentare
zu den Vereinbarungen.[30] In Kapitel 2 entwickle ich eine theoretische
Argumentation ausgehend von dem in Kapitel 1 präsentierten Material, indem ich die Kosten und Nutzen analysiere, die im Lauf der Zeit
mit der Einhaltung des HVR verbunden waren. Ich stelle einige Hypothesen zum Einsatz von Kriegsformalitäten und zur Einhaltung des
HVR in zwischenstaatlichen wie in Bürgerkriegen vor. Die Kapitel 3
bis 5 decken die empirische Seite zwischenstaatlicher Kriege in den
letzten 200 Jahren ab. Ich setze eine quantitative Analyse der Originaldaten und eine Reihe von Fallstudien anhand von Primär- und Sekundärquellen ein, um zu erklären, warum die Staaten beinahe aufgehört
haben, Kriegserklärungen abzugeben (Kapitel 3), und um den Grad
der Einhaltung des HVR (Kapitel 4) sowie den Bedeutungsverlust von
Friedensverträgen in zwischenstaatlichen Kriegen (Kapitel 5) zu untersuchen. Als Fallbeispiele zwischenstaatlicher Kriege betrachte ich
den Spanisch-Amerikanischen Krieg von 1898, den Boxeraufstand von
1900, den Bangladesch-Krieg von 1971 und den Krieg um die Falkland-
inseln/Malvinas von 1982.

Die Kapitel 6 bis 8 entsprechen im Aufbau den vorangehenden
Kapiteln, legen den Fokus aber auf sezessionistische Rebellengruppen,
die in Bürgerkriegen kämpfen. Wie bei der Analyse zwischenstaatlicher Kriege kombiniere ich die quantitative Analyse auf der Grundlage von Originaldaten mit Fallstudien, bei denen Primärquellen ver-

---

30 Die Kommentare sind detaillierte Erläuterungen und Interpretationen der
    Verträge durch Rechtsexpert_innen (oft aus dem Umkreis des IKRK) und
    diskutieren Debatten und Positionen während der Verhandlungen.

wendet werden, wie Archivmaterial und Interviews, um zu erklären, warum sich die Häufigkeit, mit der sezessionistische Gruppen Unabhängigkeitserklärungen einsetzen (Kapitel 6) und mit der sie Zivilpersonen angreifen (Kapitel 7), geändert hat. Abschließend untersuche ich Veränderungen bei der Häufigkeit von Friedensverträgen zur Beendigung von Bürgerkriegen (Kapitel 8). Die qualitativen Befunde zu Bürgerkriegen liefern das Beispiel Texas im 19. Jahrhundert, der separatistische Krieg der Republik der Südmolukken 1950 und der separatistische Konflikt im Südsudan von den 1970er Jahren bis zur Unabhängigkeit 2011.[31]

Im Schlusskapitel behandle ich die Implikationen für die Politik und ungelöste Fragen. Ich untersuche zwei laufende Projekte zur Gestaltung des Völkerrechts, um einzuschätzen, ob historische Muster der Rechtsetzung im HVR auch in den heutigen Bemühungen zur Regulierung von Cyberkonflikten und tödlicher autonomer Waffensysteme (»Killerroboter«) zu erkennen sind. Ich betrachte auch das anhaltende Dilemma, vor dem die Verfechter_innen des Völkerrechts stehen, wenn sie mit sezessionistischen Rebellengruppen konfrontiert sind. Sezessionistische Gruppen wollen es der internationalen Gemeinschaft recht machen, aber das wird nicht so bleiben, wenn Wohlverhalten nicht belohnt wird. Schließlich diskutiere ich zwei unterschiedliche Muster beim Einsatz von Friedensverträgen in zwischenstaatlichen Kriegen und in Bürgerkriegen. Friedensverträge werden heute in zwischenstaatlichen Kriegen seltener und in Bürgerkriegen häufiger geschlossen als in der Vergangenheit. Aber die Befunde sprechen dafür, dass Friedensverträge nach zwischenstaatlichen Konflikten besser den Frieden sichern können als nach Bürgerkriegen. Wie lassen sich diese Beobachtungen mit der aktuellen Präferenz der internationalen Gemeinschaft für Verhandlungslösungen bei Bürgerkriegen vereinbaren?

---

31 Die Daten und zusätzliche Informationen zu den Datensätzen finden sich im statistischen Anhang, der online verfügbar ist unter http://www.tanishafazal.com/publications/.

Dem Projekt des modernen humanitären Völkerrechts liegt der Wunsch zugrunde, die schlimmsten Auswirkungen des Krieges zu begrenzen. Aber die Wirkungen dieses Projekts sind gemischt und haben die Grenzen zwischen Krieg und Frieden sowie zwischen Staaten und sezessionistischen Gruppen verschoben. Wenn wir gleichzeitig nie und immer im Krieg sind, sollten Umfang und Anwendbarkeit von Gesetzen, die dazu gedacht waren, Verhalten im Krieg zu regulieren, überdacht werden. Wenn die ersehnte Staatlichkeit für sezessionistische Gruppen, die sich anständig benehmen, immer unerreichbar bleibt, werden sie irgendwann ihre Schlüsse daraus ziehen und ihr Benehmen zum Schlechten verändern. Und wenn Friedensverträge in Bürgerkriegen als Ziele an sich gelten, besteht die reale Gefahr, dass diese Kriege nie enden. In diesem Buch will ich solche Fragen angehen mit der größeren Zielsetzung, Muster bei der Entwicklung des Völkerrechts in Vergangenheit und Gegenwart aufzudecken, als Beitrag, um die künftige Rechtsetzung durch das humanitäre Völkerrecht auf eine breitere Wissensgrundlage zu stellen und zu verbessern.

1

Die Ausweitung und Kodifizierung des Kriegsrechts

In diesem Kapitel umreiße ich die Entwicklung des humanitären Völkerrechts (HVR) seit der ersten schriftlichen Fixierung in der Mitte des 19. Jahrhunderts. Dieses Regelwerk hat sich quantitativ und qualitativ dramatisch verändert. Am Ende der Napoleonischen Kriege zu Anfang des 19. Jahrhunderts lagen zum Kriegsvölkerrecht keine multilateralen Abkommen vor. Das damalige Völkergewohnheitsrecht sah so aus, dass Kriegsgefangene regelmäßig erschossen wurden und brutale Übergriffe gegen die Zivilbevölkerungen in und außerhalb Westeuropas an der Tagesordnung waren.[1] Dass das Kriegsrecht ohne schriftliche Fixierung nur auf Brauchtum beruhte, leuchtet ein für eine Welt, in der Staatsgrenzen und staatliche Souveränität noch selten festgelegt waren. Tatsächlich diente das Recht teilweise dazu, Banditen und Kriegsfürsten gegen legitime Herrscher abzugrenzen.[2] Dagegen listet heutzutage das Internationale Komitee vom Roten Kreuz (IKRK) in seiner Datenbank über siebzig Verträge und Übereinkünfte zum Kriegsrecht auf.[3] Die meisten unterstützen seine Mission, Kriegsopfer zu schützen. Alle enthaltenen Bestimmungen zielen insofern auf

---

1 Fazal/Greene, A Particular Difference, S. 833; Rothenberg, The Age of Napoleon, S. 87 f.

2 Whitman vertritt zum Beispiel, dass die Bestimmungen des Kriegsrechts darauf abgezielt hätten, Sieger auszumachen und zu belohnen, und verfasst worden seien, um Monarchen zu unterstützen. Whitman, The Verdict of Battle, S. 17.

3 Daten siehe International Committee of the Red Cross, Treaties, State Parties and Commentaries.

Staaten ab, als das Augenmerk hauptsächlich der Regulierung zwischenstaatlicher bewaffneter Konflikten anstatt von Bürgerkriegen gilt: Vertragsparteien sind ausschließlich Staaten.

In diesem historischen Überblick zum Kriegsvölkerrecht stelle ich den Entstehungsprozess des humanitären Völkerrechts in den Mittelpunkt. Nach einer Darstellung der Geschichte des Kriegsrechts in den Grundzügen analysiere ich, wie sich die Zusammensetzung der Parteien verändert hat, die an der Ausarbeitung des humanitären Völkerrechts beteiligt waren. Ich zeige auf, dass Militärs bei diesen Bemühungen eine immer geringere Rolle spielten. Danach behandle ich die Geschichte des humanitären Völkerrechts aus dem Blickwinkel bewaffneter nichtstaatlicher Akteure. Anhand einer Inhaltsanalyse zu bedeutenden Dokumenten des humanitären Völkerrechts zeige ich auf, dass dessen Urheber_innen mehr Sorge hatten, zu vermeiden, Rebellengruppen Legitimation zu verschaffen, als deren Verhalten *in bello* zu zügeln. Die veränderte Zusammensetzung der Parteien, die dieses Recht ausgearbeitet haben, erklärt in Kombination damit, dass das Verhalten von Rebellengruppen beständig unbeachtet blieb, warum – und welche – Akteure das sich verändernde HVR entweder zu umgehen versuchen oder sich um Einhaltung bemühen.

Eine kurze Geschichte des Kriegsrechts

Während des Großteils der Menschheitsgeschichte existierte das Kriegsrecht nur informell oder beruhte auf Übereinkünften von Fall zu Fall. So herrschte unter den alten Griechen zum Bespiel eine informelle Übereinkunft, nach der »Feindseligkeiten zuweilen unstatthaft sind: heilige Waffenruhen, insbesondere solche zur Feier der Olympischen Spiele ausgerufene, müssen eingehalten werden«. Zudem sollen Kriegsgefangene, anstatt sie hinzurichten, zum Freikauf angeboten werden.[4] Cicero zeigte sich bekanntermaßen skeptisch, was die Gesetzeskraft in Zeiten des Krieges anging, erkannte aber dennoch die Notwendigkeit an, den Krieg gewissen Regularien zu unterwerfen. Er ermahnte die Römer dazu, Kriegsgefangene anständig zu behandeln

---

4 Ober, Classical Greek Times, S. 13.

und gegenüber Zivilbevölkerungen eine gewisse Gnade walten zu lassen.[5] Entsprechend setzte sich Sunzi für einen humanen Umgang mit gefangenen Soldaten ein und vertrat den Standpunkt, dass ein geschickter Führer »Städte erobert, ohne sie zu belagern«, um der Zivilbevölkerung unnötiges Leid zu ersparen.[6] Die Griechen und Römer der Antike ließen diese Beschränkungen allerdings nur für Personen gelten, die ihnen nahestanden. Andersgläubige und Barbaren genossen nicht die gleichen Rücksichten.[7]

Die ersten abendländischen Bemühungen, das Kriegsrecht schriftlich niederzulegen, erfolgten im Mittelalter durch Schriftsteller wie Thomas von Aquin und Vertreter der Kirche. Letztgenannte hatten ein vielfältiges und zuweilen widersprüchliches Interesse daran, den Krieg zu regulieren. Ein Anliegen bestand darin, christliche Werte der Gerechtigkeit und Menschlichkeit auch im Krieg zu praktizieren. Als ein weiteres sollte der Geltungsbereich dieser Werte begrenzt werden. Die Regeln des Kriegsrechts hatten klar für Konflikte zwischen und unter Christen zu gelten. Ebenso eindeutig blieben dagegen nichtchristliche Völker ausgenommen, deren »Barbarei« Gräueltaten rechtfertigten, oft unter dem Vorwand, dass Völker und Gebiete zivilisiert werden müssten.[8] Ein dritter, höchst pragmatischer Grund für die Kirche, eine Rechtsordnung für den Krieg zu unterstützen, bestand darin, sich selbst einen Schutz zu sichern.[9] Ihre Priester gehörten zu den ersten Gruppen, die diesen genossen. Auch war die Kirche als größte Grundbesitzerin in Europa ganz besonders daran interessiert, ein Regelwerk zu propagieren und zu verbreiten, das ihren Boden, ihre Kunstwerke und ihre Sakralgebäude schützte.

Die christliche Lehre zum *ius in bello* – Bestimmungen, die die im Krieg eingesetzten Mittel regelten – war in den mittelalterlichen Kodex der Ritterlichkeit eingebettet. Auch wenn der Ehrenkodex der Ritter ein Vorläufer des modernen humanitären Völkerrechts war und

---

5 Cicero, Von den Pflichten, III,107–115, S. 339–437.

6 Tzu, Sun-tzu on the Art of War, II,17 und III, 6.

7 Fazal/Greene, A Particular Difference, S. 832.

8 Kinsella, The Image Before the Weapon, S. 57 ff.; Fazal/Greene, A Particular Difference, S. 834.

9 Johnson, The Holy War Idea in Western and Islamic Traditions, S. 104.

das Wort »Ritterlichkeit« heute positiv konnotiert ist, reichte er an gegenwärtige Standards von Humanität keineswegs heran.[10] Wie Forscher_innen wie Helen Kinsella vertreten, zementierte der Ritterkodex bestehende Ungleichheiten wie die zwischen Rassen, Ständen und Geschlechtern und weitete sie sogar aus. Er zielte darauf ab, eine ganz bestimmte Gesellschaftsordnung aufrechtzuerhalten, und regelte dabei hauptsächlich den Umgang mit Personen aus dem Ritterstand. Dabei galten die Regeln für einen menschlichen Umgang mit Kriegsgefangenen beispielsweise nicht für die Fußsoldaten, die häufig die Hauptlast der Kämpfe trugen.

Rechtsgelehrte wie Francisco de Vitoria (um 1483–1546), Hugo Grotius (1583–1645) und Emmer(ich) de Vattel (1714–1767) befassten sich mit dem Kriegsrecht, das sich auf Ad-hoc-Basis auf dem Schlachtfeld in Form einer Reihe von Regeln herausgebildet hatte, auf einer eher theoretischen und systematischen Ebene. Vitoria, ein spanischer Philosoph, vertrat im 16. Jahrhundert die Auffassung, dass Soldaten Zivilisten nur dann ins Visier nehmen dürften, wenn es militärischen Zielen diente, zum Beispiel um den Widerstand von Städten zu brechen oder die Moral der Soldaten zu stärken. Eine noch gemäßigtere Position vertraten der holländische Rechtsgelehrte Hugo Grotius im 17. Jahrhundert und der Schweizer Rechtsgelehrte Emmer de Vattel im 18. Jahrhundert, die beide dafür eintraten, dem Militär im Umgang mit Zivilbevölkerungen weitere Beschränkungen aufzuerlegen.

Während die Schriften dieser Rechtsgelehrten in gewissem Sinn die erstmalige Kodifizierung des Kriegsvölkerrechts darstellten, blieb die Anwendung der entsprechenden Regeln auf dem Schlachtfeld im Allgemeinen informell, mit der gelegentlichen Ausnahme bilateraler Übereinkünfte zwischen kriegführenden Parteien.[11] Das Kriegsvölkerrecht beruhte weitgehend auf Gebräuchen, gekennzeichnet eher

---

10 Whitman, The Verdict of Battle, S. 137.
11 So einigten sich zum Beispiel um die Wende zum 17. Jahrhundert Spanien und die Niederlande im *cuartel general* (Hauptquartier) darauf, dass Kriegsgefangene binnen 25 Tagen zum Freikauf angeboten werden mussten. Zu einem ähnlichen Abkommen gelangten 1639 Spanien und Frankreich, wie auch die Vereinigten Staaten und das Vereinigte Königreich im Krieg von 1812. Parker, Early Modern Europe, S. 52. Siehe ebenso Miller, British-American Diplomacy.

durch staatliche Praxis und damalige Regeln als durch positives Recht, das in internationale Abkommen eingebettet war.[12] Bis Mitte des 19. Jahrhunderts hatte sich die Landschaft des Völkerrechts allerdings dramatisch verändert. Wie Martti Koskenniemi vertritt, sei es der Aufstieg der Völkerrechtler als anerkannter Berufsstand gewesen, der zur Ausweitung des internationalen Rechts geführt habe. Entsprechende Regeln seien in zunehmendem Maße in multilateralen Abkommen festgeschrieben worden.[13]

Das erste Kriegsrecht, das in einem solchen Vertrag kodifiziert wurde, war die Pariser Seerechtsdeklaration von 1856. Diese umfasst, kurz gesagt, lediglich vier Hauptteile:

1. Die Kaperei ist und bleibt abgeschafft.

2. Die neutrale Flagge schützt feindliche Ladungen, ausgenommen für die Kriegszeit verbotene Ware.

3. Neutrale Ladungen, ausgenommen für die Kriegszeit verbotene Ware (Kontrabande), dürfen auch unter feindlicher Flagge nicht beschlagnahmt werden.

4. Damit Blockaden rechtlich wirksam sind, müssen sie effizient durchgeführt, also von einer ausreichenden Streitmacht aufrechterhalten werden, um dem Feind den Zugang zur Küste zu versperren.[14]

Mit ihrem Minimalismus betonte die Deklaration insofern die Rechte der Kriegführenden, als diese neutrale Schiffe betreten und sie auf Kontrabande hin inspizieren durften. Die Rechte neutraler Staaten blieben nur so lange geschützt, als auf ihren Schiffen keine verbotenen Waren gefunden wurden. Auffallenderweise fehlt in dieser Erklärung eine Definition für derlei Schmuggelgut. Diese blieb den kriegführenden Parteien überlassen, die in der Frage – nicht überraschend – sehr großzügige Auffassungen vertraten.[15] Stephen Neff, der führende moderne Gelehrte der Neutralitätsrechte, stellt es so dar:

---

12 Zum Völkergewohnheitsrecht siehe Verdier/Voeten, How Does Customary International Law Change?

13 Koskenniemi, The Gentle Civilizer of Nations.

14 O'Connell, International Law and the Use of Force, S. 16.

15 Im Ersten Weltkrieg zum Beispiel änderten und erweiterten die Alliierten ihre Definition für verbotene Waren mehrfach und bezogen Wolle, Rizinusöl

[E]in Recht der Kriegführenden [zur Blockade], einst eng begrenzt, war in den Augen mancher jetzt atemberaubend weit aus-
gedehnt worden. Hatte das Blockaderecht Kriegführende einst zu
nicht mehr – oder weniger – ermächtigt, als neutrale Schiffe auf-
zubringen, welche die von einem Blockadegeschwader gezogene
Linie durchsegelt hatten, so hielt es nun dazu her, Kriegführende
zu ermächtigen, Ladungen neutraler Schiffe zu beschlagnahmen,
die zwischen neutralen Häfen in beliebig weiter Entfernung von
der Blockadelinie verkehrten – auch wenn das Schiff mit dieser
Ladung mit dem Blockadegeschwader zu keiner Zeit in Berüh-
rung kam.[16]

Der nächste multilaterale Vertrag im Kriegsvölkerrecht begünstigte
Kriegführende auf ähnliche Weise. Die erste Genfer Konvention betreffend die »Übereinkunft zur Verbesserung des Looses der im Kriege
verwundeten Militärs« von 1864 war das Geistesprodukt Henri Du-
nants, des Gründers des Internationalen Komitees vom Roten Kreuz.
Dunant hatte 1859, während des Sardinischen Krieges zwischen Österreich und Sardinien, eine Landkonzession zu erwerben versucht und
war dabei Napoleon III. auf das Schlachtfeld bei Solferino gefolgt. Angesichts des Elends, das er dort erlebte, wurde sein Gewinnstreben offenbar rasch von einem Bedürfnis überdeckt, für Linderung zu sorgen. Am meisten schockierte ihn nicht das brutale Kampfgeschehen
an sich, sondern die fehlende medizinische Evakuierung und der Umgang mit den Gefallenen:

Hätte man genügend Hilfskräfte gehabt, um die Verwundeten auf
der Ebene von Medole bergen zu können oder auch aus den tiefen
Gräben von San Martino, den Schanzen der Höhe Fontana, den
Hügeln von Solferino, dann hätte man diesen oder jenen armen
Bersagliere, jenen Ulanen oder Zuaven nicht während langer
Stunden des 24. Juni in banger Todesangst unter der grauenhaften
Furcht, vergessen zu sein, hilflos liegen lassen müssen. Dann wä-

---

und eine Vielfalt an Nahrungsmitteln und Viehfutter ein. Zudem war die Erweiterung dieser Liste verbotener Güter klar Teil einer bewussten Strategie,
um die damaligen Regeln des Kriegsrechts zu manipulieren. Pyke, The Law
of Contraband of War, Kapitel 14; Hull, A Scrap of Paper, S. 152, S. 186 f.

16 Neff, The Rights and Duties of Neutrals, S. 121.

ren am nächsten Tage nicht, wie es entsetzlicherweise wahrscheinlich geschehen ist, so viele Lebende zusammen mit den Toten beerdigt worden.[17]

Von Solferino aus reiste Dunant in seine heimatliche Schweiz zurück, um Spenden für eine Organisation zu sammeln, die den »Schutz und Hilfe für Betroffene bewaffneter Konflikte« gewährleisten sollte.[18] Damit war das Internationale Komitee vom Roten Kreuz geboren, das seither an vorderster Front für die Entwicklung des modernen humanitären Völkerrechts kämpfte.

Die Rotkreuzkonvention von 1864 stellte die erste Bemühung des IKRK dar, die Nationen der Welt dazu zu bewegen, sich auf ein grundlegendes Kriegsvölkerrecht zu verständigen.[19] Im Zentrum des Abkommens stand eine Frage, die für kriegführende Parteien vor allem ein Koordinierungsproblem darstellte: Raum und Zeit zu schaffen, um Kriegsverwundete vom Schlachtfeld abtransportieren zu können. Die Gründerväter des IKRK wussten, dass sie mit ihrem Vorschlag einen steinigen Weg vor sich hatten, dass von ihm aber sämtliche Beteiligte nur profitieren konnten. Auch wenn schon zuvor staatliche Militärs Anstrengungen unternommen hatten, um ihre Praktiken bei der medizinischen Evakuierung zu verbessern,[20] waren die entsprechenden Dienste mit der Zeit vielfach so zusammengeschrumpft, dass sie nicht mehr funktionierten.[21] Sämtliche Parteien würden klar gewinnen, wenn ihre Verwundeten vom Schlachtfeld abtransportiert und zeitnah medizinisch behandelt würden. Sie konnten zum Schlachtgeschehen nichts mehr beitragen, sodass es für die Taktik einen neutra-

---

17 Dunant, Eine Erinnerung an Solferino, S. 112. Die Verwundeten blieben damals mitunter Tage oder sogar Wochen auf dem Schlachtfeld liegen.

18 Internationales Komitee vom Roten Kreuz, Mandat und Auftrag.

19 Die »Rotkreuzkonvention von 1864« wurde auch als Genfer Konvention von 1864 bezeichnet.

20 Die bekannteste war Jean Larreys Erfindung der »Fliegenden Lazarette«, Geschwader von Pferdekarren, die während der Napoleonischen Kriege rasch aufs Schlachtfeld rollten und Verwundete abtransportierten (im Gegensatz zum Einsatz von Tragen). Gabriel, Between Flesh and Steel, S. 144.

21 So kamen zum Beispiel fortschrittlichere Methoden in der britischen, französischen und russischen Militärmedizin um die Zeit des Krimkriegs wieder außer Gebrauch. Ebenda, S. 152–161.

len Vorgang darstellte, sie ihren Einheiten zu überstellen und ärztlich versorgen zu lassen. Daran hatten alle Konfliktparteien besonderes Interesse, stärkte es doch die Kampfmoral der Soldaten und die Unterstützung an der Heimatfront für den Krieg, wenn dafür gesorgt würde, Verwundete auf dem Schlachtfeld nicht einfach ihrem Schicksal zu überlassen.[22]

Dass den Staaten dazu die organisatorischen Fähigkeiten fehlten, stellte ein Problem dar, dem das IKRK mit dem Vorschlag begegnete, die Arbeiten der Evakuierung und medizinischen Versorgung selbst zu übernehmen. Die Vorstellung, es auf dem Schlachtfeld mit einer dritten Partei zu tun zu bekommen, stieß bei den Staaten zunächst auf Widerstand.[23] Gelöst wurde das Problem dadurch, dass Ambulanzen, Militärhospitäler, medizinisches Personal und Zivilisten vor Ort dazu bestimmt wurden, sich als neutrale Parteien im Konflikt um die Verwundeten zu kümmern. Die angesehene Bezeichnung »Rotes Kreuz« war geboren.[24]

Die ersten beiden Verträge zum Kriegsvölkerrecht waren folglich so formuliert, dass die Rechte der Konfliktparteien gestärkt wurden. Aber der Tenor sollte sich ändern. Hatten die Vorläufer noch den Krieg begünstigt, so erlegten die Haager Abkommen von 1899 den Kriegführenden bei Kampfeinsätzen erstmals Beschränkungen auf, ein historischer Wendepunkt bei der Kodifizierung des Kriegsrechts.

Während die damalige Zusammenkunft der Mächte in Den Haag ursprünglich vom russischen Zaren Nikolaus II. als eine Abrüstungskonferenz konzipiert worden war, die vor allem Russland hätte begünstigen sollen, so nahm sie stattdessen eine kuriose Wende.[25] Drei der daraus hervorgehenden Haager Abkommen von 1899 – die ersten kodifizierten Regeln für die Landkriegführung – betrafen (1) die Konfliktlösung, (2) die Landkriegführung im Allgemeinen und (3) die

---

22 Barnett, Empire of Humanity, S. 79 f.
23 Ebenda, S. 80.
24 Moorehead, Dunant's Dream, S. 21.
25 Eine Geschichte dieser Konferenz siehe C. Davis, The United States and the First Hague Peace Conference.

Seekriegführung. Eine vierte – mit drei Erklärungen – schränkte den Gebrauch bestimmter Waffen wie Teilmantelgeschosse ein.

Abkommen II, »betreffend die Gesetze und Gebräuche des Landkriegs«, setzte den Kriegführenden im Umfang mit der Zivilbevölkerung Grenzen und legte fest: »Die Kriegführenden haben kein unbeschränktes Recht in der Wahl der Mittel zur Schädigung des Feindes« (Artikel 22). Demnach ist »[a]bgesehen von den durch Sonderverträge aufgestellten Verboten [namentlich] untersagt: [...] der Gebrauch von Waffen, Geschossen oder Stoffen, die geeignet sind, unnötigerweise Leiden zu verursachen« (Artikel 23). Weiterhin »ist verboten, unverteidigte Städte, Dörfer, Wohnungen oder Gebäude anzugreifen oder zu bombardieren« (Artikel 25). Ebenso verbietet das Abkommen förmlich Plünderungen (Abschnitt 2, Artikel 47) und erlegt allgemeiner eine Reihe von Beschränkungen der Rechte militärischer Besatzer auf (Abschnitt 3).

Auch wenn das Völkergewohnheitsrecht, wie von Gelehrten wie Grotius und Vattel umrissen, zwischen Kombattanten und Zivilpersonen bereits bedeutende Unterscheidungen getroffen hatte, was eine statthafte Behandlung anging, so erfolgte dies mit dem Haager Abkommen II von 1899 nun erstmals im geschriebenen Recht. Auffallenderweise enthält das Abkommen keine Definition für »Zivilpersonen«, die über das Verbot der Bombardierung unbefestigter Städte hinausgeht. Die Urheber der Haager Abkommen von 1899 sahen sich selbst wohl nicht als Revolutionäre. Aber diese schrittweisen Veränderungen wurden 1907 und dramatischer noch 1949 mit dem Genfer Abkommen IV stärker ausgeweitet. Letzteres erlegte dem Militär klar umrissene Verpflichtungen auf, um Angriffe auf die Zivilbevölkerung abzuwenden. Der Begriff der »geschützten Personen«, der sämtliche Zivilpersonen, aber insbesondere Kranke, Verwundete, Frauen und Kinder einschloss, sollte vorherrschend die Regeln bestimmen, die als humanitäres Völkerrecht bekannt waren. Das Genfer Abkommen IV von 1949 verbot Vergewaltigung (Artikel 27), Folter (Artikel 31) und den Einsatz menschlicher Schutzschilde (Artikel 28). Angesichts ihrer noch frischen Erinnerung an den Zweiten Weltkrieg setzten die Urheber der Regeln den Kriegsmächten bei einer Besatzung deutliche Grenzen (Abschnitt 3). Solche sind insofern heute noch bedeutsam, als Unterzeichnende der Genfer Abkommen wie

Palästina sich darauf berufen, dass sie Verletzungen des Besatzungs-rechts erlitten hätten.[26]

Auch wenn »Zivilperson« im humanitären Völkerrecht nach wie vor ex negativo – als »Nichtkombattant«[27] – definiert ist, wurden die diesem Kreis zugestandenen Schutzklauseln in nachfolgenden Abkommen ausgeweitet. So umreißt zum Beispiel das Zusatzprotokoll I von 1977 zu den Genfer Abkommen von 1949 klar das Unterschei-dungsprinzip in seiner Grundregel (Artikel 48): »Um Schonung und Schutz der Zivilbevölkerung und ziviler Objekte zu gewährleisten, un-terscheiden die am Konflikt beteiligten Parteien jederzeit zwischen der Zivilbevölkerung und Kombattanten sowie zwischen zivilen Objekten und militärischen Zielen; sie dürfen daher ihre Kriegshandlungen nur gegen militärische Ziele richten.« Das Augenmerk für geschützte Per-sonen wurde zum Herzstück der kodifizierten multilateralen Verträge im Kern des modernen humanitären Völkerrechts. Es spiegelt sich auch in anderen Quellen des Völkerrechts wie in juristischen Schrif-ten und Rechtsgutachten wider. Seit den 1990er-Jahren hat sich mit der Entstehung von Internationalen Kriegsverbrechertribunalen wie dem Internationalen Strafgerichtshof für Ruanda (ICTR), dem Inter-nationalen Strafgerichtshof für das ehemalige Jugoslawien (ICTY) und dem Internationalen Strafgerichtshof (IStGH) die Wahrschein-lichkeit erhöht, dass Kriegsverbrechen, insbesondere solche an Zivil-personen, geahndet werden. Urteile dieser Tribunale schufen zudem im Völkerrecht Klarheit und weiteten dieses mitunter sogar aus. So verfolgte das ICTY zum Beispiel mehrere serbische und kroatische Offiziere wegen Gesetzesbrüchen im Umgang mit Kulturerbe, wie dem Beschuss und der Plünderung der Altstadt von Dubrovnik.[28] Der

---

26 Kershner, After Failed Peace Talks.

27 Die erste Definition von »zivil« im geschriebenen Recht findet sich in Arti-kel 50 des ersten Zusatzprotokolls zu den Genfer Abkommen vom 12. August 1949: »Zivilperson ist jede Person, die keiner der in Artikel 4 Buchstabe A Ab-sätze 1, 2, 3 und 6 des III. Abkommens und in Artikel 43 dieses Protokolls be-zeichneten Kategorien angehört.« Die genannten Artikel definieren alle Kombattanten und zeigen ganz deutlich, dass »Zivilperson« im humanitären Völkerrecht nach wie vor ex negativo bestimmt wird.

28 Sandholtz, Prohibiting Plunder, 206f.

Begriff der »zivilen Objekte« wurde so erweitert, dass er Kulturerbe ebenso wie kritische Infrastruktur miteinschließt.

Eine weitere Veränderung in der Natur des humanitären Völkerrechts betrifft den Typ Konflikt, der mit diesem Regelwerk beherrscht werden soll. Die ersten kodifizierten Regelungen des Kriegsvölkerrechts nahmen klar das Verhalten und die Verpflichtungen der Staaten bei zwischenstaatlichen Konflikten ins Visier. Beginnend mit den Haager Abkommen von 1899, schlossen sich die Delegierten nur widerstrebend Argumentationen an, wonach dieses Regelwerk auch für Bürgerkriege gelten könne. Die vielzitierte »Martens'sche Klausel« der Haager Abkommen von 1899 und 1907 ist der erste förmliche Versuch, diese juristische Lücke zu schließen: »In Fällen, die von den geschriebenen Regeln des internationalen Rechts nicht erfasst sind, verbleiben Zivilpersonen und Kombattanten unter Schutz und der Herrschaft der Grundsätze des Völkerrechts, wie sie sich aus den feststehenden Gebräuchen, aus den Grundsätzen der Menschlichkeit und aus den Forderungen des öffentlichen Gewissens ergeben.«[29] Wegen ihrer Knappheit und Vagheit war die Martens'sche Klausel nur begrenzt anwendbar. Wirksam ersetzt wurde sie durch den Gemeinsamen Artikel 3 der Genfer Abkommen von 1949 (kurz »Gemeinsamer Artikel 3), der in der Theorie den Geltungsbereich der Konventionen auf Bürgerkriege ausweitet:

Im Falle eines bewaffneten Konflikts, der keinen internationalen Charakter aufweist und der auf dem Gebiet einer der Hohen Vertragsparteien entsteht, ist jede der am Konflikt beteiligten Parteien gehalten, wenigstens die folgenden Bestimmungen anzuwenden: 1. Personen, die nicht direkt an den Feindseligkeiten teilnehmen, einschließlich der Mitglieder der bewaffneten Streitkräfte, welche die Waffen gestreckt haben, und der Personen, die infolge Krankheit, Verwundung, Gefangennahme oder irgendeiner anderen Ur-

---

29 Siehe die Präambel zum Haager Abkommen (II) von 1899. Interessanterweise zeigten die Delegierten auf der Brüsseler Konferenz von 1874, die über die Erstellung von Gesetzen zum Landkrieg beriet, die Bereitschaft, Bürgerkriege wie den schweizerischen Sonderbundskrieg in ein Regelwerk mitaufzunehmen. Holquist, Codifying the »Laws and Customs of War«, S. 39. Hier nach: https://de.wikipedia.org/wiki/Martens%E2%80%99sche_Klausel.

sache außer Kampf gesetzt wurden, sollen unter allen Umständen mit Menschlichkeit behandelt werden, ohne jede Benachteiligung aus Gründen der Rasse, der Farbe, der Religion oder des Glaubens, des Geschlechts, der Geburt oder des Vermögens oder aus irgendeinem ähnlichen Grunde. Zu diesem Zwecke sind und bleiben in Bezug auf die oben erwähnten Personen jederzeit und jedenorts verboten:

a. Angriffe auf Leib und Leben, namentlich Mord jeglicher Art, Verstümmelung, grausame Behandlung und Folterung;

b. Gefangennahme von Geiseln;

c. Beeinträchtigung der persönlichen Würde, namentlich erniedrigende und entwürdigende Behandlung;

d. Verurteilungen und Hinrichtungen ohne vorhergehendes Urteil eines ordnungsmäßig bestellten Gerichtes, das die von den zivilisierten Völkern als unerlässlich anerkannten Rechtsgarantien bietet.

2. Die Verwundeten und Kranken sollen geborgen und gepflegt werden.

Eine unparteiische humanitäre Organisation, wie das Internationale Komitee vom Roten Kreuz, kann den am Konflikt beteiligten Parteien ihre Dienste anbieten.

Die am Konflikt beteiligten Parteien werden sich anderseits bemühen, durch besondere Vereinbarungen auch die andern Bestimmungen des vorliegenden Abkommens ganz oder teilweise in Kraft zu setzen.

Die Anwendung der vorstehenden Bestimmungen hat auf die Rechtsstellung der am Konflikt beteiligten Parteien keinen Einfluss.

Der Gemeinsame Artikel 3 wird oft als eine »Konvention en miniature« diskutiert. Dies bedeutet, dass er zahlreiche, wenn auch nicht – zumindest nicht explizit – sämtliche Elemente der Genfer Abkommen von 1949 enthält.

Auch wenn er gegenüber der Martens'schen Klausel eine Verbesserung darstellte, gab es bei der Abdeckung nichtinternationaler bewaffneter Konflikte zahlreiche Lücken. Das Konzept der »Zivilperson« blieb undefiniert. Zudem war der Begriff eines »Konflikts, der keinen internationalen Charakter aufweist«, so weit gefasst, dass seine Praktikabilität beeinträchtigt war. In der Theorie war er auf Ereignisse anwendbar, die von Aufständen über Staatsstreiche bis zu ausgewachsenen Bürgerkriegen reichten. Dieser nicht umsetzbare Geltungsbereich machte es Regierungen leichter, ihn grundsätzlich nicht auf innere Konflikte zu beziehen. Die Zusatzprotokolle von 1977 zu den Genfer Abkommen von 1949 sollten diese Lücken schließen, zunächst mit Bestimmungen des Kriegsvölkerrechts, die für »Kriege zur nationalen Befreiung« oder zur Entkolonialisierung gelten sollten, und zweitens mit solchen für sämtliche anderen inneren Konflikte, außer »Fälle innerer Unruhen und Spannungen wie Tumulte, vereinzelt auftretende Gewalttaten und andere ähnliche Handlungen«.[30] Zudem liefert Zusatzprotokoll I die erste Definition (wenn auch ex negativo) für »Zivilperson« im geschriebenen humanitären Völkerrecht. Ein Streitpunkt, der seit dem Konferenzbericht zu den Protokollen bis auf den heutigen Tag bestehen bleibt, ist die Frage, ob nichtstaatliche Akteure, denen rechtlicher Schutz gewährt wird, damit faktisch auch Anerkennung mit weiteren juristischen Folgen erhalten. Deutlich spürbar wird diese Spannung bei jeder Bestrebung, das humanitäre Völkerrecht auf Bürgerkriege anzuwenden: Staaten versuchen für sich selbst den Schutz des Rechts aufrechtzuerhalten und ihn nichtstaatlichen Akteuren zu verweigern.

Die Entwicklung des humanitären Völkerrechts wurde folglich charakterisiert durch eine Zunahme der Anzahl an kodifizierten Bestimmungen (siehe Abb. 1.1) und durch eine Veränderung von deren Charakter.[31] Tabelle 1.1. listet die Abkommen und Verträge seit 1816 auf. Die Titel dieser Übereinkünfte offenbaren, dass sich das Augenmerk mit der Zeit verschoben hat. So bezeichnet zum Beispiel das zweite Haager Abkommen von 1899 »die Gesetze und Gebräuche des Landkriegs«, während das erste Zusatzprotokoll I von 1977 zu den Genfer Abkommen von 1949 »den Schutz der Opfer internationaler bewaffneter Konflikte« behandelt. Die Bestimmungen des Kriegsrechts, die Konfliktparteien vormals eine erleichterte Kriegführung ermöglichten, versuchten diesen nun Beschränkungen aufzuerlegen.

---

30 Zusatzprotokoll II, Artikel 1.
31 Hull, A Scrap of Paper, S. 59.

Tabelle 1.1   Kodifiziertes humanitäres Völkerrecht

Titel des Vertrags	Jahr
Deklaration über das Seerecht	1856
Genfer Rotkreuzkonvention	1864
Petersburger Erklärung	1868
Haager Abkommen I, betreffend die Erledigung von Internationalen Streitfällen	1899
Haager Abkommen II, betreffend die Gesetze und Gebräuche des Landkriegs	1899
Haager Abkommen III, Anpassung der Grundsätze der Genfer Konvention von 1864 an das Seerecht	1899
Haager Abkommen IV,1: Erklärung, betreffend ein für fünf Jahre gültiges Verbot, aus Luftschiffen oder in ähnlicher Weise Geschosse oder Explosivstoffe auf den Gegner zu schleudern	1899
Haager Abkommen IV,2: ein Verbot von Projektilen, die lediglich den Zweck haben, betäubende und gesundheitsschädliche Gase, sog. Stickgase, zu verbreiten	1899
Haager Abkommen IV,3, ein Verbot der Verwendung der sog. Dum-Dum-Geschosse	1899
I. Haager Abkommen, betreffend die friedliche Erledigung von Internationalen Streitfällen	1907
II. Haager Abkommen, betreffend die Nichtanwendung von Gewalt bei Eintreibung von Vertragsschulden	1907
III. Haager Abkommen, betreffend den Beginn der Feindseligkeiten	1907
IV. Haager Abkommen, betreffend die Gesetze und Gebräuche des Landkriegs	1907
V. Haager Abkommen, betreffend die Rechte und Pflichten der neutralen Mächte und Personen im Falle eines Landkriegs	1907
VI. Haager Abkommen über die Behandlung der feindlichen Kauffahrteischiffe bei Ausbruche der Feindseligkeiten	1907
VII. Haager Abkommen, betreffend die Umwandlung von Kauffahrteischiffe in Kriegsschiffe	1907
VIII. Haager Abkommen, betreffend die Legung von unterseeischen selbsttätigen Kontaktminen	1907
IX. Haager Abkommen betreffend die Beschießung durch Seestreitkräfte in Kriegszeiten	1907
X. Haager Abkommen betreffend die Anwendung der Grundsätze der Genfer Konventionen auf den Seekrieg	1907

Titel des Vertrags	Jahr
XI. Haager Abkommen über gewisse Beschränkungen des Beuterechts im Seekriege*	1907
XIII. Haager Abkommen betreffend die Rechte und Pflichten der Neutralen im Falle eines Seekriegs	1907
XIV. Haager Abkommen über das Verbot des Werfens von Geschossen und Sprengstoffen aus Luftschiffen	1907
Genfer Protokoll über das Verbot der Verwendung von erstickenden, giftigen oder anderen Gasen sowie bakteriologischen Mitteln im Kriege	1925
Genfer Protokoll über die Behandlung von Kriegsgefangenen	1929
Genfer Protokoll über die Verhütung und Bestrafung des Völkermords	1948
I. Genfer Abkommen zur Verbesserung des Loses der Verwundeten und Kranken der Streitkräfte im Felde	1949
II. Genfer Abkommen zur Verbesserung des Loses der Verwundeten, Kranken und Schiffbrüchigen der Streitkräfte zur See	1949
III. Genfer Abkommen über die Behandlung der Kriegsgefangenen	1949
IV. Genfer Abkommen zum Schutze von Zivilpersonen In Kriegszeiten	1949
Haager Abkommen zum Schutz von Kulturgut bei bewaffneten Konflikten	1954
Übereinkommen über das Verbot der Entwicklung, Herstellung und Lagerung bakteriologischer (biologischer) Waffen und von Toxinwaffen sowie über die Vernichtung solcher Waffen	1972
I. Zusatzprotokoll zu den Genfer Abkommen von 1949 über den Schutz der Opfer internationaler bewaffneter Konflikte	1977
II. Zusatzprotokoll zu den Genfer Abkommen von 1949 über den Schutz der Opfer internationaler bewaffneter Konflikte	1977
Übereinkommen über das Verbot oder die Beschränkung des Einsatzes bestimmter konventioneller Waffen, die übermäßiges Leiden verursachen oder unterschiedslos wirken können – Protokoll I Über nicht entdeckbare Splitter	1980
Übereinkommen über das Verbot oder die Beschränkung des Einsatzes bestimmter konventioneller Waffen, die übermäßiges Leiden verursachen oder unterschiedslos wirken können – Protokoll II Über das Verbot oder die Beschränkung des Einsatzes von Minen, Sprengfallen und anderen Vorrichtungen	1980
Übereinkommen über das Verbot oder die Beschränkung des Einsatzes bestimmter konventioneller Waffen, die übermäßiges Leiden verursachen oder unterschiedslos wirken können – Protokoll III Über das Verbot oder die Beschränkung des Einsatzes von Brandwaffen	1980

Titel des Vertrags	Jahr
Übereinkommen gegen Folter und andere grausame, unmenschliche oder erniedrigende Behandlung oder Strafe	1984
Übereinkommen über die Rechte des Kindes	1989
Übereinkommen über das Verbot der Entwicklung, Herstellung, Lagerung und des Einsatzes chemischer Waffen und über die Vernichtung solcher Waffen	1993
Übereinkommen über das Verbot oder die Beschränkung des Einsatzes bestimmter konventioneller Waffen, die übermäßiges Leiden verursachen oder unterschiedslos wirken können – Protokoll IV Über blindmachende Laserwaffen	1995
Übereinkommen über das Verbot des Einsatzes, der Lagerung, der Herstellung und der Weitergabe von Anti-Personenminen und über deren Vernichtung	1997
Römisches Statut des Internationalen Strafgerichtshofes	1998
Übereinkommen über das Verbot oder die Beschränkung des Einsatzes bestimmter konventioneller Waffen, die übermäßiges Leiden verursachen oder unterschiedslos wirken können – Protokoll V Über explosive Kampfmittelrückstände	2003
Zusatzabkommen III zu den Genfer Abkommen von 1949 über die Annahme eines zusätzlichen Schutzzeichens	2005

Quelle: Daten aus der Datenbank des IKRK zum humanitären Völkerrecht, http://www.icrc.org/ihl.nsf/INTRO?OpenView [13. 10. 2010].

* Das XII. Haager Abkommen, betreffend die Errichtung eines Internationalen Prisenhofs, taucht deshalb nicht auf, weil es nur von einem einzigen Staat – Nicaragua – ratifiziert wurde.

Als ein weiteres entscheidendes Kennzeichen der Geschichte des Kriegsvölkerrechts erfolgten größere Zusätze, wie Tabelle 1.1. zeigt, tendenziell nach größeren Kriegen. Die Haager Abkommen von 1899 folgten auf den Spanisch-Amerikanischen Krieg von 1898. Nach dem Russisch-Japanischen Krieg 1905 wurden die Haager Abkommen von 1907 geschlossen. Und die Genfer Abkommen von 1949 kamen im Anschluss an den Zweiten Weltkrieg zustande.[32] Dieses Muster von »Call

---

32 Interessanterweise folgten auf den Ersten Weltkrieg keine bedeutenden HVR-Abkommen, da sich die rechtlichen Bemühungen in der Zeit zwischen den Weltkriegen auf Fragen des *ius ad bellum* anstatt des *ius in bello* konzentrierten. Dokumente wie der Kellogg-Briand-Pakt und die Satzung des Völ-

and Response« deutet darauf hin, dass Rechtsetzung und Krieg wechselseitig aufeinander reagieren. Die rechtlichen Bestimmungen stellen oft eine »Kampfansage an den letzten zurückliegenden Krieg« dar, indem sie beispielsweise kürzlich erprobte oder aufgebotene Waffen oder Praktiken verbieten. Wie ich allerdings nachfolgend vertrete, schränkt das Recht auch das Führen von Krieg an sich ein, wenn auch nicht unbedingt in der von den Urhebern beabsichtigten Weise. Eine Spirale oder Sprungfeder ist eine brauchbare Metapher, wenn man die ewige Frage erwägt, was zuerst kommt: Verhalten oder Recht. Verhalten führt zu Überarbeitungen des Rechts, das künftiges Verhalten prägt. Die sich verändernde Zusammensetzung derer, die bei der Überarbeitung des Rechts mitreden, spricht dafür, dass sich dieser Zyklus wahrscheinlich auf unbestimmte Zeit wiederholen wird.

Abb. 1.1 wirft zwei weitere rechtliche Fragen auf. Erstens: Spiegelt eine einfache Zählung der bestehenden völkerrechtlichen Bestimmungen die Realitäten wieder, oder ersetzen neue Bestimmungen nur alte oder fassen sie zusammen? Die allermeisten der neuen Bestimmungen ergänzen offenbar frühere, anstatt sie nur zusammenzufassen. So heißt es zum Beispiel im IV. Abkommen von 1949 ausdrücklich, dass es vorangegangene Bestimmungen wie die der Haager Abkommen von 1899 und 1907 ergänzt (siehe Artikel 154).

Zweitens: Welche Beziehung besteht zwischen dem humanitären Völkerrecht und den Menschenrechten? Das Erstgenannte entwickelte sich Hand in Hand mit den Letztgenannten, die auf breiterer Basis staatliches Handeln gegenüber den Bürgerinnen und Bürgern in Friedenszeiten regeln sollten. Dabei wurde in beiden Fällen das menschliche Leiden ausgiebig ins Visier genommen.[33] Weil zahlreiche der in Tabelle 1.1 aufgelisteten Abkommen, wie die Kinderrechtskonvention, häufig als Menschenrechtsabkommen anstatt als Bestimmungen des humanitären Völkerrechts gelten, lohnt sich eine Erwägung, wo zwischen den beiden Regelwerken die Grenzlinien verlaufen. In einer strengen Definition gilt das humanitäre Völkerrecht in Kriegszeiten

---

kerbunds zielten damals eher darauf ab, den Ausbruch eines Krieges zu verhindern, anstatt Kriegführung zu regulieren.

33 Eine Geschichte der Menschenrechte und der zugehörigen Rechtsquellen siehe Hunt, Inventing Human Rights.

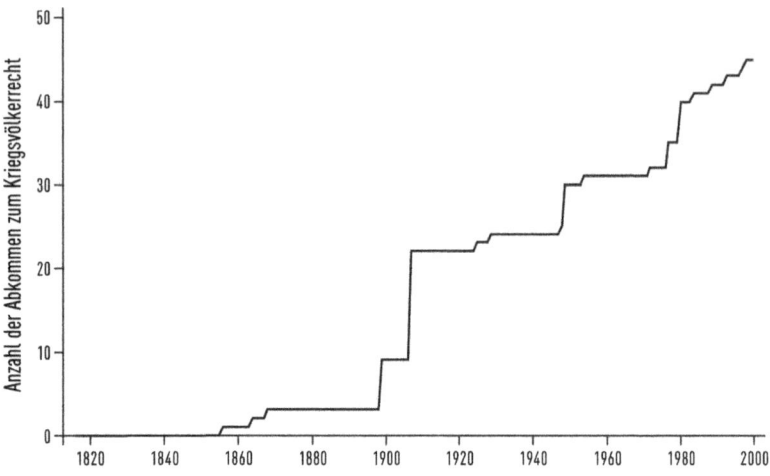

Abb. 1.1   Die Abkommen zum Kriegsvölkerrechts seit 1816

und regelt das Verhalten Kriegführender untereinander und gegenüber Neutralen. Dagegen sind die Menschenrechte im Geltungsbereich und in der Anwendbarkeit keinen Beschränkungen unterworfen. Sie gelten in Kriegs- wie in Friedenszeiten. Manche Abkommen
über Menschenrechte, wie die gegen Folter oder wie die Kinderrechtskonvention, beinhalten Bestimmungen, die insbesondere auf Kriegszeiten gemünzt sind.[34] Deswegen und weil das IKRK – die profilier-
teste Nichtregierungsorganisation (NGO) in Sachen humanitäres
Völkerrecht – diese Abkommen als Teil des humanitären Völkerrechts
ausgemacht hat, tauchen beide auch in Tabelle 1.1 auf.

---

34   Artikel 38 der UN-Kinderrechtskonvention verbietet den Einsatz von Kindersoldaten und erklärt: »Die Vertragsstaaten verpflichten sich, die für sie
verbindlichen Regeln des in bewaffneten Konflikten anwendbaren humanitären Völkerrechts, die für das Kind Bedeutung haben, zu beachten und für
deren Beachtung zu sorgen.«

»Gesetzgebende« und »Gesetznehmende«

Die oben umrissene Geschichte des positiven humanitären Völkerrechts wirft mindestens zwei Fragen auf. Erstens: Wie können wir sowohl die Verlagerung der Gewichte im HVR von Rechten der Kriegführenden zu denen geschützter Personen als auch den Zuwachs an neuen Bestimmungen erklären? Und zweitens: Inwieweit gelten diese für Bürgerkriege und werden auf sie angewandt, auf die häufigste Form des Krieges heute?

Zur Beantwortung der ersten Frage untersuche ich, wer auf den wichtigsten Konferenzen zum humanitären Völkerrecht vertreten war. Wie ich feststelle, waren die ersten dieser Konferenzen mit einer stattlichen Anzahl von Vertretenden aus dem Militär besetzt. Allerdings verlagerte sich diese Gewichtung mit der Zeit vom Militär – denen, die diese Bestimmungen zu beachten haben, den »Gesetznehmenden« – hin zu Jurist_innen und Vertretenden von Nichtregierungsorganisationen (NGOs). Die wachsende Distanz zwischen den »Gesetzgebenden« und den »Gesetznehmenden« mag teilweise für die steigenden Standards für Regelkonformität verantwortlich sein. Und wie ich später im Buch vertrete, haben diese steigenden Standards Staaten dazu veranlasst, ihre Rechtsrisiken zu begrenzen, indem sie erst gar nicht einräumten, dass sie sich im Kriegszustand befanden.

Um die zweite Frage zu beantworten, untersuche ich die Niederschriften der entscheidenden Verhandlungen zur Kodifizierung des humanitären Völkerrechts daraufhin, ob die betreffenden »Gesetzgebenden« nichtstaatliche Akteure als Adressaten für die fraglichen Bestimmungen begriffen. In weitesten Sinn waren Staaten deren Urheber und deren beabsichtigte Adressaten. Aber die Realität des Bürgerkriegs war auf den betreffenden Konferenzen stets ebenfalls präsent. Selbst wenn die Urheber_innen des humanitären Völkerrechts der Ordnung, die innerstaatliche Konflikte regeln sollte, Zeit und Aufmerksamkeit schenkten, ließen sie Rebellengruppen in ihren Diskussionen außen vor.[35] Inwieweit bedachten die »Gesetzgebenden« vorab, wie ihre Verhandlungsergebnisse von Rebellengruppen im Bürgerkrieg aufgenommen würden?

---

35   Roberts/Sivakumaran, Lawmaking by Nonstate Actors, S. 123 ff.

Wer sitzt mit am Tisch?

Warum sich im Kriegsrecht die Gewichte weg vom Soldaten und hin zur Zivilperson als dem hauptsächlichen Objekt des Schutzes verlagert haben, widersetzt sich einer einfachen Erklärung. Zwar hatten die Weltkriege für Nichtkombattanten schreckliche und katastrophale Auswirkungen gehabt, die aber in vorangegangenen Kriegen nicht minder verheerend ausgefallen waren. Was die Kriege des 20. Jahrhunderts von denen früherer Zeiten unterschied, war ein Zusammenspiel aus Alphabetisierung, Massenarmeen (gegenüber Söldnerheeren), Kommunikationstechnik sowie einem fruchtbaren Boden für NGOs mit dem Interesse, Humanität in einem sich erweiternden Sinne voranzubringen.[36]

Nach dem von mir vertretenen Standpunkt ist zwischen denjenigen, die das Kriegsrecht gestalten, und denjenigen, die es einhalten sollen, eine größere Kluft entstanden. Diese Logik passt in das Narrativ, wonach die Gestaltung des humanitären Völkerrechts immer stärker durch Aktivist_innen und Völkerrechtler_innen bestimmt wird, die zwar aufrichtig bemüht sind, die menschlichen Kosten des Krieges zu vermindern, dabei aber mitunter nicht ausreichend darauf achten, dass ihre Vorschläge auch praktikabel sind.[37] Meine Argumentation stützt sich auf Martti Koskenniems These, wonach ein wachsender völkerrechtlicher Berufsstand seinen Fortbestand dadurch zu sichern versuchte, dass er mehr völkerrechtliche Regelungen geschaffen hat.[38]

Die ersten kodifizierten Bestimmungen des Kriegsvölkerrechts wurden von Militärs oder Personen mit militärischer Laufbahn verfasst. So hatte beispielsweise Francis Lieber in der preußischen Armee gedient, ehe er nach der Auswanderung in die Vereinigten Staaten 1862 auf den Schlachtfeldern des Amerikanischen Bürgerkrieges nach seinem verschollenen Sohn suchte. Später trat er als Verfasser der General Orders No. 100 auf, die allgemein als erstes schriftlich fixiertes Regelwerk für die Kriegführung als militärisches Lehrbuch für die Truppen der Nordstaaten im Amerikanischen Bürgerkrieg galt.[39] Die-

---

36 Barnett, Empire of Humanity, Kapitel 4.
37 Hopgood, The Endtimes of Human Rights.
38 Koskenniemi, The Gentle Civilizer of Nations.
39 Witt, Lincoln's Code.

ser sogenannte Lieber Code ist für seine Doktrin der »militärischen Notwendigkeit« bekannt und enthält Forderungen, die im Umgang mit Verwundeten humaner ausfallen als beispielsweise mit Blick auf die Behandlung der Zivilbevölkerung in Kriegszeiten.[40] Auf der Brüsseler Konferenz von 1874, die eine schriftliche Fixierung der Gesetze des Landkrieges in Angriff nahm, führten Militärs in Uniform die meisten Delegationen an. Der Historiker Peter Holquist fasste es so: »Diese Präferenz für Militärs spiegelte die Natur des russischen Vorschlags [für die Konferenz] wider: bestehende Gesetze und Gebräuche (in denen Militärs die größten Experten waren) zu kodifizieren, und zwar so, dass der Kodex nicht über die gegenwärtigen militärischen Gebräuche hinaus ausgeweitet würde.«[41] Entsprechend dominierten die Militärs die Verhandlungen zur Petersburger Erklärung von 1868, in welcher der Einsatz bestimmter Sprenggranaten verboten wurde.[42] Fedor Martens, der Verfasser der »Martens'schen Klausel« in den Haager Abkommen von 1899 und 1907, sprach den »großen Hauptleuten« mehr als den Philanthropen und Publizisten das Verdienst zu, während der Beratungen zu den Haager Abkommen von 1899 die ersten Gesetze des Kriegsvölkerrechts verfasst zu haben.[43] Geoffrey Best schreibt über das 19. Jahrhundert: »Das [frühe] Kriegsvölkerrecht hätte erst gar nicht erstellt werden können ohne die Zustimmung der Generäle und Admiräle, deren Macht und Einfluss in diesen Jahren

---

40 Ebenda, S. 187.

41 Holquist, Codifying the »Laws and Customs of War«, S. 18.

42 Davis, The United States and the Second Hague Peace Conference, S. 10.

43 Scott, Proceedings of the Hague Peace Conferences, S. 506. Benvenisti und Cohen führen die Beteiligung von Militärs an der Erstellung erster Bestimmungen des Kriegsrechts als Beleg für den Wunsch von dessen Führungspersonen an, das HVR zu nutzen, um ein *principal-agent*-Problem mit Blick auf ihre Untergebenen zu lösen: Demnach sollte dieses Gesetzeswerk die Führung stärken. Interessanterweise merkt Davis an, dass die Vereinigten Staaten Militärpersonal in ihre Delegation zu den Haager Konferenzen von 1899 erst aufnahmen, nachdem »das Außenministerium Berichte erreicht hatten, wonach andere Regierungen solche Delegierten ernannten, woraufein solcher Kurs als Notwendigkeit erschien«. Benvenisti/Cohen, War is Governance; Davis, The United States and the First Hague Peace Conference, S. 74 f.

besonders groß waren.«[44] Ähnlich merkt Isabel Hull an, dass in dieser frühen Phase der schriftlichen Fixierung des humanitären Völkerrechts der »militärische Einfluss besonders stark und nach manchen Deutern sogar vorherrschend war«. Auch weist sie darauf hin, dass die militärischen Teilnehmer Präzision im Recht favorisierten, während ihre politischen Gegenspieler eher auf Vagheit setzten.[45]

Daten zum Gestaltungsprozess des humanitären Völkerrechts im vergangenen Jahrhundert decken sich mit der Auffassung, dass sich zwischen den »Gesetzgebenden« und den »Gesetznehmenden« eine wachsende Kluft aufgetan hat. Die Listen der Delegierten für die Haager Abkommen von 1899 und 1907, für die Genfer Abkommen von 1949, für die Zusatzprotokolle von 1977 und für das Römische Statut des Internationalen Strafgerichtshofs von 1998 zeigen, dass die Konferenzen bis zu den Genfer Abkommen von 1949 mit einem ansehnlichen Anteil an Militärs besetzt waren. Wie Abb. 1.2[46] zeigt, stellten Personen mit militärischem Rang um die Wende zum 20. Jahrhundert rund 20 bis 30 Prozent der Delegierten. Nach 1907 hat sich ihr Anteil allerdings bis in den einstelligen Prozentbereich drastisch verringert.

Eine weitere Herangehensweise an die Frage, welche Rolle Zivilpersonen gegenüber Militärs bei der Gesetzgebung im Kriegsvölkerrecht spielten, besteht in einer Untersuchung dazu, wie viele nationale Delegationen von Personen mit militärischem Rang angeführt wurden. Wie Abb. 1.3 zeigt, sind die Prozentzahlen hier geringer. Der Anteil an Delegationen, die von Militärpersonal angeführt wurden, kam über die Marke von 5 Prozent niemals hinaus und nahm nach den Genfer Abkommen von 1949 dramatisch ab. Die militärischen Delegierten wurden mit der Zeit also nicht nur weniger, sondern verloren auch innerhalb ihrer Delegationen deutlich an Einfluss und erhielten zusehends die Rolle von »Fachberatern« zugewiesen. Als solche dürf-

---

44 Best, Humanity in Warfare, S. 174.

45 Hull, A Scrap of Paper, S. 60.

46 Die Daten siehe Scott, The Hague Conventions and Declarations of 1899 and 1907, S. 1–31; Final Record of the Diplomatic Conference of Geneva of 1949, 1977; United Nations Diplomatic Conference of Plenipotentiaries on the Establishment of an International Criminal Court, Official Records 1998.

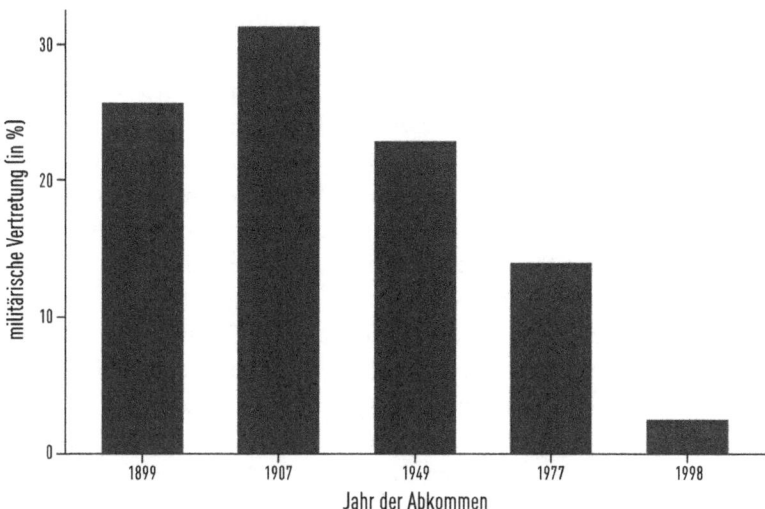

Abb. 1.2   Militärische Vertretung bei den Abkommen zum humanitären Völkerrecht

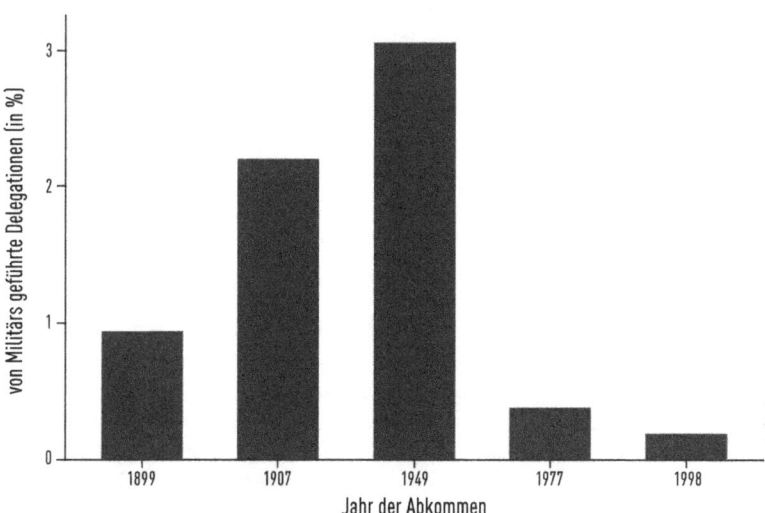

Abb. 1.3   Von Militärs geführte Delegationen bei den Abkommen zum humanitären Völkerrecht

ten sie nach einer Meinung zu einer bestimmten fachlichen Angelegenheit befragt, aber in die Entscheidungsprozesse nicht mehr in dem Maße einbezogen worden sein, wie es bei den Militärs als Delegationsleiter oder reguläre Delegierte noch der Fall gewesen war.

Wegen fehlender Daten ist eine verfeinerte Darstellung, wer die nichtmilitärischen Teilnehmer dieser Konferenzen waren, nicht möglich. Die verfügbaren Fakten sprechen für eine Gewichtsverlagerung zugunsten humanitärer Organisationen. Der Historiker Calvin Davis vermerkte knapp die Anwesenheit von »Friedensleuten« – Aktivisten und Journalisten, selten mit Anschluss an eine Organisation und alle ohne offiziellen Status – auf den Haager Konferenzen von 1899 und 1907.[47] 1949 waren bei den damaligen Genfer Abkommen 9 Nichtregierungs- (NGOs) und zwischenstaatliche Organisationen (IGOs) vertreten. 1977 nahmen an den Konferenzen, die das Zusatzprotokoll erstellten, offiziell 134 Staaten und 50 Organisationen (darunter UN-Behörden) sowie private Organisationen teil. 1998 waren in die Diskussionsrunden zur Erstellung des Römischen Statuts 163 Staaten, aber nur 31 NGOs, IGOs und private Organisationen eingebunden. Der historische Rekord deutet darauf hin, dass diese nichtstaatlichen Organisationen keine stillen Beobachtenden, sondern eher aktive Teilnehmende waren, die sich in stetiger Lobbyarbeit bei staatlichen Parteien engagierten. 1998 hatten NGOs zu den Delegierten und Verhandlungen einen »nie dagewesenen Zugang«.[48] Ähnlich vermerken Forscher_innen, die sich mit dem Kriegsvölkerrecht in Sachen Kulturgut befassten, die entscheidende Rolle einschlägiger Experten sowie von Organisationen wie der UNESCO dabei, das Haager Abkommen zum Schutz von Kulturgut von 1954 voranzubringen.[49] Eine zentrale

---

47 Davis, The United States and the Second Hague Peace Conference, S. 23 f., S. 192–197.

48 Wechsler, Exceptional Cases in Rome, S. 87.

49 Neun der 131 Delegierten (knapp 7 Prozent), die zur Ausarbeitung der Haager Konvention von 1954 entsandt wurden, waren Militärangehörige. Auch wenn nur relativ wenige NGO-Beobachter teilnahmen, waren viele Delegierte »Kulturexperten«, darunter Kulturminister, Professoren der Archäologie, Botschafter bei der UNESCO und verschiedene Direktoren nationaler Museen und Bibliotheken. Records of the Conference Convened by the United

Frage während der betreffenden Konferenz in jenem Jahr drehte sich darum, ob bei den Bestimmungen und Regeln zum Schutz von Kulturgut eine Ausnahme aus »militärischer Notwendigkeit« zugelassen werden solle.[50] Auch wenn deren Verfechter die Oberhand gewannen, zeigt die Länge der Diskussion ganz aufschlussreich, wie weit sich die Gesetzgebenden des humanitären Völkerrechts zur Mitte des 20. Jahrhunderts von ihren Vorgängern ein Jahrhundert zuvor entfernt hatten.[51]

Wir wissen nicht, inwieweit die Delegierten, welche die jeweilige Schlussakte dieser Konferenzen auflistet, für die tatsächlichen Gestaltenden dieser Bestimmungen repräsentativ sind. Verträgen wie den Genfer Abkommen von 1949 gingen Jahre vorbereitender Sitzungen voran, an denen nur wenige der Botschafter und Außenminister teilnahmen, die für die abschließenden Abkommen als Delegierte aufgelistet sind. Eine Liste mit sämtlichen Teilnehmenden an allen vorbereitenden Beratungen zu erstellen, dürfte unmöglich sein angesichts der beschränkt verfügbaren Unterlagen, insbesondere denen zu früheren Abkommen. Immerhin deuten Chroniken dieser Konferenzen sowie das Archivmaterial zu den *travaux préparatoires* für die Genfer Abkommen von 1949 darauf hin, dass an den vorbereitenden Sitzungen hauptsächlich Mitglieder des Roten Kreuzes (des IKRK wie auch von nationalen Rotkreuzorganisationen) und Personen aus Außen-

---

Nations Educational, Scientific and Cultural Organization Held at the Hague from 21 April to 14 May 1954, S. 87–96; Sandholtz, Prohibiting Plunder, S. 180–186; O'Keefe, The Protection of Cultural Property in Armed Conflict, S. 92f.

50 Nach dem IKRK »ermöglicht eine militärische Notwendigkeit Maßnahmen, die tatsächlich zwingend sind, um ein legitimes militärisches Ziel zu erreichen und im Übrigen durch das humanitäre Völkerrecht nicht untersagt sind. Im Fall eines bewaffneten Konflikts besteht der einzig legitime militärische Zweck darin, die militärische Fähigkeit anderer Konfliktparteien zu schwächen. Eine militärische Notwendigkeit steht allgemein den humanitären Erfordernissen entgegen. Folglich liegt der Zweck des Humanitätsgebots darin, zwischen militärischer Notwendigkeit und humanitären Erfordernissen eine Balance zu finden.« International Committee of the Red Cross, Military Necessity.

51 Sandholtz, Prohibiting Plunder, S. 180–186.

ministerien mitwirkten.[52] Tatsächlich dürfte das Militär in den Abschlusskonferenzen stärker als in den *travaux préparatoires* präsent gewesen sein.

Wenn das Militär bei der Ausarbeitung völkerrechtlicher Bestimmungen tatsächlich an Repräsentanz verloren hat, wie kam es dann dazu? Hält es sich selbst aus solchen Konferenzen heraus? Oder wird es nicht eingeladen? In ihrer Analyse zu Anstrengungen, autonome Waffensysteme zu verbieten, merkt Charli Carpenter an, dass das International Committee for Robot Arms Control, eine NGO, die sich auf die Fahnen geschrieben hat, die Entwicklung und den Einsatz von »Killerrobotern« zu begrenzen, zu einer Expertentagung 2010 mehrere militärische Vertretende eingeladen und von den meisten Absagen erhalten hat.[53] Eine Gruppe der US-amerikanischen Academy of Science, die sich mit den ethischen und rechtlichen Fragen heutiger Waffentechnologie befasst, holte bei mehr Militärangehörigen Rat ein, als es die Kampagne »Killerroboter stoppen!« vermocht hatte, erhielt von dort aber auch nur eine Handvoll Auskünfte.[54] Wenn sich Militärangehörige dagegen entscheiden, in den frühen Phasen an Beratungen teilzunehmen, um Normen und Regeln des Kriegsvölkerrechts zu erstellen, spricht dies für die Auffassung, dass sich die Kluft zwischen »Gesetzgebenden« und »Gesetznehmenden« vergrößert.

Dies liegt aber vielleicht gar nicht daran, dass sich das Militär aus den Beratungen heraushält. Vielleicht erhält es ja auch keine Chance zur Beteiligung. Eine Untersuchung zu den Verfahren, wie die Delegierten für die wichtigen HVR-Abkommen berufen wurden, könnte

---

52 Best, War and Law since 1945, S. 92 ff.; Mantilla, Under (Social) Pressure, S. 404. Siehe zum Beispiel »Abstract of Official Report of the XVIth International Red Cross Conference, London, June 1938«, National Archives, College Park, MD, Records of the American National Red Cross, 1935–1946, RG 200/Stack 130/Row 77/Compartment 22/Shelf 3/Box 72/Folder 5; »International Red Cross Conferences – Delegates, 1967–1952«, RG 200/Stack 739/Row 78/Compartment 14/Shelf 5/Box 196/Folder 041.

53 Die einzige Ausnahme bildete ein Reserveoberst der Luftwaffe von der US Naval Academy. Carpenter, »Lost« Causes, S. 94.

54 Chameau/Ballhaus/Lin, Emerging and Readily Available Technologies and National Security, Anhang A. Diese Arbeitsgruppe umfasste 18 Ausschussmitglieder, von denen einer ehemaliger Militärangehöriger war.

Licht in die Frage bringen. Leider zeigt eine erste Archivrecherche, dass die Protokolle zu diesen besonderen Konferenzen nicht verfügbar sind, zumindest nicht für die Vereinigten Staaten.[55] Besser zugängliche Aufzeichnungen zu Ernennungen für andere Konferenzen deuten auf ein politisches Auswahlverfahren hin, bei dem sich beispielsweise Vertreter_innen des US-Abgeordnetenhauses und Senator_innen in einem Schreiben an die relevante Partei im Außenministerium dafür einsetzen, zu einer anstehenden Konferenz einen bestimmten Personenkreis einzuladen. Die eigentlichen Ernennungen erfolgen förmlich auf Ersuchen des Außenministeriums. So wurde beispielsweise Theodore Roosevelt jr.[56] in die US-Delegation für die Konferenz zur Rüstungsbegrenzung berufen.[57] Für die Haager Abkommen von 1899 wählten Präsident McKinley und Außenminister Hay Delegierte, die »sich nachdrücklich für Vorschläge einsetzen, um Schlichtungen und das Völkerrecht voranzubringen«.[58] Das Auswahlverfahren für Dele-

---

55 Meine Recherchen dazu deuten darauf hin, dass dazu keine Protokolle existieren. So enthalten zum Beispiel weder die Aufzeichnungen des Roten Kreuzes noch die Akten zu Ernennungen des US-Außenministeriums Informationen zu den Berufungen für diese Konferenzen, obwohl sie eine große Menge an anderen Informationen zu ihnen beinhalten. Siehe (durchweg aus den National Archives, College Park, MD): RG 200/Stack Area B190/Row 38/Compartment 2/Entry 108, Records Relating to the ICRC, 1900–2005/ Container #67; RG 200/Stack Area B190/Row 38/Compartment 2/Entry#108, Records Relating to the ICRC, 1900–2005/Container #25; RG 200/Stack Area B190/Row 38/Compartment 2/Entry #128, History Files, 1863–1993/Containers #39, #30; RG 59/Stack Area 250/Row 48/ Entry #826, General Records of the Department of State, Miscellaneous Appointment Records, Records Relating to Appointments to International Conferences, Commissions, and Boards/Box #3.

56 Theodore Roosevelt jr. trat nach seinem Vater, dem gleichnamigen 26. US-Präsidenten, 1921 als Stellvertretender Marineminister ebenfalls in die Regierung ein.

57 »Appointment Records for 1921 Conference on the Limitation of Armament to be held in Washington«; siehe ebenso »Appointment Records for London Naval Conference of 1930«, RG 59/ Stack Area 250/Row 48/ Entry #826; General Records of the Department of State, Miscellaneous Appointment Records, Records Relating to Appointments to International Conferences, Commissions, and Boards/Box#3.

58 Davis, The United States and the Second Hague Peace Conference, S. 22.

gierte beruhte stark auf Netzwerkarbeit und politischen Verbindungen zu McKinley, Hay und ihren Freunden.[59]

Der weltweite Rückgang der Anzahl an militärischen Delegationsleitern ließe sich vielleicht teilweise auf Trends in der Demokratisierung weltweit zurückführen. Dass sich die Anzahl an Militärregierungen mit der Zeit verringert hat, mag zu der verringerten Präsenz von Militärangehörigen auf internationalen Konferenzen, darunter solchen zur Ausgestaltung des humanitären Völkerrechts, geführt haben. Wie die Daten von José Cheibub, Jennifer Gandhi und James Vreeland zeigen, hat sich in der Zeit nach dem Zweiten Weltkrieg (von 1946 bis 2008) der Prozentsatz an Staaten mit Militärdiktatur in einer Entwicklung verringert, die sich in einer Kurve in Form eines umgedrehten U darstellen lässt – mit einem fast gleich hohen Anteil an Militärdiktaturen in den Jahren 1946 und 2008.[60] Dieser Verlauf deutet darauf hin, dass die Entwicklung bei der Präsenz von Militärs auf Konferenzen nicht von den Trends bei der Anzahl an Militärdiktaturen oder deren Quote gesteuert wird.

Die verstärkte Professionalisierung von Völkerrechtler_innen, kombiniert mit einer dramatischen Zunahme an NGOs mit Schwerpunkt humanitäre Angelegenheiten liefert eine plausiblere Erklärung dafür, warum sich die Zusammensetzung der Gestaltenden des humanitären Völkerrechts verändert hat. Ein Indikator für diesen Wandel entstammt der Liste entsprechender NGOs, die beim Wirtschafts- und Sozialrat der Vereinten Nationen (ECOSOC) registriert sind. 1947 wies diese Liste nur eine Handvoll dieser NGOs aus, während heutzutage über 750 gelistet sind. Humanitäre NGOs, die sich an verantwortlicher Stelle dafür einsetzen, neue Regeln im Kriegsvölkerrecht zu entwickeln, sind scheinbar oder tatsächlich weniger als frühere Vertretende offen dafür, dass sich auch Militärs an entsprechenden Beratungen beteiligen.

Die Kluft zwischen »Gesetzgebenden« und »Gesetznehmenden« scheint sich zu vertiefen, wohl deshalb, weil Militärangehörige während der *traveaux préparatoires* vor HVR-Abkommen zu einer Teil-

---

59 Davis, The United States and the First Hague Peace Conference, Kapitel 5.
60 Cheibub/Gandhi/Vreeland, Democracy and Dictatorship Revisited.

nahme nicht bereit sind oder seltener zur Teilnahme berufen werden – als Ergebnis einer verstärkten Politisierung des Verfahrens oder weil sie heute seltener als früher in einer Regierungsverantwortung stehen. Wie ich im folgenden Unterkapitel erörtere, zeigt sich eine ähnliche Kluft in Verfahren zur Ausgestaltung des humanitären Völkerrechts, bei denen es um Rebellengruppen in Bürgerkriegen geht.

Bewaffnete nichtstaatliche Akteure als Adressaten

Bei der Ausarbeitung des Kriegsrechts ist auch die Frage relevant, welches Augenmerk die Gestaltenden des HVR Rebellengruppen als dessen »Konsumentinnen« widmen. Das Kriegsrecht wurde ursprünglich von Staaten ausgestaltet, um ihre Militärs Regeln zu unterwerfen, wenn auch, wie oben dargelegt, die militärische Vertretung bei der Erstellung von HVR-Abkommen mit der Zeit abgenommen hat. Deren Bestimmungen sollen weitgehend zwischenstaatliche Konflikte regeln. Wie das humanitäre Völkerrecht Bürgerkriege behandeln sollte und konnte, war stets ein Thema, das aber niemals umfassend adressiert wurde. Die meisten heutigen Konflikte spielen sich innerhalb staatlicher Grenzen ab. Umstritten sind nicht nur der Geltungsbereich und die Anwendbarkeit des humanitären Völkerrechts auf Staaten, die in einem Bürgerkrieg verwickelt sind, sondern auch dessen Gültigkeit für Rebellengruppen.

Ich habe zu den offiziellen Originalkommentaren des IKRK zu den einzelnen Genfer Abkommen von 1949 und den beiden zugehörigen Zusatzprotokollen eine Inhaltsanalyse durchgeführt, um nachzuvollziehen, wie und ob die Gestaltenden des humanitären Völkerrechts ihr Projekt auf Rebellengruppen angewandt wissen wollten.[61] Diese Kommentare erklären und erörtern das Recht und den damaligen Gestaltungsprozess hinter den Abkommen und Protokollen. So

---

61 Kommentare zu früheren Abkommen sind nicht in digitalisierter Form verfügbar, ebenso wenig wie der Kommentar zum Römischen Statut von 1998. Da sich diese Art Inhaltsanalyse nur mit Software effizient durchführen lässt, blieben Kommentare ohne elektronische Erfassung unberücksichtigt. Einen Hinweis auf den Kommentar zum Abkommen von 1929 (auf Französisch) siehe S. 26 des Kommentars zum I. Genfer Abkommen (1949).

heißt es beispielsweise in Artikel 1 des ersten Genfer Abkommens von 1949: »Die Hohen Vertragsparteien verpflichten sich, das vorliegende Abkommen unter allen Umständen einzuhalten und seine Einhaltung durchzusetzen.« Der Kommentar zu diesem Artikel verweist auf die Neuartigkeit der Sprache und deutet sie als eine Stärkung vormaliger Regelungen. Jede Klausel in dem Artikel wird analysiert. Die Verfasser des Kommentars heben hervor, dass der Satz, der die Staaten auffordert, »die Einhaltung [des Abkommens] durchzusetzen«, absichtsvoll eingefügt wurde, weshalb es folglich »zum Beispiel für einen Staat nicht« genüge, »Anweisungen oder Direktiven an einige wenige zivile oder militärische Behörden auszugeben und die Einzelheiten ihrer Durchführung deren Belieben zu überlassen. Es obliegt dem Staat, ihre Durchführung zu überwachen.«[62] Entsprechend wird der Ausdruck »unter allen Umständen« so gedeutet, dass er sich nicht auf den Bürgerkriegsfall erstreckt. Ein Teil der Argumentation schöpft aus dem in sämtlichen Genfer Abkommen von 1949 enthaltenen Artikel 3, in dem nichtinternationale Konflikte in deren Geltungsbereich aufgenommen sind.[63] Wenig deutet darauf hin, dass die Gesetzgebenden erwogen, wie nichtstaatliche Akteure auf die von ihnen erstellten Verträge reagieren würden.

Zu den Kommentaren führte ich zwei Arten einer Inhaltsanalyse durch.[64] Ich suchte in ihnen jeweils nach dem Begriff »nichtinternational« und zählte die Häufigkeit des Vorkommens. Den Ausdruck

---

62 Pictet, Commentary to First 1949 Geneva Convention, S. 26.

63 Ebenda, S. 26 f.

64 Eine Inhaltsanalyse, mitunter auch als »Text Mining« bezeichnet, beinhaltet eine großflächige wie auch feinkörnige Untersuchung umfangreicher Textsammlungen. Sie erkundet Textkorpora wie über einen langen Zeitraum erschienene Zeitungsartikel, den British National Corpus, den Corpus of Historical American English, TIME Magazine Corpus of American English oder Google Books. Die Kommentare bieten sich für eine Auswertung mit dieser Methode an: Zusammengenommen umfassen sie Tausende von Seiten. Einige, wie der Kommentar auf das Römische Statut von 1998, beinhalten allein nahezu 2000 Seiten. Triffterer, Commentary on the Rome Statute of the International Criminal Court; Abulof, Normative Concepts Analysis, S. 11; Grimmer / Stewart, Text as Data.

wählte ich deshalb, weil er in der Welt des Völkerrechts meistens zur Bezeichnung von Bürgerkriegen verwendet wird. Die meisten Völkerrechtler_innen umschreiben diese mit »nichtinternationale bewaffnete Konflikte« (NIACs). (Eine Analyse anhand verwandter Begriffe wie »Bürgerkrieg«, »Aufständische« und »Rebellen« bildet fast identische Ergebnisse ab.)

Abb. 1.4 zeigt eine aus dem Kommentar zum IV. Genfer Abkommen von 1949 extrahierte Wortwolke. Sie vermittelt einen Eindruck davon, welche Wörter (außer Stoppwörter wie »ein« und »das«) im Kommentar am häufigsten auftauchen: besonders gehäufte Vorkommen auf breiterer Front. Der Ausdruck »nichtinternational« fehlt in der Wolke, die von juristischen Begriffen wie »Artikel«, »Abkommen« und »Absatz« dominiert wird, dicht gefolgt von »Macht«, »Krieg« und »international«. Wortwolken für die Kommentare auf die anderen drei Genfer Abkommen von 1949 werfen ähnliche Ergebnisse ab.

Abb. 1.5 zeigt die Häufigkeit (wie viele Nennungen pro Anzahl an Seiten in den einzelnen Dokumenten), mit welcher der Ausdruck »nichtinternational« in den Kommentaren zu den vier Genfer Abkommen von 1949 und den beiden Zusatzprotokollen von 1977 auftaucht. In den vor dem zweiten Zusatzprotokoll (auch »Zusatzprotokoll II« genannt) entstandenen Abkommen betrug die mittlere Häufigkeit pro Seite 0,01 – mit anderen Worten: »nichtinternational« tauchte ungefähr alle 100 Seiten einmal auf. Dies macht das genannte Zusatzprotokoll II mit seiner Häufigkeit von 0,43 Nennungen pro Seite zu einem statistischen Ausreißer – nicht überraschend angesichts seiner Zielsetzung, die Genfer Abkommen von 1949 auf den Bereich der Bürgerkriege auszuweiten.

Diese Analyse nach Häufigkeit deutet darauf hin, dass das Thema Bürgerkrieg bis zum Zusatzprotokoll II im HVR verglichen mit anderen Anliegen kaum Beachtung fand. Eine feinkörnigere Inhaltsanalyse stützt diese These zusätzlich ab. Bei der Zählung des Ausdrucks »nichtinternational« wertete ich zudem das jeweilige Umfeld darauf aus, ob die Kommentierenden oder Gestaltenden nichtstaatliche Akteure als Adressaten für die diskutierten Regeln betrachteten. Nach dem Ergebnis war dies eindeutig nicht der Fall. Die Kommentierenden hatten anstatt Rebellengruppen durchweg nur Staaten im Blick, wenn es um Verpflichtungen aus dem HVR ging.

Abb. 1.4   Die Wortwolke zum Kommentar zum IV. Genfer Abkommen zeigt die häufigsten dort auftauchenden Wörter. Erstellt mit Voyant

Die Auswertungen der Kommentare zu den ersten drei Genfer Abkommen von 1949 lassen sich als Einheit abhandeln, da Doppelungen häufig sind, insbesondere um den Begriff »nichtinternational«. In den Ausführungen, in dem der Ausdruck auftaucht, geht es maßgeblich um die Verpflichtungen, die die Vertragsstaaten eingehen. Die einzige Ausnahme, die ein Zitat in voller Länge verdient, beschreibt Verpflich-

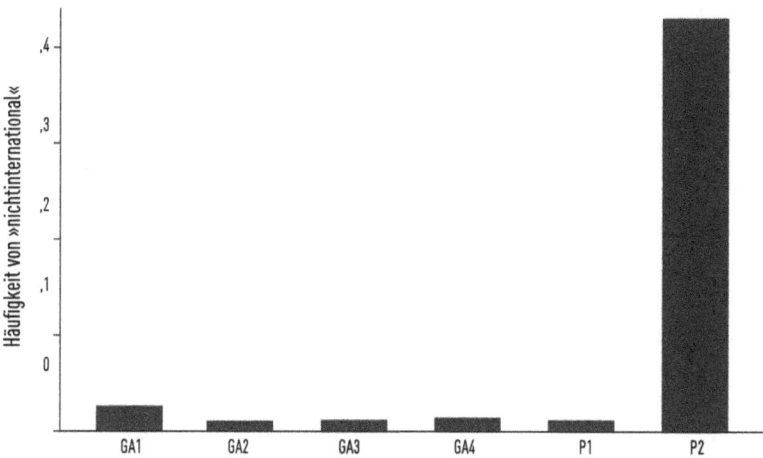

Abb. 1.5 Häufigkeit des Ausdrucks »nichtinternational«.
GA = Genfer Abkommen; P = jeweiliges Zusatzprotokoll von 1977

tungen für Rebellengruppen, die in Bürgerkriegen kämpfen. Die Passage ist allerdings verwirrend und sogar widersprüchlich:

> Die Legalität einer Regierung, die in einen inneren Konflikt verstrickt ist, reicht hin, dass diese Regierung als vertragsschließende Partei an das Abkommen gebunden ist. Andererseits: Welche Rechtfertigung gibt es für die Verpflichtung der gegnerischen Partei im Aufstand gegen die etablierte Obrigkeit? Auf der Diplomatischen Konferenz wurden Zweifel laut, ob Aufständische rechtlich an ein Abkommen gebunden sein können, das sie selbst nicht unterzeichnet haben. Aber wenn die verantwortliche Autorität an ihrer Spitze eine wirksame Souveränität ausübt, ist sie allein durch die Tatsache gebunden, dass sie Anspruch darauf erhebt, das Land oder einen Teil von ihm zu vertreten. Die fragliche »Autorität« kann sich von ihren Verpflichtungen unter dem Abkommen nur dadurch befreien, dass sie dem in Artikel 63 niedergelegten Verfahren zur Kündigung folgt. Aber die Kündigung wäre unwirksam und könnte eigentlich so lange nicht erwirkt werden, als die kündigende Autorität international nicht als zuständige Regierung anerkannt ist.[65]

---

65 Pictet, Commentary to First 1949 Geneva Convention, S. 51.

Paradox ist dieser Abschnitts insofern, als er behauptet, dass jedwede Rebellengruppe, die Anspruch darauf erhebt, einen Staat zu vertreten, Kraft Artikel 3 an die Genfer Abkommen gebunden sei, während gleichzeitig darauf verwiesen wird, dass diesen Gruppen die Rechte und Privilegien der Staatlichkeit (hier das Recht auf Kündigung der Abkommen) nicht zugebilligt werden könnten. Eine gewundene und abwertende Einschätzung der Rolle von Rebellengruppen – entscheidenden Parteien für den diskutierten Typ von Konflikten – kommt in den Kommentaren auch an anderer Stelle zum Ausdruck: »Wenn eine aufständische Partei Artikel 3 anwendet, umso besser für die Opfer des Konflikts. Niemand wird sich beschweren. Wendet sie ihn nicht an, beweist sie, dass diejenigen, die ihre Handlungen als reine Akte von Anarchie oder Banditentum betrachten, im Recht sind.«[66]

Die Erörterung von Bürgerkriegen im Kommentar zu Abkommen IV zeigt geringfügige Unterschiede in der Substanz, nicht aber darin, ob Rebellengruppen als potenzielle Adressaten gelten. Die Nennungen des Begriffs »nichtinternational« überschneiden sich zu fast einem Drittel mit denen in den Kommentaren zu den ersten drei Abkommen. Interessanter sind die Nennungen, bei denen die Frage im Mittelpunkt steht, ob sich Abschlüsse von Abkommen mit Rebellengruppen über das Verhalten in Kriegszeiten so auswirken können, dass Regierungen gegnerische Rebellengruppen anerkennen. Der Kommentar verweist darauf, dass es »jeder [Partei des Konflikts] vollkommen freisteht – und sie dazu ermuntert werden sollte –, ihre Absicht zu erklären, alle oder Teile der verbleibenden Bestimmungen [des Abkommens] anzuwenden«, merkt dann aber an, dass es der Regierung eines Vertragsstaats des Abkommens »freisteht, die ausdrückliche Vereinbarung zu treffen, dass ihr Einhalten [eines beliebigen bilateralen Abkommens mit einer Rebellengruppe] in keiner Weise die Anerkennung [von deren] Legalität [...] beinhaltet«.[67] Diese Erörterung hätte sich am ehesten für eine Analyse dazu angeboten, wie nichtstaatliche Akteure das Abkommen aufnehmen oder an es gebunden sein könnten, aber diese Diskussion fehlt: Ob diese die Verträge

---

66 Ebenda, S. 52.
67 Pictet, Commentary to 4th 1949 Geneva Convention, S. 42 f.

einhalten, ist ihnen in den Augen der Kommentator_innen offenbar völlig freigestellt.[68]

Das Zusatzprotokoll I zu den Genfer Abkommen von 1949 erweitert Abkommen IV und allgemein die übrigen dieser Abkommen in mindestens zweierlei Hinsicht. Erstens garantiert es Zivilpersonen in Kriegszeiten einen umfassenderen und klarer definierten Schutz und liefert tatsächlich die erste Definition einer Zivilperson im positiven humanitären Völkerrecht. Zweitens erweitert dieses Zusatzprotokoll den Geltungsbereich auf »bewaffnete Konflikte, in denen Völker gegen Kolonialherrschaft und fremde Besetzung sowie gegen rassistische Regimes in Ausübung ihres Rechts auf Selbstbestimmung kämpfen«. (Art. 1, Abs. 4). Diese zweite Erweiterung war hauptsächlich dazu bestimmt, nationale Befreiungsbewegungen miteinzubeziehen, wie sie nach dem Zweiten Weltkrieg in der Zeit der Entkolonialisierung aufgetaucht waren. Obwohl weiter gefasst als der vorangegangener Abkommen, reicht der Geltungsbereich dieses Zusatzprotokolls nicht so weit wie der des Zusatzprotokolls II, das allgemeiner nichtinternationale bewaffnete Konflikte abdeckt.[69] Entsprechend geht es bei den meisten Nennungen des Begriffs »nichtinternational« in den Kommentaren zum Zusatzprotokoll I darum, die Unterschiede zwischen den beiden Zusatzprotokollen und ihren Geltungsbereichen festzustellen.

Der Kommentar zum Zusatzprotokoll I folgt also dem Muster, sich nicht um die Frage zu kümmern, inwieweit nichtstaatliche Akteur_innen sich verpflichtet sehen, das humanitäre Völkerrecht einzuhalten. Eine geringfügige Ausnahme stellt Artikel 96 dar: Er umreißt für das »Organ, das ein Volk vertritt, welches in einen gegen eine Hohe Vertragspartei gerichteten bewaffneten Konflikt [...] verwickelt ist«, das Verfahren, eine unilaterale Erklärung abzugeben, um dem Zusatzprotokoll beizutreten. Im Anschluss stellt der Kommentar freilich

---

68 Eine abschließende Reihe von Erörterungen zum Begriff »nichtinternational« behandelt Fragen, die insbesondere Abkommen IV betreffen, wie die, wer in einem Bürgerkrieg als »fremd« gegenüber zur »Nation« gehörig zählt. Pictet, Commentary to 4th 1949 Geneva Convention, S. 43.

69 Eine Analyse zur Geschichte der Konferenzen von 1974–1977, aus denen die Zusatzprotokolle hervorgingen, siehe Mantilla, Under (Social) Pressure.

klar, dass sich der Status von Befreiungsbewegungen, wie durch Zusatzprotokoll I abgedeckt, deutlich von denen anderer Gruppen unterscheide, die in nichtinternationale bewaffnete Konflikte verstrickt sind, wie von Zusatzprotokoll II abgedeckt. Aber selbst diese nationalen Befreiungsbewegungen könnten keine Hohen Vertragsparteien für das Zusatzprotokoll werden.[70]

Wie Abb. 1.5 zeigt, enthält der Kommentar zum Zusatzprotokoll II die höchste Häufigkeit (und absolute Anzahl) an Nennungen des Begriffs »nichtinternational«. Dieses Ergebnis überrascht keineswegs, handelt es sich doch um ein Vertragswerk, in dem nichtinternationale Konflikte im Fokus stehen. Wenn es darum geht, festzustellen, ob seine Gestalter_innen Rebellengruppen als Adressatinnen betrachteten, zählt allerdings nicht nur die Menge der Nennungen, sondern auch deren Zusammenhang.

Auch wenn der Ausdruck »nichtinternational« im Kommentar zum Zusatzprotokoll II deutlich häufiger als in anderen auftaucht, fällt die Antwort auf die Frage, ob die Gestalter_innen davon ausgingen, dass Rebellengruppen diese Regelungen beachten würden, gleich aus. Die meisten Nennungen von »nichtinternational« beziehen sich auf die Definition des Begriffs, die Geschichte des Zusatzprotokolls, seine Beziehung zu bestehenden Abkommen oder seine Anwendung auf bestimmte Problembereiche, wie die Behandlung von Kriegsgefangenen. In den Kommentaren wie auch im Zusatzprotokoll kommen die Bemühungen von Staaten zum Ausdruck, Rebellengruppen auch dann keine internationale Anerkennung zuzuerkennen, wenn sie die Abkommen umsetzen. Tatsächlich zeigten sich manche Staaten höchst besorgt darüber, dass ihre inneren Konflikte auf eine juristische Ebene gelangen würden, auf der sie unter den Gültigkeitsbereich dieser neuen rechtlichen Instrumente fallen würden. Wie Giovanni Mantilla über Großbritannien schreibt: »Zu verhindern, dass jedwedes neue Instrument des humanitären Völkerrechts auf Nordirland angewendet würde, zählte faktisch zu den wichtigsten Zielen der Briten während des Überarbeitungsprozesses in den 1970er-Jahren.«[71] Diese Besorgnis stellte für die Gestalter_innen des Zusatz-

---

70 Ebenda, S. 46.
71 Ebenda, S. 243.

protokolls einen Balanceakt dar, wenn sie irgendeinen Staat dazu bekommen wollten, das Instrument zu unterzeichnen. Die Lösung bestand darin, dass Rebellengruppen in einem Konflikt als Parteien (*parties,* im Englischen kleingeschrieben), aber nicht als offizielle [Vertrags]Parteien (*Parties,* großgeschrieben) des Zusatzprotokolls gelten könnten. »Nur die legale Regierung oder die machthabende Regierung des Vertragsstaats des Gemeinsamen Artikels 3 oder des Zusatzprotokolls II ist eine ›Hohe Vertragspartei‹; tatsächlich ist die De-facto-Autorität, die den Kampf gegen die Regierung anführt, in den Augen des Gesetzes auch dann keine ›Hohe Vertragspartei‹, wenn sie die gleichen Rechte ausübt und die gleichen humanitären Verpflichtungen im Zusammenhang mit diesen Instrumenten eingeht.«[72] Der Kommentar gelangt offenbar zu dem Schluss: Weil Rebellengruppen keine Hohen Vertragsparteien sind, gibt es keinen Grund, ihre Rechte und Pflichten nach dem Völkerrecht auszuführen.[73]

Besorgnisse wegen der Möglichkeit, dass der Inhalt des Zusatzprotokolls II zu einer Anerkennung von Rebellengruppen führen könnte, machten sämtliche Bemühungen zunichte, explizite Verpflichtungen für nichtstaatliche Akteure in das Zusatzprotokoll aufzunehmen, ein Schritt, der die Art von Konflikten hätte abdecken sollen, in denen diese verwickelt waren. Trotz dieser fehlenden Anerkennung sieht das Völkervertragsrecht vor, dass bewaffnete nichtstaatliche Akteure, die in Vertragsstaaten der Zusatzprotokolle operieren, kraft des Prinzips der Staatenverantwortlichkeit an diese Abkommen ebenfalls gebunden sind.[74] Aber dieser Weg, bewaffnete Gruppen in Verpflichtungen einzubinden, wird bestmöglich untergraben. Trotz dieses Ungleichgewichts, das in die Zusatzprotokolle eingebaut und durch die Kommentare verschärft wurde, hat das Zusatzprotokoll II eine der

---

72 Pictet, Commentary on the Additional Protocols of 8 June 1977 to the Geneva Conventions of 12 August 1949, S. 1388.

73 Eine Ausnahme ist die Verpflichtung eines Staates, das Protokoll unter den Mitgliedern bewaffneter Gruppen zu verbreiten. Ebenda, S. 1488.

74 Nach den Regeln der Staatenverantwortlichkeit ist der Staat verpflichtet sicherzustellen, dass alle Parteien innerhalb seiner Grenzen die von ihm eingegangenen Verpflichtungen des Vertrages erfüllen – selbst wenn die betreffende Partei den Staat bekämpft.

niedrigsten Ratifizierungsquoten sämtlicher bedeutender Verträge des humanitären Völkerrechts.

Zum gegenwärtigen Stand hat das IKRK aktualisierte Kommentare zum ersten und zweiten Genfer Abkommen von 1949 herausgebracht. Eine Inhaltsanalyse zu diesen neuen Kommentaren spiegelt wider, dass das IKRK den heutigen Kriegsrealitäten Rechnung trägt: Nichtinternationale bewaffnete Konflikte erhalten in den neuen Kommentaren erheblich größere Aufmerksamkeit als in den alten. Das IKRK stellt in ihnen (insbesondere im Abschnitt zum Gemeinsamen Artikel 3, S. 529) mehrere juristische Theorien vor, die Rebellengruppen zwingen würden, das humanitäre Völkerrecht zu beachten. In ihnen taucht die Auffassung auf, dass sich die Verpflichtungen eines Staates auf alle ortsansässigen Personen und bewaffneten Gruppen auf dem Staatsgebiet erstrecken. Wie in den Kommentaren eingeräumt, gilt dies, obwohl nichtstaatliche Akteure die Genfer Abkommen gar nicht unterzeichnen können. Diese Auffassung von einer Verpflichtung ohne Zustimmung oder Beteiligung steht, wenn auch mit geringfügiger Abweichung, im Einklang mit der bisherigen Haltung, sich nicht darum zu kümmern, wie sich bewaffnete Gruppen gegenüber den Bestimmungen des Kriegsrechts verhalten werden.

Eine Inhaltsanalyse zu den Kommentaren zu den Genfer Abkommen von 1949 und den Zusatzprotokollen von 1977 zeigt, dass sie der Frage, wie Rebellengruppen diese kriegsvölkerrechtlichen Bestimmungen aufnehmen könnten, konsequent keine Beachtung schenken – Ergebnisse, in denen sich die fehlende Einbindung dieser Gruppen in die Ausgestaltung des Rechts widerspiegelt. Die Schlussakte der Genfer Konferenz von 1949 listet keine Rebellengruppe als Konferenzteilnehmer auf. Elf solcher Gruppen nahmen an den Sitzungen für die Zusatzprotokolle 1977 teil. Palästina und der Souveräne Malteserorden, ein Militärorden, waren als einzige nichtstaatliche Gruppen mit Souveränitätsansprüchen während der Verhandlungen für das Römische Statut anwesend. Angesichts ihrer fehlenden Vertretung überrascht wohl nicht, dass die daraus hervorgehenden Regelungen keine ausdrückliche juristische Einbindung nichtstaatlicher Akteure vorsehen. Aber die Aufmerksamen unter den Letztgenannten dürften die Bilanz des Regelwerks bemerkt haben: Um die Vorzüge des Rechts zu genießen, war Staatlichkeit notwendig. Diese wird von der internationalen Gemeinschaft verliehen – von derselben Gruppe, die die Bestimmungen des Kriegsvölkerrechts erstellt hat. Dass die internationale Gemeinschaft dem von ihr geschaffenen Recht Gültigkeit verleiht, müsste vernünftigerweise den Schluss zulassen, dass sich eine Gruppe Unterstützung darin verschaffen kann, Anerkennung als Staat zu erhalten, wenn sie die Bestimmungen des Völkerrechts einhält (oder zumindest diesen Anschein erweckt).

Diese Geschichte des kodifizierten Kriegsvölkerrechts zeigt eine gewachsene Anzahl von dessen Bestimmungen, eine Veränderung in seinem Charakter, einen Wandel beim Kreis seiner Gestalter_innen und ein konsistent beabsichtigtes Ausklammern der Frage, wie Rebellengruppen seine Regelungen wohl aufnehmen werden. Die Veränderungen in der Landschaft des Kriegsvölkerrechts stehen in einer engen Beziehung zum Kreis derer, die bei seiner Ausarbeitung mitgewirkt haben. Da an die Stelle von Militärangehörigen Völkerrechtler_innen und Vertretende von NGOs traten, haben sich die von den Kriegsgesetzen auferlegten Zwänge verschärft. Allerdings blieb ein Aspekt des humanitären Völkerrechts relativ konstant: Bewaffnete nichtstaatliche Akteure tauchen in den Erörterungen typischerweise nur in dem Zusammenhang auf, dass sie von Legitimität und Anerkennung ausgeschlossen bleiben. Im nächsten Kapitel setzte ich mich anhand dieser Geschichte eingehend mit der Frage auseinander, wie Staaten und Rebellengruppen im Verlauf der Zeit auf die Kriegsgesetze reagierten, insbesondere mit ihren Versuchen, das Kriegsvölkerrecht zu umgehen oder es umzusetzen.

2
Internationale Anerkennung, Kosten der Erfüllung und die Kriegsformalitäten

Wie haben potenzielle Kriegführende auf die in Kapitel 1 dargestellte Entwicklung des humanitären Kriegsvölkerrechts reagiert? Da die Kriegsgesetze in der Anzahl zugenommen und sich im Charakter verändert haben, veränderten sich für Kriegführende auch die Anreize, dieses völkerrechtliche Regelwerk umzusetzen. Doch dieser Wandel vollzog sich nicht gleichförmig. Auch wenn sich die Rechtslandschaft im System verändert hat, verfolgen Kriegführende verschiedene politische Ziele und sind mit veränderlichen Umständen konfrontiert, Unterschiede, die dann wiederum ihre Reaktionen auf die Kriegsgesetze bedingen.

Eine potenzielle Reaktion einer kriegführenden Partei auf die Weiterentwicklung des Kriegsvölkerrechts hängt wohl weitgehend davon ab, inwieweit sie Unterstützung von der internationalen Gemeinschaft benötigt, um ihre politischen Ziele im Krieg zu erreichen. Unterstützung von der internationalen Gemeinschaft (im Gegensatz zu der von bestimmten Patrones) verstehe ich im Sinn von internationaler Anerkennung, hier definiert als eine weithin bestehende Anerkennung des Rechts einer kriegführenden Partei, die Herrschaft über das Territorium auszuüben, auf das sie Anspruch erhebt.[1] Vordringlich

---

1 Diese Definition der internationalen Anerkennung ähnelt – allerdings mit Unterschieden – Max Webers Definition der legitimen Ordnung als dem Recht zur Herrschaft. Weber, Wirtschaft und Gesellschaft, S. 16, S. 153.

internationale Anerkennung anzustreben, ist insofern sinnvoll, als von ihr eine nachfolgende Unterstützung – wie Kredite vom Internationalen Währungsfonds (IWF) – abhängen. Kriegführende Parteien erhalten ein unterschiedliches Maß an internationaler Anerkennung, und diejenigen, die keine Anerkennung besitzen, streben sie innerhalb der internationalen Gemeinschaft möglicherweise an. Weil die internationale Gemeinschaft das Kriegsvölkerrecht verbreitet hat und ihm Gültigkeit verschafft, neigen Kriegführende mit geringerer (oder ohne) Anerkennung eher dazu, sich an die entsprechenden Regeln zu halten als anerkannte Parteien, die eher nach Wegen suchen werden, deren Umsetzung zu umgehen. Allgemeiner werden sich Kriegführende, die nach internationaler Anerkennung streben, auch eher bemühen, geäußerten Präferenzen der internationalen Gemeinschaft entgegenzukommen, selbst wenn sie über das Kriegsvölkerrecht hinausgehen. So besitzen beispielsweise Staaten wie Deutschland bereits ein hohes Maß an internationaler Anerkennung. Deutschland läuft gegenwärtig keineswegs Gefahr, die Mitgliedschaft in entscheidenden internationalen Organisationen wie den Vereinten Nationen oder dem IWF zu verlieren. Während seine politischen Entscheidungen mit Blick auf die Regelkonformität oder aus praktischen Gründen angefochten werden könnten, braucht es zur Umsetzung keine zusätzliche Unterstützung durch die internationale Gemeinschaft. Als die deutsche Kanzlerin Angela Merkel im August 2015 beispielsweise beschloss, in Deutschland Tausende von Geflüchteten aufzunehmen, stellte diese Entscheidung zahlreiche europäische Nachbarstaaten vor Probleme. Trotzdem wurde Deutschlands Mitgliedschaft in der EU nicht infrage gestellt. Dagegen bleibt das sezessionistische Somaliland vom internationalen Handel ausgeschlossen, weil ihm die internationale Anerkennung fehlt, die ihm die Mitgliedschaft in wichtigen internationalen Finanzinstitutionen, Zugang zu Auslandshilfen und selbst so alltägliche Dinge wie die Versicherung von Ausfuhren ermöglichen würde. Dabei ist es wichtig hervorzuheben, dass bestimmte Rebellengruppen wie der Islamische Staat eine förmliche internationale Anerkennung nicht anstreben.

Im nächsten Abschnitt dieses Kapitels gehe ich näher auf die Beziehungen zwischen internationaler Anerkennung und Kriegsvölkerrecht ein. Dann stelle ich drei völkerrechtliche Instrumente vor:

Kriegserklärungen, Unabhängigkeitserklärungen und Friedensverträge. Diese Kriegsformalitäten dienen im gesamten übrigen Buch als entscheidende Indikatoren dafür, welche Haltung eine kriegführende Partei einnimmt, wenn es um die Umgehung oder Beachtung des Kriegsvölkerrechts geht. Dieses Kapitel widmet sich der Darstellung der Kosten und Nutzen von der Umgehung gegenüber der Erfüllung des Kriegsvölkerrrechts für Staaten, die in innerstaatliche Konflikte verwickelt sind, und für – insbesondere sezessionistische – Rebellengruppen im Bürgerkriegen.

Internationale Anerkennung und das Kriegsvölkerrecht

Die internationale Anerkennung ist eine zentrale Hintergrundvariable, um nachzuvollziehen, welche Haltung eine kriegführende Partei gegenüber dem Kriegsvölkerrecht einnimmt. Mit »internationaler Anerkennung« meine ich die Anerkennung eines territorialen Gebildes als Mitgliedstaat in der internationalen Staatengemeinschaft. Diese Konzeption ähnelt Stephen Krasners Begriff von der internationalen Rechtssouveränität, »bei dem es darum ging, den Status eines politischen Gebildes im internationalen System festzulegen«.[2] Mit »internationaler Gemeinschaft« meine ich das Kollektiv der Akteure – hauptsächlich Staaten, aber auch zwischenstaatliche Organisationen (IGOs) und NGOs –, deren Ziele über nationale Interessen hinausgehen und in der Charta der Vereinten Nationen verankert sind. Die Stärke dieser Gemeinschaft beruht zum Teil auf ihrer Fähigkeit, für in-

---

2 Krasner, Sovereignty, S. 14. Diese Konzeption der Souveränität unterscheidet sich beispielsweise von Webers Darlegung der innerstaatlichen Legitimität als Grundlage für Autorität und den Anspruch auf Herrschaft. Dagegen konzipiere ich internationale Legitimität als eine, die die internationale Gemeinschaft internationalen Akteuren verleiht. Der wichtigste Nutzen der Anerkennung ist die Mitgliedschaft und ein gutes Ansehen in der internationalen Gemeinschaft. Eine nützliche Darstellung von Argumenten aus der politischen Philosophie zur Legitimität siehe Peter, Political Legitimacy. Zur Analyse der Legitimität, die bedeutenden internationalen Organisationen wie den Vereinten Nationen (insbesondere dem UN-Sicherheitsrat) zugebilligt wird, siehe Hurd, After Anarchy.

ternationale Akteure Standards eines angemessenen Verhaltens[3] – die Regeln der internationalen Politik – zu verbreiten und zu fördern. Auch verfügt sie über die Macht, Kandidaten im »Klub« der Staaten aufzunehmen oder abzulehnen, dessen Mitgliedschaft zahlreiche begehrte Vorteile bietet, wie eine förmliche diplomatische Vertretung, den Schutz durch das Völkerrecht und den Zugang zu finanzieller Unterstützung durch internationale Organisationen, wie die Vereinten Nationen und den Internationalen Währungsfonds.[4]

Nach meiner Definition liegt die internationale Anerkennung dann vor, wenn sie die Anerkennung aller gegenwärtigen UN-Mitgliedsstaaten einschließt. Die Maßstäbe für internationale Anerkennung, die in der Zeit vor der UN angelegt wurden, sind weniger universell und basieren auf Instrumenten wie der Einrichtung von Botschaften, Anerkennungserklärungen durch politische Führungsfiguren, der Mitgliedschaft in Institutionen wie dem Völkerbund und dem Abschluss internationaler Abkommen.[5] Zur Klarstellung: Festzustellen, dass ein Staat international anerkannt ist, heißt nicht, auch seine Herrschaft als legitim anzuerkennen. So waren Vorgehensweisen anerkannter Staaten, darunter der Vereinigten Staaten, der Volksrepublik China, Russlands, Nordkoreas und Syriens, in den internationalen und nationalen Arenen heftig umstritten. Aber es bedeutet, dass die Ansprüche dieser Staaten an die Völkergemeinschaft erheblich von denen politischer Gemeinschaften abweichen, die keine oder nur unvollständige internationale Anerkennung genießen. Ein Beispiel ist die Reisefreizügigkeit. Bürger_innen von politischen Gebilden wie den Republiken Kosovo und Taiwan, die eine gewisse Anerkennung – aber keine Mitgliedschaft in den Vereinten Nationen – zugebilligt bekamen, erhalten für Reisen in Länder wie Brasilien keine Visa. Stattdessen können sie ein Laissez-passer beantragen, das ein geringeres Maß an Freizügigkeit gewährt als ein Visum. Dagegen können Bürge-

---

3 Finnemore/Sikkink, International Norm Dynamics and Political Change, S. 891.
4 Fazal/Griffiths, Membership Has its Privileges.
5 Fazal, State Death, S. 14–17. Siehe ebenso Coggins, Power Politics and State Formation in the Twentieth Century, S. 8; Fabry, Recognizing States, insbesondere Kapitel 1 und 4.

rinnen und Bürger von Serbien oder der Volksrepublik China entweder ohne Visum nach Brasilien einreisen oder erhalten eines mit geringeren Reisebeschränkungen als mit einem Laissez-passer.

Die erste wichtigere Trennlinie, die sich bei einer genauen Betrachtung der internationalen Anerkennung zwischen den Akteuren ziehen lässt, ist folglich die zwischen den international anerkannten und den nicht anerkannten. Die zweite Trennlinie scheidet innerhalb der Menge der Akteure ohne eine solche Anerkennung diejenigen, die auf diese Wert legen, von jenen, denen sie gleichgültig ist. Rebellengruppen im Bürgerkrieg sind hier durch erhebliche Unterschiede gekennzeichnet. Gruppen, die aus Gewinnstreben Kämpfe führen, wie die Revolutionary United Front (RUF) in Sierra Leone in den 1990er-Jahren, genießen keine internationale Anerkennung, bemühen sich aber nicht oder kaum um sie, außer um Zugang zu Märkten zu erlangen, um Ressourcen (wie »Blutdiamanten« aus Angola, der Elfenbeinküste oder Sierra Leone) zu verkaufen, die sie mit illegalen Mitteln erworben haben. Aus anderen Gründen ist Gruppen wie dem Islamischen Staat und Boko Haram die internationale Anerkennung ebenfalls gleichgültig. Ihre Vision vom Sieg erscheint von der Welt der modernen Eigenstaatlichkeit in der internationalen Gemeinschaft losgelöst. Gruppen, die einen Sturz der Zentralregierung anstreben, wie die Unified Communist Party in Nepal, streben internationale Anerkennung womöglich an, benötigen sie aber nicht, um ihre politischen Ziele zu verwirklichen. Sie bemühen sich häufig eher um die Unterstützung eines bestimmten staatlichen Patrons als um die Anerkennung der internationalen Gemeinschaft als Ganzes. Die Resistência Nacional Moçambicana (RENAMO) in Mosambik ging zunächst mit dem von Weißen dominierten Rhodesien und dann mit dem südafrikanischen Afrikaaner-Regime ein Bündnis ein, um an die notwendige materielle Unterstützung gegen die mosambikanische Regierung zu kommen.[6] Dagegen ist innerhalb der Rebellengruppen für Sezessionisten internationale Anerkennung von entscheidender Bedeutung, um ihre politischen Ziele zu erreichen. Sezessionisten, wie denen in der indonesischen Provinz Aceh, die (erfolglos) um die Abspaltung

---

6 Weinstein, Inside Rebellion, S. 75–79.

von Indonesien kämpften, ist bewusst, dass »sie gezwungen sind, Unterstützung von anderen Nationalstaaten anzustreben, weil die Mitgliedschaft im System [der Nationalstaaten] eine Vorbedingung für die Anerkennung durch deren andere Mitglieder ist«.[7] Selbst wenn sezessionistische Gruppen wie die derzeit in Somaliland regierenden über das von ihnen beanspruchte Territorium erfolgreich Kontrolle ausüben, wirkt sich dies auf ihre internationale Anerkennung nur begrenzt aus. Da kein international anerkannter Staat, verfügt Somaliland beispielsweise über keine legale Handhabe, um sich gegen Einfälle aus seinem (ebenfalls sezessionistischen) Nachbarn Puntland zur Wehr zu setzen, und verfügt über keine Möglichkeit, mit ausländischen Banken direkt zu verhandeln. Diese Beschränkungen schmälern Somalilands Souveränität in mehreren Dimensionen.[8]

Sezessionistische Gruppen benötigen die internationale Anerkennung nicht nur dringender als andere Arten von Rebellengruppen, sie haben auch einen deutlich steinigeren Weg als nichtsezessionistische Gruppen vor sich, um sie zu erlangen.[9] Ein ganz neuer Staat erreicht seine Anerkennung weitaus schwieriger als eine neue Regierung in einem längst bestehenden. Sezessionisten ist dies sehr wohl bewusst.

Die Kriterien der internationalen Gemeinschaft für Neuaufnahmen in ihren Klub haben sich mit der Zeit verändert. In der fernen Vergangenheit mussten sich selbst ernannte Staaten ihre Anerkennung mit kriegerischen Mitteln erkämpfen – mit neu entstanden territorialen Grenzen als einem Ergebnis.[10] Vor diesem Hintergrund erstellte die internationale Staatengemeinschaft in der Konvention von Montevideo über Rechte und Pflichten der Staaten von 1933 Kriterien, nach denen ein territoriales Gebilde als Staat gelten konnte: darunter (a) eine dauerhafte Bevölkerung; (b) ein abgegrenztes Territorium; (c) eine Regierung; und (d) die Fähigkeit, zu anderen Staaten Beziehun-

---

7 Aspinall, Islam and Nation, S. 223.
8 Coggins, Power Politics and State Formation in the Twentieth Century, S. 33; Fazal/Griffiths, Membership Has its Privileges, S. 93 f.
9 Roth, Secessions, Coups and the International Rule of Law.
10 Tilly, The Formation of National States in Western Europe; Bean, War and the Birth of the Nation-State.

gen aufzunehmen.[11] In neuerer Zeit erweiterten Organisationen wie die Europäische Union diese Liste mit der Forderung, vor einer Aufnahme in die EU Nachweise für Demokratie und die Achtung der Menschenrechte zu erbringen.[12]

Auch wenn sich die Anerkennungspolitik als ein komplexes Mosaik darstellt, dessen Steinchen von Land zu Land variieren, kann eine kurze Beschreibung der entsprechenden Politik des Vereinigten Königreichs Großbritannien und Nordirland (UK) die Unterschiede veranschaulichen, die bei der Anerkennung einer neuen Regierung und der eines neuen Staates gemacht werden. Bis 1980 erkannte das UK Regierungen – also neue Regimes bestehender Staaten, auch solche, die durch Staatsstreich oder Revolution an die Macht gekommen waren – dann an, wenn sie eine effektive Kontrolle über das staatliche Territorium ausübten. Diese musste zudem fest verankert und den Erwartungen nach dauerhaft sein.[13] Diese Politik wirkte sich für das Vereinigte Königreich politisch allerdings negativ aus, zum Beispiel als es 1979 die autokratischen und abstoßenden Regimes Pol Pots in Kambodscha und Jerry Rawlings' in Ghana anerkannte, die durch Staatsstreiche an die Macht gelangt waren und die oben genannten formalen Kriterien erfüllten.[14] Folglich änderte das Vereinigte Königreich 1980 seine Politik dahingehend, dass es anstatt von Regierungen Staaten anerkannte.[15] Dem lag der Gedanke zugrunde, dass eine solche Anerkennung weiterwirkt und kein zusätzliches Zutun erfordert, wenn eine neue Regierung – auch eine unliebsame – an die Macht gelangt. Dieser Wechsel lieferte einen politischen Rückhalt, der unter der vorigen Politik gefehlt hatte.

Dabei liegt für das Vereinigte Königreich die Hürde zur Anerkennung eines neuen Staates deutlich höher. Neben Erfüllung der Kriterien

---

11 Montevideo-Convention über Rechte und Pflichten der Staaten.

12 Europäische Kommission, European Neighbourhood Policy and Enlargement Negotiations.

13 Morrison, zitiert in: Talmon, Recognition of Governments, S. 239.

14 Ebenda, S. 242.

15 Dabei schlossen sie sich einer wachsenden Anzahl von Staaten an, die vom Prinzip abrückten, bestimmte Regierungen anzuerkennen. Talmon, Recognition of Governments, S. 244–248; Warbrick, Recognition of States.

für Staatlichkeit, die in der Konvention von Montevideo festgeschrieben sind, verlangt die britische Regierung, dass der Anwärterstaat keine UN-Resolution verletzt, die UN-Charta und die Grundsätze des internationalen Rechts erfüllt, die Rechte von Minderheiten garantiert, Verpflichtungen zur Abrüstung und zur regionalen Stabilität akzeptiert und eine Fülle zusätzlicher Verpflichtungen zu den Menschenrechten eingeht.[16] Die britischen Kriterien spiegeln offenbar einen Konsens in der internationalen Gemeinschaft wider: Um Anerkennung zu erhalten, genügt es nicht mehr, eine effektive territoriale Kontrolle unter Beweis zu stellen. Vielmehr müssen neue Staaten heutzutage zusätzlich Standards erfüllen, die von der westlichen liberalen Ordnung vorgegeben sind[17] – ganz andere und erheblich strengere als jene, die für eine auch nur implizite Anerkennung von neuen Regimes bestehender Staaten ausgelegt waren. Allgemein erscheint die internationale Gemeinschaft eher bereit, politische anstatt kartografische Veränderungen zu akzeptieren. Im Wissen, dass ihr Weg zur Anerkennung der steinigere ist, erkennen Sezessionisten, dass es für ihre Erfolgschancen entscheidend ist, die internationale Gemeinschaft zu umwerben.

Da die Mitgliedschaft und ein positives Ansehen in der Völkergemeinschaft – zumindest vordergründig – ein entsprechend akzeptables Verhalten voraussetzt, zeigen sich Gruppen, die internationale Anerkennung als neuer Staat anstreben, tendenziell von ihrer besten Seite, zumindest so lange, bis sie dieses Ziel erreicht haben. Im Einklang mit dieser These führt Hyeran Jo die Entscheidung der Sudanesischen Volksbefreiungsbewegung (SPLM) von 2010, keine Kindersoldaten mehr einzusetzen, auf ihre sezessionistischen Bestrebungen zurück: »Die Gruppe wollte sich einen Ruf schaffen und ihre Legitimität stärken.«[18] Und Bridget Coggins meint, dass nach den Anschlägen vom 11. September 2001 insbesondere sezessionistische Gruppen stärker vor dem Einsatz von Terrormethoden zurückschreckten, weil die

---

16 Talmon, Recognition of Governments, S. 251.
17 Oeter, The Role of Recognition and Non-Recognition with Regard to Secession, S. 198.
18 Jo, Compliant Rebels, S. 32.

Weltgemeinschaft um die Vereinigten Staaten und gleichzeitig gegen Terrorismus den Schulterschluss übte.[19]

Eben wegen ihrer Anreize, an die internationale Gemeinschaft positive Signale zu senden, nehmen Sezessionisten in ihren Kriegen auf mehr nur auf das humanitäre Völkerrecht Rücksicht. Tatsächlich achten wohl am ehesten sie auf die Vorlieben der internationalen Gemeinschaft, die zeitgleich mit ihrem Konflikt laut werden, aber nicht unbedingt im humanitären Völkerrecht festgeschrieben sind, insbesondere wenn sich solche Äußerungen speziell an sie richten. Zwei Arten von Erklärungen äußert die internationale Gemeinschaft besonders: die gegen unilaterale Unabhängigkeitserklärungen, wie sie Sezessionisten abgeben, und die zur Unterstützung förmlicher Friedensabkommen, um Bürgerkriege zu beenden. So beklagte der UN-Sicherheitsrat zum Beispiel die Unabhängigkeitserklärung und die versuchte Abspaltung der Türkischen Republik Nordzypern 1983, die sie »als rechtlich nichtig erachtete und deren Rücknahme sie verlangte«.[20] Als Beispiel für die zweite Art Erklärung drängte die internationale Gemeinschaft die Regierung von Sierra Leone entschieden dazu, mit der Revolutionary United Front (RUF) zu verhandeln, obwohl sie sie militärisch hätte besiegen können.[21] Beachten müssen Sezessionisten also nicht nur den Korpus des förmlichen internationalen Rechts, das das Verhalten im Krieg regelt, sondern auch diese umfassenderen Normen des Krieges, welche die internationale Gemeinschaft propagiert.

Wie David Armitage zeigt, hat die Bezeichnung eines Konfliktes als ein internationaler gegenüber einem Bürgerkrieg erhebliche Konsequenzen für die Anwendung des Kriegsrechts. Das erste kodifizierte Landkriegsrecht – das Genfer Abkommen zum Schutz der Verwundeten von 1864 – galt im Falle von Bürgerkriegen als *nicht* anwendbar.[22] Die Gültigkeit der Bestimmungen des Seekriegsrechts war während des US-Sezessionskrieges umstritten in der Kernfrage, ob besagte Re-

---

19 Coggins, Terrorism.
20 Vidmar, Conceptualizing Declarations of Independence in International Law, S. 171.
21 Hazen, What Rebels Want, S. 67.
22 Armitage, Bürgerkrieg, S. 198/199.

gelungen in einem Bürgerkrieg angewendet werden könnten.[23] In neuerer Zeit wurde ein Spruch des Internationalen Strafgerichtshof für das ehemalige Jugoslawien (ICTY), der darüber zu urteilen hatte, ob und wann sich »der Bosnien-Krieg […] von einem internationalen Krieg in einen Bürgerkrieg verwandelt hatte«, vom Angeklagten Duško Tadić dazu herangezogen, dem »Tribunal die Zuständigkeit für seine Handlungen« abzusprechen mit der Begründung »Das Statut, durch den das Tribunal geschaffen worden war, gelte nur für internationale bewaffnete Konflikte.«[24]

Im Gros der übrigen Ausführungen in diesem Buch spielt die internationale Anerkennung weiterhin die Rolle einer wichtigen unabhängigen Variablen, die aber häufig nur im Hintergrund wirkt. Unter den internationalen Akteuren lässt sich die deutlichste Trennlinie zwischen Staaten – die bereits internationale Anerkennung besitzen – und nichtstaatlichen Akteuren ziehen. Da die Kapitel, die sich empirisch mit Fällen befassen, zwischenstaatliche Konflikte und Bürgerkriege getrennt behandeln, lasse ich die Rolle dieser Anerkennung in meiner Untersuchung zu zwischenstaatlichen Konflikten allerdings außen vor. Dagegen erörtere ich diese Frage erneut im Zusammenhang mit Bürgerkriegen, bei denen im Verhalten zwischen Rebellengruppen und den von ihnen bekämpften Regierungen wie auch in dem von Rebellen untereinander Unterschiede zu beobachten sind: Von den Letztgenannten streben nur einige internationale Anerkennung an.

Die Kriegsformalitäten

Kriegführende, die bereits anerkannt sind und keine zusätzliche internationale Anerkennung benötigen, können es sich eher leisten, das Kriegsrecht zu umgehen als andere, denen diese fehlt und die sie anstreben. Die Letztgenannten müssen dagegen versuchen, das Kriegsvölkerrecht zu erfüllen, weil sie die Vorlieben der internationalen Ge-

---

23 Ebenda, S. 206 f.
24 Ebenda, S. 238.

meinschaft widerspiegeln, deren Gunst sie erwerben wollen. Darüber hinaus müssen sie danach streben, den Präferenzen, die in der internationalen Gemeinschaft mit Blick auf kriegsrelevante Bereiche zum Ausdruck kommen, auch dann entgegenzukommen, wenn diese nicht schriftlich niedergelegt sind. In bewaffneten Konflikten können Kriegführende ihre Absicht signalisieren, die internationalen Regeln und Normen des Krieges zu umgehen oder sie dadurch zu beachten, dass sie die traditionellen Formalitäten des Krieges erfüllen. Mit Letztem erkennen sie offiziell an, dass sie sich in einem Kriegszustand befinden, in dem klar die Kriegsgesetze gelten. In den nachfolgenden Kapiteln konzentriere ich mich auf Trends beim Einsatz von dreien dieser Formalitäten: Kriegserklärungen, Unabhängigkeitserklärungen und Friedensverträge.

Die Signale, die mit dem Einsatz von Kriegsformalitäten gesetzt werden, nutze ich als zentrale abhängige Variable bei einer Untersuchung, welche Auswirkungen die Ausweitung des Kriegsvölkerrechts hat, die mir als erste unabhängige Variable dient. Auch wenn die in Kapitel 1 erörterte Ausweitung des HVR vielleicht den Eindruck erweckt, dass sich dieses Buch hauptsächlich um dessen Einhaltung dreht, steht diese keineswegs im Mittelpunkt. Die Einhaltung des Völkerrechts im Allgemeinen und die des humanitären Völkerrechts im Besonderen sind eine höchst komplizierte Materie, wie vorangegangene Forscher_innen gezeigt haben.[25] Die Faktenlage deutet in verschiedenem Maße darauf hin, dass Demokratien manchmal mehr und manchmal weniger[26] als undemokratische Regime dazu neigen, sich an die Kriegsgesetze zu halten; dass es zu Verletzungen in einem Krieg manchmal eher früher und manchmal eher später kommt;[27]

---

25 So beinhaltet zum Beispiel Morrows Analyse der Einhaltung des humanitären Völkerrechts eine extrem komplexe Theorie und setzt bei den Staaten ein äußerst hohes Maß an rationalem Kalkül voraus.
26 Morrow, Order within Anarchy; Downes, Restraint or Propelland?
27 Morrow, Order within Anarchy, S. 88. Dagegen vertritt Downes – mit Valentino, Huth und Croco –, dass Angriffe auf Zivilpersonen häufig eine Verzweiflungsstrategie darstellten, die (implizit) in späteren Phasen des Krieges zu erwarten sei. Downes, Desperate Times; Valentino/Huth/Balch-Lindsay, Draining the Sea; Valentino/Huth/Croco, Covenants without the Sword.

und dass die Ratifizierung von Bestimmungen des Kriegsvölkerrechts zu einer strengeren oder einer nachlässigeren Beachtung führt.[28] Hier konkurrieren Erfordernisse auf dem Schlachtfeld mit politischen Zwängen. Zudem zeigt sich in sämtlichen problematischen Bereichen des Kriegsvölkerrechts ein unterschiedliches Maß an Beachtung. Manche unterliegen einer stärkeren zentralen Kontrolle, sodass Verletzungen seltener vorkommen als in anderen.[29] Ich erwarte, dass die Ausweitung des humanitären Völkerrechts dessen Beachtung beeinflusst, aber auch, dass dieser Effekt, wie weiter unten dargelegt, indirekt wirkt.

Um sich dies zu verdeutlichen, erwäge man die Beziehung zwischen der Ratifizierung von HVR-Verträgen und der Einhaltung des Kriegsvölkerrechts. Anders als viele andere Problemfelder, die vom internationalen Recht abgedeckt sind – so der internationale Handel oder die Menschenrechte –, ist die Verpflichtung, das humanitäre Völkerrecht einzuhalten, auf Kriegszeiten beschränkt. Staaten unterzeichnen und ratifizieren HVR-Abkommen typischerweise in einer Zeit, in der sie sich nicht im Krieg befinden (tatsächlich werden viele solcher Abkommen eher als Reaktion auf größere Kriege anstatt als Vorkehrung gegen solche verhandelt). Auch wenn Staaten eine gewisse Vorstellung davon haben, unter welchen Umständen sie mit welchen Gegnern künftig konfrontiert sein könnten, sind diese Erwartungen im Allgemeinen ungewiss. Staaten unterzeichnen Verträge des humanitären Völkerrechts, ohne genau zu wissen, welche Kriege auf sie zukommen. So überrascht es denn auch nicht, dass über den Effekt der Ratifizierung häufig strategische Zwänge obsiegen, wenn es um die Beachtung des humanitären Völkerrechts geht.

Staaten ratifizieren HVR-Verträge, ohne zu wissen, welche Kriege ihnen bevorstehen, ziehen aber mit dem Wissen in den Krieg, welche Verträge sie ratifiziert haben. Da immer mehr Verträge gelten, müssten in der Bereitschaft von Kriegführenden, sich in eine Lage zu begeben, in der sie eindeutig zur Umsetzung verpflichtet sind, je nach dem Nutzen der Erfüllung ebenfalls Unterschiede feststellbar sein. Die Ein-

---

28 Morrow, Order within Anarchy; Valentino / Huth / Croco, Covenants without the Sword.
29 Morrow, Order within Anarchy, Kapitel 6.

haltung von Kriegsformalitäten wie Kriegserklärungen räumt mit Blick auf die Gültigkeit des Kriegsrechts jede Mehrdeutigkeit aus. Dabei ist darauf hinzuweisen, dass dieselben Mechanismen im Bürgerkrieg anders funktionieren, da Rebellengruppen in ihnen keine HVR-Verträge ratifizieren. Zudem vergeht wenig oder gar keine Zeit zwischen dem Augenblick, in dem die Erfordernisse des HVR bekannt werden, und dem, ab dem es sie einzuhalten gilt.

Die Zunahme von Regeln des Kriegsvölkerrechts müsste sich folglich unmittelbarer auf die Nutzung der Kriegsformalitäten als auf die Erfüllung dieser Regeln auswirken, insbesondere in zwischenstaatlichen Kriegen. Vorherzusagen, inwieweit sie Beachtung finden, dürfte für die Kriegführenden ebenso schwierig sein wie für Wissenschaftler_innen. Aber wenn sie sich auf die Kriegsformalitäten berufen, überschreiten sie eine klare Linie, hinter der sie sich eindeutig zur Erfüllung verpflichten und an die internationale Gemeinschaft entsprechende Signale aussenden. Staaten, die den Krieg erklären, sind unmissverständlich verpflichtet, das humanitäre Völkerrecht zu beachten. Auch Rebellengruppen, die ihre Unabhängigkeit erklären, senden an die internationale Gemeinschaft eine unmissverständliche Botschaft aus. Kriegführende, die einen Friedensvertrag unterzeichnen, tun diesen Schritt – insbesondere heutzutage – oft auf Drängen der internationalen Gemeinschaft und im Wissen, dass ein solcher Vertrag ein Fenster öffnet, wonach sie für jede Verletzung des HVR, die sie in dem Konflikt begangen haben, zur Rechenschaft gezogen werden können. So wurde zum Beispiel das Friedensabkommen vom September 2015 zwischen den Fuerzas Armadas Revolutionarias de Colombia (FARC) und der kolumbianischen Regierung im Schatten laufender Vorermittlungen im Konflikt durch den Internationalen Strafgerichtshof (IStGH) geführt. Nach der Ankündigung des Abkommens gab die Chefanklägerin eine Erklärung heraus, die »mit Zuversicht« anmerkt, »dass das Abkommen ausschließt, für Kriegsverbrechen und Verbrechen gegen die Menschlichkeit Amnestie zu gewähren, und unter anderem darauf angelegt ist, die Straflosigkeit für die meisten schweren Verbrechen zu beenden«.[30] Die Strategie, die

---

30 International Criminal Court, Statement of the Prosecutor.

hinter der Entscheidung steht, die Kriegsformalitäten einzuhalten oder sie zu umgehen, ist inhärent politisch, während die Strategie hinter der Entscheidung, ob die Kriegsgesetze beachtet werden, politischer wie auch militärischer Art ist. Deren Beachtung ist zuweilen – so in Fällen, wenn sie im Ermessen einzelner Soldaten liegt – ein vielschichtiger Prozess, der sich umfassend nur schwer analysieren lässt. Deswegen erwarte ich, dass die Auswirkungen der Zunahme der Kriegsgesetze am deutlichsten auf der Ebene der Kriegsformalitäten anstatt bei der Einhaltung sichtbar werden.

Die Trends beim Einsatz von Kriegsformalitäten im Verlauf der letzten beiden Jahrhunderte ermöglichen es, vier Fragen zu formulieren, welche die Themen der Kapitel 3 und 5 über zwischenstaatliche Konflikte und die der Kapitel 6 und 8 über Bürgerkriege betreffen:

1. Staatliche Beteiligte an zwischenstaatlichen Konflikten vermeiden seit den Genfer Abkommen von 1949 förmliche Kriegserklärungen. Warum? [Kapitel 3].

2. Ebenso enden zwischenstaatliche Konflikte tendenziell seltener mit förmlichen Friedensabkommen. Warum? [Kapitel 5].

3. Sezessionistische Rebellengruppen erklären seit Gründung der Vereinten Nationen 1945 seltener ihre Unabhängigkeit. Warum? [Kapitel 6].

4. Bürgerkriege enden in der Ära der UN seltener mit förmlichen Friedensabkommen. Warum? [Kapitel 8].

Nach dem von mir vertretenen Standpunkt liegt die Antwort auf diese Fragen in der Zunahme an Regeln des Kriegsvölkerrechts und – allgemeiner – in einem Wandel in der Haltung der internationalen Gemeinschaft gegenüber der Regulierung bewaffneter Konflikte. Da sich die Abkommen zum Kriegsvölkerrechts vermehrt und im Charakter verändert haben, setzten Staaten – diejenigen Akteure, die von der internationalen Gemeinschaft relativ wenig zusätzliche Anerkennung brauchen und anstreben – in internationalen Konflikten tendenziell seltener auf den Einsatz von Kriegsformalitäten. Wenn Staaten den Krieg erklären und Friedensverträge abschließen, begeben sie sich in eine Position ohne jedweden rechtlichen Spielraum, was ihre Verpflichtungen angeht, die Kriegsgesetze einzuhalten. Da sich die Liste um immer mehr restriktive Bestimmungen verlängert hat, wird Flexibilität zu einem zunehmend geschätzten Gut.

Gleichzeitig stellen sich bestimmte Rebellengruppen in besonderem Maße auf die Präferenzen der internationalen Gemeinschaft ein. Wie oben erörtert, gilt dies insbesondere für sezessionistische Gruppen. Seit Gründung der Vereinten Nationen 1945 hat die internationale Gemeinschaft ihre wachsende Aversion gegen unilaterale Unabhängigkeitserklärungen signalisiert. Gegen diese bestehen zweierlei Einwände: Zum einen weckte Sezessionismus im Verlauf der Geschichte an sich schon Unmut. Ein Grundprinzip der Vereinten Nationen zielt auf die Wahrung der territorialen Integrität, die von innen durch Sezessionismus oder von außen durch territoriale Eroberung bedroht sein kann. Die Gestaltenden der UN-Charta beschlossen, der Stabilität des internationalen Systems gegenüber Ansprüchen auf Selbstbestimmung den Vorrang zu geben, weshalb sie territoriale Aggressionen mit einem Verbot belegten und sezessionistischen Bestrebungen einen Riegel vorzuschieben versuchten. Zweitens, und damit zusammenhängend, wurde als eine Ausnahme von dieser Regel die einvernehmliche Sezession zugelassen, wie sie bei der nicht gewaltsamen Auflösung der Tschechoslowakei 1993 erfolgt ist. Unilaterale Unabhängigkeitserklärungen verstoßen gegen diese beiden Normen, da sie von Sezessionisten ausgesprochen werden, die sich in Bewegungen engagieren, die von ihrer Zentralregierung missbilligt werden.

Zwei Fälle aus der Frühzeit der Vereinten Nationen verdeutlichen diesen Punkt. Die in den 1960er-Jahren ins Leben gerufene Sezessionsbewegung der Provinz Katanga stieß auf die einhellige Ablehnung der internationalen Gemeinschaft, die sich hinter die frisch unabhängig gewordene Demokratische Republik Kongo stellte. Die UN-Sicherheitsratsresolution 169 brachte klar die tiefe Besorgnis des Sicherheitsrats über »die anhaltende Verschlechterung der Lage im Kongo und das Vorherrschen von Verhältnissen« zum Ausdruck, »die den Frieden, die Ordnung, die Einheit und die *territoriale Integrität* des Kongo ernsthaft gefährden«.[31] Ähnlich stieß der Versuch Biafras, sich 1967 von Nigeria abzuspalten, auf eine feindselige Haltung der internationalen Gemeinschaft. In einer »Resolution zur Lage in Nigeria« wie-

---

31 Hervorhebung durch die Autorin. UN Security Council Resolution 169 (1961).

derholte die Organisation für Afrikanische Einheit »ihre Verurteilung von Sezession in sämtlichen Mitgliedsstaaten«.[32] Die Abneigung der internationalen Gemeinschaft gegen unilaterale Unabhängigkeitserklärungen weitete sich während der Auflösung Jugoslawiens am Ende des Kalten Krieges aus, als unter anderem an die Adresse Kroatiens und Sloweniens klare Signale gegen solche Erklärungen ausgesandt wurden. Obwohl Unabhängigkeitserklärungen (aus Gründen, die in Kapitel 6 erörtert werden) förmlich nicht in gleicher Weise an das internationale Recht geknüpft sind wie Kriegserklärungen an das humanitäre Völkerrecht in zwischenstaatlichen Kriegen, können sie als Teil eines sich entwickelnden gewohnheitsrechtlichen *ius ad bellum* für Bürgerkriege gelten.

Ähnlich drückte die internationale Gemeinschaft immer häufiger eine Vorliebe für Verhandlungslösungen gegenüber militärischen Pattsituationen oder Siegen aus, um Bürgerkriege zu beenden. So wurde beispielsweise auf Myanmar internationaler Druck ausgeübt, um eine Demokratisierung einzuleiten und Friedensverhandlungen mit den verschiedenen Rebellengruppen aufzunehmen, die der birmanischen Regierung den Kampf angesagt hatten.[33] Allgemeiner stellte Jessica Stanton fest, dass »der Sicherheitsrat der Vereinten Nationen Resolutionen verabschiedete, die in über der Hälfte der Kriege, die von 1989–2010 stattfanden, ein Ende der Kämpfe verlangten. In vielen dieser Resolutionen forderte der Sicherheitsrat zudem ein Ende der Verletzungen des humanitären Völkerrechts.[34]

Ich argumentiere, dass sich die vermehrte Anzahl von Regeln des Kriegsrechts indirekt auf dessen Einhaltung auswirkt, wie in den Kapiteln 4 und 7 im Einzelnen erörtert wird. Wenn Staaten zunehmend davor zurückscheuen, förmlich den Krieg zu erklären, weil sie befürchten, für jede Verletzung des sich ausweitenden humanitären Völkerrechts zur Rechenschaft gezogen zu werden, müssten wir ein hohes Maß an Erfüllung in den Fällen erwarten, in denen eine Kriegserklärung ausgesprochen wird. Umgekehrt ist die Wahrscheinlichkeit, dass

---

32 Brownlie, Basic Documents on African Affairs, S. 364.
33 Sahadevan, Managing Internal Conflicts in India, S. 139.
34 Stanton, The Impact of Civilian Targeting on Civil War Outcomes in the Post-Cold War Era, S. 11.

Staaten den Krieg erklären, dann geringer, wenn sie von Anfang an damit rechnen, das Kriegsvölkerrecht zu verletzen. Und insofern Rebellengruppen im Allgemeinen und Sezessionisten im Besonderen großes Interesse daran haben, die Gunst der internationalen Gemeinschaft zu gewinnen, wenn es um Unabhängigkeitserklärungen und Friedensabkommen in Bürgerkriegen geht, müssten sie sich – verglichen mit anderen Rebellengruppen mit politischen Zielen, die nicht im gleichen Maß deren Unterstützung erfordern – mit Blick auf das humanitäre Völkerrecht wie das Verbot, Zivilpersonen ins Fadenkreuz zu nehmen, strenger regelkonform verhalten.

Warum, wann und wie Kriegführende die Kriegsformalitäten einhalten, hängt mit der sich vermehrenden Anzahl an Regeln und Normen des Krieges zusammen. Die Kosten und Nutzen der Einhaltung dieser sich wandelnden Kriegsgesetze umreiße ich im nächsten Abschnitt dieses Kapitels. Meine These lautet, dass Kriegführende die Kosten und Konsequenzen der Erfüllung oder Nichterfüllung des Kriegsrechts abwägen, wenn sie darüber entscheiden, ob sie Kriegsformalitäten einsetzen. Da sich der unmittelbare Nutzen der Beachtung der Kriegsgesetze und Vorlieben der Internationalen Gemeinschaft verändert hat, zeigt sich auch ein Wandel in der Wahrscheinlichkeit, mit der Kriegführende auf Kriegserklärungen, Unabhängigkeitserklärungen und Friedensabkommen setzen werden. Dabei müssen wir allerdings erwarten, dass dieser Wandel je nachdem, welches Maß an internationaler Anerkennung Kriegführende genießen und anstreben, unterschiedlich ausfällt. Als Nächstes analysiere ich die Reaktion von Staaten auf die Ausweitung des humanitären Völkerrechts und wende mich anschließend der Frage zu, wie Rebellen im Bürgerkrieg auf die veränderten Vorlieben der internationalen Gemeinschaft beim *ius ad bellum* wie auch beim *ius in bello* reagiert haben.

Die Reaktion der Staaten auf die Ausweitung des HVR

Obwohl das Verhalten im Krieg heute immer stärkeren Beschränkungen unterworfen wird, ist die Ausweitung des kodifizierten humanitären Völkerrechts nicht der Hauptgrund, warum sich Staaten seltener auf einen Krieg einlassen.[35] Aber sie setzt den Mitteln staatlicher Kriegführung engere Grenzen.

Aus einer internationalen rechtlichen Perspektive erlegt das humanitäre Völkerrecht den Staaten in der Art, wie sie sich im Krieg verhalten dürfen, erhebliche Beschränkungen auf. So dürfen sie zum Beispiel keine Zivilpersonen ins Fadenkreuz nehmen, Kriegsgefangene nicht schlecht behandeln und keine Plünderungen zulassen. Aus Sicht von Staaten, die mit militärischen Mitteln politische Ziele verfolgen, erscheinen diese Beschränkungen mitunter kontraproduktiv – wenn sich zum Beispiel Zivilpersonen in einem Areal von entscheidender strategischer Bedeutung aufhalten oder wenn einer kriegführenden Partei die Fähigkeit abgeht, Kriegsgefangene gut zu behandeln. Da eine strenge, zentralisierte Überwachung und Durchsetzung fehlt, sind die Konsequenzen von Verstößen gegen das HVR allerdings ungewiss. Die Staaten befinden sich somit in einem seltsamen Rechtsraum: Obwohl immer umfangreicher, gelten die Bestimmungen des humanitären Völkerrechts in einem schwachen Rechtsregime, das gleichwohl seine Forderungen stellt.

Da sich die Kosten der Beachtung des HVR mit der Zeit erhöht haben, neigen Staaten häufiger dazu, die Umgehung ihrer Verpflichtungen mit juristischen Argumenten zu rationalisieren. Wenn sie vertreten können, dass das Recht für sie nicht gelte, begrenzen sie ihre materiellen Kosten und unter Umständen auch ihre rechtlichen Risiken. Im Folgenden lege ich die Kosten und Nutzen der Erfüllung oder Nichterfüllung des heutigen humanitären Völkerrechts dar, um zu

---

35 Dieser Punkt hat insofern methodologische Bedeutung, als er nahelegt, dass es keinen Auswahleffekt gibt, weil die Entscheidung, in den Krieg zu ziehen, nicht von der Ausweitung des kodifizierten HVR bedingt wird. Mehrere Rechtsgelehrte stellten einen Rückgang an zwischenstaatlichen Kriegen fest und schrieben diesen bis zu einem gewissen Grad der gewachsenen Humanität und den Normen und Handlungen der internationalen Gemeinschaft (wie friedenerhaltenen Maßnahmen) zu. Pinker, The Better Angels of Our Nature; Goldstein, Winning the War on War. Diese Thesen wurden sowohl aus theoretischen als auch aus empirischen Gründen angefochten. Braumoeller, Is War Disappearing?; Fazal, Dead Wrong?; Fortna, Has Violence Declined in World Politics?; Fry, War, Peace, and Human Nature.

vertreten, dass die Vermehrung der HVR-Verträge zu höheren Standards der Erfüllung führte, die Staaten womöglich als nicht einhaltbar bewerten.

Das Kalkül der Erfüllung

Wenn Staaten erwägen, ob sie Kriegsformalitäten nutzen sollen, wägen sie die Vorteile und Kosten, sich ans Kriegsrecht zu halten, gegeneinander ab, weil sie mit dieser Nutzung deutlich unmittelbarer an die Verpflichtung zur Erfüllung gebunden sind als nur mit der Ratifikation von Verträgen. Im Gegensatz zu der konkreten Entscheidung, Kriegsformalitäten einzusetzen, sind HVK-Verträge möglicherweise schon Jahrzehnte vor dem anstehenden Krieg geschlossen worden. Die Kosten, diese Verträge einzuhalten, haben zwei Dimensionen. Erstens müssen Staaten, um mit den Regeln des Verhaltens im Krieg im Einklang zu bleiben, die bürokratischen Kosten erbringen, ihr Militär entsprechend zu schulen. Solche Ausbildung ist selbst für modernste Militärapparate kostspielig. Zweitens können Staaten Vorteile auf dem Schlachtfeld verlieren, wenn sie bereit sind, auf den Einsatz bestimmter militärischer Instrumente oder Strategien zu verzichten oder diesen zu begrenzen. Waffen, in die investiert wurde, bleiben womöglich ungenutzt, und bestimmte Strategien – so der Angriff auf Zivilpersonen – kommen nicht mehr infrage. Zudem ist auch die Nichterfüllung mit Kosten verbunden. Das heißt, wenn Staaten klar zur Einhaltung des HVR verpflichtet sind, müssen sie die Folgen erwägen, wenn sie gegen diese Pflichten verstoßen. Sind die Kosten von Erfüllung und Nichterfüllung zusammen ausreichend hoch, setzen Staaten mitunter auf eine Argumentation, wonach ihre Verpflichtung zur Erfüllung faktisch nur begrenzt sei.

Auch müssen Staaten die Vorteile erwägen, wenn sie die HVR-Bestimmungen einhalten. Dieser Korpus des Völkerrechts wurde aus einer Vielzahl an Gründen erstellt, unter anderem zum Schutz von Zivilpersonen wie auch von Kombattanten. Den Staaten ist eine Welt mit humanitärem Völkerrecht wohl lieber als eine ohne humanitäres Völkerrecht. Aber da sich das HVR mit der Zeit verändert hat, steht die Frage im Raum, ob sich die Kosten-Nutzen-Analyse seiner Erfüllung ebenfalls verändert hat.

Bürokratische Kosten: Als die US-Bodentruppen 2003 im Irak stationiert wurden, trugen die Soldaten Taschenkarten mit Einsatzregeln bei sich: die akzeptablen Bedingungen, unter denen gegen irakische Streitkräfte militärische Gewalt statthaft war.[36] Bei der Einrichtung von Lagern für feindliche Kriegsgefangene hatten die US-Truppen Instruktionen, die Einrichtungen mit Waschküchen mit Waschmaschinen auszustatten und bei der Verpflegung die Bedürfnisse der Gefangenen, insbesondere religiöse Speisegebote zu berücksichtigen – im Einklang mit dem dritten Genfer Abkommen von 1949.[37] Sämtliche Entscheidungen über Luftschläge wurden von einem Judge Advocate General daraufhin überprüft, ob sie mit dem humanitären Völkerrecht im Einklang standen, also Angriffe auf Zivilpersonen, medizinische Einrichtungen und Kulturgut vermieden. Die Liste der geschützten Objekte ging »in die Tausende«.[38] Der bürokratische Aufwand, der zur Erfüllung des HVR erbracht werden musste, war gewaltig.[39] Allein der Vertragspartner Halliburton des US-Militärs erhielt 28 Millionen US-Dollar, um im Irak Kriegsgefangenenlager einzurichten.[40]

Laut einem US-Brigadegeneral gibt das US-Militär »mindestens Hunderte Millionen [Dollar zur Erfüllung des *ius in bello*] aus, unabhängig, wie man rechnet«.[41] Den Fall USA führe ich deshalb als Beispiel an, weil das US-Militär eher als andere Streitkräfte in der Lage ist, diese Kosten zu tragen. Daten des Projektes Correlates of War (COW) sprechen dafür, dass die durchschnittlichen jährlichen Ausgaben des US-Militärs in der Zeit nach den Genfer Abkommen um mindestens eine Größenordnung höher liegen als die jedes nächstrangigen Kon-

---

36 Kahl, In the Crossfire or the Crosshairs?, S. 11.

37 Legal Lessons Learned from Afghanistan and Iraq, Bd. 1, S. 310.

38 Woodward, Plan of Attack, S. 277; Kahl, In the Crossfire or the Crosshairs?, S. 16. Zur Analyse der Rolle der JAGs bei Entscheidungen zu Luftschlägen im Irakkrieg 1991 und im Kosovokrieg 1999 siehe Lewis, The Law of Aerial Bombardment in the 1991 Gulf War, sowie Lohr/Gallotta, Legal Support in War, S. 474 ff.

39 Capt. Robert McLaughlin, Australische Armee, Mitteilung in einer E-Mail an die Autorin, 3. November 2010.

40 Dobbs, Halliburton's Deals Greater than Thought.

41 Gen. Mark Martins, Mitteilung in einer E-Mail an die Autorin, 22. Oktober 2010.

kurrenten, darunter Russland/UdSSR, China, das Vereinigte König-reich, Saudi-Arabien und Indien.[42] Dies gibt eine Vorstellung von den Kosten, die sich für andere Militärapparate ergeben, wenn sie versuchen, die Regeln für das Verhalten im Krieg einzuhalten.

Trotz dieser Anstrengungen wurden die HVR-Bestimmungen während des Einmarschs in den Irak 2003 alles andere als umfassend respektiert. Selbst konservative Schätzungen beziffern die zivilen Todesopfer im Verlauf des Jahres 2010 auf über 110 000.[43] Und auch wenn Kollateralschäden in Kriegszeiten nicht illegal sind, obliegt es den Kriegführenden, diese möglichst zu vermeiden. Unklar bleibt, ob die Vereinigten Staaten ausrechend Maßnahmen ergriffen, um dieses Ziel zu erreichen.[44] Der Skandal um die Misshandlungen von Gefangenen im berüchtigten Gefängnis Abu Ghraib im April 2004 bestimmte monatelang die Schlagzeilen und fügte dem Ansehen der USA in der Welt schweren Schaden zu.[45] Das Versagen, die Plünderung des Bagdader Nationalmuseums zu verhindern, stellte eine klare Verletzung des Kriegsvölkerrechts zum Schutz von Kulturgut dar.[46]

Welche zusätzlichen Maßnahmen hätten die Vereinigten Staaten ergreifen müssen oder können, um das Kriegsvölkerrecht einzuhalten? Man könnte ins Feld führen, dass auf den kriegführenden Staaten heute so hohe Verpflichtungen lasten, dass diese praktisch unmöglich zu erfüllen sind und dass die zusätzlichen Kosten, die die USA zur Einhaltung hätten tragen müssen, die Kriegführung praktisch unmöglich gemacht hätte. Unabhängig davon illustriert dieser Fall, dass selbst eine unvollkommene Erfüllung mit einem extrem hohen bürokratischen und finanziellen Aufwand verbunden ist.

---

42 Die Berechnungen beruhen auf den Daten des Correlates of War National Material Capabilities Data Set. Singer, Reconstructing the Correlates of War Data Set on Major Capabilities of States; Singer/Bremer/Stuckey, Capability Distribution.

43 O'Hanlon/Livingston, Iraq Index, S. 3.

44 Committee to Protect Journalists, CPJ Releases.

45 Brody, The Road to Abu Ghraib; Jones/Fay, Executive Summary.

46 Sandholtz, Prohibiting Plunder, S. 241 ff.; Forrest, International Law and the Protection of Cultural Heritage, S. 61 ff.

Strategische Kosten: Die strategischen Kosten, das *ius in bello* zu erfüllen, sind ebenfalls beachtlich. Ein besonders wichtiger strategischer Nachteil der Einhaltung besteht darin, dass bestimmte Waffenkategorien auf dem Schlachtfeld nicht mehr zulässig sind. Beginnend 1968, verbot das Völkerrecht den Einsatz von bestimmten Sprenggranaten, erstickenden und toxischen Gasen, Teilmantelgeschossen, Minen, Brandwaffen und in neuerer Zeit von Streumunition. Die Biowaffenkonvention von 1972 und die Chemiewaffenkonvention von 1993 untersagen in kriegerischen Auseinandersetzungen den Einsatz chemischer und biologischer Waffen (CBW). Auch wenn der militärische Nutzen solcher Mittel ziemlich fragwürdig ist, schränken diese und andere Abkommen die staatlichen Arsenale in einer Weise ein, die dazu zwingt, militärische Operationen und Strategien neu auszurichten.

Die Einhaltung des Kriegsvölkerrechts beim Schutz von Kulturgut kann ebenfalls eine Herausforderung bedeuten. Während des Golfkrieges von 1991 nutzte die irakische Luftwaffe den Tempel von Ur als Schutzschild für Kampfflugzeuge, die sie in der Nähe abstellte. Dank des bedeutenden Kulturdenkmals waren die MIGs vor Angriffen durch die Kriegskoalition sicher.[47] 13 Jahre später verschanzten sich irakische Anhänger der Baath-Partei nahe dem Imam-Ali-Schrein in Nadschaf und brachten die Streitkräfte der Koalition so in einen Konflikt, bei dem sie zwischen dem Erreichen eines militärischen Ziels und dem Schutz von Kulturerbe abwägen mussten.[48]

Ähnliche Herausforderungen bergen auch die Bestimmungen zum Umgang mit Zivilpersonen. Die Strategie der NATO im Kosovokrieg, ihre Kampfpiloten im Einsatz tagsüber – zu ihrem Schutz – in großer Höhe fliegen zu lassen, unterminierte deren Fähigkeit, Zivilpersonen von Kombattanten zu unterscheiden, und beschwor neben anderen Fehlgriffen so die unbeabsichtigte Tötung albanischer Geflüchteter in einem Konvoi herauf, weil der NATO-Pilot per Befehl auf 15000 Fuß flog.[49] Bei einer Strategie mit dem Ziel, größere Kollateral-

---

47 Sandholtz, Prohibiting Plunder, S. 195.
48 Fisher/Wong, Battles in Najaf and Karbala Near Shiite's Religious Sites, S. 9.
49 Greene, Normative Ambiguity and the Limits of Compliance, S. 26 f.; Final Report to the Prosecutor by the Committee Established to Review the NATO Bombing Campaign Against the Federal Republic of Yugoslavia, S. 56.

schäden zu vermeiden, hätten sich den Kampfpiloten der NATO wahrscheinlich niedrigere Flughöhen empfohlen. In diese Richtung scheint sich das humanitäre Völkerrecht zu bewegen: Der Internationale Strafgerichtshof für das ehemalige Jugoslawien (ICTY) urteilte 2011, dass ein Artillerieangriff mit einer Fehlerquote bei der Treffergenauigkeit von über 5 Prozent völkerrechtswidrig sei. In diesem Sinne kritisiert Richard Betts, dass die Rechtsberatung in diesem Krieg ausufernde Bedeutung gewonnen habe: »Die Juristen der NATO«, so argumentiert er »wurden zu deren taktischen Kommandeuren.«[50]

Und die wichtigsten nicht bürokratischen Kosten, die die Militärs zu begleichen haben, wenn sie das *ius in bello* einzuhalten versuchen, sind schließlich die eigenen Todesopfer. Wenn Soldaten taktisch suboptimal eingesetzt werden, um im Einklang mit dem HVR zu operieren, wird ihr eigener Schutz zur größeren Herausforderung. Insbesondere bei der Aufstandsbekämpfung führt die Einhaltung des HVR durch einen Staat fast unvermeidlich dazu, dass mehr eigene Soldaten verletzt oder getötet werden. Wie es ein Captain in der australischen Armee ausdrückt:

Es steht absolut außer Zweifel, dass das LOAC [Recht des bewaffneten Konflikts] bis zu einem gewissen Maß (in einem realpolitischen Sinn) umständlich ist. Aber genau das ist der Punkt: Das LOAC soll sowohl für die Umstände sensibel als auch umständlich sein. So erreicht es seine Ziele. Aber die Kehrseite davon ist, dass die Einhaltung des LOAC zahlreiche eigene Leben kostet – keine Frage. Und wenn das auch schlicht als Teil der Kosten von rechtskonformer Kriegführung akzeptiert wird, den sämtliche rechtstreuen Streitkräfte feierlich als unvermeidlich und notwendig akzeptieren, hat Rechtstreue trotzdem diesen Preis.[51]

---

50 Betts, Compromised Command.

51 Capt. Robert McLaughlin, Mitteilung in einer E-Mail an die Autorin, 3. November 2010. Dabei ist hervorzuheben, dass Begriffe wie »tapfere Zurückhaltung« – dass es in Operationen der Aufstandsbekämpfung für die Beteiligten besser sei, erhebliche Risiken auf sich zu nehmen, um Zivilpersonen zu schützen, – durchaus Akzeptanz gewinnen und dieser Logik zuwiderlaufen. Felter/Shapiro, Limiting Civilian Casualties as Part of a Winning Strategy.

Die Kosten der Nichterfüllung

Im Gegensatz zu nationalem und sogar einigem internationalen Recht fehlten dem *ius in bello* – den Regeln, die in Kriegszeiten gelten – im Verlauf der Geschichte Mechanismen zur Durchsetzung. Warum sollten sich Staaten angesichts des offenkundigen Fehlens juristischer Sanktionen bei Rechtsverletzungen bemühen, das *ius in bello* einzuhalten? Weiter unten erläutere ich drei Kosten, die Staaten tragen müssen, wenn sie sich klar in einen Bereich begeben haben, in dem das kodifizierte *ius in bello* eindeutig gilt, und sie es trotzdem weiterhin verletzen.

Kosten in Form von Haftung: Staatsführungen können für die Verletzung des Kriegsvölkerrechts international wie innerstaatlich zur Rechenschaft gezogen werden. Auf internationaler Ebene listet Artikel 8 des Römischen Statuts von 1998, auf dessen Grundlage der Internationale Strafgerichtshof (IStGH) eingerichtet wurde, detailliert die unzulässigen Verhaltensweisen nach humanitärem Völkerrecht auf und unterscheidet Kriegsverbrechen von anderen Rechtsbrüchen. Zur Liste der Erstgenannten zählen vorsätzliche Tötung, Folter, rechtswidriger Freiheitsentzug und Zerstörung von Eigentum in großem Ausmaß. Der IStGH folgt dem Prinzip der Komplementarität, das nationalen Regierungen das Recht zuspricht, im eigenen Land gegen seine Bürger wegen möglicher Kriegsverbrecher zu ermitteln und Anklage zu erheben, sofern sie die Fähigkeit und Bereitschaft dazu haben. Sollten diese Bedingungen nicht erfüllt sein, behält sich der IStGH allerdings das Recht vor, mutmaßliche Kriegsverbrecher selbst anzuklagen. Soldaten und politische Entscheidungsträger in den Geltungsbereich des Kriegsvölkerrechts zu stellen, setzt sie auch einer möglichen Strafverfolgung aus. Diese Sorge stand denn auch hinter der Entscheidung der USA, dem Römischen Statut nicht beizutreten. Aber auch Staaten, die keine Vertragsparteien sind, können nach Meinungen einiger in den Zuständigkeitsbereich des Strafgerichtshof fallen, sodass Kriegführenden, die sich wegen Fragen einer schuldhaften Verstrickung in Kriegsverbrechen Sorgen machen, nur wenige Optionen bleiben.[52]

---

52 Der IStGH klagte den sudanesischen Staatspräsidenten Umar al-Baschir an, obwohl der Sudan keine Vertragspartei des Römischen Statuts ist.

Entsprechende Fälle erreichen die Chefanklägerin des IStGH hauptsächlich auf drei Wegen: über Mitgliedstaaten des Statuts, die Ermittlungen verlangen, auf Eigeninitiative der Chefanklägerin, die von sich aus aktiv wird, oder über den UN-Sicherheitsrat (UNSC), der einen Fall an den IStGH verweist. Auf diesem letzten Weg können nahezu sicher nur gegen zwei der fünf Vetomächte des Sicherheitsrats Ermittlungen eingeleitet werden, weil die anderen drei dem Römischen Statut nicht beigetreten sind.[53] NGOs wie Human Rights Watch sind zwar nicht befugt, einen Fall vor den Strafgerichtshof zu bringen, können der Anklagevertretung (Office of the Prosecutor) aber Informationen zuleiten, um sie über mögliche Kriegsverbrechen zu informieren. Tatsächlich macht die Gemeinschaft der Internationalen Nichtregierungsorganisationen (INGOs) offenbar in diesem Sinne mobil, um eine parallele vierte Spur zu schaffen, auf der Ermittlungen eingeleitet werden können.[54]

Die relativ spät erfolgte Gründung des IStGH, kombiniert mit einer rückläufigen Anzahl zwischenstaatlicher Kriegs seit 1945, brachte es mit sich, dass der Gerichtshof nur wenige Fälle mit Bezug zu zwischenstaatlichen Kriegen verhandeln konnte. Andererseits war 1945 der Internationale Gerichtshof (IGH) gegründet worden, in einer Zeit, in der in zwischenstaatlichen Kriegen die Kriegsformalitäten immer seltener eingesetzt wurden. Seit seiner Entstehung wurden ihm 23 Fälle mit Bezug zum HVR vorgelegt. Nur einer – Pakistan gegen Indien – betraf einen eindeutig zwischenstaatlichen Krieg. In elf dieser 23 Fälle befand der Gerichtshof, dass ihm die Zuständigkeit fehlte. In fünf weiteren zog die Beschwerde führende Partei ihre Klage zurück. In zwei Fällen, in denen es um Verstöße gegen das Seekriegsrecht im

---

53 Gegen das Vereinigte Königreich und Frankreich könnten auf einem der beiden anderen genannten Wegen Ermittlungen eingeleitet werden, da sie staatliche Vertragspartner des Römischen Statuts sind. So nahm die Chefanklägerin neben den Tuareg und islamistischen Rebellen auch französische Streitkräfte, die 2012 in Mali interveniert hatten, ins Visier ihrer Ermittlungen. Die anderen UN-Sicherheitsratsmitglieder – die Vereinigten Staaten, Russland und China – sind dem Römischen Statut nicht beigetreten. Siehe hierzu International Criminal Court, Statement by ICC Prosecutor Concerning Mali.

54 Kippenberg, The International Criminal Court, S. 14–17.

Umgang mit Minen ging, gab das Gericht der Beschwerde führenden Partei Recht. In vier Fällen, drei davon Bürgerkriege betreffend, urteilte der Gerichtshof zugunsten der beklagten Partei. Zwei dieser Fälle betrafen Völkermord und zwei die Überstellung bzw. Auslieferung mutmaßlicher Kriegsverbrecher. Der letzte Fall ist in der Schwebe. Wie unten erörtert, hatten sich im einzigen Fall eines zwischenstaatlichen Krieges, in dem Staaten Gefahr liefen, wegen Verstößen gegen das Kriegsvölkerrechts zur Rechenschaft gezogen zu werden, die fraglichen Staaten gegenseitig förmlich den Krieg erklärt. Dies hatte es deutlich erleichtert, den Fall vor den IGH zu bringen.

Im innerstaatlichen Rechtsraum enthalten zahlreiche nationale Militärstrafrechte Bestimmungen, wie Verstöße gegen das *ius in bello* geahndet werden. Dabei fallen die Strafen, die Militärgerichte gegen Militärangehörige verhängen, mitunter härter aus als die von Zivilgerichten. So sehen die Militärstrafgesetze von Ländern wie den USA und Nigeria die Todesstrafe als mögliches Urteil vor, während dies beim Internationalen Strafgerichtshof, beim Internationalen Strafgerichtshof für das ehemalige Jugoslawien (ICTY) und beim Internationalen Strafgerichtshof für Ruanda (ICTR) nicht der Fall ist. In bestimmten Fällen sind der Geltungsbereich und die Anwendbarkeit dieser Strafgesetze auf Zeiten beschränkt, die eindeutig als Krieg identifiziert sind. So heißt es zum Beispiel in Abschnitt 802 des Artikels 2(10) des US Uniform Code of Military Justice, dass dieses Strafrecht nur für »Personen [gilt], die in einer Streitmacht im Feld dienen oder diese begleiten«, aber nur »in Kriegszeiten«.[55] Wenn das – in multilateralen Abkommen kodifizierte – *ius in bello* innerstaatlich ins nationalen Militärjustizsystem einbezogen ist, mag dies Staaten einen zu-

---

55 Uniform Code of Military Justice. In *United States v. Averette* focht ein privater Vertragspartner des Militärs im Vietnamkrieg erfolgreich eine Verurteilung durch das Militärgericht an, weil dieser Krieg kein erklärter gewesen war. Schwarz, The Case for Court-Martial Jurisdiction Over Civilians Under Article 2(a)(10) of the Uniform Code of Military Justice, S. 33 f. Die Amendments to the Military Extraterritorial Jurisdictions Act von 2004 ergänzten das oben genannte Wehrstrafrecht so, dass Privatleute, die in Zeiten eines »erklärten Krieges und operationeller Interventionen« mit dem Militär reisen, zur Verantwortung gezogen werden können.

sätzlichen Grund geben, das Überschreiten der klaren Grenzlinie zum offiziellen Kriegszustand zu vermeiden.

Innerstaatliche politische Kosten: Entgegen vermeintlichem Wissen, wonach sich Wähler_innen – zumindest in den USA – tendenziell nicht um Außenpolitik kümmern,[56] deuten neuere innovative Forschungen zu diesem Thema auf das Gegenteil hin. Eyal Benvenisti und Amichai Cohen weisen darauf hin, dass innerstaatlicher Rückhalt für das HVR wahrscheinlich von Besorgnissen darüber motiviert wird, wie die eigenen Militärangehörigen und Zivilpersonen im Krieg behandelt werden, und so wohl teilweise auf einer Logik der Reziprozität beruht.[57] So scheinen Wähler_innen und politische Entscheidungsträger_innen die Einhaltung des internationalen Rechts im eigenen Interesse wertzuschätzen. Mit einer Mischung aus Feldexperimenten und Umfragen stellten Michael Tomz und Geoffrey Wallace in getrennten Untersuchungen fest, dass Befragte weniger stark einer Politik zuneigten, die gegen internationales Recht verstieß oder keinen erkennbaren Einfluss darauf hatte.[58] Zudem ermittelte Wallace, dass die Präferenz, sich beim Umgang mit Kriegsgefangenen an geltendes Recht zu halten, in einer direkten Beziehung dazu steht, für wie genau festgelegt die Befragten die geltende Rechtslage hielten: Diejenigen, denen gesagt wurde, dass die Vereinigten Staaten ein internationales Abkommen unterzeichnet hätten, das »den Einsatz von Folter gegen Gefangene unter keinen Umständen zulässt«, unterstützten Folter zu 15 Prozent weniger als andere, die die Mittelung erhielten, dass die Klauseln des Abkommens »Folter gegen Gefangene möglicherweise zulassen oder auch nicht«.[59]

Selbst wenn es Wählern lieber ist, dass ihre Regierungen Verstöße gegen internationales Recht vermeiden, können andere Besorgnisse diese Vorlieben beim Urnengang in den Hintergrund drängen. Tomz fand allerdings auch heraus, dass Rechtstreue wichtiger war als die

56 Holsti, Public Opinion and American Foreign Policy, insbesondere Kapitel 2.
57 Benvenisti / Cohen, War is Governance, S. 1390 f.
58 Tomz, Reputation and the Effect of International Law on Preferences and Beliefs; Wallace, International Law and Public Attitudes toward Torture.
59 Ebenda, S. 125–128.

Vermeidung materieller Nachteile, die sich aus ihr ergeben könnten.[60] Dieses Ergebnis steht im Einklang mit einer breiter angelegten Literatur zur (hauptsächlich US-amerikanischen) öffentlichen Meinung, die zeigt, dass eine solche zur Außenpolitik durchaus feststellbar ist und das Wählerverhalten und mithin die Politik beeinflussen kann.[61] Als Teil desselben Projekts fand Tomz zudem heraus, dass britische Entscheidungsträger diese Vorlieben zur Einhaltung des internationalen Rechts teilten. Auch wenn sich solche Umfrageergebnisse in keine eindeutige Beziehung zum tatsächlichen Wahlverhalten stellen ließen, stützen sie die Auffassung, wonach Verstöße gegen das HVR bei Wahlen und beim Ansehen durchaus einen politischen Preis haben können.

Kosten beim Ansehen: Unter Staaten, die Wert darauf legen, dass sie in der internationalen Gemeinschaft als rechtstreue Mitglieder gelten, können sich – wahrgenommene oder tatsächliche – Verstöße gegen das *ius in bello* schwerwiegend auf ihr Ansehen auswirken. Eine Strategie, um solche Kosten zu mindern, besteht darin, eine Ambiguität darüber zu erzeugen, ob die Handlungen des Staates tatsächlich eine Verpflichtung zur Einhaltung beinhalten. Zur Herstellung eines Gleichgewichts müssten wir erwarten, dass Staaten tendenziell versuchen werden, diese Kosten für ihr Ansehen zu vermeiden. Dazu müssten sie entweder weiter unten am Spielbaum ansetzen und alles in ihrer Macht Stehende unternehmen, um eine Strafbarkeit zu umgehen, wenn sie vorhersehen, dass sie nicht in der Lage oder willens sind, das HVR einzuhalten. Oder, wenn sie sich bereits in eine Position begeben haben, in der sie zur Einhaltung eindeutig verpflichtet sind, müssten wir erwarten, dass sie die eklatantesten Verstöße vermeiden.

Die Geschichte liefert mindestens ein Beispiel für den Ansehensverlust eines Staates, der den Weg des Gleichgewichts mit seinem Verhalten verlassen hat. Nach der indischen Intervention im damaligen

---

60 Tomz, Reputation and the Effect of International Law on Preferences and Beliefs, S. 18.

61 Aldrich u. a., Foreign Policy and the Electoral Connection, S. 477–502; Bayram, Due Deference; Wallace, International Law and Public Attitudes toward Torture, S. 110 ff.; Koch/Nicholson, Death and Turnout.

Ostpakistan erklärte Pakistan Indien am 22. November 1971 förmlich den Krieg. Indien reagierte zwei Wochen später seinerseits mit einer Kriegserklärung.[62] Obwohl sich beide Parteien während des Bangladesch-Krieges weitgehend an die Bestimmungen des *ius in bello* hielten, verstießen die Inder klar gegen Regeln zum Umgang mit Kriegsgefangenen: Sie weigerten sich, Zigtausende pakistanische Gefangene fristgerecht in ihr Heimatland zu überstellen, und verstießen damit gegen die Genfer Abkommen von 1949. Sie hielten sie faktisch als Geiseln, um bei Friedensgesprächen am Verhandlungstisch über ein Druckmittel zu verfügen.

Auf die Einstellung der Kämpfe folgten ein Jahr lang fruchtlose Gespräche, die am Ende abgebrochen wurden. Daraufhin zog Pakistan vor den Internationalen Gerichtshof (IGH) mit einer Beschwerde gegen Indien, gegen das III. Genfer Abkommen von 1949 zu verstoßen. Drei Monate später hatten sich Indien und Pakistan in allen Fällen außer bei einigen Hundert mutmaßlichen Kriegsverbrechern auf die Rückführung der Kriegsgefangenen geeinigt.[63] Indiens rasches Einlenken angesichts eines drohenden Prozesses vor dem IGH war genau das von Pakistan erhoffte Ergebnis. Die Regierung war überzeugt, dass »den Streit vor den Gerichtshof zu tragen, die indische Regierung in ein öffentlich als unerträglich empfundenes Licht rücken würde«.[64] Als potenzielle Kosten riskierte Indien einen Ansehensverlust in den Augen der internationalen Gemeinschaft. Der Bangladesch-Krieg hatte den Indern Gelegenheit geboten, gegenüber dem Erzfeind eine hohe moralische Stellung zu beziehen. Sie argumentierten, dass ihr Eingreifen in den pakistanischen Bürgerkrieg gerechtfertigt sei, um weitere Gräuel gegen Zivilpersonen in Ostpakistan zu verhindern. Indiens Verstöße gegen das *ius in bello* in einem Forum wie dem IGH offenzulegen, hätte diesen Anspruch der moralischen Überlegenheit untergraben, dessen waren sich die Inder durchaus bewusst. Als selbst ernannter Führungsnation der blockfreien Bewegung und Verfechter des internationalen Rechts und der Gerechtigkeit hätte Indien ein realer Ansehensverlust gedroht, wenn seine Verstöße in

---

62 Eine ausführlichere Erörterung dieses Falls siehe Kapitel 3.
63 Burke, The Postwar Diplomacy of the Indo-Pakistani War of 1971, S. 1042.
64 Fischer, Decisions to Use the International Court of Justice, S. 262.

einem IGH-Prozess zur Sprache gekommen wären. Dass Indien Pakistan den Krieg erklärt hatte, setzte das Land zusätzlich unter Druck. Ohne diese Erklärung hätte Indien auf Nichtanwendbarkeit der Genfer Abkommen plädieren und damit die Kosten bei der Reputation durch die Klage vermindern können. In dem Fall hätten die Pakistaner eine Klage wahrscheinlich erst gar nicht eingereicht.

Die Nutzen der Einhaltung

Sich an das *ius in bello* zu halten, bringt neben Kosten auch Nutzen mit sich. Ein gesetzloses Schlachtfeld ist Kriegführenden kaum dienlich. Den Kombattanten beider Seiten ist es wohl lieber, dass die Behandlung von Kriegsgefangenen, der Umgang mit Zivilpersonen und das Verhalten auf dem offenen Meer Regeln unterliegen. Überdies könnte ein Militär, das gegen Recht verstößt, für eine Regierung rasch zur Belastung oder sogar zu einer inneren Bedrohung werden.[65] Wohl aus diesen Gründen existierte das *ius in bello* schon vor der heutigen Fülle an kodifizierten Regeln als Teil des Völkergewohnheitsrechts und war Gegenstand einer Verständigung von Fall zu Fall über bilaterale Übereinkommen. Der heutige Korpus an geschriebenen HVR-Regeln ist unter anderem deshalb so wirksam, weil er vor oder während einzelner Kriege Verhandlungen überflüssig macht (auch wenn einzelne Bestimmungen nach dem Krieg häufig revidiert wurden) und weil er darauf angelegt ist, dass sich Kriegführende während des Konflikts an akzeptablen Verhaltensweisen orientieren können.[66]

Einhaltung als Nettokosten

Während für Staaten, die zwischenstaatliche Kriege ausfechten, der Nutzen, das humanitäre Völkerrecht einzuhalten, über die Zeit relativ konstant blieb, sind dessen Kosten dramatisch gestiegen. Mit der verbesserten Überwachung der Einhaltung hat sich die Wahrscheinlichkeit erhöht, dass die Kosten der Nichteinhaltung getragen werden

---

65 Benvenisti/Cohen, War is Governance.
66 Morrow, Order within Anarchy, Kapitel 1.

müssen. So brachte Seymour Hersh vom Magazin *New Yorker* den Skandal um die Misshandlung von irakischen Gefangenen in Abu Ghraib an die Öffentlichkeit.[67] Als Ergebnis sank der Rückhalt für eine Fortsetzung des Irakkrieges unter US-Präsident George W. Bush im Mai 2004 auf ein Allzeittief. Kongressanhörungen fanden statt. Elf US-Soldaten wurden zu Haftstrafen verurteilt. Und der Widerstand der Iraker vor Ort gegen die US-Präsenz in ihrem Land verschärfte sich dramatisch.[68] Als eine Koalition von NGOs in einem Buch die Menschenrechtsverstöße des Regimes von Hissène Habré im Tschad in den 1980er-Jahren offenlegte, verlor Habré nicht nur die Macht, sondern muss sich auch derzeit vor den Außerordentlichen Afrikanischen Kammern im Senegal wegen Verbrechen gegen die Menschlichkeit, Kriegsverbrechen und Folter verantworten.[69] Die verschärfte Überwachung von Soldaten und politischen Entscheidungsträgern schreckt diese wohl eher davon ab, sich in Situationen zu begeben, in denen sie eindeutig verpflichtet sind, das HVK zu beachten. Wenn zu den bürokratischen und strategischen Kosten des Krieges und den Kosten einer Nichteinhaltung des HVR die größere mediale Aufmerksamkeit hinzukommt, die Verstöße gegen das *ius in bello* auf sich ziehen, stehen heutige Kriegführende unter verschärfter Beobachtung. Als Ergebnis suchen Staaten nach Wegen, um die mit jedem möglichen Verstoß gegen das HVR verbundenen Kosten zu mindern und so die Folgen abzumildern, wenn Fehltritte als Licht kommen. Mit der erhöhten Anzahl – und dem veränderten Charakter – der kodifizierten Kriegsgesetze dürfte heute der Eindruck herrschen, als würden die Kosten, einzuräumen, dass man sich in einem Kriegszustand befindet, der unmissverständlich zur Einhaltung entsprechender Bestimmungen verpflichtet, den Nutzen dieser Konzession übersteigen.

---

67 Hersh, Torture at Abu Ghraib.
68 Balz/Morin, Bush Poll Numbers on Iraq at New Low, S. A01; Wertheimer, Political Fallout of Abu Ghraib Scandal; Bierman, Few Have Faced Consequences for Abuses at Abu Ghraib Prison in Iraq; Karon, How the Prison Scandal Sabotages the US in Iraq; Katzenbach, Some of It Was Fun.
69 Human Rights Watch, La Plaine des morts; Human Rights Watch, Hissène Habré.

Nichtstaatliche Akteure und das Kriegsvölkerrecht

Wie Staaten, die in zwischenstaatliche Kriege verwickelt sind, müssen auch Rebellengruppen in Bürgerkriegen eine Kosten-Nutzen-Rechnung anstellen, wenn sie entscheiden, ob sie sich an das humanitäre Völkerrecht halten. Diese Rebellengruppen werden auch auf die Regeln des Krieges achten, die von der internationalen Gemeinschaft unterstützt werden, aber nicht in dem in Kapitel 1 erörterten Korpus an kodifiziertem Kriegsvölkerrecht enthalten sind. Die Kalküle von Rebellengruppen werden je nach den politischen Zielen und militärischen Fähigkeiten höchst unterschiedlich ausfallen. Sezessionistische Rebellengruppen – die einen unabhängigen Staat als politisches Endziel anstreben – schenken den Regeln und Normen des Krieges am wahrscheinlichsten Beachtung und halten sich an sie – weil der mutmaßliche potenzielle Nutzen die Kosten übersteigt, die sich in vielerlei Hinsicht mit denen von Staaten decken. Tatsächlich wächst der Nutzen mit der zunehmenden Anzahl an Regeln und Normen des Krieges. Im Wachstum begriffen ist dabei auch die Anzahl der im Bürgerkrieg befindlichen Sezessionisten. Diese kombinierte historische Dynamik – ein Zuwachs an kodifiziertem HVK, eine Reihe neuer Normen für den Krieg im Zeitalter der UN und eine Zunahme des Sezessionismus – führt zu einem ganz anderen Ergebnis in Bürgerkriegen als in zwischenstaatlichen bewaffneten Konflikten. Während Staaten in zwischenstaatlichen Kriegen, wie ich vertreten habe, auf den Zuwachs an kodifiziertem HVK so reagieren, dass sie ihre förmlichen Verpflichtungen, die Kriegsgesetze einzuhalten, zu umgehen versuchen, können wir erwarten, dass sich Sezessionisten im Bürgerkrieg für diese aktiv einsetzen werden, weil sie Teil ihrer Strategie sind, um internationale Anerkennung zu erlangen.

Kriegsziele von Rebellengruppen und die Einhaltung des Kriegsrechts

Bürgerkriege verlaufen aus empirischer und analytischer Sicht chaotisch. Sie unter dem Blickwinkel von Idealtypen zu betrachten, vermittelt ein erstes Verständnis davon, wie sie begonnen, ausgefochten und beendet werden. Ich schlage eine – wenn auch zugegebenermaßen unvollständige – Unterscheidung zwischen vier Arten des Bürgerkrieges vor: revolutionäre (oder im Zentrum ausgetragene) Konflikte, Ressourcenkriege, Religionskriege und ethnische oder sezessionistische Konflikte. Diese Etiketten entsprechen Typen von Rebellengruppen und verweisen bis zu einem gewissen Grad auf die Ziele der verschiedenen Gruppen von Aufständischen.

Revolutionäre Rebellen streben typischerweise den Sturz der Regierung an. Beispiele sind der Syrische Nationalrat sowie die Freie Syrische Armee im gegenwärtigen syrischen Bürgerkrieg, die Frente Farabundo Martí para la Liberación Nacional (FMLN) im El Salvador der 1980er-Jahre und die verschiedenen Putschisten in der Elfenbeinküste seit Ende der 1990er- bis zur Mitte der 2000er-Jahre. In Ressourcenkriegen versuchen sich Rebellen die eigenen Taschen mit Erträgen zu füllen, die sie aus Gütern wie »Blutdiamanten« und illegalen Drogen ziehen, die sie auf dem Schwarzmarkt verkaufen. Auch wenn sich diese Kriege nicht unbedingt an der Ausbeutung von Ressourcen entzünden, sorgt die entstehende Kriegswirtschaft tendenziell für eine Verlängerung des Konflikts wie im Fall der União Nacional para a Independência Total de Angola (UNITA), die während ihres Krieges gegen die angolanische Regierung in den 1990er-Jahren Milliarden Dollar durch illegale Diamantenverkäufe verdiente. Tatsächlich dauerte der angolanische Bürgerkrieg weitgehend deshalb so lange, weil sich beide Seiten über Verkäufe von Erdöl und Diamanten finanzierten.[70]

Radikale religiöse Rebellengruppen streben eine Neuordnung der Welt – oder zumindest eines Teils von ihr – nach theokratischen Prinzipien an. Zu den Beispielen zählen die Lord's Peoples Resistance Army, die seit Ende der 1980er-Jahre in Norduganda operierte, die terroristische Gruppierung Boko Haram, die seit 2002 in Nigeria aktiv ist, und der Islamische Staat, der 2014 in Teilen Syriens und des Irak ein Kalifat ausgerufen hat. Auch wenn diese Gruppierungen in neuerer Zeit die Schlagzeilen bestimmten, sind radikalreligiöse Rebellengruppen kein neues Phänomen. Mit dem »Aufstand an der Gelben Klippe« von 1866 setzten sich Anhänger der Praktiken eines Okkultis-

---

70 Ross, How Do Natural Resources Influence Civil War?, S. 53, Tabelle 5; Dougherty, Colombia, S. 130, S. 136; Walter, Why Bad Governance Leads to Repeat Civil War, S. 5.

ten und Magiers gegen die chinesische Regierung zur Wehr.[71] Gegen Ende des 19. Jahrhunderts kämpfte die brasilianische Regierung um die Rückeroberung der Region um Canudos, die ein religiöser Führer zum Teil unter seine Kontrolle gebracht hatte, um einen theokratischen Staat zu gründen – in der Überzeugung, dass ein portugiesischer Kreuzfahrerkönig von den Toten auferstehen werde, um seine Anhänger zu rächen.[72] Neben der Lord's Resistance Army, Boko Haram und dem Islamischen Staat gibt es natürlich weitere Beispiele aus neuerer Zeit. 1980 führte ein religiöser Kult im nigerianischen Kano zu einer größeren Rebellion. Die Aufständischen feierten ihren Führer als letzten Propheten des Islam und waren überzeugt, dass ihnen moderne Waffen nichts anhaben könnten, obwohl sie nur erbärmlich ausgerüstet waren.[73] Trotz dieser Beispiele ist zwischen religiösen und radikal-religiösen Rebellengruppen zu unterscheiden. So war zum Beispiel die Islamische Heilsfront (Front Islamique du Salut, FIS) eine islamistische Rebellengruppe, die im Kampf gegen die algerische Regierung in den 1990er-Jahren brutale Mittel einsetzte.[74] Aber ihre Ziele bestanden darin, die Zentralregierung zu stürzen und zu ersetzen, nicht aber, die bestehende Souveränitätsordnung abzuschaffen, um einen Gottesstaat zu errichten.

Ethnische oder sezessionistische Rebellengruppen streben im Allgemeinen danach, örtlichen Unmut gegen die Zentralregierung zu kanalisieren. In der Frühphase des Bürgerkriegs zwischen dem nördlichen und dem südlichen Sudan kämpfte die Sudan People's Liberation Movement/Army (SPLM/A) zum Beispiel zunächst für eine regionale Autonomie und den Sturz der Regierung, worauf sie sich die Abspaltung zum Ziel setzte, die schließlich zur Unabhängigkeit der Republik Südsudan führte. Die Zapatisten kämpften mit Unterbrechungen seit 1994 für die Unabhängigkeit von Mexiko. Tschetschenien strebt einen von Russland unabhängigen Staat an.

Manche Rebellengruppen fallen gleichzeitig unter mehrere Kategorien. Die sezessionistischen Achinesen erklärten teilweise deshalb

---

71 Perry/Chang, The Mystery of Yellow Cliff.
72 Cunha, Krieg im Sertão.
73 Clodfelter, Warfare and Armed Conflicts, S. 605 f.
74 Kalyvas, Wanton and Senseless?

ihre Unabhängigkeit von Indonesien, weil sie die lukrative Erdgasindustrie in Aceh unter ihre Kontrolle bringen wollten.[75] Die Freie Syrische Armee/Syrischer Nationalrat setzte sich den Sturz des Assad-Regimes zum Ziel, von dem sie konfessionelle Linien trennen. Die Revolutionary United Front (RUF) in Sierra Leone versuchte, die Zentralregierung abzulösen, finanzierte sich dabei aber auch aus dem illegalen Handel mit Diamanten.

Die verschiedenen politischen Ziele von Rebellengruppen spiegeln sich in ihren militärischen und diplomatischen Strategien wider. Revolutionäre Aufständische müssen – mit oder ohne äußere Unterstützung – auf dem Schlachtfeld siegen, um ihre Ansprüche durchzusetzen. Ressourcenkrieger müssen für ihre Zwecke womöglich nur dafür sorgen, dass sich ein Konflikt verstetigt. Radikal-religiöse Rebellen lehnen oft die internationale Gemeinschaft und damit auch Beschränkungen bei den Mitteln und Zwecken, die sie propagieren, ab. Sezessionisten brauchen nicht nur den militärischen Sieg, sondern auch internationale Anerkennung, um ihre politischen Ziele zu erreichen. Darin unterscheiden sie sich von anderen Arten von Rebellengruppen, wenn es um ihre Beziehung zum Kriegsrecht geht.

Im Gegensatz zu anderen Aufständischen müssen Sezessionisten auf ihren Ruf in der internationalen Gemeinschaft achten. Selbst wenn sie über ihr Territorium eine wirksame Kontrolle errungen haben und eine De-facto-Souveränität ausüben, bietet ihnen allein die internationale Gemeinschaft das, was sie letztlich anstreben: völkerrechtliche Anerkennung, den Status der Staatlichkeit und die damit einhergehenden Vorteile.[76] Daher müssen sie an entscheidender Stelle signalisieren können, dass sie bereit und in der Lage sind, als vorbildliche Bürger der Völkergemeinschaft aufzutreten.[77] Sich an die Kriegsgesetze zu halten, trägt zum Erlangen dieses Ziels bei.

---

75 Aspinall, The Construction of Grievance.
76 Zu den wachsenden Vorteilen der Staatlichkeit siehe Fazal/Griffiths, Membership Has its Privileges, sowie Fazal, Dead Wrong? Zur Unterscheidung zwischen juristischer und politischer Anerkennung siehe Talmon, Recognition of Opposition Groups as the Legitimate Representative of a People.
77 Huang, Rebel Diplomacy in Civil Wars; Jo/Simmons, Forthcoming. Can the International Criminal Court Deter Atrocity?

Ein Anwärter auf Staatlichkeit müsste in den Augen der internationalen Gemeinschaft in der Lage sein, sein Militär und sein Territorium so zu kontrollieren, wie es in der Konvention von Montevideo über Rechte und Pflichten der Staaten ausgeführt wird. Zugegebenermaßen wurden diese traditionellen Anforderungen an Staatlichkeit in den letzten Jahren häufig insofern verletzt, als mehrere schwache Staaten entstanden und anerkannt worden sind.[78] Allerdings haben bei Staaten, die eine Ausweitung internationaler Anerkennung anstreben, Sezessionisten mit starken Fähigkeiten gegenüber denen mit schwachen die größeren Chancen.[79] Sich zu einer Politik der Einhaltung des Kriegsrechts zu bekennen und diese durchzusetzen, unterstützt Rebellengruppen dabei, der internationalen Gemeinschaft solche Fähigkeiten zu signalisieren.[80] So vertreten zum Beispiel Idean Salehyan, David Siroky und Reed Wood, dass Rebellengruppen, die Zurückhaltung praktizieren, eher von »demokratischen Ländern mit starken Menschenrechts-Lobbys« unterstützt werden.[81]

Dabei ist hervorzuheben, dass die internationale Gemeinschaft nicht das einzige internationale Publikum ist, das Aufständische bespielen. Alle Rebellengruppen – ob sezessionistisch oder nicht – bevorzugen unter Umständen auch die Unterstützung einzelner Staaten. So profitiert zum Beispiel die Freie Syrische Armee heute von Waffenlieferungen aus den Vereinigten Staaten und hat an eine robustere Unterstützung und Intervention von außen appelliert. In den Frühphasen ihres organisatorischen Aufbaus setzte die Hisbollah an entscheidender Stelle bei ihren Planungen vornehmlich auf den Iran als Finanzier: Wie Daniel Byman und Sarah Kreps anmerken: »Über viele Jahre erfüllten iranische Offizielle in verschiedenen Gremien der Hisbollah direkte Rollen. Zudem bekannte sich die Terrorgruppe zum

---

78 Fabry, Recognizing States, Kapitel 5 und 6; Coggins, Friends in High Places, S. 436, S. 444.
79 Talmon, Recognition of Governments, S. 249–251.
80 Zur Beziehung zwischen den Kommando- sowie Kontrollstrukturen und der Einhaltung des HVR durch Rebellengruppen siehe Sivakumaran, Command Responsibility in Irregular Groups.
81 Salehyan/Siroky/Wood, External Rebel Sponsorship and Civilian Abuse, S. 635, S. 640–643.

Führungsanspruch Ajatollah Chomeinis, dem Revolutionsführer des Iran, und bezog seine Beschlüsse in ihren förmlichen Entscheidungsprozess mit ein.«[82] Die Patronage durch eine Großmacht kann den Erfolg einer Rebellion, einschließlich einer sezessionistischen, erheblich befördern.[83]

Folglich sind beim internationalen Publikum und bei den Rebellengruppen zwei bedeutende Unterscheidungen zu treffen. Erstens können für Groß- oder Regionalmächte, die für Interventionen infrage kommen, andere Präferenzen gelten als für die internationale Gemeinschaft. Wenn Rebellen eine äußere Patronage höher schätzen als die Unterstützung der Letztgenannten, können wir erwarten, dass die Präferenzen des Schutzpatrons Vorrang bekommen.[84] Diese Einsicht rückt einen zweiten Punkt ins Licht: Die Billigung der internationalen Gemeinschaft ist eine notwendige Bedingung für erfolgreichen Sezessionismus. Im Gegensatz zu nichtsezessionistischen Aufständischen wie den Huthi im Jemen, die von iranischer Unterstützung profitieren, aber ihre politischen Ziele auch ohne Unterstützung der breiteren internationalen Gemeinschaft erreichen könnten, müssen Sezessionisten deren Präferenzen für ihre Ziele genau im Blick behalten. Viele Beobachter von Bürgerkriegen mit der Befugnis, neue Staaten anzuerkennen, wertschätzen in hohem Maß die Landschaft der internationalen Normen, in der jeder neue Staat operieren wird. Organisationen wie die Europäische Union oder die Vereinten Nationen, die nicht nur Anerkennung, sondern auch entscheidende Finanzhilfen leisten können, haben sich bei zahlreichen Gelegenheiten klar zu ihrem Engagement zugunsten des modernen Humanitätsgedankens bekannt. Die Leitlinien von 1991 zur Anerkennung neuer Staaten in Osteuropa und auf dem Gebiet der ehemaligen Sowjetunion, die auf einer Sondersitzung der Außenminister der Europäischen Gemeinschaft (heute Union) verabschiedet wurden, verlangte von neuen Mitgliedern, »Rechtsstaatlichkeit, Demokratie und Menschenrechte«

---

82 Byman/Kreps, Agents of Destruction?, S. 10.
83 Coggins, Power Politics and State Formation in the Twentieth Century.
84 Bridget Coggins und Morgan Kaplan stellten jeweils ausgiebige diplomatische Aktivitäten von Rebellen fest, um äußere Finanziers zu gewinnen. Coggins, Petitioning Power; Kaplan, Strategies of Insurgent Diplomacy.

zu achten und sich dazu zu bekennen, dass Grenzen »nur durch friedliche Mittel und gemeinsame Übereinkunft verändert werden können«.[85] Entscheidende Merkmale dieser Landschaft internationaler
Normen schließen wichtige Bestimmungen zum Kriegsrecht ein.

Sezessionisten sind nicht die einzigen Rebellengruppen, die sich
um die Zustimmung der internationalen Gemeinschaft bemühen.
Reyko Huang und Hyeran Jo vertraten jeweils den Standpunkt, dass
Gruppen, die Legitimität anstreben (auch, aber nicht nur Sezessionisten), gerade deshalb am ehesten dazu neigen, sich in den Augen der
internationalen Gemeinschaft akzeptabel zu verhalten, weil sie deren
Unterstützung anstreben.[86] Diese Gruppen hätten »zukunftsorien-
tierte Ziele, die ihre Motivationen bestimmen«, und die organisatori-
sche Fähigkeit, diese Ziele zu verfolgen.[87] Entsprechend gab der Afrikanische Nationalkongress (ANC) bei der Schweizer Regierung lange
vor seinem Sieg über das Afrikaaner-Regime Südafrikas eine Erklärung zu seiner Absicht ab, die Genfer Abkommen einzuhalten. Ich
stimme mit Huangs und Jos Grundrichtung der Argumentation im
Prinzip überein, konzentriere mich aber auf Sezessionisten als diejenigen Regimes, die per Definition die Unterstützung der internationalen Gemeinschaft anstreben müssen, um ihre politischen Ziele zu erreichen. Huang und Jo weisen mit ihren Argumenten und Belegen
allerdings auf die wichtige Tatsache hin, dass sich die hier getroffene
Aussage über sezessionistische Rebellengruppen hinaus auch auf diejenigen beziehen lässt, die politischen Rückhalt in der breiten inländischen oder internationalen Öffentlichkeit suchen, wie die sogenannte
»gemäßigte« syrische Opposition – moderate Aufständische, die bei
mehreren der fünf ständigen Mitglieder des UN-Sicherheitsrats um
öffentliche Unterstützung werben.

---

85 Derecho Internacional, Declaration on the »Guidelines on the Recognition
of New States in Eastern Europe and in the Soviet Union«.

86 Jo, Compliant Rebels; Huang, Rebel Diplomacy in Civil Wars; Richters,
Norm Diffusion Beyond the State.

87 Jo/Thomson, Legitimacy and Compliance with International Law, S. 331.

Das Kalkül bei Einhaltung des HVR

Weil ich davon ausgehe, dass das Kalkül von Sezessionisten besonders stark zugunsten der Einhaltung des HVR ausfällt, stelle ich vor allem anhand ihres Falls eine theoretische Erörterung zur Beziehung zwischen der Zunahme der Regeln des Kriegsvölkerrechts, dem Einsatz von Kriegsformalitäten und den Kosten und Nutzen an, die sich aus der Einhaltung des HVK im Bürgerkrieg ergeben. Ich beginne mit der Frage, was die Kosten-Nutzen-Analyse für Sezessionisten ergibt, wenn sie sich dafür entscheiden (oder versuchen), die Kriegsgesetze einzuhalten. Festzuhalten ist zunächst, dass sie zu deren Einhaltung schlicht deshalb eher bereit sind, weil ihnen aus Gründen, die unten erörtert werden, die internationale Rechtslage besser bewusst ist als anderen Rebellengruppen. Zweitens fallen viele der Kosten, die Staaten auf sich nehmen müssen, um das Kriegsvölkerrecht zu beachten, zwar auch für Sezessionisten an, aber dabei kommen sie unter Umständen günstiger weg. Für sie gehen die Belastungen folglich zurück oder steigen zumindest nicht im gleichen Maß wie für Staaten an. Drittens sind die Nutzen, das HVR zu beachten, für Sezessionisten mit der Zeit gewachsen, während sie für Staaten gleich geblieben sind.

Warum Sezessionisten das Kriegsrecht kennen: Auch wenn es durchaus möglich wäre, dass Sezessionisten die Vorgaben des humanitären Völkerrecht erfüllen, ohne mit ihm überhaupt vertraut zu sein, ließe sich ihre Rechtstreue in dem Fall kaum mit einem Bedürfnis begründen, die Gunst der internationalen Gemeinschaft zu erringen. Sezessionisten haben klare Anreize, sich beim HVR kundig zu machen: Sie tun dies, um die internationale Gemeinschaft zu umwerben und um sich auf die Aufgaben vorzubereiten, die ihnen eine Staatlichkeit auferlegt.

Sezessionisten neigen offenbar in einem überproportionalen Maß dazu, sich außerhalb des von ihnen beanspruchten Gebiets an Berater zu wenden, die sie in dem schulen, was mit Staatlichkeit zu tun hat, darunter in der Einhaltung der Kriegsgesetze. Der Rückgriff auf (hauptsächlich) westliche Berater für Gemeinwesen, die im europäisch begründeten System der internationalen Beziehungen und des Rechts zu navigieren versuchen, ist keineswegs neu. So heuerten im 19. Jahrhundert Polynesier westliche Berater an, um sie in Verhandlungen mit den Staaten zu unterstützen, die sie am Ende erobern sollten.[88] Neu ist hingegen, dass derlei Berater in größerem Maße verfügbar und stärker institutionalisiert sind. So suchten zum Beispiel die Tuareg, die eine Abspaltung Azawads, des nördlichen Teils von Mali, von der Zentralregierung anstrebten, um Beratung bei Sezessionistengruppen in Europa nach, darunter den Bretonen, Katalanen und Korsen.[89] Die NGO Independent Diplomat (ID) versteht ihre Mission darin, »Regierungen, politische Gruppen, internationale Organisationen und NGOs vertraulich zu beraten und ihnen praktischen Beistand in diplomatischer Strategie und Technik zu leisten« und eine »größere Einbeziehung in die Diplomatie zu fördern«.[90] Zu ihren gegenwärtigen und ehemaligen Klienten zählen der Kosovo, Südsudan, Somaliland und die Frente Polisario, alles sezessionistische Gruppen. Weitere Gruppen, wie die Organisation der nicht repräsentierten Nationen und Völker (UNPO), vertraten im Verlauf der Geschichte ebenfalls sezessionistische Gruppen. Weder ID noch die UNPO werden Gruppen vertreten, die in großem Stil Verstöße gegen das internationale Recht zu verantworten haben.[91] Um ihre Unterstützung zu erhalten, muss Sezessionisten folglich bis zu einem gewissen Grad klar sein, welche Verhaltensweisen in den Augen der internationalen Gemeinschaft akzeptabel sind und welche nicht.

Unabhängig davon, ob sie mit westlichen Beratern zusammenarbeiten, verfügen Sezessionisten wohl über weitere Möglichkeiten, sich ins humanitäre Völkerrecht einzuarbeiten. Einige NGOs, wie Geneva Call, sehen es als Teil ihrer Mission an, Rebellengruppen in den Feinheiten des HVK zu schulen. Laut der Grundsatzerklärung zu ihrer Mission »reagiert Geneva Call auf Anfragen von [bewaffneten nichtstaatlichen Akteuren, BNSA], sie darin zu unterstützen, Kenntnisse in den internationalen humanitären Regeln und die Fähigkeiten zu de-

---

88   Kahler, State Building and State Survival S. 25 ff.
89   Network of Researchers in International Affairs, From the NMA to the NMLA.
90   The Diplomat Advisory Group, Independent Diplomat.
91   Carne Ross von Independent Diplomat, Interview, geführt von der Autorin, 7. Juli 2011; Pierre Hegay und Jeroen Zandberg von der UNPO, Interview, geführt von der Autorin, 4. Februar 2013.

ren Umsetzung zu erwerben, so durch Schulungen und fachliche Beratung«.[92] Geneva Call wendet sich an Rebellengruppen und reagiert zudem auf Anfragen nach Auskünften und Ausbildung. Auch wenn Rebellengruppen bislang eher selten die Initiative ergriffen, bitten sie – wie die kurdischen Volksverteidigungseinheiten (YPG) – Geneva Call inzwischen häufiger um Unterstützung.[93] In einigen Fällen haben sich Gruppierungen (zuweilen auf Ersuchen von Geneva Call) schon bei anderen dafür eingesetzt, dass diese die Verpflichtungserklärung von Geneva Call unterzeichnen – online gestellte Dokumente, über die sich bewaffnete nichtstaatliche Akteure verpflichten können, auf den Einsatz von Landminen, Kindersoldaten oder von sexueller Gewalt zu verzichten. Entsprechend wandte sich zum Beispiel die Sudanesische Volksbefreiungsbewegung (SPLM) an Rebellengruppen in Darfur.[94] Auch sind Sezessionisten wohl mehr als andere Gruppen geneigt, die Erklärung von Geneva Call zu unterzeichnen und sich mit ihr öffentlich zu verpflichten, sich an die Regeln des humanitären Völkerrechts zu halten.[95] Neben neueren Organisationen wie Geneva Call unterweisen längst etablierte NGOs wie das Internationale Komitee vom Roten Kreuz bewaffnete nichtstaatliche Akteure im humanitären Völkerrecht. Die Übereinkunft des IKRK mit jedem Staat, der ihm die Arbeit auf seinem Territorium gestattet, beinhaltet unter anderem den Zugang zu anderen Konfliktparteien, die innerhalb seiner Grenzen operieren. Das IKRK hat kürzlich entsprechende Anstrengungen ausgeweitet und zum Beispiel eine »Unit for Relations with Arms Carriers« mit der speziellen Aufgabe ins Leben gerufen, Kontakte zu bewaffneten nichtstaatlichen Akteuren in Fragen des humanitären Völkerrechts anzuknüpfen.

Sezessionistische wie auch revolutionäre Rebellengruppen verfügen tendenziell über größere Kenntnisse im HVK als zum Beispiel Kämpfer, die Kriege um Ressourcen oder religiöse Konflikte austra-

---

92 Geneva Call, Mission.
93 Pascal Bongard von Geneva Call, Mitteilung in einer E-Mail an die Autorin, 30. November 2015.
94 Pascal Bongard, Interview, geführt von der Autorin, 18. Mai 2015, Genf, Schweiz.
95 Fazal / Konaev, Homelands Versus Minelands.

gen, weil es in ihren Reihen eher Personen gibt, die aus dem staatlichen Militär desertiert sind.[96] Auch wenn militärische Überläufer in sämtlichen Arten von Rebellengruppen vertreten sein können, bestehen gute Gründe zur Annahme, dass diese in den gemäßigten und sezessionistischen Gruppen wahrscheinlich höhere Ränge bekleidet haben als beispielsweise jene in Rebellengruppen, die um Ressourcen kämpfen: Höherrangige Militärangehörige sind üblicherweise ausreichend gut bezahlt und lassen sich deswegen kaum dazu verleiten, eine Festanstellung aufzugeben, weil sie sich Reichtümer erhoffen, die nur unter Risiken zu haben sind. Schulungen in HVR sind in den meisten staatlichen Streitkräften ein Standard, und die vermittelten Kenntnisse dürften durch Überläufer in das Kommando der Rebellen einfließen. »Their Words«, eine von Geneva Call gehostete Website, welche die internen Regeln und Regelungen der Rebellengruppe und eine Erklärung beinhaltet, sich zur Einhaltung des HVK zu verpflichten, illustriert diesen Punkt.[97] Als ein Beispiel liest sich die General Order No. 1 der sezessionistischen Islamischen Befreiungsfront der Moros (MILF) auf den Philippinen ganz ähnlich wie der Verhaltenskodex eines staatlichen Militärs, weil sie vom Generalstab der Gruppe verfasst wurde: Die Gruppe gibt in ihr »zur Regulierung der Angelegenheiten der Bangsamoro Islamic Armed Forces einen Verhaltenskodex bekannt, der ihre Befugnisse, Pflichten, Aufgaben und andere zugehörige Zwecke beschreibt«.[98]

Sezessionisten erkennen wohl, dass sie dürftig gewappnet sind, um durch die Gewässer der internationalen Gemeinschaft zu manövrieren, und werden deswegen oft westliche Berater engagieren. Dies sensibilisiert sie zunehmend für die Beobachtung, unter der sie stehen werden, wie auch für die Regeln, die sie den Erwartungen nach zu befolgen haben. Verglichen mit früheren Zeiten sind die Mechanismen – einschließlich der sozialen Medien, die in Bürgerkriegen weit verbreitet eingesetzt werden –, um Sezessionisten diese Informatio-

---

96 Eine Erörterung zum Überlaufen und zur Desertion siehe Lyall, Why Armies Break; McLauchlin, Loyalty Strategies and Military Defection in Rebellion; Oppenheim u. a., True Believers, Deserters, and Traitors.
97 Geneva Call, Their Words.
98 General Staff, General Order No. 1.

nen zu vermitteln, heute allgemein verfügbar. Diese sind über die Erfordernisse des HVK tendenziell besser informiert als andere Rebellengruppen und wissen über sie heute auch mehr als in der Vergangenheit.

Die Kosten der Einhaltung des HVR

Wie oben erwähnt, müssen sezessionistische Rebellengruppen für die Einhaltung oder Nichteinhaltung des HVK die gleichen Kosten wie Staaten erwägen, dürften diese aber anders bewerten. Die Unbeständigkeit eines Aufstandes – der typischerweise kürzer als ein Staat währt – wie auch die besonderen strategischen Zwänge, unter denen Sezessionisten stehen, vermindern für sie zahlreiche Kosten der Einhaltung verglichen mit denen von Staaten.

Wie Staaten investieren Rebellengruppen häufig, wenn auch nicht immer, in die Schulung ihrer Streitkräfte dazu, welches Verhalten in den durch das HVR abgedeckten Bereichen statthaft ist, so im Umgang mit Zivilpersonen, dem Schutz von Kulturgut und der Behandlung von medizinischem Personal. Im Gegensatz zu Staaten ist das Militär von Rebellengruppen allerdings tendenziell kurzlebig. Selbst der längste Bürgerkrieg währt selten länger als der kurzlebigste Staat. Wegen dieses knapperen Zeithorizonts müssen Rebellengruppen ihre Schulungsstandards mit Blick auf die sich eher langsam vollziehenden Veränderungen des HVR kaum überarbeiten. Insofern sie beabsichtigen, sich von Anbeginn an die Regeln des HVR zu halten, können sie diese Standards zu Beginn eines Konflikts in ihre Militärausbildung einbeziehen und können sie wahrscheinlich während der Dauer eines Krieges auch beibehalten. Die bürokratischen Kosten der Anpassung an den Zuwachs an kodifizierten HVR-Bestimmungen sind für Sezessionisten im Bürgerkrieg somit deutlich geringer als für Staaten in einem zwischenstaatlichen Konflikt – einfach deshalb, weil sie in kürzeren Zeiträumen anfallen.

Insbesondere für Sezessionisten liegen die strategischen Kosten, sich an das HVR zu halten, deutlich niedriger als für Staaten. Wie ich in Kapitel 7 erkläre, haben solche Aufständischen geringere Anreize, gegen das HVR zu verstoßen, als andere Rebellengruppen. Während Staaten zur Überzeugung gelangen können, dass es ihren politischen

Zielen dient, auch Zivilpersonen ins Fadenkreuz zu nehmen, müssen Sezessionisten auf diese mehr Rücksicht nehmen, weil sie sie zu Bürger_innen ihres angestrebten Staates werden sollen. Auch dürften sie in geringerem Umfang als Staaten in eine moderne Militärtechnik investieren können, weshalb sie keinen strategischen Nachteil riskieren, wenn der Einsatz von entsprechendem Kriegsgerät als Verstoß gegen das HVK geächtet wird. Allerdings können Rechtsverstöße sezessionistischen Rebellen ebenso wie Staaten erhebliche Kosten aufbürden. Die Aufständischen riskieren Prozesse wegen Kriegsverbrechen und gefährden ihre eigenen politischen Ziele, wenn sie die Bevölkerung vor Ort wie auch die internationale Gemeinschaft verprellen.

Sezessionismus im Aufwind

Seit der Wende zum 20. Jahrhundert bis heute hat sich bei den Bürgerkriegen der prozentuale Anteil an sezessionistischen Aufständen erhöht (siehe Abb. 2.2). Dieser Trend spiegelt eine generelle Zunahme des – gewaltsamen wie gewaltlosen – Sezessionismus wider. Wie Ryan Griffiths und ich gezeigt haben, ist der Sezessionismus seit 1900 in absoluten Zahlen wie auch anteilig im Aufwind, wie Abb. 2.1 zeigt.[99] Diesen Anstieg führen wir auf die erhöhten Vorteile der Staatlichkeit zurück, darunter die heute gültigen Normen zum Schutz vor gewaltsamen territorialen Eroberungen, die Globalisierung und ein modernes internationales Hilfssystem, das denjenigen erhebliche Vorteile bringt, die Anspruch auf eine Staatsführung erheben können.

Wegen dieser Zunahme an sezessionistischen Bürgerkriegen erhält die These, wonach Sezessionisten auf den Zuwachs an kodifizierten HVR-Bestimmungen positiv reagieren, in mindestens zwei Aspekten herausragende Bedeutung. Erstens wird Sezessionisten heute wegen

---

99 Der Nenner basiert hier auf den Daten Philip Roeders zu Teilstaaten, »juristisch gesonderten Gemeinschaften von Menschen, die besonderen Anspruch auf diesen juristischen Zuständigkeitsbereich als Heimatland erheben«. Zu jedem Jahr wird die von uns ermittelte Anzahl an sezessionistischen Bewegungen durch die von Roeder ermittelte Anzahl an Teilstaaten geteilt. Roeder, Where Nation-States Come From, S. 12; Fazal / Griffiths, Membership Has its Privileges, S. 85.

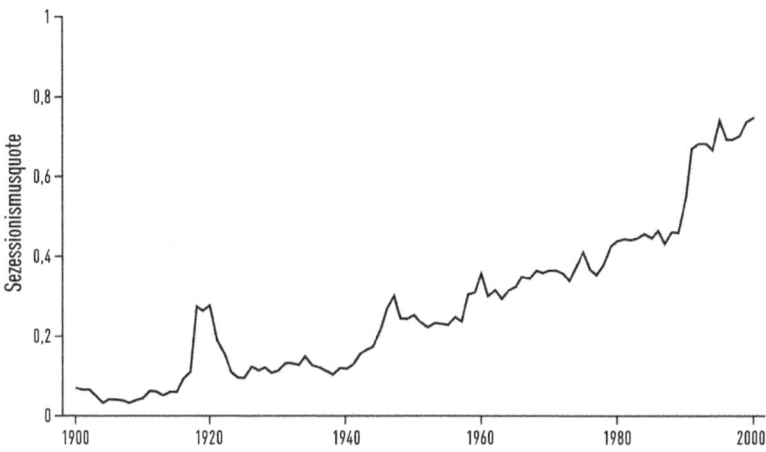

Abb. 2.1   Die Sezessionismusquote. Aus: Fazal und Griffiths, Membership Has its Privileges

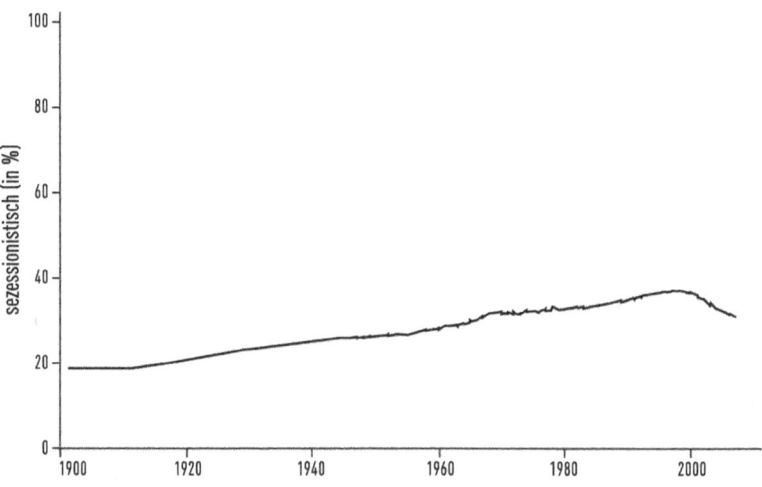

Abb. 2.2   Sezessionismus im Bürgerkrieg, 1900–2007

ihrer schieren Anzahl größere Aufmerksamkeit zuteil, was die jeweiligen Besonderheiten ihres Verhaltens angeht. Und zweitens bringt es ihre wachsende Anzahl mit sich, dass sie sich in einem verschärften Wettbewerb um die Aufmerksamkeit der internationalen Gemeinschaft befinden – vielleicht mit einem erhöhten Anreiz für die einzelnen Gruppen, die Bestimmungen des HVR einzuhalten.

Einhaltung des HVR als Nettonutzen

Die relativ geringen Kosten der Einhaltung, die hohen Kosten von Nichteinhaltung und die Vorteile der Einhaltung des HVR führen dazu, dass das Nettokalkül Sezessionisten in stärkerem Maß als Staaten zur Einhaltung bewegt. Wo der Zuwachs an Bestimmungen des kodifizierten humanitären Völkerrechts Staaten Anreize setzte, Unklarheiten darüber zu schaffen, inwieweit sie zur Einhaltung verpflichtet sind, haben Sezessionisten positive Anreize, diesen Korpus des internationalen Rechts zu beachten. Sie sehen es als ein Mittel an, ihre politischen Ziele voranzubringen, wenn sie das HVR öffentlichkeitswirksam und erkennbar respektieren.

Wie wir ebenso sahen, traten allgemeinere Trends beim Sezessionismus deutlich kombiniert auf. Dieser war im zurückliegenden Jahrhundert im Aufschwung begriffen. Gleichzeitig wuchs auch die Anzahl der Bürgerkriege an, die eine Abspaltung zum Ziel hatten. Und das 20. Jahrhundert war zudem eine Zeit, in der die Anzahl an HVK-Abkommen gewachsen ist (wie in Abb. 1.1. gezeigt). Sezessionistische Rebellen – Kriegführende mit größerer Bereitschaft, das HVK zu beachten – tauchten folglich vermehrt zu einer Zeit auf, in der das kodifizierte HVR ausgeweitet wurde. Zusammengenommen legen diese Trends nahe, dass Sezessionisten zunehmend dazu neigen, die Bestimmungen des Kriegsrechts einzuhalten, während Staaten versuchen, ihre Verpflichtungen zur Einhaltung dieses internationalen Gesetzeswerkes zu umgehen.

Theoretische Erwartungen

Die Ausweitung des geschriebenen humanitären Völkerrechts wirkt sich erheblich auf die Kriegführung aus – wie dies genau geschieht, bestimmt das Zusammenspiel des Kriegsrechts mit den politischen und militärischen Zielen der Kriegführenden. Aus der Argumentation in diesem Kapitel ergeben sich mehrere weitreichende Hypothesen, die in den folgenden Kapiteln theoretisch und empirisch eingehender ausgeführt werden.

Ich vertrete vier Hauptthesen zum Einsatz von Kriegsformalitäten in zwischenstaatlichen bewaffneten Konflikten. Da sich das Kriegsrecht mit der Zeit ausweitet, dürften Staaten ihre Verpflichtung, dieses internationale Gesetzeswerk einzuhalten, in den von ihnen geführten Kriegen zu umgehen versuchen. Zu beobachten sein müsste dieser Effekt am ehesten beim Einsatz von Kriegsformalitäten. Folglich lautet meine erste Hypothese: Weil immer mehr Kriegsgesetze zu beachten sind, sinkt die Bereitschaft von Staaten, förmliche Kriegserklärungen auszusprechen. Zweitens – und damit zusammenhängend – müssen wir erwarten, dass wir eine Beziehung zwischen Kriegserklärungen und der Einhaltung des HVR beobachten werden. Wenn Staaten davor zurückscheuen, einen Krieg zu erklären, weil sie Unklarheiten darüber aufrechterhalten wollen, ob sie zur Einhaltung des HVR verpflichtet sind, dann wären förmliche Kriegserklärungen am ehesten von denjenigen Staaten zu erwarten, die ziemlich sicher sind, dass sie dessen Bestimmungen respektieren werden. Drittens müsste deren Einhaltung während des Konflikts die Neigung von Staaten beeinflussen, nach Kriegsende förmliche Friedensabkommen zu schließen. Wie eine Kriegserklärung signalisiert der Abschluss eines Friedensvertrags unmissverständlich, dass vormals ein Kriegszustand geherrscht und damit auch die Verpflichtung bestanden hat, das HVR zu beachten. Folglich müssten Staaten, die während eines Konflikts gegen dieses verstoßen haben, vor dem Abschluss eines entsprechenden Abkommens am ehesten zurückscheuen. Und viertens müssten Staaten allgemein – wie bei Kriegserklärungen – deshalb eine geringere Bereitschaft zeigen, Friedensabkommen zu schließen, weil sich aus dem HVR für sie umfänglichere Verpflichtungen ergeben.

Im Zusammenhang mit Bürgerkriegen – insbesondere sezessionistischen – ergibt sich eine andere Menge an Vorhersagen. Erstens: Weil Sezessionisten empfänglich für die Präferenzen der internationalen Gemeinschaft sind und sich diese im Zeitalter der UN klar gegen unilaterale Unabhängigkeitserklärungen ausgesprochen hat, müssten wir erwarten, dass dieses Instrument nach 1945 weniger stark genutzt worden ist. Zweitens müsste sich die Empfänglichkeit von Sezessionisten für die Vorlieben der internationalen Gemeinschaft auf deren Verhalten in ihren Kriegen auswirken. Anders als andere Rebellengruppen müssten sie eine besondere Bereitschaft zeigen, sich an die Bestimmungen des Kriegsrechts zu halten. Und drittens: Da die internationale Gemeinschaft ebenso ihre Vorliebe für Verhandlungslösungen gegenüber militärischen Siegen in einer Zeit gezeigt hat, da der Bürgerkrieg zur vorherrschendem Form des Krieges avanciert ist, müssten wir eine zunehmende Nutzung von Friedensverträgen in Bürgerkriegen beobachten, insbesondere ab der zweiten Hälfte des 20. Jahrhunderts bis ins 21. Jahrhundert hinein, da sich zentrale internationale Institutionen diese Vorliebe zu eigen gemacht haben.

Insofern das Streben nach internationaler Anerkennung beeinflusst, wie Kriegführende auf das sich ausweitende Kriegsvölkerrecht reagieren, liegt es nahe, das jeweilige Verhalten der unterschiedlichen Arten von Kriegführenden in einem Buch, aber in unterschiedlichen Kapiteln miteinander zu vergleichen. Deswegen ist das übrige Buch in zwei wichtige empirische Abschnitte unterteilt. In Kapitel 3 bis 5 betrachte ich Kriegserklärungen, die Einhaltung des Kriegsrechts und den Abschluss von Friedensverträgen, alles im Zusammenhang mit zwischenstaatlichen Kriegen. In Kapitel 6 bis 8 untersuche ich Unabhängigkeitserklärungen, die Einhaltung des Kriegsrechts (insbesondere mit Blick auf Zivilpersonen) und den Abschluss von Friedensverträgen in und nach Bürgerkriegen – hier mit sezessionistischen Konflikten im Fokus. In der Schlussfolgerung betrachte ich die beiden Typen von Kriegführenden – und Kriegen – wieder gemeinsam in einer Einschätzung der vergangenen Trends und der Zukunftsaussichten für die Kriegsgesetze.

3
Kriegserklärungen in zwischenstaatlichen Kriegen

Eine der berühmtesten Passagen in Thukydides' »Geschichte des Peloponnesischen Krieges« handelt davon, wie eine Kriegserklärung abgegeben wird. Zunächst fasst Thukydides die Diskussionen zusammen, ob der Krieg gegen Athen gerecht ist. Dann schreibt er:»Die Lakedaimonier [Spartaner] erklärten, der Vertrag sei gebrochen und ein Krieg notwendig, wobei sie nicht so sehr von den Reden der Bundesgenossen überzeugt als von Furcht bewogen wurden, die Athener könnten allzu mächtig werden.«[1] Die meisten Forscher_innen, die sich mit Internationalen Beziehungen befassen, haben sich auf die Logik des Präventivkriegs konzentriert, die in Thukydides' Ausführungen über die Gründe des Peloponnesischen Krieges enthalten ist. Interessant ist, dass dabei auch auf eine Kriegserklärung verwiesen wird.

Über Jahrtausende galt, dass nur dann Krieg herrschte, wenn er erklärt worden war. In der Antike erachteten die Römer wie die Griechen Kriege nur dann als gerecht, wenn ihnen eine Kriegserklärung vorausgegangen war.[2] Die Macht, Krieg zu erklären, war ein Zeichen von Souveränität.[3] In diesem Kapitel zeige ich demgegenüber, wie im

---

1 Thukydides, Der Peloponnesische Krieg, I, 88, S. 69. Dieser Abschnitt wird üblicherweise als »Debatte in Sparta und Kriegserklärung« bezeichnet.
2 Russell, The Just War in the Middle Ages, S. 6; Ober, Classical Greek Times, S. 13.
3 Ward, An Enquiry into the Manner in which the Different Wars in Europe have Commenced, S. 61 f., Lauterpacht, Recognition in International Law, S. 378.

20. Jahrhundert Kriegserklärungen an Bedeutung verloren haben, und heute spielen sie in zwischenstaatlichen Kriegen praktisch keine Rolle mehr.

Nehmen wir als Illustration die Kontroverse über Präsident Barack Obamas Ersuchen an den Kongress im Februar 2015, die Genehmigung zum Einsatz militärischer Gewalt (Authorization for the Use of Military Force, AUMF) gegen den Islamischen Staat zu erteilen.[4] Ein Punkt in der Diskussion war, ob der Präsident eine neue AUMF brauchte, um militärisch gegen den Islamischen Staat vorzugehen.[5] Eine weitere Frage lautete, ob eine Kriegserklärung gegen nichtstaatliche Akteure möglich war. Nach der Verfassung ist der Kongress zwar befugt, den Krieg zu erklären, aber er versucht es nicht mehr. Die AUMF ist das neue Instrument, doch es ist signifikant schwächer als eine Kriegserklärung. Zudem schaffte es der Kongress nicht, über eine neue AUMF abzustimmen, geschweige denn, sie zu beschließen.[6]

Die Abkehr von Kriegserklärungen, um einen Krieg zu beginnen, markiert eine dramatische Wende in der Weltgeschichte. In diesem Kapitel lege ich dar, dass sich der Bedeutungsverlust von Kriegserklärungen am besten darauf zurückführen lässt, dass die Staaten rechtliche Unklarheit hinsichtlich ihrer Verpflichtung zur Einhaltung des humanitären Völkerrechts erzeugen möchten, seit dessen Bestimmungen im Lauf der Zeit immer zahlreicher geworden sind. Staaten, die formell einen Krieg erklären, erkennen explizit an, dass sie sich in einem Kriegszustand befinden. Im Kriegszustand ist die Verpflichtung zur Anwendung des humanitären Völkerrechts eindeutig, mit der Kriegserklärung muss ein Staat sich an das humanitäre Völker-

---

4 Diamond, War Debate Looms for Congress.

5 Obama to Seek Authority from Congress for Islamic State Fight; Sargent, Obama's War Authorization Request Is Way Too Broad; Somin, Reactions to the Obama Administration's proposed ISIS AUME; Senate Democrats Oppose »Blank Check« for Islamic State Fight; Obama Faces Tough Sell to Get New War Powers to Fight IS. Tatsächlich ist derzeit ein Gerichtsverfahren in dieser Sache anhängig. Epps, Can The Courts Make Congress Declare War?

6 Leatherby, Whatever Happened to the Debate over Use of Force against ISIS?; Arkin, After One Year of War on ISIS.

recht halten. Weil die damit verbundenen Belastungen immer schwerer wiegen, ist der Anreiz gesunken, diese klare Grenze zu überschreiten.

Im nächsten Unterkapitel definiere ich, was eine Kriegserklärung ist, und gebe einen Überblick über die Geschichte und die rechtliche Bedeutung von Kriegserklärungen. Dann erläutere ich meine Auffassung näher, warum Kriegserklärungen kaum noch ausgesprochen werden, und zeige auf, unter welchen Bedingungen es mehr oder weniger wahrscheinlich ist, dass Staaten in zwischenstaatlichen Kriegen formelle Kriegserklärungen abgeben. Anschließend präsentiere ich meine empirische Analyse, beginnend mit dem quantitativen Teil, der auf einem Originaldatensatz beruht, dem Interstate War Inititiation and Termination (I-WIT) Dataset, der auch in den Kapiteln 4 und 5 verwendet wird. Die Ergebnisse der quantitativen Analyse sprechen für eine starke inverse Beziehung zwischen der Ausweitung des kodifizierten Kriegsrechts und dem Einsatz von Kriegserklärungen. Diesen Zusammenhang erforsche ich weiter anhand von vier Fallbeispielen: dem Spanisch-Amerikanischen Krieg von 1898, dem Boxeraufstand von 1900, dem Bangladesch-Krieg von 1971 und dem Krieg um die Falklandinseln/Malvinas von 1982. Primär- und Sekundärquellen liefern mir klare Belege, dass die Staaten versuchen, das Kriegsrecht zu umgehen, indem sie nicht formell den Krieg erklären.

Kriegserklärungen: Ein Überblick

Den Krieg zu erklären ist in den internationalen Beziehungen seit Langem üblich. Die antiken Römer verfuhren dabei so: Ein Gesandter brachte »eine Lanze mit einer Eisenspitze oder eine blutrote, an der Spitze im Feuer gehärtete« an die Grenze«. Sobald drei erwachsene Männer auf der anderen Seite der Grenze auftauchten, trug der Gesandte die Kriegserklärung vor und schleuderte dann die Lanze auf das Gebiet des Feindes hinüber.[7] Ritualisierte Kriegserklärungen

---

7   Livius, Römische Geschichte, I, 32, 6–14, zitiert in: Grewe, Fontes historia
    iuris gentium Bd. 1, S. 188; Ward, An Enquiry into the Manner in which the
    Different Wars in Europe have Commenced, S. 56. Die Römer waren so auf

durch Herolde gab es auch bei den mittelalterlichen Rittern. Später wurde der Anschlag gedruckter Kriegserklärungen üblich.

Schon die frühesten Gelehrten, die sich mit dem Völkerrecht befassten, studierten Kriegserklärungen. Im 17. Jahrhundert schrieb Hugo Grotius, Kriege ohne die typischen Formalitäten – insbesondere Kriegserklärungen und Friedensverträge – seien »unvollkommen« oder nicht »feierlich«.[8] Mit Verweis auf Cicero und Livius argumentierte er, Kriege – insbesondere Angriffskriege – verlangten eine Kriegserklärung: »Damit ein Krieg in diesem Sinne ein gerechter sei, genügt nicht, daß er beiderseits von der höchsten Staatsgewalt geführt werde, sondern daß er, wie erwähnt, öffentlich beschlossen sei, und zwar so, daß die Anzeige davon durch den einen Theil dem anderen geschieht.«[9] Ein Jahrhundert später argumentierte Vattel hinsichtlich der Notwendigkeit einer Kriegserklärung ähnlich und führte noch zwei weitere Gründe an: Die Kriegserklärung mache bekannt, wer die Feinde seien, und Vorwürfe, die den Krieg begründeten, sollten zu Beginn des Krieges vorgebracht werden, damit nicht während der Friedensverhandlungen irrelevante Behauptungen auftauchten.[10]

Ein wichtiger Grund für den Einsatz von Kriegserklärungen war Grotius und Vattel zufolge, dass sie halfen, Räuberei und Piraterie von Kriegen zu unterscheiden, die von souveränen Mächten geführt wurden.[11] Diese Analysen von Kriegserklärungen – wie die Erforschung

---

diese Form der Kriegserklärung fixiert, dass sie, wenn sie Krieg gegen ein zu weit von ihren Grenzen entferntes Gebiet zu führen beabsichtigten, einen gefangenen Soldaten aus diesem Land herbeiholten, ihn in Rom ein Stück Land kaufen ließen und die besagte Lanze auf dieses Stück Land schleuderten. Whitman, The Verdict of Battle, S. 110.

8   Neff, War and the Law of Nations, S. 119.

9   Des Hugo Grotius drei Bücher über das Recht des Krieges und Friedens, Buch III, Kap. III, Abschnitt V, S. 229.

10 Vattel, The Law of Nations or the Principles of International Law, Buch 3, Kapitel 4, Abschnitte 51, 55, 56.

11 Ward, An Enquiry into the Manner in which the Different Wars in Europe have Commenced, S. 47–51. Die Souveränität eines Staates zu untergraben galt tatsächlich als legitimer Kriegsgrund. Ward argumentiert, der Vertrag, den Frankreich mit den amerikanischen Kolonien nach deren Unabhängigkeitserklärungen schloss, sei einer Kriegserklärung gegen Großbritannien

des Völkerrechts insgesamt – entstanden zusammen mit dem modernen System souveräner Staaten. Krieg zu erklären war für einen Staat ein Mittel, sich von dem abzugrenzen, was wir heute als nichtstaatliche Akteure bezeichnen. Wie wichtig diese Abgrenzung ist, wird in Kapitel 6 erläutert, wenn wir die Rolle von und die Gründe für ähnliche Erklärungen von Rebellengruppen in Bürgerkriegen untersuchen.

Heute hat die Kriegserklärung (oder ihr Unterbleiben) politische Implikationen in mindestens drei Bereichen: 1. dem heimischen Recht, 2. dem Verhalten der kriegführenden Parteien und 3. bei den Regeln, die für Zivilpersonen gelten. In jedem Bereich folgen aus der Kriegserklärung wichtige Verhaltensregeln.

Die inländischen rechtlichen Implikationen einer Kriegserklärung sind von Land zu Land verschieden. Beispielsweise regelt die iranische Verfassung, dass während eines Kriegszustands keine Wahlen stattfinden. Das israelische Grundgesetz verlangt, dass die gesamte Regierung an einer Kriegserklärung mitwirkt, und sieht vor, das Gesetze ausgesetzt oder abgeändert werden können, wenn der Ausnahmezustand erklärt ist. Nach der indischen Verfassung kann die Bundesregierung in einzelnen Bundesstaaten nach der Ausrufung des Ausnahmezustands, dem indischen Äquivalent zu einer Kriegserklärung, die Regierungsgewalt übernehmen. Als 1962 während eines Grenzkriegs mit China der Ausnahmezustand ausgerufen wurde, erweiterte der Defense of India Act die Rechte der Regierung, Staatsbürger_innen festzunehmen, und schränkte die Möglichkeiten der Bürger_innen ein, sich wegen des Schutzes bestimmter Grundrechte an den Obersten Gerichtshof zu wenden.[12]

Weniger groß sind die Unterschiede bei den Rechten und Pflichten kriegführender Parteien in einem formell erklärten Krieg. Eine Kriegserklärung ist zuerst und vor allem eine Warnung vor dem Beginn von Feindseligkeiten: Sie informiert Staaten darüber, dass sie sich im Krieg befinden. Im Lauf der Geschichte nannten Kriegserklärungen auch die Gründe für den Krieg und die Kriegsziele; beides ist

---

gleichgekommen und habe das Vorgehen Großbritanniens sowie die anschließende Kriegserklärung an Frankreich gerechtfertigt.

12 Thomas, Democracy, Security, and Development in India, S. 80.

wichtig sowohl für die internationale wie für die heimische Öffentlichkeit. Üblicherweise geht eine Kriegserklärung mit dem Abbruch der diplomatischen Beziehungen einher (allerdings müssen diplomatisches Personal und diplomatische Vertretungen weiterhin geschützt werden), mit dem Ende des Handels und der Aussetzung von Verträgen. Außerdem tritt das Völkerrecht in Kraft, das das Verhalten im Krieg regelt, wie etwa die Genfer Abkommen aus dem Jahr 1949.[13] In den Vereinigten Staaten aktiviert eine Kriegserklärung Einsatzregeln für Kriegszeiten (im Unterschied zu entsprechenden Regeln für Friedenszeiten): Amerikanische Soldaten können ausländische Militärangehörige nach einer Kriegserklärung ganz anders behandeln als ohne Vorliegen einer Kriegserklärung.[14]

Nichtkriegführende Staaten haben ebenfalls bestimmte Rechte und Pflichten gegenüber den Beteiligten eines erklärten Kriegs. Zum Beispiel können Bündnisverpflichtungen zum Tragen kommen. Neutrale Staaten, die sich nicht vollkommen unparteiisch gegenüber Kriegsparteien verhalten und keinerlei Diskriminierung walten lassen, das heißt, ihre Verkehrsrouten und ihre Regeln respektieren, was als Schmuggelware (Kontrabande) gilt, riskieren, dass ihre Schiffe samt Ladung beschlagnahmt und ihre auf solchen Schiffen befindlichen Staatsbürger_innen angegriffen werden.[15]

Definition von Kriegserklärungen

Ich definiere eine Kriegserklärung als öffentliche Proklamation, abgegeben nach den gesetzlichen Regelungen des proklamierenden Staats, dass ein Staat beabsichtigt, Feindseligkeiten mit einem anderen Staat zu beginnen. Diese Definition deckt sich mit der Auffassung der Völkerrechtswissenschaft, dass eine Kriegserklärung öffentlich sein muss, die Absicht kundtun muss, in Feindseligkeiten mit einer anderen Par-

---

13 Ackerman/Grimmett, Declarations of War and Authorization for the Use of Military Force, S. 22–27; Brownlie, International Law and the Use of Force by States, S. 392–398.

14 Bill/Marsh, Operational Law Handbook, S. 13; Martins, Rules of Engagement for Land Forces, S. 23.

15 Brownlie, International Law and the Use of Force by States, S. 402 ff.

tei einzutreten, und nach den Gesetzen des Staates, der sie abgibt, erfolgen muss.[16]

Die Voraussetzungen für eine Kriegserklärung können sich von Land zu Land stark unterscheiden. Deshalb ist es wichtig, die jeweiligen Regelungen zu verstehen, um zu wissen, wann ein Staat den Krieg erklärt hat. In den Vereinigten Staaten hat nur der Kongress die Macht, den Krieg zu erklären. In vielen autokratischen Staaten hingegen kann das Staatsoberhaupt ohne Konsultation oder Zustimmung der Legislative den Krieg erklären. Zum Beispiel hat in Nordkorea nach der Verfassung von 1998 die Nationale Verteidigungskommission (an deren Spitze Nordkoreas Staatschef Kim Jong Un steht) die Macht, den Krieg zu erklären.

Weil vorhandene Datensätze keine Variable für Kriegserklärungen beinhalten, wie ich sie hier definiert habe, nehme ich in diesem Kapitel und in den beiden folgenden den Datensatz War Initiation and Termination (I-WIT) als Grundlage für eine quantitative Analyse. I-WIT ist ein Originaldatensatz, den ich mit meiner Kollegin Page Fortna zusammengetragen habe. Wir verwenden die jüngste Version der Liste von zwischenstaatlichen Kriegen der Correlates of War – die zwischenstaatliche Kriege mit mindestens 1000 Gefallenen aus der Zeit von 1816 bis 2007 umfasst –, um unser Universum der Fälle zu erstellen.[17] I-WIT deckt damit alle größeren zwischenstaatlichen Kriege seit den Napoleonischen Kriegen ab. Es codiert für 70 Variable – einschließlich Kriegserklärungen –, die in früheren Datensätzen fehlten. Jeder Krieg wurde durch mindestens zwei Forscher_innen codiert; wenn die ersten beiden Codierenden sich nicht einigen konnten, traf ein dritter oder eine dritte die Entscheidung. Wenn sich auch drei nicht einigen konnten, analysierten wir den Fall selbst und entschieden über die Codierung. Detaillierte Beschreibungen zu jedem Fall

---

16 Garner, Black's Law Dictionary, S. 437.
17 Sarkees/Wayman, Resort to War. 1816–2007. Zwei Kriege habe ich aus der Liste von Correlates of War gestrichen: Der Russisch-Chinesische Krieg von 1900 wurde nicht berücksichtigt, weil er praktisch nicht vom Boxeraufstand zu unterscheiden ist. Der Spanisch-Marokkanische Krieg von 1909 ist herausgefallen, weil in dem Fall Spanien als Verbündeter der marokkanischen Regierung gegen irreguläre marokkanische Kämpfer Krieg führte.

mit Berichten des oder der Codierenden zu jedem Krieg und der Dokumentation, wie etwaige Meinungsverschiedenheiten gelöst wurden, sind über das Qualitative Data Repository zugänglich.[18]

Für die Codierung von Kriegserklärungen verlangt I-WIT erstens eine Beschreibung der Verfahren des kriegführenden Staates für die Erklärung des Krieges und zweitens eine Beschreibung (und wenn möglich Dokumentation) der tatsächlichen Kriegserklärung.[19] Die russische Kriegserklärung an die Türkei aus dem Jahr 1828 ist ein typischer Fall. Nach einer detaillierten Schilderung, welche Verfehlungen das osmanische Reich begangen hat, heißt es: »Russland, das sich nunmehr in einer Situation befindet, in der zu bleiben seine Ehre und seine Interessen nicht länger dulden, erklärt der Hohen Pforte den Krieg, jedoch nicht ohne Bedauern, nachdem es 16 Jahre lang nichts unversucht ließ, ihm die Übel zu ersparen, die damit einhergehen werden. Die Gründe dieses Krieges offenbaren hinreichend dessen Ziele. Da die Türkei ihn ausgelöst hat, wird sie die Lasten zu tragen haben, um alle dadurch verursachten Kosten auszugleichen sowie die Verluste, die die Untertanen seiner Kaiserlichen Majestät treffen.«[20] Die Osmanenherrscher reagierten nicht. Vier Monate vor der russischen Kriegserklärung und fast fünf Monate vor Ausbruch der Feindseligkeiten hatten sie ein *Hatti-Serif* – einen offiziellen Erlass des Sultans – herausgegeben. Allerdings war das *Hatti-Serif* für die Kenntnisnahme im eigenen Land gedacht und nicht als Kriegserklärung an Russland.[21] Bei Ausbruch des Krimkriegs hingegen erklärte das Osmanische Reich Russland den Krieg in einer Note an den russischen Fürsten Gortschakow, aber Russland reagierte mit »einer privaten Depesche des Inhalts, dass der Zar einen Wutausbruch bekommen habe, als er die besagte Erklärung las, und erklärt habe, dass er jedes gemachte Zugeständnis zurückziehe und ihm nun nichts anderes übrig bleibe, als einen Vernichtungskrieg gegen die Türken zu führen«.[22] Diese

---

18 Qualitative Data Repository, https://qdr.syr.edu.
19 Fazal u. a., War Initiation and Termination (WIT). Der statistische Anhang enthält eine kurze Beschreibung von I-WIT.
20 Russische Kriegserklärung an die Türkei, 1828.
21 Hozier, The Russo-Turkish War, S. 122.
22 Four Days Later from Europe.

Mitteilung kam einer formellen Kriegserklärung nicht gleich, weil sie sich an ein sehr begrenztes heimisches Publikum richtete. Offenbar vermied Russland sorgfältig eine Antwort, nicht nur auf die osmanische Kriegserklärung, sondern auch auf ähnliche Schreiben aus Großbritannien und Frankreich.

Zwei Sonderfälle sind der Dschihad und der Ausnahmezustand. In islamischen Staaten gilt der Aufruf zum Dschihad oder Heiligen Krieg als Kriegserklärung, wenn er von der zuständigen heimischen Instanz ausgeht und sowohl im eigenen Land wie im Ausland veröffentlicht wird. Beispielsweise erklärte im zweiten Russisch-Türkischen Krieg von 1877 das Osmanische Reich zu Hause den Dschihad und schickte entsprechende Mitteilungen in verschiedene europäische Hauptstädte, in denen die Klagen des Sultans über die russische Aggression und das osmanische Recht auf Selbstverteidigung detailliert dargelegt wurden: »Um diese geheiligten Prinzipien zu verteidigen und die zutiefst abscheuliche, verbrecherische Aggression zurückzuschlagen, schickt sich die osmanische Armee an, dem Angreifer entgegenzutreten, und die ganze Nation versammelt sich um ihr erhabenes Oberhaupt, voller Zutrauen in den Sieg der gerechten Sache, gerüstet, jedes Opfer zu bringen, entschlossen, jede Art von Leiden zu ertragen, und bereit, für seine Unabhängigkeit zu kämpfen und zu sterben – möge der Höchste den Richtigen schützen.«[23] Die Form der osmanischen Erklärung ist praktisch identisch mit europäischen Kriegserklärungen.

Wie der Aufruf zum Dschihad kann auch die Ausrufung des Ausnahmezustands oder Notstands unter bestimmten Bedingungen als Kriegserklärung angesehen werden. In manchen Ländern wie etwa den Vereinigten Staaten sind nationaler Notstand und Kriegserklärung unterschiedliche Instrumente. Während es deutliche Überlappungen gibt, welche gesetzmäßig Zuständigen bei der Kriegserklärung und beim Ausnahmezustand jeweils agieren, ist in den Vereinigten Staaten die präsidentielle Befugnis im Zusammenhang mit einer Kriegserklärung viel umfassender als anderswo und schließt unter anderem das Recht ein, Menschen mit Infektionskrankheiten unter Quarantäne zu stellen und Einschränkungen bei der Verfolgung be-

---

23 The Turkish Manifesto.

stimmter Verbrechen gegen die Vereinigten Staaten außer Kraft zu setzen. Außerdem beinhaltet sie weitgehende Macht über die bewaffneten Streitkräfte wie die Aufhebung von Einschränkungen hinsichtlich Einsatzzeiten und Ruhestandsalter; keine dieser Regelungen wird durch die Ausrufung eines nationalen Notstands aktiviert.[24] In anderen Ländern wie etwa in Indien oder Pakistan ist die Erklärung des Ausnahmezustands der einzige Weg, um einen Krieg zu erklären.[25] Deshalb ist es wichtig, die jeweils im Land einer kriegführenden Partei geltenden Regelungen für die Kriegserklärung zu erforschen, bevor man eine Aussage treffen kann, ob die Partei tatsächlich den Krieg erklärt hat.

Bisher gibt es zwei Codierungen von Kriegserklärungen. Der Datensatz Militarized Interstate Dispute (MID) enthält »Kriegserklärung« als ein Niveau von Feindseligkeiten zwischen Staaten, aber die Codierung als höchste Form der Feindseligkeit zeigt nicht automatisch an, ob beispielsweise einem Krieg (der höher eingestuft wird als andere feindliche Akte wie eine Blockade oder Besetzung) eine Kriegserklärung vorausging.[26] Deshalb kann es sein, dass Informationen über Kriegserklärungen beim MID-Datensatz einfach verloren gehen.

In jüngerer Zeit codiert James Morrow in seinem Datensatz zur Einhaltung des Kriegsrechts zwar »Kriegserklärungen«, aber nicht unbedingt formelle Kriegserklärungen. Weil er den Schwerpunkt auf die Einhaltung des Völkerrechts legt, codiert er Angriffe ohne Warnung oder Ultimatum offenbar als Verletzung des Erfordernisses einer vorherigen Kriegserklärung.[27] Deshalb codiert Morrow technisch gesehen nicht Kriegserklärungen, sondern eher die fehlende Ankündigung eines bevorstehenden Angriffs.[28] In seiner Codierung hat sich

---

24 Elsea/Weed, Declarations of War and Authorizations for the Use of Military Force, S. 48–75.
25 Wenn eine Verfassung eine Regelung zu Kriegserklärungen enthält, ergeht die Kriegserklärung mit höherer Wahrscheinlichkeit in Form einer Erklärung des Ausnahmezustands. Siehe aus jüngster Zeit die Verfassungen von Tuvalu (2008), Kiribati (1980), Eritrea (1997) und Litauen (1992).
26 Jones/Bremer/Singer, Militarized Interstate Disputes, 1816–1992, S. 171 f.
27 Morrow/Jo, Compliance with the Laws of War, S. 105.
28 In einer kurzen Analyse von Kriegserklärungen fand Morrow heraus, dass es bei Demokratien, die die Haager Abkommen von 1907 ratifiziert haben, be-

beispielsweise Deutschland im Krieg mit der Sowjetunion eines schweren Verstoßes gegen die Verpflichtung, einen Krieg zu erklären, schuldig gemacht, obwohl Ribbentrop am 22. Juni 1941, dem Beginn der Operation Barbarossa, eine Kriegserklärung aussprach.[29] Ebenfalls hat nach seiner Codierung Japan im Russisch-Japanischen Krieg von 1905 keine Kriegserklärung abgegeben (die japanische Kriegserklärung erging zwei Tage nach dem Angriff auf Port Arthur), ebenso wenig Pakistan gegenüber Indien im Bangladesch-Krieg 1971, obwohl Pakistan Indien am 23. November 1971, zwei Wochen vor Beginn der Feindseligkeiten, den Krieg erklärt hatte.[30]

In früheren Zeiten war es nicht erforderlich, dass eine Kriegserklärung vor Beginn des Krieges erging. Grotius schreibt: »Die Kriegserklärung fordert nach dem Völkerrecht keine Frist hinter sich [bis zum Beginn des Krieges].«[31] Vattel ist teilweise anderer Meinung und sagt, ein Krieg könne an den Grenzen des Feindes erklärt werden, aber die Erklärung »muss jeglichem feindseligen Akt vorausgehen«[32]. Im 19. Jahrhundert stellte John Frederick Maurice in einer Abhandlung über Kriegserklärungen fest, dass einem erstaunlich kleinen Prozentsatz von Kriegen im 18. und 19. Jahrhundert eine Kriegserklärung *vorausging*, die vor dem Beginn von Feindseligkeiten warnte.[33] In einer relativ aktuellen Geschichte von Kriegserklärungen ist das schändlichste Beispiel die japanische Kriegserklärung an die Vereinigten Staaten zweieinhalb Stunden nach dem Angriff auf Pearl Harbour.[34]

---

sonders unwahrscheinlich ist, dass sie einen Überraschungsangriff unternehmen. Morrow, Order within Anarchy, S. 167 f.

29 Proklamation des Führers an das Deutsche Volk und Note des Auswärtigen Amtes an die Sowjet-Regierung.

30 Die Verzögerung der japanischen Kriegserklärung scheint der wichtigste Anstoß für das III. Haager Abkommen von 1907 gewesen zu sein. Siehe Imperial Proclamation of War, http://www.russojapanesewar.com/imp-proc-04.html [2. 6. 2009]. Zu Pakistan siehe Browne, Emergency Is Set.

31 Des Hugo Grotius drei Bücher über das Recht des Krieges und Friedens, Buch III, Kap. III, Abschnitt XIII, S. 235.

32 Vattel, The Law of Nations or the Principles of International Law, Buch 3, Kapitel 4, Abschnitt 60.

33 Maurice, Hostilities without Declaration of War, S. 4.

34 Nimmo, Stars and Stripes Across the Pacific, S. 201.

Frühere Beispiele von Kriegserklärungen, die erst einige Zeit nach Beginn der Feindseligkeiten ergingen, sind die beim Spanischen Erbfolgekrieg 1701, beim Krieg der Quadrupelallianz 1718, beim Spanischen Krieg 1727 und beim Österreichischen Erbfolgekrieg von 1740.[35] Die heutige Auffassung, dass eine Kriegserklärung der Eröffnung von Feindseligkeiten vorausgehen muss, ist im Dritten Haager Abkommen von 1907 betreffend den Beginn der Feindseligkeiten niedergelegt:»Die Vertragsmächte erkennen an, dass die Feindseligkeiten unter ihnen nicht beginnen dürfen ohne eine vorausgehende unzweideutige Benachrichtigung, die entweder die Form einer mit Gründen versehenen Kriegserklärung oder die eines Ultimatums mit bedingter Kriegserklärung haben muss« (Artikel 1). Im Gefolge des Russisch-Japanischen Krieges von 1905 monierte Russland insbesondere, dass Japan erst nach seinem Angriff auf Port Arthur den Krieg erklärt hatte. Aber keiner der Völkerrechtsexperten, die an der Haager Konferenz 1907 teilnahmen – darunter T. J. Lawrence, John Bassett Moore und Frederick Maurice –, war der Auffassung, dass vor dem Beginn von Feindseligkeiten eine Kriegserklärung abgegeben werden müsse. Der Knackpunkt bei den unterschiedlichen Auffassungen scheint gewesen zu sein, was eine Kriegserklärung genau bedeutet. Gestützt auf das Herkommen, argumentierten die beteiligten Juristen, dass eine Kriegserklärung nicht vor Beginn der Feindseligkeiten erfolgen müsse. Aber Frankreich und Russland, die Hauptbefürworter von Artikel 1, wollten die vorherige Ankündigung eines Angriffs (Belgien verlangte außerdem noch, neutrale Parteien in Kenntnis zu setzen). Der endgültige Wortlaut von Artikel 1 des Abkommens war offensichtlich mehr Ergebnis des Wunsches, Russland und Frankreich nicht zu verärgern, und der Semantik als eine echte Aussage über die Bedeutung von Kriegserklärungen.[36]

Auf eine Kriegserklärung müssen auch nicht zwangsläufig Feindseligkeiten folgen. Am Ende des Zweiten Weltkriegs erklärten zahlreiche lateinamerikanische Staaten, die keine Truppen stellten, den Ach-

35 Ward, An Enquiry into the Manner in which the Different Wars in Europe have Commenced, S. 17–34.
36 Davis, The United States and the Second Hague Peace Conference, S. 208–211.

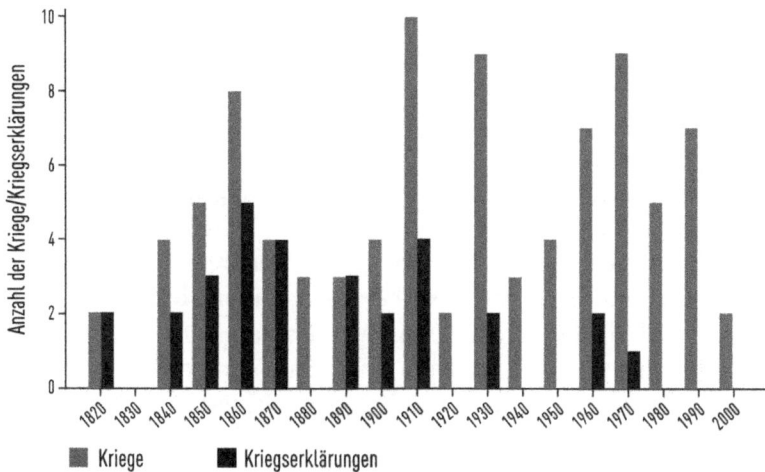

Abb. 3.1 Kriegserklärungen, 1820–2007

senmächten formell den Krieg, mit der ausdrücklichen Absicht, zu der von den Vereinten Nationen organisierten Konferenz in San Francisco eingeladen zu werden. Obwohl ich Fälle von Kriegserklärungen, denen keine Feindseligkeiten folgen, nicht in meine Analyse einbeziehe, kann der Verweis auf solche Beispiele dazu beitragen, meine Definition einer Kriegserklärung zu erhellen.

Abb. 3.1 illustriert den Bedeutungsverlust von Kriegserklärungen im Lauf der letzten 200 Jahre. Dargestellt ist die Gesamtzahl von Kriegen in einem Jahrzehnt und wie viele davon formell erklärt wurden. Von 1820 bis 2007 waren 81 Staaten in 93 zwischenstaatliche Kriege verwickelt, dabei wurden 142 Kriegserklärungen abgegeben. 65 Prozent der Kriege im 19. Jahrhundert gingen mit einer Kriegserklärung einher, im 20. Jahrhundert sank der Anteil auf nur noch 17 Prozent. Nach 1945 brach die Anzahl der Kriegserklärungen auf gerade einmal 3 ein (bei 34 Beteiligten an zwischenstaatlichen Kriegen), und seit 1972 wurde keine Kriegserklärung mehr abgegeben.[37]

---

37 Während einerseits Kriegserklärungen in zwischenstaatlichen Kriegen seltener verwendet werden, enthalten seltsamerweise Verfassungen öfter eine Klausel, wie ein Krieg erklärt wird. Aus meiner eigenen Untersuchung über die 96 Verfassungen, die zwischen dem 1. Januar 1990 und dem 1. März 2015 in

Theoretische Erwartungen

Wie in den Kapiteln 1 und 2 ausgeführt, ist zu erwarten, dass Staaten eher seltener Schritte unternehmen, die sie eindeutig zwingen, das Völkerrecht einzuhalten, weil dessen Regelungen im Lauf der Zeit immer zahlreicher geworden sind. Kriegserklärungen binden Staaten unmissverständlich an die Regeln, die für das Verhalten der kriegführenden Parteien im Kriegszustand gelten. Wenn ein Staat den Krieg erklärt hat, gibt er zu, dass er sich im Kriegszustand befindet. Und in diesem Fall gilt für die Kriegsparteien das humanitäre Völkerrecht.

Gegen dieses Argument kann eingewandt werden, dass nach dem humanitären Völkerrecht das *ius in bello* in nichterklärten Kriegen genauso gilt wie in erklärten. Das ist sehr klar in dem allen vier Genfer Abkommen aus dem Jahr 1949 gemeinsamen Artikel 2 formuliert: »[D]as vorliegende Abkommen [ist] in allen Fällen eines erklärten Krieges oder jedes anderen bewaffneten Konflikts anzuwenden, der zwischen zwei oder mehreren der Hohen Vertragsparteien entsteht, und zwar auch dann, wenn der Kriegszustand von einer dieser Parteien nicht anerkannt wird.« Ich sage nicht, dass die Gesetze des Krieges nur gelten, wenn ein Krieg erklärt wurde. Vielmehr argumentiere ich, dass die kriegführenden Parteien durch die Anwendung der Formalitäten, die zu einem Krieg gehören, eine klare Linie überschreiten, wonach nicht mehr diskutiert werden kann, ob das Kriegsrecht gilt oder nicht. Darüber zu schweigen, dass man sich im Krieg befindet, erhält eine gewisse Uneindeutigkeit aufrecht und nutzt vor allem die Uneindeutigkeit des kodifizierten *ius in bello* einschließlich des gemeinsamen Artikels 2 aus. Der Verzicht auf eine Kriegserklärung ist darum eine legale Strategie, mit der die Staaten die Kosten der Einhaltung wie der Nichteinhaltung des *ius in bello* senken können.

Der gemeinsame Artikel 2 besagt, dass die Genfer Abkommen in erklärten Kriegen, nichterklärten Kriegen und bewaffneten Konflikten gelten. In erklärten Kriegen ist die Anwendbarkeit des Kriegsrechts eindeutig. Erklärte Kriege sind klar zu identifizieren, gerade weil die

---

Kraft gesetzt wurden, geht hervor, dass in 66 Verfassungen eine explizite Klausel zu finden ist, die das Verfahren bei der Abgabe einer formellen Kriegserklärung beschreibt.

Staaten den Schritt unternehmen müssen, eine Kriegserklärung abzugeben. »Nichterklärte Kriege« und »bewaffnete Konflikte« hingegen sind schwammige Kategorien, die im Völkerrecht nicht definiert werden. Die Verhandlungen über das Haager Abkommen von 1907 machen das deutlich. Calvin Davis berichtet Folgendes: »Oberst Ting aus China fragte, ob ein Staat, dem der Krieg erklärt worden sei, die Erklärung als null und nichtig ansehen könne, und schlug vor, die Konferenz solle die Bedeutung des Begriffs Krieg definieren. Er merkte an, Krieg sei oft unter dem Begriff ›Expedition‹ geführt worden, wie jeder feststellen könne, der sich mit der Geschichte Chinas befasse. Alle Delegierten erkannten den Unmut gegen die Verletzungen der chinesischen Souveränität durch den Westen, die Ting zum Ausdruck brachte. Einige wenige Personen empfanden Verlegenheit: Niemand hatte etwas zu erwidern.«[38] Und Isabel Hull schreibt in ihrer Geschichte des humanitären Völkerrechts während des Ersten Weltkriegs: »Fundamentale Meinungsverschiedenheiten zwischen den europäischen Staaten bedeuteten, dass die kodifizierten Gesetze des Krieges (die Haager Regeln) zu wichtigen Themen schwiegen.«[39] In einem ähnlichen Sinn sagte der Vertreter des Internationalen Komitees vom Roten Kreuz (IKRK) bei einer Vorbereitungskonferenz zu den 1949 geschlossenen Abkommen, das IKRK »sei nicht für allzu große Präzision«[40].

Bis heute fehlt eine klare Definition dessen, was ein nichterklärter Krieg und was ein bewaffneter Konflikt ist. Die jüngste Aussage zu dem Thema findet sich in dem 2010 von der International Law Association (ILA) herausgegebenen Final Report on the Meaning of Armed Conflict in International Law. Obwohl die Konferenz, die dem Bericht vorausging, zum Teil eigens einberufen worden war, um das Thema der fehlenden Definition, was ein bewaffneter Konflikt ist, im Völkervertragsrecht anzugehen, ist die Definition, auf die man sich

---

38 Davis, The United States and the Second Hague Peace Conference, S. 211.
39 Hull, A Scrap of Paper, S. 59.
40 Protokoll der Sitzung des Rechtsausschusses am 27. August 1948, 9.45 Uhr, Dritte Plenarsitzung, XVIIième Conférence Internationale de la Croix-Rouge, Stockholm, Box 107, Legal Commission, 1948 Conference, 3rd folder, National Archives, RG 200, Stack Area 730, Row 78, Compartment 14, Shelf 5, 3.

schließlich einigte, sehr breit gefasst und unspezifisch. Der Bericht »bestätigte, dass es mindestens zwei Merkmale gibt, die bei allen bewaffneten Konflikten anzutreffen sind: a) das Vorhandensein bewaffneter Gruppen, b) Kämpfe von einer gewissen Intensität«.[41]

Aus einer rein rechtlichen Perspektive müsste die Verpflichtung, das *ius in bello* zu respektieren, nicht davon abhängen, ob ein Krieg erklärt wurde oder nicht. Aber die politischen Akteure können so handeln, und tun das auch, als wäre es so, indem sie vermeiden, durch eine Kriegserklärung die Linie zu überschreiten, die sie zweifelsfrei an das humanitäre Völkerrecht binden würde.[42] Selbst wenn sie in Konflikte verstrickt sind, die ganz gewöhnlichen alltagssprachlichen (und sogar sozialwissenschaftlichen) Definitionen von »Krieg« entsprechen, weichen die Alltagssprache und die rechtliche Strategie häufig voneinander ab. So werden sehr große Konflikte oft als »Polizeiaktion«, »Terrorismusbekämpfung« oder »Vorfälle« deklariert, eben weil die Akteur_innen den rechtlichen Konsequenzen entgehen wollen, die es hätte, wenn sie von »Krieg« sprechen würden.

Demnach sollten wir erwarten, dass der rückläufige Einsatz von Kriegserklärungen mit der Ausweitung des kodifizierten HVR korreliert. Es gibt mindestens zwei Möglichkeiten, den Zusammenhang zu beurteilen. Erstens könnte es einfach sein, dass die abnehmende Bedeutung von Kriegserklärungen den Bedeutungszuwachs des kodifizierten HVR widerspiegelt. Das ist eine systembezogene Hypothese. Zu erwarten wäre dann, dass die kriegführenden Parteien seltener den Krieg erklären, weil das humanitäre Völkerrecht im Lauf der Zeit immer umfangreicher wird.

Zweitens gibt es eine auf die kriegführenden Parteien bezogene Version der Hypothese. Sie konzentriert sich darauf, wie viele Verträge des HVR eine bestimmte kriegführende Partei zum Zeitpunkt

---

41 O'Connell, Final Report on the Meaning of Armed Conflict in International Law, S. 2.

42 Selbst rückblickende Kommentatoren haben gefolgert, dass das HVR nicht gilt, wenn keine Kriegserklärung vorliegt. Richard Betts schreibt in seiner Analyse des Kosovokriegs von 1999: »Die Gesetze des Krieges kamen nicht vollständig zur Anwendung, weil die NATO nicht formell den Krieg erklärt hatte.« Betts, Compromised Command, S. 130.

des Konflikts ratifiziert hat. Die Erwartung hier wäre, dass ein Staat umso seltener den Krieg erklärt, je mehr Verträge des HVR er ratifiziert hat.

Empirische Analyse von Kriegserklärungen

Bei der Analyse, wann welche Staaten formelle Kriegserklärungen abgegeben haben, stütze ich mich auf qualitative und quantitative Daten. Ich stelle zuerst die quantitative Analyse vor, damit die Leser_innen einen allgemeinen Überblick über Kriegserklärungen bekommen. Dieses Kapitel enthält Beschreibungen der Schlüsselvariablen, die bei der Analyse von Kriegserklärungen, der Einhaltung der Bestimmungen des HVR in zwischenstaatlichen Kriegen und bei Friedensverträgen in zwischenstaatlichen Kriegen verwendet wurden, und liefert damit die Grundlage für die folgenden beiden Kapitel. In diesem Kapitel präsentiere ich auch Hintergrundinformationen zu mehreren Fallstudien, die ich bei meiner Analyse von Kriegsformalitäten und der Einhaltung des HVR in zwischenstaatlichen Kriegen in den Abschnitten des Buchs, in denen es um zwischenstaatliche Konflikte geht, heranziehe: den Spanisch-Amerikanischen Krieg von 1898, den Boxeraufstand von 1900, den Bangladesch-Krieg von 1971 und den Krieg um die Falklandinseln/Malvinas von 1982.

Quantitative Analyse

Die quantitative Analyse in diesem Kapitel sowie in den Kapiteln 4 und 5 basiert auf dem Datensatz Interstate War Initiation and Termination (I-WIT). Wie weiter oben und im statistischen Anhang beschrieben, ist I-WIT ein Originaldatensatz, der alle zwischenstaatlichen Kriege von 1816 bis 2007 erfasst, die auf der Liste des Projekts Correlates of War als solche geführt werden. Im Folgenden beschreibe ich zunächst die Codierung der unabhängigen Schlüsselvariablen und Kontrollvariablen, die bei der quantitativen Analyse von Kriegserklärungen berücksichtigt wurden, und diskutiere dann die Ergebnisse der quantitativen Analyse.

Beschreibung der Variablen: Weil viele der unten beschriebenen Variablen auch in den Kapiteln 4 und 5 verwendet werden, gehe ich hier sehr detailliert auf ihre Codierung ein. Sofern nichts anderes vermerkt ist, stammen die Variablen aus dem I-WIT-Datensatz. Anzumerken ist weiterhin, dass viele unten beschriebene Kontrollvariablen auch eingesetzt wurden, um alternative Erklärungen für den Rückgang der Zahl von Kriegserklärungen zu testen, und unten ausführlich diskutiert werden.

Die Ausweitung des kodifizierten humanitären Völkerrechts

Ich verwende zwei Maße für meine unabhängigen Schlüsselvariablen für die Ausweitung des kodifizierten HVR. Beide basieren auf der Liste der 72 kodifizierten Gesetzeswerke des humanitären Völkerrechts, beginnend 1856 mit der Pariser Seerechtsdeklaration und endend 2005 mit dem Dritten Zusatzabkommen zu den Genfer Abkommen von 1949; sie sind in Tabelle 1.1 aufgelistet. Weil die Analyseeinheit bei der Analyse von Kriegserklärungen und bei der Analyse von Friedensverträgen jeweils eine andere ist, variiert auch das Maß für die unabhängige Schlüsselvariable. Erstens zähle ich, wie viele Verträge und Abkommen des HVR ein bestimmter Staat in dem Jahr ratifiziert hatte, in dem ein Konflikt begann, um zu untersuchen, welcher Zusammenhang zwischen der Kodifizierung des HVR und der Entscheidung eines Staats, einen Krieg zu erklären oder nicht, besteht.[43] Die Informationen über die Ratifizierungen stammen aus der Vertragsdatenbank »War and Law« des Internationalen Komitees vom Roten Kreuz.[44] Das ist mein bevorzugtes Maß für die unabhängige Schlüsselvariable des kodierten HVR, weil sie direkt die Zahl der Verpflichtungen erfasst,

---

43 Ein alternatives Maß, das ich in Erwägung gezogen, aber dann wieder verworfen habe, wäre, nur Verträge zu berücksichtigen und keine Abkommen. Dann wären zum Beispiel die vier Genfer Abkommen von 1949 zu einem Vertrag zusammengefallen. Auf diese Weise zu messen, in welchem Umfang ein Staat verpflichtet ist, sich an das HVR zu halten, ist jedoch höchst problematisch, weil in einem bestimmten Jahr ein Staat möglicherweise einige, aber nicht alle Genfer Abkommen von 1949 unterzeichnet haben könnte.

44 International Committee of the Red Cross, Treaties, State Parties and Commentaries.

die bestimmte Staaten in dem Augenblick eingehen, in dem sie entscheiden müssen, ob sie sich den Formalitäten des Krieges unterwerfen. Staaten ratifizieren völkerrechtliche Bestimmungen nicht automatisch, oft warten sie ziemlich lange. So ratifizierten beispielsweise die Vereinigten Staaten das Übereinkommen über das Verbot oder die Beschränkung des Einsatzes bestimmter konventioneller Waffen aus dem Jahr 1980 erst 1995, und das Vereinigte Königreich ratifizierte die Seerechtsdeklaration von Paris aus dem Jahr 1856 erst 100 Jahre später. China ratifizierte das Haager Abkommen zum Schutz von Kulturgut aus dem Jahr 1954 erst 2000.[45]

Zweitens codiere ich eine jahresbezogene, systemische Version des kodifizierten HVR. Das ist eine einfache Zählvariable, wie viele derartige Verträge in einem bestimmten Jahr existieren. Die für die kriegführenden Parteien spezifische Version dieser Variablen – wie viele Verträge ein bestimmter Staat ratifiziert hat – zeigt mehr fallübergreifende Schwankungen. Sie korreliert auch weniger mit dem Jahr, in dem ein Krieg beginnt, als die systemische Version der Variablen.[46]

Mitgliedschaft in internationalen Organisationen

Völkerrechtsexpert_innen verweisen zur Erklärung der rückläufigen Bedeutung von Kriegserklärungen auf die Vereinten Nationen.[47] Sie sagen, weil im System der Vereinten Nationen Krieg praktisch illegal ist, zögerten die Mitgliedstaaten, den Krieg zu erklären, zum einen

---

45 Wallace argumentiert, eine Hauptdeterminante für die Ratifizierung von Verträgen des *ius in bello* sei eine kurz zurückliegende Kriegserfahrung. Seine Analyse beschränkt sich jedoch auf die Genfer Abkommen von 1949 und die Zusatzprotokolle von 1977. Die Analyse weiterer Verträge würde wahrscheinlich erbringen, dass die Erwartung eines Krieges, das Ratifizierungsverhalten eines rivalisierenden Staats und die Tatsache, dass ein bestimmter Staat ein neues Mitglied des internationalen Systems ist, ebenfalls zum Ratifizierungsverhalten bei Verträgen des *ius in bello* beitragen. Wallace, Regulating Conflict.

46 Die Korrelation zwischen *ius in bello* und dem Jahr, in dem ein Krieg endet, beträgt 0,94. Die Korrelation zwischen mittlerer Ratifizierung und dem Jahr, in dem ein Krieg endet, beträgt 0,59.

47 Katzenbach, Some of It Was Fun, S. 228.

weil es illegal sei, einen Krieg zu beginnen, zum anderen weil eine Kriegserklärung den illegalen Akt öffentlich machen würde.[48]

Wenn dieses Argument zutrifft, sollte es besonders unwahrscheinlich sein, dass Mitglieder internationaler Organisationen, die Krieg verbieten oder die Bedingungen, unter denen Staaten in einen Krieg eintreten können, stark einschränken, einen Krieg erklären. Um diese Hypothese zu testen, codiere ich die Unterzeichnerstaaten des Briand-Kellogg-Pakts, der Völkerbundssatzung und der Charta der Vereinten Nationen (UN + VB + BK). In den statistischen Modellen, deren Ergebnisse unten erläutert werden, variiere ich sowohl bei der Mischung der Institutionen wie bei der Tatsache, ob beide Parteien einer kriegführenden Dyade Mitglieder der Institution sind.

Kontrollvariablen und alternative Erklärungen

Demokratie: Demokratien halten sich womöglich eher als nichtdemokratische Staaten an die Formalitäten des Krieges. Kriegserklärungen entsprechen den Prinzipien von Transparenz, die der Demokratietheorie zugrunde liegen.[49] Vernünftiges Argumentieren, das ebenfalls zum Fundament der Demokratie gehört, passt auch gut mit Kriegserklärungen zusammen, weil sie typischerweise rechtfertigende Gründe für den Krieg anführen.[50] Manche Forscher_innen wie Brien Hallett haben sogar gewarnt, dass der Bedeutungsverlust von Formalitäten ein Vorbote für die Erosion der Demokratie in den Vereinigten Staaten und anderswo ist.[51]

Polity steht hier für das Standardmaß für Demokratie nach dem Polity-IV-Projekt. Der Polity-Wert eines Landes in einem bestimmten Jahr setzt sich aus sechs Variablen zusammen, die auf drei Kategorien entfallen: die Art und Weise, wie die Exekutive rekrutiert wird; Einschränkungen, denen die Exekutive unterliegt, und politischer Wettbewerb. Er soll die »Herrschaftsmerkmale eines Staates« erfassen und ist das heute in der Politikwissenschaft am meisten verwendete Maß

---

48 Lauterpacht, The Legal Irrelevance of the »State of War«.
49 Freeman (Hg.), John Rawls, S. 573–615
50 Rawls, Die Idee des öffentlichen Vernunftgebrauchs.
51 Hallett, The Lost Art of Declaring War, Kapitel 2 und 5; ders., Declaring War.

für Demokratie. *Polity* rangiert auf einer 21 Punkte umfassenden Skala von –10 (am wenigsten demokratisch) bis +10 (am meisten demokratisch).[52] Alternativen Maßen für Demokratie, wie dem von Freedom House, dem Datensatz, von Democracy-Dictatorship und dem V-Dem-Datensatz, fehlt die zeitliche oder geografische Reichweite, um die hier verwendeten Hypothesen zu testen.[53]

Veto-Spieler_innen: Damit verbunden ist die Untersuchung des Machtverhältnisses zwischen der Exekutive und der Legislative bei kriegführenden Staaten. Vor allem wenn die Formalitäten des Krieges die Zustimmung der Legislative erfordern, kann die Gewaltenteilung es Politiker_innen erschweren, den Schritt zum Krieg zu tun und die Formalitäten anzuwenden.[54] In Diskussionen, warum die Vereinigten Staaten keine Kriegserklärungen mehr abgeben, geht es oft um die potenzielle – und potenziell vergebliche – Rolle von Veto-Spieler_innen. Ein Argument lautet, der Kongress, dem nach der Verfassung die Befugnis zusteht, Krieg zu erklären, habe die außenpolitische Entscheidungsgewalt an die »imperiale Präsidentschaft« abgegeben, vielleicht um seine eigene politische Verantwortung für gescheiterte außenpolitische Abenteuer zu begrenzen.[55] Aber selbst wenn es tatsächlich Veto-Spieler_innen in der politischen Landschaft Amerikas geben sollte, die Widerstand leisten, wäre das weltweit in Anbetracht der Zunahme demokratischer Staaten in den letzten 200 Jahren nicht der Fall.

Inwieweit die Macht der Exekutive eingeschränkt werden kann, lässt sich auf dreierlei Weise messen. Erstens mit Witold Heinisz' Verfahren zur Messung von politischem Zwang *(POLCON_III)*. Es basiert auf der Zahl der Veto-Spieler_innen in einem bestimmten politischen System. Veto-Spieler_innen sind »individuelle oder kollektive

52 Marshall/Gurr, Polity IV Project.
53 Freedom in the World; Cheibub/Gandhi/Vreeland; Democracy and Dictatorship Revisited; Coppedge u.a., Measuring High Level Democratic Principles Using the V-Dem Data.
54 Das Argument, dass es bei geteilter Regierungsverantwortung für einen Staatsführer schwerer ist, einen Krieg zu beginnen, haben William Howell und Jon Pevehouse vorgebracht, While Dangers Gather.
55 Schlesinger, The Imperial Presidency; Hendrickson, Obama at War.

Akteur_innen, deren Zustimmung (bei einer Gruppe von Akteur_innen die Zustimmung der Mehrheit) für eine Veränderung des Status quo erforderlich ist«.[56] Je mehr Veto-Spieler_innen es in einem politischen System gibt, desto größer ist der politische Druck auf die Exekutive.[57] Zweitens misst auch der Datensatz von Varieties of Democracy die für die Exekutive geltenden Einschränkungen, aber er wird hier nicht verwendet, weil er erst mit dem Jahr 1900 beginnt.[58] Und drittens misst die *xconst*-Variable von Polity IV die Unabhängigkeit der Exekutive, indem sie identifiziert, »in welchem Ausmaß die Entscheidungsfreiheit der höchsten Stellen der Exekutive, individuell wie kollektiv, institutionalisierten Einschränkungen unterliegt«.[59] Weil *xconst* hochgradig mit *Polity* korreliert (tatsächlich ist es eines der konstitutiven Elemente von *Polity*), übernehme ich in der unter dargestellten Regressionsanalyse das Maß von Heinisz.

Großmächte führen kaum noch Kriege: Die großen Mächte haben seit dem Ende des Zweiten Weltkriegs nicht mehr gegeneinander Krieg geführt.[60] Dass weniger Kriegserklärungen abgegeben wurden, könnte eine Folge dieser Tatsache sein, wenn es besonders wahrscheinlich wäre, dass Großmächte in ihren Auseinandersetzungen die Formalitäten des Krieges beachten. Insofern eine Kriegserklärung Respekt signalisiert, könnte es weniger wahrscheinlich sein, dass Großmächte im Konflikt mit kleineren Mächten diese Formalitäten einhalten. Wenn das so ist, könnte das eine weitere Erklärung für den Bedeutungsverlust der Kriegsformalitäten sein, weil die Großmächte im Lauf der letzten 60 Jahre nicht mehr Krieg gegeneinander geführt haben. Doch diese Argumentation berücksichtigt zwar das Verhalten der Großmächte, erhellt aber nicht die Entscheidungen kleinerer Mächte, sich an die Formalitäten des Krieges zu halten (oder nicht).

---

56 Tsebelis, Decision Making in Political Systems, S. 289.
57 Heinisz, The Institutional Environment for Infrastructure Investment.
58 Coppedge u. a., Measuring High Level Democratic Principles Using the V-Dem Data.
59 Marshall/Gurr, Polity IV Project; Marshall/Jaggers/Gurr, Polity IV Project: Dataset Users' Manual, S. 23.
60 Mueller, Retreat from Doomsday.

Ich verwende die Liste der Großmächte der letzten 200 Jahre des Projekts Correlates of War, um die Großmächte einzeln und in Dyaden zu identifizieren. Es sind: die Vereinigten Staaten (1898–2011), das Vereinigte Königreich (1816–2011), Frankreich (1816–1940, 1945–2011), Deutschland (1816–1918, 1925–1945, 1991–2011), Österreich-Ungarn (1816–1918), Italien (1860–1943), Russland/UdSSR (1816–1917, 1922–2011), China (1950–2011) und Japan (1895–1945, 1991–2011).[61] Die Variable hat den Wert »1«, wenn beide Angehörige einer Dyade zu der Zeit des Krieges Großmächte waren.

Aufstandsbekämpfung: Staaten, die gegen Kriegführung mit den Methoden des Guerillakriegs vorgehen wollen, erwarten womöglich, dass sie sich kaum an die Regeln des Kriegsvölkerrechts werden halten können, und werden deshalb eher keine formelle Kriegserklärung abgeben. Ich verwende die Codierung von David Cunningham und Douglas Lemke für die Rolle von Aufständen und Aufstandsbekämpfung in zwischenstaatlichen Kriegen als Grundlage für COIN.[62] Cunningham und Lemke haben 15 zwischenstaatliche Kriege identifiziert, bei denen eine Seite oder beide Seiten Methoden der Guerillakriegführung einsetzten. Ich habe ihre Variable verfeinert, indem ich angebe, welche Seite(n) solche Methoden einsetzte(n) und wann sie eingesetzt wurde(n). Außerdem habe ich ihre Codierung aktualisiert, um die Zusätze zur Liste der zwischenstaatlichen Kriege des Projekts Correlates of War (Version 4) zu berücksichtigen. Elf Kriege wurden von Anfang an als Aufstandsbekämpfung codiert, vier davon vor 1949 und sieben danach.

Identität: Nach einer ähnlichen Logik wie der, die für die Einstellung der Großmächte zu den Formalitäten des Krieges gilt, könnte es sein, dass die europäischen Staaten deren Einhaltung als Zeichen des Respekts ansehen, den sie ihren nichteuropäischen Feinden nicht entgegenbringen wollen, weil sie in ihren Augen keine legitimen oder zivilisierten Gegner_innen sind. Deshalb könnte es sein, dass die eu-

---

61 Correlates of War Project, State System Membership List, v2011.
62 Cunningham/Lemke, Combining Civil and Interstate Wars.

ropäischen Staaten gegenüber nichteuropäischen Staaten keine Kriegserklärungen abgeben wollen. Aktuelle Forschungen haben gezeigt,
dass die europäischen Staaten sich in der Vergangenheit seltener an
das HVR hielten, wenn sie in Feindseligkeiten mit nichteuropäischen
Staaten verstrickt waren.[63] Italien beispielsweise griff im Krieg mit
Äthiopien 1935 Krankenhäuser und Zivilpersonen an und setzte Gift-
gas ein. Äthiopien reagierte jedoch nicht in gleicher Weise (zumindest
teilweise deshalb, weil es nicht dazu in der Lage war).[64] Wenn europäische Staaten erwarten, dass sie in ihren Kriegen mit nichteuropäischen
Staaten gegen das HVR verstoßen werden oder sich die Möglichkeit
dazu offenhalten wollen, ist es weniger wahrscheinlich, dass sie Kriegserklärungen abgeben.

In einer früheren Arbeit haben Brooke Greene und ich ein Co-
dierungsschema entwickelt, um europäische von nichteuropäischen
Staaten zu unterscheiden; ich verwende unsere Codierung hier, um
die genannte Hypothese zu testen. Um zu testen, wie die historische
Entwicklung des Kriegsvölkerrechts sich auf dessen Einhaltung aus-
wirkte, codieren Greene und ich europäische Staaten als solche, die
»1. an der ersten Kodifizierung des Kriegsvölkerrechts im 19. Jahrhundert mitgewirkt haben und 2. zur Zeit der Kodifizierung von europäischen Staaten als Mitglieder der Gemeinschaft europäischer Staaten
wahrgenommen wurden«.[65] Diese Variable hat den Wert »1«, wenn
Staat A in einer Dyade ein europäischer Staat ist und Staat B nicht.

Reziprozität: Die Abgabe einer Kriegserklärung könnte ein Stigma
sein, weshalb Staaten es vorziehen, aus Angst vor UN-Sanktionen lieber nicht einzuräumen, dass sie sich in einem Kriegszustand befinden.
Das Stigma könnte jedoch vermieden werden, wenn der gegnerische
Staat ebenfalls eine Kriegserklärung abgibt. Nach dieser Logik dürften
wir erwarten, dass eher mit einer Kriegserklärung zu rechnen ist,
wenn der andere Staat in einer Dyade den Krieg erklärt hat.

---

63 Fazal/Greene, A Particular Difference.
64 Ebenda, S. 836.
65 Ebenda, S. 837.

Jahr des Kriegsbeginns: Ich berücksichtige, in welchem Jahr ein Krieg begonnen wurde, um einen möglichen langjährigen Trend zu identifizieren, dass die Zahl der Kriegserklärungen abnimmt. Die Jahreszahlen des Kriegsbeginns sind den entsprechenden Daten im Projekt Correlates of War entnommen.

Regressionsanalyse und Diskussion: Meine Analyseeinheit für Kriegserklärungen ist die gerichtete Kriegsdyade. Kriegsdyaden werden anhand von Version 4 der Liste der zwischenstaatlichen Kriege aus dem Projekt Correlates of War identifiziert, die den Zeitraum 1816 bis 2007 abdeckt. Für jede Dyade codiert I-WIT, ob ein Staat, beide Staaten oder kein Staat dem anderen den Krieg erklärt hat/haben. Ein »Fall« ist hier die Entscheidung von Staat A, Staat B den Krieg zu erklären (oder nicht). Deshalb tauchen die Vereinigten Staaten und Deutschland im Zweiten Weltkrieg zweimal in der Analyse auf – einmal wird die Kriegserklärung der Vereinigten Staaten an Deutschland berücksichtigt und einmal die Kriegserklärung Deutschlands an die Vereinigten Staaten. Weil die Entscheidung, eine Kriegserklärung abzugeben, spezifisch für den jeweiligen Staat ist, ist die Analyseeinheit »Staat« insofern passend, als sie uns erlaubt, uns auf andere staatsspezifische Variablen zu konzentrieren, wie das Demokratieniveau und die Zahl der jeweils ratifizierten völkerrechtlichen Verträge, die der Staat bei seiner Entscheidung berücksichtigt.

Weil die abhängige Variable binär ist – hat der Staat eine Kriegserklärung abgegeben oder nicht? –, verwende ich für die quantitative Analyse eine einfache logistische Regression. Dabei finde ich für die hier vertretene Argumentation starke Unterstützung. Die Ergebnisse werden in Tabelle 3.1 präsentiert. Die Modelle 1 und 2 decken das 19. und 20. Jahrhundert ab und kontrollieren für die Variable Mitgliedschaft in den Vereinten Nationen, dem Völkerbund und/oder dem Briand-Kellogg-Pakt; Modell 2 kontrolliert außerdem für das Jahr des Kriegsbeginns. Die Modelle 3 und 4 decken ebenfalls den gesamten Zeitraum ab, aber kontrollieren nur für die Mitgliedschaft in den Vereinten Nationen; Modell 4 kontrolliert außerdem für das Jahr des Kriegsbeginns.

Tabelle 3.1 Logistische Regressionen zu Kriegserklärungen

	1	2	3	4	5	6 (vor 1899)
Ratifizierung	−0,08 (0,02) p=0,00	−0,04 (0,02) p=0,08	−0,05 (0,02) =0,01	−0,04 (0,02) =0,03		−0,29 (0,42) =0,49
Kriegsvölkerrecht					−0,05 (0,03) p=0,05	
UN			−3,38 (1,00) p=0,00	−3,06 (1,19) p=0,01	−3,04 (1,17) =0,01	
UN+VB+BK	−0,14 (0,54) p=0,79	1,06 (0,64) p=0,10				
Urheber	−1,40 (0,39) p=0,00	−1,57 (0,44) p=0,00	−1,25 (0,42) p=0,00	−1,33 (0,41) p=0,00	−1,38 (0,43) p=0,00	
Polity	0,06 (0,03) p=0,04	0,07 (0,04) p=0,09	0,08 (0,03) p=0,00	0,08 (0,03) p=0,00	0,09 (0,03) p=0,00	0,07 (0,08) =0,38
Polcon_III	−0,1 (1,29) p=0,93	0,26 (1,10) p=0,81	−0,15 (1,45) p=0,92	−0,02 (1,32) p=0,99	−0,21 (1,21) p=0,86	
COIN	−1,78 (1,13) p=0,12	−1,38 (1,09) p=0,21	−1,36 (1,08) p=0,21	−1,20 (1,06) p=0,26	−1,29 (0,97) p=0,19	
Identität	0,76 (0,35) =0,03	0,48 (0,37) p=0,19	0,80 (0,32) p=0,01	0,72 (0,33) p=0,03	0,61 (0,35) p=0,08	−0,17 (1,03) p=0,87
Reziprozität	0,56 (0,57) p=0,33	0,18 (0,56) p=0,75	0,03 (0,58) p=0,95	−0,03 (0,51) p=0,95	−0,12 (0,52) p=0,81	
Großmacht	1,61 (0,52) p=0,00	1,19 (0,57) p=0,04	1,27 (0,41) p=0,00	1,16 (0,52) p=0,03	0,97 (0,49) p=0,05	0,94 (0,45) =0,04

	1	2	3	4	5	6 (vor 1899)
Jahr des Kriegsbeginns		$-0,03$ (0,01) $p=0,00$		$-0,01$ (0,01) $p=0,35$		
Konstante	$-0,33$ (0,49) $p=0,50$	$54,22$ (11,99) $p=0,00$	$-0,06$ (0,47) $p=0,90$	$15,31$ (16,08) $p=0,34$	$0,61$ (0,54) $p=0,26$	$0,15$ (0,66) $p=0,82$
Pseudo R^2	0,1893	0,2447	0,2757	0,2812	0,2828	0,0402
Chi^2	0,0000	0,0000	0,0000	0,0000	0,0000	0,2291
% korrekt vorhergesagt	77,91	78,86	81,71	78,86	77,91	67,95
N	421	421	421	421	421	78

Anmerkung: Robuster Standardfehler in Klammern

Wie in Abb. 3.2 gezeigt, ist der Effekt, mehrere Verträge des HVR ratifiziert zu haben, auf die Wahrscheinlichkeit, dass ein Staat eine Kriegserklärung abgibt, robust signifikant und auch erheblich.[66] Bei den Staaten, die die meisten Verträge des *ius in bello* ratifiziert haben, ist die Wahrscheinlichkeit um 68 Prozent geringer, dass sie formelle Kriegserklärungen abgeben, als bei Staaten, die keinen oder nur wenige Verträge ratifiziert haben. Noch eindrucksvoller ist die Feststellung, dass die Wahrscheinlichkeit für die Abgabe einer Kriegserklärung heute, wo es so viele relevante Regelungen gibt, um mehr als 90 Prozent geringer ist als in der Zeit vor 1856, als noch kein kodifiziertes Kriegsrecht existierte.[67] In Übereinstimmung mit meiner Argumentation sind die Resultate schwächer, wenn die Analyse auf Kriege des 19. Jahrhunderts beschränkt wird. Im 19. Jahrhundert gab es nicht nur weniger Bestimmungen des Kriegsrechts, überdies waren sie so formuliert, dass sie die Rechte kriegführender Staaten stärkten. Insofern ist zu erwarten, dass sich Kriegsparteien durch die Existenz

---

66 Die marginalen Effekte wurden mit dem Programm *Clarify* berechnet. King/Tomz/Wittenberg, Making the Most of Statistical Analyses.

67 Diesen Effekten liegen Koeffizienten zugrunde, die auf Modell 5 basieren, das das systemische Maß für die Gesetze des Krieges verwendet.

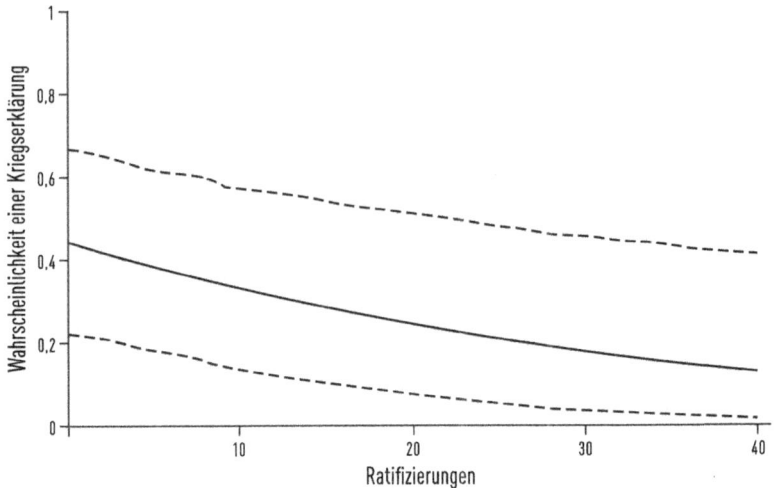

Abb. 3.2 Kriegserklärungen und Ratifizierungen von völkerrechtlichen Bestimmungen.
Die gestrichelten Linien markieren die Konfidenzintervalle.

solcher Bestimmungen nicht von einer Kriegserklärung abhalten ließen. Mehrere Kontrollvariablen korrelieren signifikant mit Kriegserklärungen. Die Rolle der Vereinten Nationen und ähnlicher Variablen
diskutiere ich ausführlicher unten. Wie es aussieht, ist die Wahrscheinlichkeit einer formellen Kriegserklärung bei Demokratien um 50 Prozent höher als bei nichtdemokratischen Staaten. Auch Dyaden von
Großmächten geben mit sehr viel größerer Wahrscheinlichkeit – beinahe 90 Prozent – Kriegserklärungen ab als Dyaden, in denen keiner
der beiden Staaten eine Großmacht ist. Und entgegen den Erwartungen ist bei Dyaden mit einem europäischen und einem nichteuropäischen Staat die Wahrscheinlichkeit einer formellen Kriegserklärung
beinahe um 150 Prozent größer als bei allen anderen Dyaden.

Ius ad bellum, ius in bello und *Kriegserklärungen:* Die wichtigste alternative Erklärung für den Bedeutungsverlust von Kriegserklärungen
verweist auf die Entwicklung der völkerrechtlichen Bestimmungen,
die regeln, wann ein kriegführender Staat zu Gewalt greifen darf – *ius
ad bellum.* Dieses Argument berücksichtigt Institutionen wie den

Briand-Kellogg-Pakt, den Völkerbund und die Vereinten Nationen, die die Bedingungen, unter denen Staaten legal einen Krieg beginnen dürfen, sehr eingeschränkt haben.[68] Das Argument besagt, dass die Unterzeichnerstaaten mit geringerer Wahrscheinlichkeit einen Krieg erklären werden, weil eine Kriegserklärung dem Eingeständnis gleichkäme, gegen die grundlegenden Prinzipien dieser Organisationen zu verstoßen.

Dieses Argument existiert in einer schwachen und einer starken Version. Nach der schwachen Version werden Staaten in ihrer Kriegführung durch solche Institutionen behindert und geben deshalb seltener eine Kriegserklärung ab. Elihu Lauterpacht beispielsweise schreibt, das Verbot von Kriegen in der UN-Charta habe dazu geführt, dass insbesondere angreifende Parteien nicht zu Schritten berechtigt seien, die ansonsten durch Kriegserklärungen ausgelöst würden.[69] Weniger eindeutig äußert sich Lauterpacht dazu, ob die Opfer von Aggressionen – oder auch die Staaten, die entsprechend den kollektiven Beistandsverpflichtungen der Charta den Opfern zu Hilfe kommen – zur Abgabe einer Kriegserklärung berechtigt sind.[70] Solche Fälle sind besonders interessant vor dem Hintergrund der von den Vereinten Nationen sanktionierten Reaktion auf die irakische Invasion in Kuwait 1990. Während der Irak Lauterpacht zufolge nicht das Recht hatte, den Krieg zu erklären, wären Kuwait und die Mitglieder der von den Vereinigten Staaten angeführten Koalition wohl dazu berechtigt gewesen. Aber die Frage bleibt: Warum wurde der Krieg nicht erklärt?

Lauterpachts Argumentation hat eine entscheidende Schwachstelle: Er geht davon aus, dass Staaten den Krieg *nicht* erklären *werden,* wenn sie erkannt haben, dass sie ihn *nicht* erklären *sollten.* Wenn das so wäre, dann hätten wir das wichtigere Ziel, den Krieg (mit oder ohne Kriegserklärung) zu überwinden, bereits vor Jahrzehnten oder sogar vor Jahrhunderten erreicht.

Nicholas Katzenbach, Rechtsberater des amerikanischen Außenministeriums während der Amtszeit von Präsident Johnson, vertrat

---

68 Zur Entwicklung dieser Institutionen und Organisationen siehe Hathaway/Shapiro, The Internationalists.

69 Lauterpacht, The Legal Irrelevance of the »State of War«, S. 63.

70 Ebenda, S. 64 f.

nachdrücklich die verwandte Position, dass Artikel 51 der UN-Charta Kriegserklärungen – insbesondere bei Kriegen zur Selbstverteidigung – überflüssig mache. In seiner Aussage vor dem Außenpolitischen Ausschuss des Senats am Beginn des Vietnamkriegs tat er Kriegserklärungen als »eine Art Anachronismus« ab.[71] Aber er sagte nicht, warum ein Staat nicht den Krieg erklären sollte, nicht einmal einen Verteidigungskrieg. Internationale Rechtskonzepte wie Neutralität wischte er beiseite, obwohl viele entsprechende Themen über den Vietnamkrieg hinaus relevant blieben.[72] Und er rechtfertigte die Beteiligung der Vereinigten Staaten am Vietnamkrieg als Akt der Selbstverteidigung mit Argumenten, die, vorsichtig ausgedrückt, nicht überzeugend sind. Mit anderen Worten: Die Geschichte der zwischenstaatlichen Kriege im 20. Jahrhundert bestätigt auf den ersten Blick nicht die schwache Version dieses Arguments.

Die starke Version des Arguments besagt, dass Staaten weiterhin Krieg führen, aber versuchen werden, den Eindruck des falschen Handelns zu verschleiern, indem sie ihr Handeln nicht als Krieg bezeichnen.[73] In vielerlei Hinsicht gleicht die Logik dieses Arguments meiner Behauptung, dass die Staaten aus strategischen Gründen die Formalitäten des Krieges nicht mehr verwenden, weil sie der Verpflichtung, sich an das HVR zu halten, ausweichen wollen. Die Unterscheidung zwischen den beiden Argumenten hängt daran, auf welchen Korpus von Rechtsnormen sie sich jeweils beziehen – *ius ad bellum* versus *ius in bello*. Wenn die Daten die starke Version dieses Arguments unterstützen, würde es meine Logik eher ergänzen als ihr widersprechen.

---

71 Katzenbach, Some of It Was Fun, S. 228. Eine aktuelle Analyse von Katzenbachs Position bietet Griffin, The Legal Justification for the Vietnam War.

72 Neff, The Rights and Duties of Neutrals, Kapitel 10. Nach dem »San Remo Manual on International Law Applicable to Armed Conflicts at Sea« gelten die Rechte und Pflichten der Neutralität heute auch für Flugzeuge. Ein weiterer Bereich, in dem Neutralität immer wichtiger werden könnte, ist die Cyber-Kriegführung. Dabei können Cyberattacken über Knoten in neutralen Staaten geführt werden. Wenn der neutrale Staat es nicht schafft, die Angriffe von seinem »Territorium« zu stoppen, muss er unter Umständen mit Vergeltungsmaßnahmen rechnen.

73 Strachan, The Direction of War, S. 42.

Die Mitgliedschaft in der größeren Gruppe internationaler Organisationen, die die Möglichkeit, Krieg zu führen, einschränken, erbringt bei der Analyse von Kriegserklärungen keine statistisch signifikanten Koeffizienten. Aber die Korrelationen bei der UN-Mitgliedschaft sind umso deutlicher. Die Ergebnisse der statistischen Analyse helfen nicht einzuschätzen, ob das *ius ad bellum* oder das *ius in bello* einen stärkeren Effekt auf die Abgabe von Kriegserklärungen hat. Darum ist ein genauerer Blick auf den Zusammenhang von Kriegserklärungen und UN-Mitgliedschaft geboten.

Die ersten beiden Spalten von Tabelle 3.2 zeigen klar, dass die Formalitäten des Krieges in der UN-Ära weniger genutzt werden. Können wir diese Veränderung den Institutionen der Vereinten Nationen zuschreiben? Wenn ja, würde es bedeuten, dass Kriegserklärungen in der UN-Ära nur von Staaten abgegeben würden, die nicht UN-Mitglieder sind. Die dritte und die vierte Spalte von Tabelle 3.2 vermitteln jedoch einen beinahe gegenteiligen Eindruck: Nicht genug damit, dass Staaten, die nicht Mitglieder der UN sind, nie Kriegserklärungen abgegeben haben, sondern die einzigen Kriegserklärungen, die in der UN-Ära abgegeben wurden, kamen von UN-Mitgliedstaaten.

Möglicherweise hat der kausale Mechanismus, der Kriegserklärungen und UN-Mitgliedschaft verbindet, mit Angriffskriegen zu tun; dann sollten wir erwarten, dass die Urheber solcher Kriege sich anders als Nichturheber verhalten. Die Spalten 5 und 6 von Tabelle 3.2 untersuchen den Zusammenhang zwischen Beginn eines Krieges und Kriegserklärungen bei UN-Mitgliedern. Unter den UN-Mitgliedern hat etwa jeder 40. Urheber eines Krieges eine Kriegserklärung abgegeben und bei den Nicht-UN-Mitgliedern jeder 30.; das ist zwar ein Unterschied, aber er ist nicht signifikant. Allerdings muss berücksichtigt werden, dass es hier um äußerst kleine Zahlen geht, was dafür spricht, einzelne Fälle gründlicher zu untersuchen. Es könnte sein, dass UN-Mitglieder dann, wenn sie sich auf Selbstverteidigung berufen können, keine Notwendigkeit sehen, eine Kriegserklärung abzugeben, und in anderen Fällen davor zurückschrecken, weil es ein Verstoß gegen die UN-Charta wäre.

Tabelle 3.2   Kriegserklärungen und UN-Mitgliedschaft

1816–2007			UN-Ära		UN-Mitglieder	
	vor UN-Ära	UN-Ära	UN-Mitglied	kein UN-Mitglied	Urheber	Nicht-urheber
Erklärung	37% (138)	2% (4)	3% (4)	0% (0)	2% (1)	3% (3)
keine Erklärung	63% (237)	98% (204)	97% (149)	100 (%) (55)	98% (56)	97% (93)
gesamt	100% (375)	100% (208)	100% (153)	100% (53)	100% (57)	100% (96)

Hinweis: Der Prozentsatz der kriegführenden Staaten steht jeweils über der absoluten Zahl.

Der Indisch-Chinesische Grenzkrieg von 1962 ist in dieser Hinsicht ein interessanter Fall. Indien war 1962 Mitglied der Vereinten Nationen, China nicht. Entgegen den Erwartungen von Völkerrechtsexperten wie Lauterpacht und Katzenbach, die sagen, eine UN-Mitgliedschaft lasse einen Staat vor einer Kriegserklärung zögern, haben wir hier den Fall, dass ein UN-Mitglied – Indien – den Krieg erklärte und das Nichtmitglied – China – keine Kriegserklärung abgab. Obwohl Indien bestimmt die weltweite öffentliche Meinung über den Krieg im Sinn hatte, sprechen die Debatten in der Lok Sabha (der ersten Kammer des indischen Parlaments) dafür, dass man den Fall lieber nicht vor die Vereinten Nationen bringen wollte. Das hatte weniger damit zu tun, dass Indien fürchtete, als Aggressor gebrandmarkt zu werden, sondern dass es angesichts der früheren Entscheidungen über Kaschmir Zweifel an der Effizienz der Organisation hatte.[74]

Stimmen, die der Meinung sind, dass der Bedeutungszuwachs der UN für den Bedeutungsverlust von Kriegserklärungen verantwortlich sei, vertreten manchmal auch die Auffassung, Resolutionen des Sicherheitsrats würden Kriegserklärungen ersetzen. Mit anderen Worten: Kriege werden nicht mehr erklärt, weil sie stattdessen vom UN-Sicherheitsrat autorisiert werden. Dieses Argument klingt zwar plau-

---

74   Lok Sabha Debates Bd. 9, S. 1257.

sibel, aber die Fakten untermauern es nicht. Seit Gründung der Vereinten Nationen wurden 38 zwischenstaatliche Kriege geführt, aber nur 2 – der Koreakrieg und der Zweite Golfkrieg – gingen mit einer Autorisierung des Sicherheitsrats einher.[75] Wenn wir vom Sicherheitsrat autorisierte Kriege in die Codierung von Kriegserklärungen miteinbeziehen, verändert das die Ergebnisse zum Zusammenhang von Kriegserklärungen einerseits und internationalen Organisationen oder der Ausbreitung des Völkerrechts andererseits nicht.

Qualitative Analyse

Die folgenden Fallstudien dienen mehreren Zwecken. Erstens ermöglichen sie sorgfältigere Vergleiche und die Kontrolle von Fällen und helfen so, zu identifizieren, wie es sich auswirkt, ob ein Land mehr oder weniger Verträge des *ius in bello* ratifiziert hat. Zweitens ermöglichen sie das Nachvollziehen der Abläufe. Anhand der Fälle untersuche ich, ob die kriegführenden Staaten sich allem Anschein nach Gedanken über das Völkerrecht gemacht haben. Und drittens ermöglichen die Fälle aus der Zeit nach 1945 auch, die kausale Rolle einer UN-Mitgliedschaft tiefergehend zu analysieren.

Ich untersuche zwei Fallpaare, um die Gründe zu erforschen, warum ein Krieg erklärt wurde. Die vier Fälle tauchen auch in den Kapiteln 4 und 5 bei der Analyse wieder auf, inwieweit das HVR eingehalten wird, und bei der Analyse von Friedensschlüssen nach zwischenstaatlichen Kriegen. Weil die unabhängigen und die abhängigen Schlüsselvariablen im Lauf der Zeit wichtige Trends aufweisen, betrachte ich die Fallpaare in unterschiedlichen Zeiträumen. Das erste Paar, der Spanisch-Amerikanische Krieg und der Boxeraufstand, fällt in eine Zeit mit relativ wenig kodifiziertem *ius in bello*, aber relativ häufigen Kriegserklärungen. Das zweite Fallpaar, der Bangladesch-Krieg von 1971 und der Krieg um die Falklandinseln/Malvinas von 1982, fällt hingegen in eine Ära mit viel kodifiziertem *ius in bello* und wenigen Kriegserklärungen. Aus praktischen und methodischen

---

75 Beim Bosnienkrieg 1992 gab es eine eingeschränkte Autorisierung, aber sie bezog sich auf Stabilisierungsoperationen in der Konfliktfolgezeit und nicht auf den ursprünglichen Einsatz von Gewalt.

Gründen konzentriere ich mich beim ersten Fallpaar auf die Vereinigten Staaten und beim zweiten auf Indien und Großbritannien, aber ich diskutiere jeweils auch die Entscheidungen der anderen Beteiligten. Jedes Fallpaar kontrolliert für eine Reihe von Variablen, die die Neigung eines Beteiligten, eine Kriegserklärung abzugeben, beeinflussen, wie die UN-Mitgliedschaft, Gewaltenteilung zwischen Legislative und Exekutive, das Demokratieniveau, Überraschungseffekt und Aufstandsbekämpfung (siehe Tabelle 3.3). Die Fälle wurden so ausgewählt, um bei den unabhängigen und abhängigen Schlüsselvariablen eine möglichst große Schwankungsbreite zu bekommen. Wenn meine empirische Strategie ausschließlich qualitativer Natur wäre, hätte ich diesen Weg wohl nicht gewählt,[76] aber die oben vorgelegte quantitative Analyse sollte etwaige Bedenken über einen Selektionsbias oder die Repräsentativität der Fälle ausräumen.

Eine einfache Kongruenzanalyse von Tabelle 3.3 bestätigt die Aussage, dass Kriegsparteien, die mehr Verträge des *ius in bello* ratifiziert haben, mit geringerer Wahrscheinlichkeit Kriegserklärungen abgeben und Friedensverträge schließen als Kriegsparteien in ähnlicher Position, die weniger Verträge des *ius in bello* ratifiziert haben. Aber wie wirkt sich die Ratifizierung von Verträgen des *ius in bello* auf die Entscheidung kriegführender Staaten aus, die Formalitäten des Krieges einzuhalten? Diese spezielle Auswahl von Fällen ermöglicht es, unterschiedliche Beziehungen zwischen der Ausweitung des HVR und der Einhaltung von Kriegsformalitäten zu erhellen.

Der Spanisch-Amerikanische Krieg: Der Spanisch-Amerikanische Krieg dient als repräsentatives Beispiel für diese Analyse: ein Krieg in der Zeit vor den Genfer Abkommen mit sowohl gegenseitigen Kriegs-

---

76 King/Keohane/Verba, Designing Social Inquiry, S.142ff. Goertz argumentiert, bei einem multimethodischen Forschungsdesign sollten sich die Forscher_innen auf Fälle beschränken, die auf der Regressionsgeraden liegen. Für die Zwecke dieses Kapitels wären das all jene Fälle, die die Theorie vorhersagen würde – Beispiele für geringe Ratifizierung von HVR und Kriegserklärungen und Fälle von hoher Ratifizierung von HVR und ohne Kriegserklärungen. Ich konzentriere mich zwar nicht ausschließlich auf solche Fälle, beziehe sie aber in meine Auswahl von vier Fällen ein. Goertz, Multimethod Research, Causal Mechanism, and Case Studies.

Tabelle 3.3 Kongruenztest ausgewählter Fälle

	Spanisch-Amerikanischer Krieg	Boxer-aufstand	Bangladesch-Krieg	Falkland-krieg
Ius in bello geltende Verträge	2	12	27	30
Einhaltung des *ius in bello*	große Einhaltung gegenseitig durch USA und Spanien	Nichteinhaltung auf allen Seiten	Einhaltung durch Indien und Pakistan gegenseitig	britische Nichteinhaltung
militärischer Sieg	USA siegen entscheidend	entscheidender Sieg des Expeditionskorps	Indien siegt entscheidend	Großbritannien siegt entscheidend
territoriale Veränderungen	USA bekommen Puerto Rico, die Philippinen, Guam	keine	keine	keine
UN-Mitgliedschaft	keiner	keiner	beide	beide
gemeinsamer Polity-Wert	4	−6	5[a]	−8
Großmacht	USA	USA	keiner	Vereinigtes Königreich
Staatsuntergang	nein	nein	nein	nein
multilateraler Krieg	nein	ja	nein	nein
Dauer	114 Tage	59 Tage	15 Tage	88 Tage
Kriegserklärung	ja	nein	ja	nein
Friedensvertrag	ja	nein	ja	nein

a Die Polity-Werte für Pakistan fehlen für den Zeitraum 1970–1971. Der Polity2-Wert für Pakistan im Jahr 1972 beträgt 4. Verfassungsreformen 1973 führten zu einem Anstieg von Pakistans Polity-Wert auf 8. Ich verwende hier den Polity2-Wert aus dem Jahr 1972, weil er die Situation von 1971, dem Jahr des Kriegsausbruchs, im Land besser widerspiegelt als der Polity-Wert nach den Verfassungsreformen von 1973.

erklärungen wie auch einem formellen Friedensvertrag.[77] Spanien feindlich gesinnte Falken in den Vereinigten Staaten prangerten immer wieder an, wie brutal Spanien Aufständische in seiner Kolonie Kuba behandele, und warfen Spanien aktuell vor, den Panzerkreuzer *Maine* im Hafen von Havanna versenkt zu haben.[78] Spanien wollte in Anbetracht seiner militärischen Unterlegenheit keinen Krieg. Es hatte zwar zahlenmäßig mehr Soldaten unter Waffen – und sicher mehr Soldaten in Kuba – als die Vereinigten Staaten, aber die Historiker_innen sind sich einig, dass die spanische Armee »schlecht geführt, schlecht ausgebildet und zum größten Teil schlecht ausgerüstet«[79] war. Trotz der glorreichen Vergangenheit als Seefahrernation war die spanische Marine veraltet und waffentechnisch unterlegen. Überdies fehlte es Spanien an finanziellen Mitteln, die die Vereinigten Staaten im Überfluss hatten. Als der amerikanische Kongress im Hinblick auf den zu erwartenden Konflikt 50 Millionen Dollar für Militärausgaben bewilligte, wusste Spanien, dass sein Schicksal besiegelt war. Aber die Ehre gab den Ausschlag: Spanien konnte genauso wenig hinnehmen, dass sein Ruf durch die Behauptung geschädigt wurde, es habe die Explosion der *Maine* verursacht (dafür war Spanien tatsächlich nicht verantwortlich), wie es den »undankbaren« und »verkommenen«[80] kubanischen Aufständischen nachgeben konnte. Wenn schon, wollte Spanien einem größeren Gegner unterliegen. Da kam Amerika gerade recht.

Gewohnheit, ius in bello und Kriegserklärungen

Beide Seiten wollten den Kriegsbeginn hinauszögern, aber offensichtlich zogen beide nicht in Erwägung, den Krieg ohne Kriegserklärung zu führen. Die Abgabe einer Kriegserklärung galt als unvermeidlich, so sehr, dass sowohl die Vereinigten Staaten wie auch Spanien bereits

---

77 Die Vorzüge der Untersuchung eines typischen Falls diskutieren Herron/Quinn, A Careful Look at Modern Qualitative Case Selection Methods; sowie Gerring, Case Study Research. Principles and Practices, S. 91–97.

78 Smith, The Spanish-American War, S. 33; Congressional Record, 17. März 1899, S. 2916–2919.

79 Hendrickson, The Spanish-America War, S. 9.

80 Spanischer Offizier, zitiert bei Hobson, The Sinking of the »Merrimac«, S. 86.

schriftliche Anweisungen für ihr diplomatisches Personal und die Militärbefehlshaber formuliert hatten, die auszuführen waren, sobald der Krieg offiziell erklärt war. Der stellvertretende Marineminister Theodor Roosevelt erteilte Kommodore George Dewey im Pazifik die folgenden Anweisungen: »Im Falle einer Kriegserklärung seitens Spaniens wird es Ihre Pflicht sein, dafür zu sorgen, dass der spanische Verband die asiatische Küste nicht verlässt, und danach [haben Sie] offensive Operationen auf den philippinischen Inseln [zu führen].«[81] In Chicago sollte im Falle einer spanischen oder amerikanischen Kriegserklärung mit speziellen Glocken und Pfeifen gewarnt werden.[82]

Der genaue Zeitpunkt für die amerikanische und die spanische Kriegserklärung war schwieriger festzulegen. In den Vereinigten Staaten drängte der Kongress so viel stärker auf einen Krieg als Präsident McKinley, dass Kriegsminister Russell Alger mit Blick auf den Präsidenten sagte, »der Kongress wird trotz ihm den Krieg erklären«.[83] Um die Falken zum Schweigen zu bringen, ersuchte McKinley den Kongress um die Erlaubnis für den Einsatz von Gewalt, die der Kongress am 19. April erteilte. Die Erlaubnis war gleichbedeutend mit einer Kriegserklärung, was McKinley kalkuliert entschieden hatte.[84]

Auch die übrige Welt war vorbereitet, als die Vereinigten Staaten und Spanien auf den Krieg zusteuerten. Am 20. April 1898 schickte der schweizerische Bundespräsident Briefe an Spanien und an die Vereinigten Staaten, in denen er die beiden Konfliktparteien ersuchte, die 1868 verfassten Zusatzartikel zur Genfer Konvention von 1864 über die Behandlung von Verwundeten zu beachten.[85] In Erwartung eines Krieges verfolgte er das Ziel, vor Ausbruch der Feindseligkeiten eine

---

81 Brands, The Reckless Decade, S. 324. Roosevelt überschritt seine rechtlichen Befugnisse, indem er ohne Zustimmung von Marineminister Long diesen und andere Befehle erteilte.

82 Rosenfeld, Diary of a Dirty Little War, S. 16.

83 Zitiert bei Ofner, An Unwanted War, S. 153; Trask, The War with Spain in 1898, S. 52, zitiert die Ehefrau von Vizepräsident Hobart. Musicant, Empire by Default, S. 171.

84 Smith, The Spanish-American War, S. 43; Ofner, An Unwanted War, S. 184.

85 Sowohl Spanien als auch die Vereinigten Staaten hatten die Konvention von 1864 unterzeichnet, aber nicht die Zusatzartikel von 1868, in denen es um die Behandlung von Verwundeten bei Konflikten zur See ging.

Einigung herbeizuführen, dass beide Seiten diese Regelungen einhalten würden.

Zwei Tage später blockierten die Vereinigten Staaten den Hafen von Havanna. Entsprechend der Pariser Seerechtsdeklaration von 1856, einem der wenigen Beispiele für kodifiziertes Kriegsrecht aus der damaligen Zeit, war eine Blockade nur dann legal, wenn sie wirksam und während eines Kriegszustands verhängt worden war. Die Blockade des Hafens von Havanna war ohne Zweifel wirksam, aber Präsident McKinley hatte Spanien noch nicht den Krieg erklärt.

Spanien hingegen argumentierte, die Autorisierung des Kongresses sei »gleichbedeutend mit einer Kriegserklärung«, und antwortete mit der Abgabe einer formellen Kriegserklärung in Form eines königlichen Dekrets am 23. April.[86] McKinley blieb keine andere Wahl, als den Kongress um eine Kriegserklärung zu ersuchen. Die Debatte in beiden Häusern war kurz, und die Entscheidung erging einstimmig.[87] Die endgültige Kriegserklärung an Spanien wurde beschlossen und am 25. April unterzeichnet – an dem Tag, an dem sie beantragt worden war –, aber rückwirkend zum 21. April in Kraft gesetzt.[88]

Eine Kriegserklärung abzugeben war im späten 19. Jahrhundert üblich, doch es war unüblich, sie zurückzudatieren.[89] Weil die Debatte über den Beschluss der Kriegserklärung hinter verschlossenen Türen stattfand, gibt das offizielle Protokoll wenig Aufschluss, wie es zu der Diskrepanz der Daten kam. Doch der üblicherweise vorsichtige Präsident McKinley merkt in seiner Botschaft an den Kongress, in der er um die Zustimmung zur Kriegserklärung ersucht, ausdrücklich an, dass die Vereinigten Staaten am 22. April eine Blockade verhängt hatten. Als ein Abgeordneter die Datierung zur Sprache brachte, wurde

---

86 Ministerio del Estado, Spanish Diplomatic Correspondance and Documents, S. 136, Teil 1, Dokument 149, Anlage.

87 Congressional Record, 25. April 1989, S. 4244, S. 4252.

88 Der Kriegsminister konnte aus rechtlichen Gründen die Miliz und Freiwillige erst einberufen, wenn eine formelle Kriegserklärung ergangen war. Smith, The Spanish-American War, S. 62.

89 Ebenda, S. 73; Hendrickson, The Spanish-American War, S. 23. Zur Beachtung: Musicant datiert den Befehl zur Blockade auf den 22. April. McKinleys Ersuchen um eine Kriegserklärung ist ebenfalls am 22. April vermerkt. Congressional Record, 55th Congress, 22. April 1898, S. 4229.

erklärt, dass die Bitte um Rückdatierung vom Justizminister ausgegangen sei.[90] Offenbar hatte die Sorge, die bereits bestehende Blockade zu legalisieren, den Ausschlag für die Rückdatierung der Kriegserklärung gegeben.

Selbst in einer Zeit, als Kriegserklärungen üblich waren und es wenig kodifiziertes Kriegsrecht gab, reagierten Länder wie die Vereinigten Staaten rasch strategisch auf die neuen Gesetze, in diesem Fall in der Absicht, sie zu ihren Gunsten zu nutzen. Spanien protestierte gegen diesen legalen Trick. In einem Memorandum an die spanischen Botschafter schrieb der spanische Außenminister Pio Gullón, das Aufbringen spanischer Schiffe vor dem 25. April sei illegal, da die amerikanische Kriegserklärung erst am 25. April ergangen sei, und verwies auf die »merkwürdige und ungesetzliche Besonderheit« der Rückdatierung.[91]

Der Boxeraufstand: China war um 1900 in vielerlei Hinsicht ein gescheiterter Staat. Die Kaiserin hatte wenig Macht, und im Volk gab es großen Unmut über die Menschen aus dem Westen, die ihren Einfluss immer mehr ausdehnten. Viele Menschen in China nahmen insbesondere am Vordringen westlicher Missionsgesellschaften Anstoß. Der Unmut steigerte sich im Frühjahr 1900 zur Rebellion, als die »Boxer«, eine Gruppe antimissionarischer Eiferer, begannen, Menschen aus dem Westen – Angehörige von Missionen und andere – anzugreifen, sowie Chines_innen, die zum Christentum konvertiert waren.

Der Westen reagierte auf die Angriffe von Boxern auf Christ_innen und westliche Missionar_innen, aber zum ernsthaften Konflikt kam es, als die Boxer die westlichen Gesandtschaften in Beijing attackierten. Die westlichen Mächte stellten ein »Expeditionskorps« auf, dem Truppen aus Japan, dem Vereinigten Königreich, den Vereinigten Staaten, Frankreich, Deutschland und Russland angehörten. Nach der Landung bei den Taku-Forts südlich von Beijing marschierten die westlichen Truppen nach Norden. In der Hafenstadt Tientsin stie-

---

90 Ebenda, S. 4252.
91 Ministerio del Estado, Spanish Diplomatic Correspondance and Documents, S. 164, Dokument 8.

ßen sie auf erbitterten Widerstand. Am 14. August 1900 nahmen sie schließlich Beijing ein.

Der Boxeraufstand unterscheidet sich sehr vom Spanisch-Amerikanischen Krieg, was den Umfang der Formalitäten und die Einhaltung des *ius in bello* anbetrifft. Während China eine Kriegserklärung abgab, unterließen das die Angehörigen des Expeditionskorps, und das »Boxerprotokoll«, mit dem der Krieg endete, war ausdrücklich *kein* Friedensvertrag. Im Spanisch-Amerikanischen Krieg legten beide staatliche Kontrahenten ein nahezu ideales Verhalten an den Tag. Beim Boxeraufstand hingegen verletzten beide Seiten sehr häufig sowohl das Gewohnheitsrecht wie das kodifizierte *ius in bello* (die Einhaltung des Kriegsrechts wird detailliert in Kapitel 4 diskutiert). Die Verstöße sind umso erstaunlicher, als der Boxeraufstand so kurz nach Verabschiedung der Haager Abkommen passierte, der ersten umfassenden Sammlung multilateraler Verträge zur Kodifizierung des *ius in bello*, die alle Mitglieder des Expeditionskorps unterzeichnet hatten (nicht jedoch China). Während einerseits der Druck, das *ius in bello* zu beachten, wuchs, nahm die Einhaltung der damit verbundenen Formalitäten ab.

Souveränität, die Gesetze des Krieges und Kriegserklärungen

Die Entscheidungen, während des Boxeraufstands den Krieg zu erklären, hingen von Fragen hinsichtlich Souveränität, *ius ad bellum* und *ius in bello* ab. Wichtig ist festzuhalten, dass erstens der fragmentierte Charakter des chinesischen Staats die Frage aufwarf, ob es tatsächlich eine chinesische Kriegserklärung gegeben hatte.[92] Nach den aktuells-

---

92 Drei Quellen diskutieren eine chinesische Kriegserklärung. Die erste – »Das Tagebuch des Ching Shan« – gilt allgemein als Fälschung. Mehrere weitere Quellen beziehen sich auf Ching Shans »Tagebuch«, ihre Schlussfolgerungen zu diesem Punkt können außer Acht bleiben. Die zweite, seriösere Quelle ist Chester Tans »The Boxer Catastrophe«. Tan ist der erste englischsprachige Historiker, der sich bei der Erörterung des Konflikts auf chinesische Archivquellen stützt. Tan erwähnt ein kaiserliches Edikt vom 21. Juni 1900, das den Krieg erklärte; als Quelle zitiert er ein chinesisches Dokument – nicht Ching Shans Tagebuch. Aber es sieht so aus, als hätte dieses Edikt nicht unbedingt die Voraussetzungen für eine Kriegserklärung erfüllt. Es wurde an die Provinzgouverneure (Vizekönige) geschickt, doch Tan zufolge machten sie es

ten Studien lieferten die innerchinesischen Auseinandersetzungen über die Souveränitätsfrage einen Grund, den Krieg zu erklären. Wie Ward schreibt, war die Abgabe einer Kriegserklärung ein klares Zeichen von Souveränität.[93] Zu einer Zeit, als das chinesische Reich von außen wie von innen bedrängt wurde, könnte die Abgabe einer Kriegserklärung, die die Boxer unterstützte, ein Mittel gewesen sein, die Kontrolle über die chinesische Innenpolitik zu bekräftigen.

Antizipierte Zusammenhänge zwischen *ius ad bellum* und *ius in bello* auf der einen Seite sowie Kriegserklärungen auf der anderen Seite erhellen, warum die Angehörigen des Expeditionskorps auf eine Kriegserklärung verzichteten. Die Vereinigten Staaten, gestärkt durch ihren kurz zuvor errungenen Sieg über Spanien, waren zu Recht besorgt, welche Absichten ihre Verbündeten gegenüber China verfolgten. Der Schutz der Missionsgesellschaften und diplomatischen Vertretungen lieferte die perfekte Entschuldigung, um Märkte zu erobern und sich Konzessionen für den Eisenbahnbau zu sichern. Die Vereinigten Staaten lehnten das ab. Aus verschiedenen zeitgenössischen Berichten geht hervor, dass sie ihre Verbündeten davon überzeugen konnten, keine formellen Kriegserklärungen abzugeben, mit der Begründung, das würde aus dem Konflikt einen »Krieg« machen und Eroberungen legitimieren.[94] Die *New York Times* schrieb: »Die Ver-

nicht öffentlich, um den Konflikt möglichst zu begrenzen (China war damals ein weitgehend dezentralisierter Staat). Den europäischen Mächten und Japan, gegen die China kämpfte, wurde es nicht übermittelt. In jüngerer Zeit hat Lanxin Xiang die Geschichte des Boxeraufstands bis zur chinesischen Kriegserklärung dokumentiert; er schildert detailliert eine Hofintrige, die vermuten lässt, dass es einen solchen Erlass tatsächlich gab. Xiangs Darstellung deckt sich mit der von Tan (und beide beziehen sich nicht auf Ching Shans Tagebuch). Die Kriegserklärung wurde per kaiserlichem Erlass nach einem Ultimatum an die ausländischen Gesandtschaften, Beijing unter chinesischem Schutz zu verlassen, abgegeben. Keown-Boyd, The Fists of Righteous Harmony, S. 213, S. 308 ff.; Tan, The Boxer Catastrophe, S. 75, S. 77, S. 83; Xiang, The Origins of the Boxer War, S. 317.

93 Ward, An Enquiry into the Manner in which the Different Wars in Europe Have Commenced, during the Last Two Centuries, S. 62.

94 Ein möglicher Einwand gegen diese Erklärung lautet: Warum hätten die anderen Großmächte den Vereinigten Staaten folgen sollen? Außerdem ist es einigermaßen schwierig, eine antiimperialistische Haltung der Vereinigten

einigten Staaten [...] bekundeten eindeutig ihre Absicht, nichts als kriegerischen Akt zu betrachten, solange sich das vermeiden ließ [...]. Das Ziel dieser Politik ist es, eine Aufteilung Chinas zu verhindern.«[95] Die Argumentation gegen eine Kriegserklärung an China wurde in Besorgnis wegen Chinas innerer Souveränität gekleidet: An wen sollte sich eine Kriegserklärung richten, wenn China keine handlungsfähige Regierung hatte?

Der Boxeraufstand passierte nur ein Jahr nach dem Abschluss der Haager Abkommen von 1899. Alle Mitglieder des Expeditionskorps – das heißt die Partei, die keine Kriegsklärung abgab – hatten die Abkommen unterzeichnet, China hingegen, wie erwähnt, nicht. Aus den historischen Aufzeichnungen geht – wenig überraschend – nicht hervor, dass hochrangige politisch Verantwortliche sich gegen eine Kriegserklärung ausgesprochen hätten, um zu verhindern, dass die Regelungen der Haager Abkommen eingehalten werden müssten. Aber, wie im nächsten Kapitel diskutiert wird, das Expeditionskorps verletzte vielfach das HVR.

Der Bangladesch-Krieg: Der Bangladesch-Krieg von 1971 ist in mindestens zwei Hinsichten untypisch. Erstens, und für diese Untersuchung besonders wichtig, ist er einer der wenigen formellen Kriege der Ära nach dem Abschluss der Genfer Abkommen. Sowohl Indien wie Pakistan erklärten dem jeweils anderen Land den Krieg, und der Krieg endete mit einem formellen Friedensvertrag, dem Shimla-Abkommen von 1972.

Zweitens war er sowohl ein Bürgerkrieg wie auch ein zwischenstaatlicher Krieg. Nach dem Ende der Kolonialherrschaft wurde das indische Kolonialreich in zwei Staaten aufgeteilt, Indien und Pakistan. Pakistan bestand ebenfalls aus zwei Teilen, Ostpakistan und Westpakistan, dazwischen lag indisches Gebiet. Eine solche geografische Struktur ist für das Überleben jedes Staats eine Herausforderung, und die Teilung Indiens erzeugte viel Groll zwischen Indien und Pakistan.

Staaten damit in Einklang zu bringen, dass die Vereinigten Staaten gerade einmal zwei Jahre zuvor Puerto Rico und die Philippinen als Beute des Spanisch-Amerikanischen Kriegs annektiert hatten.

95 Not a State of War Yet.

Auf die blutige Verschiebung von Hindus und Muslim_innen nach Osten und Westen folgten in den Jahren vor 1971 zwei Kriege, beide um Kaschmir.

Die Rivalität zwischen Indien und Pakistan hatte sich somit sehr verfestigt, als die ostpakistanische Awami-Liga die Parlamentswahlen in Pakistan gewann. Scheich Mujibur Rahman hatte bereits seit Monaten die Unabhängigkeit Ostpakistans gefordert. Die Aussicht, dass er pakistanischer Premierminister werden könnte, war für die politische Elite in Islamabad nicht akzeptabel. Die bengalische Bevölkerungsgruppe in Pakistan rüstete sich für eine Auseinandersetzung, als ihr Regierungschef Yahya Khan in die ostpakistanische Hauptstadt flog, um mit Rahman über die Bildung einer nationalen Regierung und mehr Autonomie für den Osten zu verhandeln.[96] Die Verhandlungen scheiterten, woraufhin westpakistanische Einheiten brutal gegen ihre nach Unabhängigkeit strebenden Landsleute im Osten vorgingen.

Die pakistanische Militäraktion führte zu einer gewaltigen Fluchtbewegung über die Westgrenze von Ostpakistan und nach Indien.[97] Indien war nicht bereit, rund 10 Millionen Menschen zusätzlich aufzunehmen und zu verpflegen, außerdem fürchtete es, die Geflüchteten würden die politische Stabilität in anderen Provinzen untergraben, die Delhi besorgt beobachtete.[98]

Das Flüchtlingsproblem war der vorgebliche Grund, warum Indien gegen Pakistans Vorgehen in der östlichen Provinz protestierte.[99] Aber selbst Autor_innen, die aus indischer Perspektive über diesen Konflikt schreiben, erkennen an, dass Indien mit dem Eingreifen in Ostpakistan noch mehrere weitere strategische Ziele verfolgte.[100] Ein zerschlagenes Pakistan wäre als Rivale schwächer, und ein unabhängi-

---

96 Sisson / Rose, War and Secession, Kapitel 6.
97 United Nations High Commissioner for Refugees, State of the World's Refugees 2000, S. 60f.
98 Sisson / Rose, War and Secession, S. 150f., S. 206.
99 Ganguly, Conflict Unending, S. 51.
100 Fast alle historischen Untersuchungen zu diesem Konflikt neigen der Position der einen oder anderen Seite zu.

ges Bangladesch würde Indien im Osten mehr Sicherheit bringen, beides wichtig in Indiens fortdauerndem Krieg in Jammu und Kaschmir. Deshalb unterstützte Indien die ostpakistanische sezessionistische Rebellenbewegung Mukti Bahini mit Unterschlupf und Ausbildung.[101] Schließlich intervenierte Indien direkt und führte humanitäre Gründe dafür an. Indiens Wunsch nach einem schnellen Krieg erfüllte sich, innerhalb von zwei Wochen stand die indische Armee in Dhaka. Mit einem entscheidenden militärischen Sieg über Pakistan erreichte Indien auch das Ziel, dass sein Nachbar sehr geschwächt und die östliche Grenze sicherer war.

Ein ungewöhnlich formeller Krieg

Ablauf und Kontext sind entscheidend, um zu verstehen, warum sich Indien und Pakistan 1971 gegenseitig den Krieg erklärten. Der Streit über die Souveränität von Jammu und Kaschmir hatte die Beziehung von Indien und Pakistan seit der Teilung und Unabhängigkeit geprägt. Obwohl es 1971 nicht primär um Kaschmir ging, beeinflusste die Kaschmirfrage auch den Bangladesch-Krieg. Insbesondere Pakistan hatte allen Grund, vor Indien auf der Hut zu sein, denn es wusste, dass sein viel größerer Nachbar ohne Zögern jede Schwäche ausnützen würde.

Am 21. November drangen indische Truppen nach Ostpakistan vor, vorgeblich, um den Menschen auf der Flucht zu helfen, tatsächlich jedoch, um die größere Invasion vorzubereiten, die später folgen sollte.[102] Pakistan warf Indien die Verletzung seiner Souveränität vor.[103] Die öffentliche Meinung in Westpakistan zu Indien verschlechterte sich so massiv, dass Premierminister Khan offensichtlich keine andere Wahl hatte, als den Krieg zu erklären. Khan reagierte damit, dass er in einer Radioansprache vom 22. November 1971 den Ausnahmezustand ausrief, das pakistanische Äquivalent zur Abgabe einer Kriegserklärung.

---

101 Sisson/Rose, War and Secession, S.143; Ganguly, Conflict Unending, S.62; Matinuddin, Tragedy of Errors, S.231.
102 Sisson/Rose, War and Secession, S.214.
103 Ebenda, S.230.

Während die Innenpolitik die entscheidende Triebkraft hinter der pakistanischen Kriegserklärung war, kam die indische Kriegserklärung durch eine Mischung aus internationalen und innenpolitischen Faktoren zustande. Die wichtigste Rolle spielte dabei die pakistanische Kriegserklärung. Die indische Premierministerin Indira Gandhi ließ nach der Ausrufung des Ausnahmezustands durch Pakistan zwei Wochen verstreichen, bis sie in gleicher Weise reagierte und am 3. Dezember den Ausnahmezustand für Indien ausrief. Die historischen Quellen sprechen dafür, dass sie eigentlich den Krieg nicht erklären wollte; die Frage ist offen, ob sie es getan hätte, wenn Pakistan die Entscheidung nicht forciert hätte.

Einigermaßen ungewöhnlich ist, dass Indien und Pakistan wenig Gründe hatten, größere Verstöße gegen das *ius in bello* während des Krieges zu erwarten, und damit auch wenig Gründe, sich um die rechtlichen Implikationen einer Kriegserklärung zu sorgen. Indien plante eine Blockade der ostpakistanischen Häfen, die pakistanische Marine konnte es mit der indischen nicht aufnehmen. Weil indische Truppen die Grenze überschritten, um die Menschen in Ostpakistan vor Westpakistan zu schützen, gab es überdies keinen Grund, indische Angriffe auf die westpakistanische Zivilbevölkerung oder auf Kulturgut zu erwarten. Pakistan wiederum führte einen Verteidigungskrieg; es rechnete nicht damit, auf indischem Boden zu kämpfen, und deshalb war ebenfalls nicht zu erwarten, dass pakistanische Truppen zivile Ziele oder Kulturgüter in Indien angreifen würden. Die Operationspläne beider Seiten sahen auch den Einsatz von chemischen oder biologischen Waffen nicht vor.[104] Insofern waren die Hauptbereiche, auf denen es zu Verstößen hätte kommen können, die Einhaltung eines Waffenstillstands, die Behandlung der Verwundeten und der Umgang mit Kriegsgefangenen. Die gemeinsame Geschichte des indischen und des pakistanischen Militärs – sie waren beide von den britischen Kolonialherrn ausgebildet worden, und die kommandierenden Offiziere hatten Seite an Seite im Zweiten Weltkrieg gekämpft – verringerte die Wahrscheinlichkeit für Misshandlungen durch den je-

---

104 Alle Erkenntnisse sprechen dafür, dass weder Indien noch Pakistan chemische oder biologische Waffen besaßen. Siehe Pakistan Country Profile; India Country Profile.

weiligen Gegner. Tatsächlich wurden im zwischenstaatlichen Teil des Krieges praktisch alle Bestimmungen des *ius in bello* sehr weitgehend eingehalten.[105]

Spielte die UN-Mitgliedschaft eine Rolle?

Das Argument, dass Staaten keine Kriegserklärungen mehr abgeben, weil sie fürchten, ihnen könnten Verletzungen der UN-Charta vorgeworfen werden, ist in diesem Fall nicht relevant. Wenn Staaten vor einer Kriegserklärung zurückschrecken, weil sie nicht in die Situation kommen wollen, ihr Verhalten vor den Vereinten Nationen rechtfertigen zu müssen, sollten wir daraus nicht schließen, dass Staaten, die keine Kriegserklärung abgeben, weil sie der UN entgehen wollen, und Staaten, die eine Kriegserklärung abgeben, das erst tun, nachdem sie den Segen der UN erhalten haben. 1971 scheute sich weder Indien noch Pakistan vor den Vereinten Nationen, aber beide bemühten sich auch nicht aktiv um deren Billigung. Allenfalls gedachte Indien, eine Beteiligung der Vereinten Nationen am Krieg hinauszuzögern, bis es die militärischen Kräfteverhältnisse vor Ort verändert haben würde.

Indien und Pakistan waren beide der Auffassung, sie hätten das Recht auf ihrer Seite. Beide beriefen sich gegenüber der internationalen Gemeinschaft auf das *ius ad bellum;* Pakistan prangerte an, dass Indien seine Souveränität verletzt habe, und Indien rechtfertigte sein Vorgehen mit humanitären Gründen.[106] Am 3. Dezember, dem Tag seiner Kriegserklärung, erhob Indien bei der UN Klage gegen Pakistan.

Gleichzeitig misstraute insbesondere Indien den Vereinten Nationen. Dass es der UNO in der Vergangenheit nicht gelungen war, die Kaschmirfrage zu lösen, ließ nicht hoffen, dass sie in der Frage der Souveränität von Ostpakistan mehr Erfolg haben würde. Überdies mutmaßte Indien zu Recht, dass die UNO einen sofortigen Waffenstillstand verlangen würde, aber Delhi wollte einen Waffenstillstand erst, wenn es einen entscheidenden Sieg errungen hätte. Alles kam da-

---

105 Inwieweit in diesem Fall die Gesetze des Krieges eingehalten wurden, wird ausführlich in Kapitel 4 diskutiert.
106 Sisson/Rose, War and Secession, S. 217; Jackson/International Institute for Strategic Studies, South Asian Crisis, India, Pakistan, and Bangla Desh, S. 82.

rauf an, genügend Zeit zu haben, um Dhaka einzunehmen. Wenn dieses Ziel erreicht wäre, könnte Indien aus einer Position der Stärke verhandeln.

Pakistans Premierminister Yahya Khan zögerte ebenfalls, den Sicherheitsrat einzuschalten, aber aus anderen Gründen. Khan wusste, dass Pakistan den Krieg im Osten verlieren würde, aber er hoffte, wenn Indien sich auf diese Region konzentrierte, könnte Pakistan Gewinne im Westen machen. Überdies lehnte Khan aus Prinzip eine Einmischung der UNO in einer Frage ab, die er als innere Angelegenheit Pakistans betrachtete.[107] Insbesondere widersetzte er sich der Auffassung, Vertreter_innen des abtrünnigen Bangladesch könnte gestattet werden, bei den Beratungen der UNO zu dem Krieg vor der Organisation zu sprechen.[108] Die Abneigung von Indien und Pakistan, sich an die UNO zu wenden, hing mit der Rolle der Organisation in der Kaschmirfrage zusammen und mit Pakistans Weigerung, Bangladesch anzuerkennen, nicht mit etwaigen Bedenken hinsichtlich der Legalität ihres Krieges.

Der Krieg um die Falklandinseln/Malvinas – ein fast formeller Krieg: Der Krieg um die Falklandinseln oder Malvinas ist, was den Verzicht auf Kriegserklärungen und Friedensverträge anbetrifft, ein typisches Beispiel aus der Zeit nach Verabschiedung der Genfer Abkommen. Weder Großbritannien noch Argentinien erklärten formell den Krieg, und obwohl der Krieg zwar mit einer formellen Kapitulation endete, wurde daraus nie ein Friedensvertrag.

Die Geschichte der Falklandinseln (oder Islas Malvinas) ist verwickelt. Seit ihrer Entdeckung durch europäische Forschungsreisende im 17. Jahrhundert gingen die Inseln mehrfach zwischen Großbritannien und Spanien beziehungsweise Argentinien nach dessen Unabhängigkeit hin und her. Zum letzten Mal vor dem Krieg von 1982 wechselten die Inseln 1833 die Hände, als ein britisches Kriegsschiff die kleine argentinische Bevölkerungsgruppe vertrieb.[109] 1982 lebten

---

107 Zaheer, The Separation of East Pakistan, S. 321, S. 357 f.; Matinuddin, Tragedy of Errors, 1968–1971, S. 444 f.
108 Jack, The India-Pakistan Crisis at the United Nations, S. 503.
109 Freedman, The Official History of the Falklands Campaign, Bd. 1, S. 4–8.

knapp 1800 Menschen auf den Falklandinseln/Malvinas, die sich als britische Staatsbürger_innen betrachteten, obwohl Großbritannien 8000 Seemeilen entfernt lag. Sie wollten ganz eindeutig nicht zu Argentinien gehören. Im britischen Unterhaus hatten sie unverhältnismäßig »bedeutenden« Einfluss, weil sie erfolgreich an die britische Sehnsucht nach der imperialen Vergangenheit und die Entschlossenheit, ihre gegenwärtigen Souveränitätsansprüche zu verteidigen, appellierten.[110]

Die argentinische Innenpolitik der späten 1970er und 1980er Jahre waren konfliktgeladen. Während des schmutzigen Krieges *(guerra sucia)*, der auf den Sturz von Isabel Perón folgte, regierten die Militärherrscher mit harter Hand, aber ihre Macht war dennoch brüchig. Ende 1981 wurde General Roberto Viola, der Staatschef, von einer dreiköpfigen Junta unter der Führung von General Leopoldo Galtieri gestürzt. Galtieri verdankte seinen Aufstieg an die Staatsspitze maßgeblich der Tatsache, dass er eine Forderung von Admiral Jorge Anaya, dem Befehlshaber der Marine und einem wichtigen Mitglied der Junta erfüllen wollte: die Rückeroberung der Malvinas von Großbritannien.

Warum gab es keine Kriegserklärung?

Argentinien griff die Falklandinseln am 2. April 1982 an. Großbritannien reagierte zunächst ungläubig.[111] Aber nach der Landung argentinischer Truppen auf den Falklands war Großbritannien entschlossen, sie mit allen Mitteln wieder zu vertreiben, auch mit militärischer Gewalt.

In der UNO waren bereits Wochen vor der argentinischen Invasion Verhandlungen im Gang. Unmittelbar nach der Invasion begannen mehrere Runden von Pendeldiplomatie, unter anderem schaltete sich der amerikanische Außenminister Alexander Haig als Vermittler ein.[112] Obwohl sich die Verhandlungen zwischen Großbritannien und Argentinien vor der britischen Gegenoffensive in die Länge zogen, fiel

---

110 Ders., Britain and the Falklands, S. 28.
111 Eddy/Linklater/Gillman, Falkland, S. 129; Freedman/Gamba-Stonehouse, Signals of War, S. 84–89.
112 Eine detaillierte Schilderung von Haigs Vermittlungsbemühungen enthält Freedman/Gamba-Stonehouse, Signals of War, Kap. 13–15.

die Entscheidung, die britische Flotte zu entsenden, rasch, noch an dem Tag, als das Kabinett von Margaret Thatcher von der Invasion erfuhr.[113] Alle hofften, dass Kämpfe vermieden werden könnten, aber sowohl in London wie in Buenos Aires arbeitete man an Kriegsplänen. Britische Fregatten, Kreuzer und zwei Flugzeugträger liefen aus mit Kurs auf die Falklandinseln. Die Entscheidung, Krieg zu führen, fiel Großbritannien nicht sonderlich schwer. Obwohl die Regierung den Verlauf der Verhandlungen abwarten wollte, stellte sie sich darauf ein, dass sofort nach Ankunft der Flotte im Südatlantik die Kämpfe beginnen würden.

Die Entscheidung, eine Kriegserklärung abzugeben, war hingegen nicht so einfach. Die Frage, ob man den Krieg erklären sollte, tauchte im Verlauf des Konflikts mindestens zweimal auf. So erwähnen zum einen mehrere Augenzeugenberichte wichtiger Schlüsselakteur_innen auf britischer Seite, dass nach der argentinischen Besetzung der Falklandinseln ein Reporter fragte: »Werden wir Argentinien den Krieg erklären?«[114] Es ist nicht ersichtlich, ob die Frage sich auf einen allgemeinen Plan, Krieg zu führen, bezog oder konkret auf den formellen Akt der Kriegserklärung. Zum anderen erwog Margaret Thatchers Kriegskabinett ernsthaft, eine Kriegserklärung gegenüber Argentinien abzugeben. Sir Ian Sinclair, der Rechtsberater des Außenministeriums, spielte bei der Entscheidung eine zentrale Rolle. Er berichtete:

Michael Palliser (der den Vorsitz führte) begann mit der Feststellung, wir hätten wohl alle die Nachrichten gehört, und fuhr dann fort: ›Im Übrigen, Ian, hätte die Premierministerin gern in der nächsten halben Stunde eine juristische Einschätzung, ob wir Argentinien den Krieg erklären sollen.‹ Ich sagte einfach: ›Gut, dann gehe ich besser und diktiere für sie eine Notiz zu diesem Punkt.‹ Und das tat ich dann auch. Es war vielleicht die spontanste juristische Einschätzung, die ich in den 34 Jahren, die ich in der Rechtsabteilung des diplomatischen Dienstes arbeitete, abgegeben habe, aber es war auch eine der leichtesten. Ich wies darauf hin, dass nach Artikel 51 der Charta der Vereinten Nationen das

---

113 Ebenda, S. 121–125.
114 Thatcher, Downing Street No. 10, S. 309; Nott, Here Today, Gone Tomorrow, S. 304.

Vereinigte Königreich im Fall eines bewaffneten Angriffs auf das Territorium des Vereinigten Königreichs das angestammte Recht zur Selbstverteidigung hatte; und da die Falklandinseln der Souveränität des Vereinigten Königreichs unterstanden, war es infolge dieses angestammten Rechts befugt, alles zu tun, was nötig war, um die Situation wiederherzustellen, einschließlich der Anwendung von Gewalt, sofern das gewaltsame Handeln dem Grundsatz der Verhältnismäßigkeit entsprach. Ich riet außerdem, dass Handeln vonseiten des Vereinigten Königreichs unter Berufung auf das Recht zur Selbstverteidigung (einschließlich der Entsendung einer Einsatztruppe in den Südatlantik) eine Kriegserklärung nicht erforderte und dass eine Kriegserklärung vielmehr weitreichende Nebenwirkungen haben könnte, unter anderem die Aktivierung des Gesetzes über das Verbot, mit Unternehmen im Besitz des Feindes Geschäfte zu machen, was schwerwiegende wirtschaftliche Konsequenzen haben würde.

Ich erinnere mich auch noch an die sich anschließenden lebhaften Diskussionen zwischen Vertreter_innen des Verteidigungsministeriums, des Außenministeriums und des Kabinettsbüros darüber, ob man in der Zeit, in der die britische Eingreiftruppe auf dem Weg zu den Inseln war, eine 200-Meilen-Ausschlusszone rund um die Falklandinseln einrichten sollte. Der Wortlaut der Erklärung enthielt eine salvatorische Klausel, die sicherstellen sollte, dass Operationen britischer Kriegsschiffe zum Schutz der vorrückenden Eingreiftruppe auch dann in Ausübung des Rechts zur Selbstverteidigung der Eingreiftruppe unternommen werden könnten, wenn sie außerhalb der Ausschlusszone stattfinden sollten.[115]

Drei Punkte in Sinclairs Darstellung sind bemerkenswert. Erstens ist klar, dass Großbritannien nicht versuchte, die Vereinten Nationen zu umgehen. Entgegen der oben dargelegten verbreiteten Auffassung im Völkerrecht fühlte sich das Vereinigte Königreich durch seine Mitgliedschaft in der UNO nicht gehindert, eine Kriegserklärung abzugeben. Sinclair argumentierte ausdrücklich, jegliches Handeln des Ver-

---

115 Sinclair, Sir Ian Sinclair. Legal Advisor to the FCO, 1976–1984, S.124f.

einigten Königreichs sei nach der UN-Charta gerechtfertigt. Er sagte auch, diese Position mache nach der UN-Charta eine Kriegserklärung überflüssig. John Nott, während des Falklandkriegs Verteidigungsminister, bestätigte diese Sichtweise: »Eine der schwierigsten Fragen, und eine ungewöhnliche, wie es scheint, war, ob wir sagen konnten, dass wir uns im Krieg befanden. Offensichtlich nicht; die exzellenten Jurist_innen des Außenministeriums rieten uns sehr, keine Kriegserklärung abzugeben, sondern ganz nach Artikel 51 der Charta der Vereinten Nationen zu handeln, die Länder befugt, zu tun, was ihre Selbstverteidigung erfordert. Diese juristische Unterscheidung verursachte unendliche Verwirrung im Verteidigungsministerium – und als mir die Frage im Unterhaus gestellt wurde, sagte ich ›Nein, wir sind nicht im Krieg‹, was einige Heiterkeit verursachte.«[116] Zweitens, und noch wichtiger, weist Sinclair auch auf die Nachteile einer Kriegserklärung hin. Er erwähnt die Aktivierung des Gesetzes hinsichtlich des Verbots, Handel mit dem Feind zu treiben, das dazu geführt hätte, dass britische Bürger_innen, die mit argentinischen Staatsbürger_innen Finanzgeschäfte gemacht hätten, eine strafrechtliche Verurteilung riskiert hätten.[117] Und trotz seiner klaren Überzeugung, dass das *ius ad bellum* unstrittig war, wäre es womöglich nicht so eindeutig gewesen, die völkerrechtlichen Bestimmungen über das Verhalten im Krieg einzuhalten. In der offiziellen Geschichte des Falklandkriegs heißt es, eine Kriegserklärung »würde beträchtlichen Ballast an Völkerrecht mit sich bringen«.[118]

Drittens und damit zusammenhängend erwähnt Sinclair die Ausschlusszone, die Großbritannien rund um die Inseln errichtete. Diese Zone galt als eine Art von Blockade, auch wenn sie nie so genannt wurde. Nach der Pariser Seerechtsdeklaration aus dem Jahr 1856 ist eine Blockade nur dann legal und gibt den kriegführenden Parteien das Recht, an Bord neutraler Schiffe zu gehen und sie nach Schmuggelware zu durchsuchen, wenn sie wirksam ist. Aber eine wirksame Blockade war 1856 leichter durchzusetzen, als Schiffe andere Schiffe aufhalten mussten, als 1982, wo eine Blockade den Raum vom Grund

---

116 Nott, Here Today, Gone Tomorrow, S. 272.
117 Trading with the Enemy Act.
118 Freedman, The Official History of the Falklands Campaign, Bd. 2, S. 90

des Meeres bis in die Atmosphäre abzudecken hatte.[119] Großbritannien wusste, dass es in diesem Sinn niemals eine wirksame Blockade würde verhängen können. Die Ausschlusszone war ein kritisches Element der britischen Kriegsanstrengungen; in diesem Seekrieg hätte das Seevölkerrecht gelten müssen. Aber ohne Kriegserklärung war dessen Gültigkeit nicht eindeutig. Die Royal Navy verstand das vollkommen. Admiral Sir Terence Lewin, Leiter des Verteidigungsstabs während des Falklandkriegs, scheint in der Frage der Wirksamkeit der Ausschlusszone klar in der Minderheit gewesen zu sein (vielleicht weil er sich auf die Aspekte des Konflikts konzentrierte, die die Marine betrafen), aber er war eindeutig, was die Bezeichnung anbetraf: »Die totale Ausschlusszone war eine komplette Blockade mit einem anderen Namen und sollte mit allen Mitteln Verstärkung aufhalten. Leider konnten wir sie nicht Blockade nennen, weil die Jurist_innen uns sagten, das könnten wir nur im Fall eines erklärten Kriegs, den aus allen möglichen Gründen niemand wollte – wir orientierten uns an Artikel 51.«[120] Eine Kriegserklärung hätte die Fähigkeit des Vereinigten Königreichs, den Krieg wie geplant zu führen, eingeschränkt, insbesondere die Quasi-Blockade der Falklandinseln, die nötig war, um Argentinien an der Versorgung und Verstärkung seiner Kräfte auf den Inseln zu hindern. Es ist nicht klar, wie Großbritannien ohne die Ausschlusszone die Rückeroberung der Falklandinseln hätte gelingen sollen. Insofern war der Verzicht auf eine Kriegserklärung womöglich nötig, um den Krieg zu gewinnen.

Dass Argentinien keine Kriegserklärung abgab, hatte wohl mehrere Gründe. Argentiniens Angriffe auf Südgeorgien und die Falklandinseln waren Überraschungsangriffe.[121] Eine Kriegserklärung vor Beginn der Feindseligkeiten wäre darum kontraproduktiv gewesen. Vielleicht noch wichtiger war aber ein anderer Aspekt: Letztlich rechnete die Junta nicht mit einem Krieg. Sie stellte sich ihre Invasion so vor wie den indischen Angriff auf Goa im Jahr 1961, der nur eine begrenzte militärische Reaktion Portugals und der internationalen Gemeinschaft ausgelöst hatte. Argentinien hatte zuvor eine Militärbasis

---

119 Schmitt, Blockade Law, S. 2f.
120 Zitiert ebenda, S. 6.
121 Freedman/Gamba-Stonehouse, Signals of War, S. 104.

auf den Südlichen Thuleinseln errichtet, ohne dass eine militärische Reaktion Großbritanniens erfolgt war. So dachten sie, sie könnten bei den Falklandinseln ähnlich verfahren, ohne dass es eine härtere Reaktion als neue und ernsthaftere Verhandlungen geben würde.[122] Argentinien hielt einen Krieg für so unwahrscheinlich, dass »weder Lombardos Kommando in Puerto Belgrano noch Mendendez in Stanley [der von der argentinischen Junta auf den Falklandinseln installierte Gouverneur] so agierten, als erwarteten sie etwas anderes als eine diplomatische Lösung des Konflikts. Es fand nur wenig militärische Planung statt.«[123] In der offiziellen argentinischen Untersuchung des Krieges wird diese Fehleinschätzung der Junta als größter Irrtum ihrer Kriegführung gewertet: »Es ist offensichtlich, dass die Militärjunta von der falschen Annahme ausging, dass Großbritannien nicht militärisch antworten würde und die Vereinigten Staaten eine militärische Eskalation nicht zulassen würden.«[124]

Dass Argentinien den Krieg mit Großbritannien nicht erwartete, ist besonders überraschend, wenn man die Aufzeichnungen von Alexander Haigs Verhandlungen mit der Junta kurz vor dem Konflikt liest. Auf fast 1000 Seiten kommt der Begriff »Kriegserklärung« genau einmal vor. Am Abend des 16. April 1982 teilte Argentinien dem amerikanischen Außenminister Haig, der sich als Vermittler eingeschaltet hatte, mit, eine seiner Bedingungen für den Rückzug von den Falklandinseln sei die uneingeschränkte Reisefreiheit – einschließlich Personenfreizügigkeit – zwischen dem argentinischen Festland und den Inseln. Angesichts der Struktur der Übergangsregierung, die aufgrund der in den damaligen Verhandlungen erzielten vorläufigen Vereinbarung vorgeschlagen wurde, hätte eine derartige Bewegungsfreiheit de facto bedeutet, dass Großbritannien die Hoheitsgewalt über die Inseln verlieren würde. Haig antwortete, Großbritannien werde eine solche Bedingung niemals akzeptieren und die argentinische Haltung sei letztlich ziemlich kriegerisch. »Der Außenminister [Haig]

122 Rock, Planning and Preparing for a Desaster – Argentina and the Falklands, S. 116.
123 Freedman/Gamba-Stonehouse, Signals of War, S. 148.
124 Rattenbach, Informe Rattenbach, S. 244. Übersetzung aus dem Spanischen durch die Autorin.

sagte weiter: ›Das bedeutet Krieg.‹ Botschafter Enders [Thomas Enders, der amerikanische Botschafter in Argentinien] fügte hinzu, dies komme einer Kriegserklärung gleich.«[125] Der argentinische Außenminister Costa Mendez »war überrascht, dass es das Vereinigte Königreich wegen eines so kleinen Problems wie dieser paar felsigen Inseln auf einen Krieg ankommen lassen würde«.[126]

Wie Großbritannien war auch Argentinien der Ansicht, dass es das Recht habe, einen Krieg zu führen. Tatsächlich wandte sich Argentinien sogar ein wenig früher als Großbritannien an die Vereinten Nationen und den Sicherheitsrat mit dem Wunsch nach einer Resolution, die seine Position unterstützte; Argentinien versuchte, der Ankunft der britischen Flotte im Südatlantik zuvorzukommen.[127] Das diplomatische Personal Argentiniens arbeitete hart gegen den Entwurf der späteren UN-Resolution 502, die Argentiniens Rückzug von den Falklandinseln forderte. Aber wieder behinderte schlechte Planung das Vorgehen; die Schlüsselakteure im diplomatischen Korps Argentiniens in New York waren alle neu in ihren Ämtern, ihnen fehlten das Wissen und die Kontakte, die ihnen vielleicht geholfen hätten, ihre Mission bei den Vereinten Nationen erfolgreich zu erfüllen.

Die Ausweitung des kodifizierten humanitären Völkerrechts erklärt ein Rätsel der internationalen Beziehungen: warum Staaten keine Kriegserklärungen mehr abgeben. Eine Kriegserklärung markiert den Schritt über eine rote Linie. Auf der einen Seite steht die eindeutige Verpflichtung, sich an die Gesetze des Krieges zu halten. Auf der anderen Seite der Linie lässt ein Staat Raum für Argumente, die rechtfertigen, warum er diese Gesetze nicht einhalten konnte. Diese Grauzone zu bewahren ist wichtig, weil die Kosten für die Einhaltung der Kriegsgesetze dramatisch gestiegen sind.

In den Anfängen der Kodifizierung des Kriegsrechts konnte es kriegführenden Parteien nützen, die klare Linie zu überschreiten, weil die frühesten Gesetze ihre Rechte stärkten. Deshalb datierte beispielsweise der amerikanische Kongress 1898 seine Kriegserklärung an Spa-

125 Wieland, Foreign Relations of the United States, 1981–1988, S. 298.
126 Ebenda, S. 299.
127 Freedman / Gamba-Stonehouse, Signals of War, S. 134 f.

nien zurück. Aber als im Lauf der Zeit das Kriegsrecht immer umfangreicher wurde, gingen die Anreize, die Formalitäten des Krieges zu beachten, zurück. Die wenigen Staaten, die einen Krieg erklärten – wie Indien und Pakistan 1971 –, taten das in dem Wissen, dass sie mit ihrem Verhalten im Krieg wohl kaum das internationale Kriegsvölkerrecht verletzen würden.

Meine Erklärung, warum die Bedeutung von Kriegserklärungen abgenommen hat, unterscheidet sich von der Standarderklärung der völkerrechtlichen Forschung. Völkerrechtsexpert_innen sagen, das System der Vereinten Nationen habe Kriegserklärungen überflüssig gemacht und die Anreize, sie abzugeben, reduziert. Zwar stimmt es, dass UN-Mitglieder signifikant seltener eine Kriegserklärung abgeben als Nichtmitglieder, aber das hängt mit dem Bedeutungsverlust von Kriegserklärungen in der UN-Ära zusammen. Eine genauere Betrachtung der Gesamtdaten und einzelner Fälle liefert keine Anhaltspunkte, die die Behauptung stützen, die rückläufige Zahl von Kriegserklärungen sei eine Folge der UN-Mitgliedschaft. Wenn das zuträfe, wären UN-Mitglieder besonders vorsichtig mit der Abgabe von Kriegserklärungen. Doch seit es die Vereinten Nationen gibt, haben nur UN-Mitglieder Kriegserklärungen abgegeben; kein Staat, der nicht UN-Mitglied ist (tatsächlich nur wenige), hat es getan. UN-Mitglieder, die einen Krieg erklärten – wie Indien und Pakistan im Bangladesch-Krieg –, handelten nicht mit dem Segen der UNO. Es gab nur so wenige Resolutionen des UN-Sicherheitsrats, die die Anwendung von Gewalt in zwischenstaatlichen Konflikten rechtfertigten, dass sie Kriegserklärungen nicht hätten ersetzen können. Und UN-Mitglieder, die nichterklärte Kriege führten, schreckten nicht deshalb vor einer Kriegserklärung zurück, weil sie die Vereinten Nationen umgehen wollten; häufig schalteten sie die Vereinten Nationen sogar aktiv ein, wie etwa im Krieg um die Falklandinseln/Malvinas.

Dass Staaten keine Kriegserklärungen abgeben, mag auf den ersten Blick belanglos erscheinen. Aber die alte Sitte, einen Krieg zu erklären, erfüllt wichtige Funktionen, und Kriegserklärungen wurden nicht durch andere Einrichtungen ersetzt. Die vielleicht wichtigste Funktion einer Kriegserklärung ist die offizielle Mitteilung an alle beteiligten Parteien – die kriegführenden Staaten, neutrale Staaten, Staatsbürger_innen und Soldat_innen –, dass man in einen Kriegszustand eingetreten ist. Seit heutzutage ein solches Instrument fehlt, ist der Krieg zu »Terrorismusbekämpfung« geworden, zu »Polizeiaktionen« und »Aufstandsbekämpfung«. Wir sind zugleich nie und immer in einem Zustand, der einem Krieg entspricht, ohne dass dieser Zustand genau bestimmt wird.[128]

---

128 Dudziak, War Time.

4
Die Einhaltung des Kriegsrechts in zwischenstaatlichen Kriegen

Es ist typisch für das Völkerrecht, dass starke Mechanismen zu seiner Durchsetzung fehlen. Die Einhaltung des internationalen humanitären Völkerrechts wird nicht einmal offiziell überwacht. Ohne Mechanismen zur Durchsetzung und zentralisierte Überwachung tendiert die allgemeine Einschätzung hinsichtlich der Einhaltung des *ius in bello* zu Ciceros berühmtem Diktum:»Unter den Waffen schweigen die Gesetze.« Doch tatsächlich wird das Völkerrecht oft beachtet, und das verdient Aufmerksamkeit und Erklärung.

Eine wachsende Literatur über die Einhaltung des HVR in zwischenstaatlichen Kriegen konzentriert sich darauf, welche Bedeutung der Regimetyp, Reziprozität, Kriegsziele und Militärstrategie als Prädikatoren der Einhaltung haben. Mein Interesse geht dahin, die Folgen der Ausweitung des kodifizierten HVR für die Einhaltung zu untersuchen. Die im vorangehenden Kapitel dargelegte Logik und die dort präsentierten Daten lassen vermuten, dass Staaten, die formelle Kriegserklärungen abgeben, auch mit höherer Wahrscheinlichkeit das HVR einhalten. Durch die Kriegserklärung haben die Staaten bewusst eine Linie überschritten, die sie ganz klar dazu verpflichtet, die Gesetze des Krieges zu beachten.

Die Einhaltung des Völkerrechts und insbesondere des internationalen humanitären Völkerrechts erfolgt jedoch in unterschiedlichen Stadien und auf unterschiedlichen Ebenen des Krieges. Entscheidungen, völkerrechtliche Bestimmungen einzuhalten, die an der Spitze getroffen werden, sind womöglich auf der individuellen Ebene schwer durchsetzbar. Die Entscheidungen für oder gegen eine Beachtung des Völkerrechts können sich auch im Verlauf eines Konflikts verändern. Während Kriegserklärungen Teil dieser Mischung sein können, beeinflusst die Tatsache, dass solche Erklärungen in der Regel zu Beginn eines Konflikts und fernab vom Schlachtfeld abgegeben werden, jeden erwarteten Zusammenhang zwischen Kriegserklärungen einerseits und der Beachtung des HVR andererseits.

Wie in Kapitel 2 diskutiert, hatte die Ausweitung des kodifizierten HVR vermutlich einen größeren Effekt auf den Einsatz von Kriegsformalitäten als auf die Einhaltung generell. Erwartungen hinsichtlich der Einhaltung sollten jedoch einen Einfluss darauf haben, wie wahrscheinlich es ist, dass Staaten eine Kriegserklärung abgeben: Wenn ein Staat denkt, das Risiko einer Verletzung des HVR im Verlauf eines Konflikts sei gering, dann sollte es *ceteris paribus* wahrscheinlicher sein, dass er eine Kriegserklärung abgibt, als wenn er ein hohes Risiko antizipiert, das HVR zu verletzen.

In diesem Kapitel untersuche ich den Zusammenhang zwischen der Ausweitung des kodifizierten HVR, Kriegserklärungen und der Einhaltung der Gesetze des Krieges. Ich beginne mit einem Überblick über die Literatur zur Beachtung des HVR, um die Komplexität des Themas zu verdeutlichen. Dann diskutiere ich meine wichtigste theoretische Vermutung in diesem Kapitel: dass die Komplexität einen möglichen Zusammenhang zwischen Kriegserklärungen und Einhaltung des HVR verbirgt. Während diese Vermutung durch die weiter unten präsentierte Regressionsanalyse gestärkt wird, zeigt eine tiefergehende Untersuchung der Daten, dass Staaten tatsächlich vor Kriegserklärungen zurückscheuen, wenn sie damit rechnen, dass es viele Gelegenheiten geben wird, gegen das Kriegsrecht zu verstoßen. Der kausale Pfeil beginnt damit bei Erwartungen, dass das HVR beachtet wird, und endet bei der Kriegserklärung, nicht umgekehrt.

Die Einhaltung des Kriegsrechts: Was wir wissen

Eine wachsende Literatur über die Einhaltung der Gesetze des Krieges handelt direkt davon, wann, wo und warum Staaten und Soldat_innen das HVR beachten oder verletzen. Die Autor_innen führen hauptsächlich vier Typen von Variablen an. Im Hinblick auf den Umgang mit Zivilpersonen und die Behandlung von Kriegsgefangenen haben viele Forscher_innen erstens darauf hingewiesen, dass in Zermürbungskriegen und bei der Aufstandsbekämpfung die Wahrscheinlichkeit von Völkerrechtsverletzungen besonders hoch ist, weil die kriegführenden Parteien ihre Auseinandersetzungen unbedingt beenden und gewinnen wollen.[1] Zweitens haben dieselben Forscher_innen ebenfalls argumentiert, dass maximalistische Kriegsziele – einschließlich Gebietsgewinnen und der Herbeiführung eines Regimewechsels – oft zu Verletzungen des HVR führen. Zum Beispiel haben Kriegsparteien, die ein bestimmtes Gebiet annektieren wollen, womöglich wenig Skrupel, die dort lebenden Zivilpersonen anzugreifen, um das Gebiet zu »säubern«.[2] Drittens könnte bei der Frage der Einhaltung des HVR eine Logik der Reziprozität herrschen: Wenn ein Staat sich an das HVR hält, steigt möglicherweise die Wahrscheinlichkeit, dass sich auch der gegnerische Staat daran hält.[3] Und viertens könnten demokratische Institutionen in Verbindung mit Rechtsstaatlichkeit einen Rahmen schaffen, der die Einhaltung begünstigt.[4] Weil Kriegserklärungen üblicherweise in größerer zeitlicher Distanz zu den dringlichen Fragen ergehen, die mit der Einhaltung des HVR verbunden sind, ist meine Erwartung, dass Kriegserklärungen im Durchschnitt einen schwachen oder gar keinen Einfluss darauf haben, ob das HVR eingehalten wird.

Theoretische Erwartungen

Wenn Staaten die Formalitäten des Krieges vermeiden, um ihre Verpflichtung zur Einhaltung des HVR zu begrenzen, könnte das Ausmaß, in dem sie Formalitäten nicht anwenden, mit dem Grad der Einhaltung zusammenhängen. Das könnte heißen, dass Staaten, die einen

---

1 Valentino / Huth / Croco, Covenants without the Sword; Downes, Targeting Civilians in War; Wallace, Life and Death in Captivity.

2 Valentino / Huth / Croco, Covenants without the Sword, S. 355 f.; Downes, Targeting Civilians in War, S. 4 f.; Wallace, Life and Death in Captivity, S. 10.

3 Morrow, Order within Anarchy, S. 112–117.

4 Morrow, When Do States Follow the Laws of War?

Krieg erklären, mit geringer Wahrscheinlichkeit das HVR verletzen. Das berüchtigte »Massaker von Nanking« während des Japanisch-Chinesischen Krieges 1937 ist ein Fall, der diese Hypothese bestätigt. Japan hatte China 1937 nicht den Krieg erklärt, und deshalb könnte man argumentieren, dass seine Verpflichtung, das HVR einzuhalten, gering war. Der Umgang Amerikas mit afghanischen Kriegsgefangenen spricht ebenfalls dafür, dass dieses Argument in der Praxis funktionieren könnte. In den »Folter-Memos« aus dem Büro des Justizministers Alberto Gonzales stand, das Dritte Genfer Abkommen über die Behandlung von Kriegsgefangenen gelte für diese Häftlinge nicht automatisch, weil al-Qaida kein Staat sei und die Taliban von den Vereinigten Staaten nicht als Regierung Afghanistans anerkannt würden. Hätten die Vereinigten Staaten Afghanistan den Krieg erklärt, hätte an der Anwendbarkeit des Genfer Abkommens hingegen kein Zweifel bestanden. Weil man damit gerechnet hatte, dass »erweiterte Verhörmethoden« eingesetzt werden könnten, lag es nicht im Interesse der Vereinigten Staaten, einen Krieg zu erklären.

Diese beiden Beispiele – bei denen Staaten vielleicht zum Teil deshalb entschieden haben, keine Kriegserklärung abzugeben, weil sie der Verpflichtung zur Einhaltung des HVR entgehen wollten – sprechen dafür, dass Staaten, die keine Kriegserklärung abgeben, mit höherer Wahrscheinlichkeit das HVR verletzen als Staaten, die eine Kriegserklärung abgeben. Wahrscheinlich ist es für einen Staat leichter, mit Nichteinhaltung zu kalkulieren – besonders wenn das Teil seiner Kriegsstrategie ist –, als von vornherein sicher zu sein, dass das HVR eingehalten wird. Mit anderen Worten: Staaten beginnen vielleicht einen Krieg mit der Erwartung, dass sie das HVR beachten werden, aber die Erwartungen können sich im Lauf des Konflikts ändern. Das Wissen um zurückliegende Verletzungen des HVR beeinflusst wohl eher die Entscheidung, einen formellen Friedensvertrag zu schließen (wie im nächsten Kapitel diskutiert wird), als dass das Wissen um eine Kriegserklärung in der Vergangenheit Einfluss darauf hat, ob die Regeln des HVR eingehalten werden.

Die zeitliche Abfolge von Entscheidung über eine Kriegserklärung und anschließender Einhaltung oder Nichteinhaltung des HVR spricht außerdem dafür, dass es im Verhältnis zwischen Kriegserklärung und Einhaltung des HVR einen Selektionseffekt gibt. Wenn der

Zusammenhang so ist, dass Staaten es ablehnen, eine Kriegserklärung abzugeben, weil sie nicht für Verletzungen des HVR verantwortlich gemacht werden wollen, dann werden sie mit größerer Wahrscheinlichkeit eine Kriegserklärung abgeben, wenn sie nicht fürchten, hinterher für Verletzungen des HVR zur Verantwortung gezogen zu werden. Am wenigsten werden Staaten fürchten, für Verletzungen des HVR verantwortlich gemacht zu werden, wenn sie damit rechnen, dass es wenig Gelegenheiten zu derartigen Verletzungen gibt. Zum Beispiel werden sich Staaten, die einen Landkrieg führen, kaum Gedanken darüber machen, dass sie Bestimmungen des Seekriegsrechts verletzten könnten. Insofern kann man annehmen, dass Kriegsparteien, die nicht erwarten, gegen das HVR zu verstoßen, mit höherer Wahrscheinlichkeit die Formalitäten des Krieges akzeptieren, besonders am Beginn eines Konflikts, wenn typischerweise Kriegserklärungen abgegeben werden.

Die obigen Aussagen gelten alle »unter sonst gleichen Bedingungen«. Doch wenn es um Voraussagen geht, ob das HVR eingehalten wird, sind die sonstigen Bedingungen in der Regel nicht gleich. Die Erfordernisse auf dem Schlachtfeld verdrängen oft Verpflichtungen, das HVR einzuhalten. So ist es einerseits wichtig, diese Logik zu skizzieren, weil sie aus dem Argument folgt, aber die in Kapitel 2 formulierte Skepsis – dass die Ausweitung des HVR keinen direkten Einfluss auf die Einhaltung haben sollte – gilt auch hier.

Die Einhaltung messen

Bei der Analyse, inwieweit das HVR in zwischenstaatlichen Kriegen eingehalten wird, ziehe ich vorhandene theoretische und empirische Arbeiten heran. Die im Folgenden präsentierte Analyse kombiniert zwei Argumentationsstränge, die bisher noch nicht zusammen analysiert wurden.[5] Die quantitative Analyse spricht, wie vermutet, dafür,

---

5 Valentino/Huth/Croco, Covenants without the Sword, analysieren, welche Auswirkungen die Ratifizierung der Genfer Abkommen von 1949 darauf hat, ob Zivilpersonen angegriffen werden, aber berücksichtigen die reziproken Variablen nicht, die Morrow verwendet. Morrow diskutiert die Schwierig-

dass praktische Fragen (etwa ob es sich um einen Zermürbungskrieg handelt) viel mehr über die Wahrscheinlichkeit aussagen, ob das HVR beachtet wird, als die Frage, ob ein Staat eine formelle Kriegserklärung abgegeben hat. Die weiter unten diskutierten Fallstudien ermöglichen eine detailliertere Analyse des Zusammenhangs zwischen Kriegserklärungen und Einhaltung des HVR und stützen die Aussage, dass sich Staaten, die einen Krieg erklären, mit höherer Wahrscheinlichkeit an das HVR halten.

Quantitative Analyse

Bei meinen quantitativen Analysen der Einhaltung des HVR in zwischenstaatlichen Kriegen stütze ich mich auf die Untersuchungen von James Morrow aus dem Jahr 2007. Morrow verwendet ein geordnetes Probit-Modell zur Vorhersage der Nichteinhaltung. Ich nehme mehrere Veränderungen an seinem Modell vor. Erstens nutze ich nicht alle seine unabhängigen Variablen.[6] Ich habe viele Zusammenhänge weggelassen, weil sie theoretisch unhaltbar schienen und weil einige auch in Morrows eigener Analyse nicht signifikant waren. Zweitens füge ich zwei Versionen der beiden strategischen Variablen – Militärstrategie und Kriegsziele – aus der Literatur über die Einhaltung des HVR hinzu. Drittens beziehe ich ein Maß ein, ob Staat A in der Dyade ein europäischer Staat ist und Staat B nicht, die Gründe dafür erläutere ich weiter unten. Viertens und letztens berücksichtige ich eine Variable, welcher Staat dem anderen den Krieg erklärt hat (die Angaben dazu stammen aus I-WIT wie in Kapitel 3 erläutert), um festzustellen, ob Staaten, die eine Kriegserklärung abgegeben haben, mit höherer Wahrscheinlichkeit das HVR einhalten oder nicht.

---

keit, Variablen zur Militärstrategie einzubeziehen, die Valentino/Huth/Croco sowie Downes verwenden, aber er geht den nächsten Schritt nicht, die Daten neu zu codieren, um diese Schwierigkeiten zu vermeiden. Morrow, Order within Anarchy, S. 272–274.

6 Wenn ich alle 24 Variablen berücksichtigen wollte, die Morrow in seiner ursprünglichen quantitativen Analyse verwendet, würde ich mit fast 30 unabhängigen Variablen arbeiten. Ich lasse deshalb einige seiner Variablen weg, füge andere hinzu und habe am Schluss 22 unabhängige Variablen.

Beschreibung der Variablen: Die in dieser Analyse verwendeten Variablen werden unten beschrieben mit einem besonderen Fokus auf den Variablen, die nicht schon in Kapitel 3 erläutert wurden.

Abhängige Variable: Nichteinhaltung des Völkerrechts: Ich verwende die Daten von James Morrow und Hyeran Jo über die Einhaltung des Kriegsrechts in allen zwischenstaatlichen Kriegen im 20. Jahrhundert, um die Beachtung des HVR zu messen.[7] Die unten präsentierte Analyse nutzt Morrows *ordinalen Compliance-Index,* einen aus Größenordnung, Häufigkeit, Grad der Zentralisierung und Eindeutigkeit der Verletzung zusammengesetzten Wert für die Regeleinhaltung.[8]

Die Daten von Morrow und Jo decken neun Aspekte ab: Bombardierungen aus der Luft, Waffenstillstand/Feuerpause, chemische und biologische Waffen, Behandlung von Zivilpersonen, Schutz von Kulturgut, Verhalten auf hoher See, Kriegsgefangene, Kriegserklärungen und Behandlung von Verwundeten. Bombardierungen aus der Luft schließe ich aus der Analyse aus, weil dieser Bereich des HVR nicht kodifiziert ist. Außerdem setze ich mein Maß für Kriegserklärungen an die Stelle des Maßes von Morrow und Jo, weil ihr Maß eher Überraschungsangriffe erfasst als formelle Kriegserklärungen. Bei der abhängigen Variablen beziehe ich die Einhaltung des Völkerrechts bei Überraschungsangriffen nicht ein, weil mich der mögliche Effekt meiner Codierung von Kriegserklärungen auf die Einhaltung interessiert. Ein wichtiges Merkmal des Datensatzes von Morrow und Jo ist, dass bei den meisten anderen Aspekten, die sie einbeziehen, ein Teil der Dokumente, die sie bei der Erzeugung ihrer Codierungsregeln verwendet haben, nicht tatsächliche Verträge sind, sondern Erklärungen oder Vertragsentwürfe. Da mein kausaler Schlüsselmechanismus gerade auf der Zunahme von Verträgen des kodifizierten *ius in bello* beruht, könnte es in erheblichem Umfang Fehler in die Analyse einbringen, wenn nicht kodifiziertes Völkerrecht bei einem Maß für Regelbefolgung einbezogen würde. Da Morrow und Jo bei ihren Daten außerdem keine Kriege berücksichtigen, die auf der jüngsten COW-Liste

---

7 Morrow/Jo, Compliance with the Laws of War.
8 Morrow, When Do States Follow the Laws of War?, S. 563.

zwischenstaatlicher Kriege hinzugekommen sind, ebenso keine Kriege aus dem 19. Jahrhundert, eignet sich dieser Datensatz nicht ideal für die Aufgabe, den in meiner Argumentation vermuteten Zusammenhang von Kriegserklärungen und Einhaltung des HVR zu messen.[9] Dennoch gebührt Morrow und Jo das Verdienst, den besten verfügbaren Datensatz zur Einhaltung des HVR in zwischenstaatlichen Konflikten erstellt zu haben. Bei der Interpretation der unten präsentierten Ergebnisse ist zu beachten, dass die abhängige Variable die Nichteinhaltung des HVR ist; ein positiver Koeffizient bedeutet deshalb einen höheren Grad von Verletzung des HVR.

Kriegsziele und militärische Strategie: Weitere Variable sind der Untersuchung von Benjamin Valentino, Paul Huth und Sarah Croco sowie der von Alexander Downes entnommen. Downes verwendet zur Codierung von Zermürbungskriegen eine binäre Variable, wenn »die Verteidigung im Vorteil ist« und die Kriege »deshalb dazu tendieren, enorm kostspielig und langwierig zu sein«.[10] Er codiert außerdem annexionistische Kriegsziele, »wenn ein Staat darauf aus ist, Land eines Nachbarstaats zu erobern und dauerhaft zu annektieren«.[11] Valentino, Huth und Croco generieren ein stetiges Maß der militärischen Strategie, das erfasst, »welchen Prozentsatz des Konflikts der kämpfende Staat für Zermürbungsstrategien und/oder Aufstandsbekämpfung einsetzt«.[12] Wie Downes wählen sie eine binäre Codierung maximalistischer Kriegsziele. Der Wert 1 steht dafür, dass der kämpfende Staat einen Regimewechsel und/oder territoriale Eroberungen anstrebt.[13]

---

9 Die Datensammlung kann ein bemerkenswert zeitintensives Unterfangen sein, wie meine Kolleg_innen und ich bei I-WIT (und C-WIT, siehe Kapitel 6–8) feststellten, und zweifellos war es auch so bei Morrow/Jo, Compliance with the Laws of War. Morrow and Jo sind zu beglückwünschen, dass sie so ein nützliches Tool zusammengestellt haben.

10 Downes, Targeting Civilians in War, S. 59

11 Ebenda, S. 61.

12 Valentino/Huth/Croco, Covenants without the Sword, S. 362.

13 Ebenda, S. 362 f.

Identität: Die Variable *europäisch versus nichteuropäisch* stammt von Fazal und Greene, die zeigen, dass europäische Staaten mit höherer Wahrscheinlichkeit das HVR verletzen, wenn sie gegen nichteuropäische Staaten kämpfen. Dieses Maß basiert in erster Linie auf der geografischen Lage von Staaten und außerdem auf der Rolle, die sie in der Geschichte des HVR gespielt haben.[14]

Zusätzliche Kontrollvariablen: Die übrigen Variablen stammen von Morrow, der sich besonders dafür interessiert, ob die kriegführenden Parteien die relevanten völkerrechtlichen Verträge ratifiziert haben, wie demokratisch sie sind (das Maß basiert auf den *Polity*-Werten), ob es wechselseitige Verletzungen des HVR gibt und wie das Verhältnis von Demokratie und gemeinsamer Ratifizierung aussieht. Indikatorvariablen für jeden in der Analyse berücksichtigten Aspekt sind in dem Modell ebenfalls enthalten; die Referenzkategorie ist die Behandlung von Verwundeten.

Die in Tabelle 4.1 dargestellten Ergebnisse sprechen dafür, dass es einen Zusammenhang zwischen der Abgabe einer Kriegserklärung und der Einhaltung der völkerrechtlichen Bestimmungen gibt, die das Verhalten im Krieg regeln. Zur Erinnerung: Die abhängige Variable ist Nichteinhaltung, ein negativer Koeffizient bedeutet dementsprechend einen höheren Grad der Einhaltung. Wie weiter oben diskutiert, haben konkretere Probleme als Kriegserklärungen – wie Reziprozität, Militärstrategie und Kriegsziele – einen Einfluss auf die Einhaltung des HVR. Die militärstrategischen Variablen von Valentino, Huth und Croco sowie von Downes und von Wallace haben allem Anschein nach einen stärkeren Effekt auf die Beachtung des HVR als die von Morrow vorgeschlagenen Variablen Reziprozität und Institutionen.

Es ist nicht überraschend, dass Staaten im Allgemeinen nur schwer voraussehen können, inwieweit sie die Bestimmungen des HVR einhalten werden und dass die Einhaltung deshalb nicht eng mit Kriegserklärungen korreliert. Das zeigt sich besonders, wenn wir gegenüberstellen, wer die Entscheidung trifft, das HVR zu beachten, und wer darüber entscheidet, ob eine Kriegserklärung abgegeben wird. Wie Morrow darlegt, fällt die Entscheidung über Einhaltung oder Ver-

---

14 Fazal/Greene, A Particular Difference, S. 837 f.

Tabelle 4.1 Geordnete Probit-Analyse der Nichteinhaltung des HVR (1900–2000)

	Strategievariablen von Downes	Strategievariablen von Valentino
Kriegserklärung	0,13 (0,09) p=0,16	0,14 (0,10) p=0,13
europäisch versus nichteuropäisch	0,18 (0,12) p=0,12	0,19 (0,12) p=0,11
Zermürbungskrieg	0,25 (0,09) p=0,01	
annexionistische Kriegsziele	0,41 (0,12) p=0,00	
Aufstandsbekämpfung		0,24 (0,09) p=0,01
maximalistische Kriegsziele		0,51 (0,10) p=0,00
Nichteinhaltung durch das Opfer	0,64 (0,05) p=0,00	0,63 (0,06) p=0,00
gemeinsame Ratifizierung	0,05 (0,15) p=0,71	0,03 (0,15) p=0,86
verletzender Staat hat ratifiziert	0,10 (0,15) p=0,51	0,12 (0,15) p=0,41
verletzender Staat ist demokratisch	0,10 (0,16) p=0,51	0,23 (0,15) p=0,14
verletzender Staat ist demokratisch x gemeinsame Ratifizierung	0,29 (0,19) p=0,13	−0,35 (0,19) p=0,07
Stärkeverhältnis	0,17 (0,22) p=0,46	−0,14 (0,22) p=0,54

	Strategievariablen von Downes	Strategievariablen von Valentino
Waffenstillstand	0,51 (0,18) p=0,01	−0,45 (0,18) p=0,01
chemische und biologische Kriegführung	−1,34 (0,16) p=0,00	−1,34 (0,16) p=0,00
Seekrieg	−0,44 (0,16) p=0,01	−0,48 (0,16) p=0,00
Zivilpersonen	0,45 (0,13) p=0,00	0,48 (0,14) p=0,00
Kulturgut	−0,01 (0,17) =0,96	0,04 (0,17) p=0,82
Kriegsgefangene	0,20 (0,13) p=0,14	0,20 (0,13) p=0,14
verletzender Staat war Auslöser	0,20 (0,09) p=0,02	0,25 (0,09) p=0,00
Gefallene pro 1000 der Bevölkerung bei verletzendem Staat	0,02 (0,00) p=0,00	0,02 (0,00) p=0,00
verletzender Staat ist Verlierer	0,72 (0,18) p=0,00	0,80 (0,18) p=0,00
verletzender Staat ist Verlierer x Stärkeverhältnis	−0,80 (0,30) p=0,01	−0,98 (0,30) p=0,00
1. Schnittpunkt	1,10	1,00
2. Schnittpunkt	2,77	2,69
3. Schnittpunkt	3,96	3,91
N	906	906
logarithmische Plausibilität	−792,11	−784,33
Signifikanzniveau des Modells	639 w/20 d.f.	655 w/20 d.f.
Pseudo-R^2	0,29	0,30

Anmerkung: Standardfehler in Klammern

letzung des HVR oft auf dem Schlachtfeld. Kriegserklärungen hingegen stammen aus den Zentralen der Macht. Zwischen der Abgabe einer Kriegserklärung und der Einhaltung des HVR kommen zu viele Faktoren ins Spiel, als dass man einen engen Zusammenhang zwischen beiden erkennen könnte. Zudem schließt der Datensatz von Morrow und Jo, wie oben dargelegt, so viele nicht kodifizierte Bestimmungen des HVR mit ein, dass er nicht als der einzige Test für seine Behauptung herangezogen werden kann.

Beeinflusst es die Entscheidung, eine Kriegserklärung abzugeben, wenn Gelegenheiten zur Verletzung des HVR erwartet werden? Ein anderer Blickwinkel, um den möglichen Zusammenhang zwischen Kriegserklärungen und Einhaltung der Bestimmungen des HVR zu untersuchen, dreht die zeitliche Reihenfolge um. Nach der Logik meiner Argumentation werden Staaten, die damit rechnen, gegen das HVR zu verstoßen, mit besonders hoher Wahrscheinlichkeit davor zurückscheuen, eine formelle Kriegserklärung abzugeben. Diese Form der Vorwegnahme dürfte in historischen Aufzeichnungen extrem schwer aufzuspüren sein, weil die politisch Verantwortlichen wohl kaum vorab einräumen, dass sie beabsichtigen, gegen des HVR zu verstoßen, und ganz sicher entsprechende Absichten nicht zu Papier bringen.

Anstatt die Absicht zur Verletzung des HVR zu identifizieren, untersuche ich Gelegenheiten zu derartigen Verstößen. Ich konzentriere mich insbesondere auf Entscheidungen, die auf einer hohen Regierungsebene getroffen werden können, und auf Sachverhalte, die vor oder bei Beginn des Krieges erkennbar sind.[15] Gelegenheiten, gegen das HVR zu verstoßen, identifiziere ich in drei Bereichen: bei der Seekriegsführung, beim Einsatz chemischer und biologischer Waffen und bei der Behandlung von Zivilpersonen. Ich gehe davon aus, dass die politisch Verantwortlichen genau wissen, ob ein Krieg zur See geführt wird, ob ihr Land chemische und/oder biologische Waffen besitzt und

---

15 Diese Themen kontrastieren beispielsweise mit der Behandlung von Kriegsgefangenen, die oft von der einzelnen Einheit abhängt und deshalb von den politisch Verantwortlichen schwerer zu kontrollieren ist als etwa der Einsatz chemischer oder biologischer Waffen.

ob zumindest ein Teil der Kämpfe in bewohntem Gebiet stattfinden wird, wo Zivilpersonen in Gefahr geraten könnten. Im Anschluss an Morrow konzentriere ich mich auf Kriege des 20. und 21. Jahrhunderts, als das HVR stärker kodifiziert war als in der Vergangenheit. Für jeden der 64 Kriege in diesem Zeitraum habe ich codiert, ob ein Seekrieg und ob Kämpfe in besiedeltem Gebiet erwartet wurden und ob die Kriegsparteien chemische oder biologische Waffen besaßen. Wenn eine dieser Bedingungen zutraf, ging ich davon aus, dass es klare Gelegenheiten gegeben hatte, gegen das HVR zu verstoßen, und sagte voraus, dass die Kriegsparteien keine Kriegserklärung abgeben würden.

In Tabelle 4.2 sind die Ergebnisse dieser Analyse zusammengefasst. Zwei Punkte sind bemerkenswert. Erstens war dieses sehr einfache Modell sehr genau, in 80 Prozent der Fälle sagte es das korrekte Ergebnis voraus. Und zweitens ist es sehr viel leichter, anhand von Gelegenheiten zur Verletzung des HVR das Fehlen einer Kriegserklärung vorauszusagen als das Vorhandensein einer Kriegserklärung.

Um diesen Zusammenhang weiter zu erhellen, ist es hilfreich, die Fälle näher zu betrachten, in denen die Vorhersage nicht zutraf – die Fälle, in denen ich eine Kriegserklärung erwartet hätte, aber keine abgegeben worden war (die Zelle links unten in Tabelle 4.2), oder die Fälle, in denen ich keine Kriegserklärung erwartet hätte, aber eine abgegeben worden war (die Zelle rechts unten in Tabelle 4.2). Tabelle 4.3 listet diese Fälle auf; »zu viel vorhergesagte« Kriegserklärungen bezieht sich auf die Fälle, in denen ich eine Kriegserklärung erwartet hätte, aber es keine gegeben hatte, und »zu wenig vorhergesagte Fälle« meint die, in denen ich eine Kriegserklärung nicht erwartet hätte, aber eine abgegeben worden war.

Die meisten Fälle, in denen ich eine Kriegserklärung vorhersagte, aber es keine gegeben hat, sind schnell erklärt. Der Vierte Mittelamerikanische Krieg von 1907 eskalierte, weil Nicaragua honduranische Rebellengruppen unterstützte, die den honduranischen Präsidenten Manuel Banilla stürzen wollten. Die Tatsache, dass der Konflikt indirekt und anfänglich verdeckt geführt wurde, erklärt das Fehlen einer Kriegserklärung.

Sowohl im Polnisch-Litauischen Krieg wie im Ersten Kaschmirkrieg kämpften ganz neue Staaten, die das internationale System gerade erst anerkannt hatte. Zu dem Zeitpunkt, als ihre Verfassungen

Tabelle 4.2 Vorhersage von Kriegserklärungen anhand von Gelegenheiten zur Verletzung des HVR (1900–2003)

	Kriegserklärung vorhergesagt	keine Kriegserklärung vorhergesagt
tatsächliche Kriegserklärung	2	9
keine Kriegserklärung	4	49

Tabelle 4.3 Falsch vorhergesagte Fälle

zu viele Kriegserklärungen vorhergesagt	zu wenige Kriegserklärungen vorhergesagt
Vierter Mittelamerikanischer Krieg (1907)	Russisch-Japanischer Krieg (1904)
Polnisch-Litauischer Krieg (1920)	Italienisch-Türkischer Krieg (1911)
Erster Kaschmirkrieg (1947)	Erster Balkankrieg (1912)
Cenepa-Krieg (1995)	Zweiter Balkankrieg (1913)
	Erster Weltkrieg (1914)
	Chacokrieg (1932)
	Zweiter Weltkrieg (1939)
	Bangladesch-Krieg (1971)

niedergeschrieben wurden, waren die Mechanismen einer Kriegserklärung nicht unbedingt klar.[16] Beim Ersten Kaschmirkrieg war der Konflikt schon vor der Unabhängigkeit aufgebrochen, eine Kriegserklärung hätte bedeutet, dass ein Teil des Vereinigten Königreichs dem anderen den Krieg erklärt hätte. Weil Indien wie Pakistan von britischen Vertreter_innen beraten wurden, waren solche Kriegserklärungen unwahrscheinlich.[17]

Warum es im Cenepa-Krieg zwischen Ecuador und Peru keine Kriegserklärung gab, ist schwerer zu begründen. Ein lange schwelender territorialer Konflikt zwischen beiden Ländern eskalierte im Januar 1995, als Ecuador versuchte, peruanische Truppen aus dem umstrittenen Gebiet zu vertreiben. Da dieser Krieg beinahe 50 Jahre nach dem vorangehenden falsch vorhergesagten (dem Ersten Kaschmirkrieg) stattfand, könnte es sein, dass die Zahl der kodifizierten Bestim-

---

16 Senn, The Emergence of Modern Lithuania, S. 20 f.
17 Dasgupta, War and Diplomacy in Kashmir, S. 99, S. 223.

mungen des HVR zu dem Zeitpunkt so groß war, dass sie vor einer Kriegserklärung abschreckte. Es ist auch möglich, dass Kriegserklärungen 1995 nicht mehr üblich waren. Und als dritte Möglichkeit ist denkbar, dass weder Ecuador noch Peru damit rechneten, dass der Konflikt eskalieren würde. Tatsächlich gab es in diesem Krieg im Vergleich zu den anderen Kriegen der Correlates-of-War-Liste der zwischenstaatlichen Kriege relativ wenig Opfer, möglicherweise weniger als 1000 Gefallene auf dem Schlachtfeld.[18]

Ich wende mich nun den Fällen zu, in denen ich keine Kriegserklärung vorhergesagt habe, aber mindestens eine Kriegserklärung abgegeben wurde. Anzumerken ist, dass die Daten in den Tabellen 4.2 und 4.3 in aggregierter Form präsentiert werden – beispielsweise wird nicht unterschieden, ob eine, mehrere oder alle kriegführenden Parteien eine Kriegserklärung abgegeben haben. Mit einer Ausnahme fallen alle diese Beispiele nicht vorhergesagter Kriegserklärungen in die Zeit vor Verabschiedung der Genfer Abkommen 1949. Die Ausnahme ist der Bangladesch-Krieg von 1971. In dem Fall wurden keine Kriegshandlungen zur See erwartet, und weder Indien noch Pakistan besaßen chemische oder biologische Waffen. Allerdings wurde in einer dicht von Zivilpersonen bevölkerten Region gekämpft. Aber wie weiter unten dargelegt, rechneten weder Indien noch Pakistan damit, die Zivilpersonen des jeweils anderen Staats anzugreifen – hauptsächlich die bengalische Bevölkerung Ostpakistans lief Gefahr, von ihren westpakistanischen Landsleuten attackiert zu werden –, und deshalb gingen Indien und Pakistan mit der Abgabe von Kriegserklärungen kein großes Risiko ein.

Die übrigen acht falsch vorhergesagten Fälle ereigneten sich alle in der Zeit vor Verabschiedung der Genfer Abkommen. In der ersten Hälfte des 20. Jahrhunderts gab es nicht nur weniger kodifizierte völkerrechtliche Bestimmungen – und insbesondere weniger humanitäre Bestimmungen –, darüber hinaus gehörte die Abgabe einer Kriegserklärung damals auch zur Tradition der Kriegführung. Ein erheblicher Teil des Russisch-Japanischen Krieges von 1904/1905 beispielsweise wurde auf See ausgefochten, zu einer Zeit, als das Kriegsrecht die

---

18 Simmons, Territorial Disputes and Their Resolution, S. 12.

kriegführenden Parteien eines Seekriegs begünstigte. Ein beträchtlicher Anteil der Kämpfe in diesem Krieg fand auch zu Land statt, aber weder in Russland noch in Japan, sondern in Korea und der Mandschurei – insofern war keine der beiden Kriegsparteien in einer Situation, die Zivilpersonen der jeweils anderen zu attackieren. Bei den beiden Weltkriegen hingegen erwartete man, dass sie zu Land und zu Wasser geführt würden. Die Allianzen, die jeweils vor den Weltkriegen bestanden, sprechen dafür, dass die kriegführenden Parteien eine Vorstellung hatten, wie viele Staaten in die Kriege verwickelt werden könnten. Vielleicht war es das schiere Ausmaß dieser Kriege in Verbindung mit der Tatsache, dass sie in einer Zeit geführt wurden, als relativ wenig wirklich humanitäre (und damit einschränkende) Bestimmungen kodifiziert waren, das die kriegführenden Parteien in diesen Fällen zur Abgabe von Kriegserklärungen veranlasste.

Qualitative Analyse

Die Analyse der vier in Kapital 3 vorgestellten Fälle bietet eine weitere Gelegenheit, den Zusammenhang zwischen Kriegserklärungen und Einhaltung des HVR zu evaluieren. Statt einen ganzen Datensatz zu überprüfen und sich dabei ausschließlich auf die Einhaltung des kodifizierten HVR zu konzentrieren, gewährt die Betrachtung dieser vier Fälle tiefere Einblicke, ob die kriegführenden Parteien Gesetze des Krieges ratifiziert hatten und wenn ja, welche. Außerdem können mögliche Zusammenhänge zwischen Kriegserklärungen und der praktischen Einhaltung der zum jeweiligen Zeitpunkt geltenden Gesetze untersucht werden. Die Betrachtung einer kleineren Fallzahl erlaubt mir weiterhin, einen Krieg einzubeziehen, der aus der Auswahl (19. Jahrhundert) herausfällt, sowie zwei Gesetze des Krieges aus dem 19. Jahrhundert, die Morrow und Jo bei ihrem Datensatz nicht berücksichtigen.

Spanisch-Amerikanischer Krieg: Als der Spanisch-Amerikanische Krieg 1898 begann, waren zwei Gesetze des Krieges kodifiziert. Die Pariser Seerechtsdeklaration von 1856 regelte die Kriegführung zur See mit einem besonderen Schwerpunkt auf den Kriterien einer rechtmäßigen Seeblockade. Die Genfer Konvention über den Schutz der Verwundeten aus dem Jahr 1864 sicherte auf dem Schlachtfeld verwundeten Soldaten Evakuierung und Behandlung zu. Weder die Vereinigten Staaten noch Spanien hatten 1898 die Seerechtsdeklaration unterzeichnet,[19] aber beide hatten sie als bindendes internationales Recht akzeptiert.[20] Zur Zeit des Krieges waren beide Staaten Unterzeichner der Genfer Konvention von 1864. In diesem Fall erwarte ich ein hohes Maß an Einhaltung des HVR, das noch wenige Gesetze umfasste, insbesondere weil beide Seiten formelle Kriegserklärungen abgeben hatten.

Mit der möglichen Ausnahme, dass die Vereinigten Staaten ihre Kriegserklärung rückdatierten, hielten sie sich tatsächlich sehr weitgehend an die Seerechtsdeklaration von 1856 und die Genfer Konvention von 1864. David Trask zufolge, der als Historiker über den Spanisch-Amerikanischen Krieg geforscht hat, »arbeiteten [Admiral] Sampson und die ihm untergebenen Kommandeure in den ersten Wochen des Krieges unermüdlich daran, die Blockade zu verbessern«.[21] Die historischen Aufzeichnungen enthalten wenig Informationen, dass neutrale Schiffe durch Kräfte der amerikanischen Marine unerlaubt aufgebracht oder unangemessen behandelt worden wären.

Beide Seiten hielten sich offenbar auch an die Genfer Konvention von 1864 (und die Zusatzartikel von 1868). Allerdings liegen mehr Informationen über die Behandlung spanischer Verwundeter durch US-Truppen als über die Behandlung amerikanischer Verwundeter durch spanische Kräfte vor. General William Shafter, Kommandeur der amerikanischen Bodentruppen auf Kuba, erwähnt in seinen Depeschen an Washington mehrfach, dass er sich sehr aufmerksam um spanische Verwundete kümmere.[22]

---

19 Spanien trat der Erklärung 1908 bei. Die Vereinigten Staaten traten ihr nicht bei.

20 Spanien lehnte jedoch jegliche Einschränkung seines Rechts ab, Freibeuterei zu autorisieren. GlobalSecurity.org, Privateers; International Committee of the Red Cross, Treaties, State Parties and Commentaries, Declaration Respecting Maritime Law; Trask, The War with Spain in 1898, S. 109.

21 Trask, The War with Spain in 1898, S. 109.

22 Correspondance Relating to the War with Spain, Shafter an Assistant Adjutant General, 6. Juli 1898, S. 99.

Der spanische Admiral Cervera, Kommandeur der spanischen Flotte in Santiago de Cuba, schrieb an General Ramón Blanco über die Festsetzung und Versenkung seiner Schiffe: »Der Kommandant der *Viscaya* übergab sein Schiff. Seine Männer sind sehr dankbar, mit welch noblem Großmut die amerikanischen Soldaten sie behandeln.«[23] Ähnlich war der Umgang des amerikanischen Militärpersonals auf den Philippinen mit spanischen Soldaten und Seeleuten.[24]

Auch die Bestimmungen des Völkergewohnheitsrechts hinsichtlich der Behandlung von Zivilpersonen hielten die Vereinigten Staaten ein. Shafter verschob die Bombardierung der Stadt Santiago de Cuba, sodass Zivilpersonen sie vorher verlassen konnten; er stimmte auch zu, dass Feldrationen mit den Zivilpersonen geteilt wurden.[25] Am 5. Juli 1898 schrieb er an das Kriegsministerium: »Frauen und Kinder in großer Zahl verlassen an diesem Morgen Santiago. Will versuchen, sie mit Hilfe von Miss [Clara] Barton zu versorgen. Glaube nicht, dass es heute Beschuss geben wird, weil nicht alle Menschen herauskommen können. Werde außerdem dafür sorgen, dass der Feind einige der Verwundeten zurücknimmt, die ich ihm schicke.«[26] In ähnlicher Weise kümmerten sich amerikanische Kräfte auf den Philippinen nach der Einnahme von Manila darum, Zivilpersonen, heilige Orte und Kultureinrichtungen zu schützen.[27] Im Feldzug gegen Puerto Rico ging die Rücksicht des amerikanischen Militärs gegenüber Zivilpersonen so weit, dass ein amerikanischer Soldat vor ein Kriegsgericht gestellt und zu 13 Monaten Zwangsarbeit in einem Bundesgefängnis verurteilt wurde, weil er einen lokalen Gastwirt mit Dollars der Konföderierten bezahlt hatte.[28]

Aufzeichnungen über die Einhaltung des *ius in bello* auf spanischer Seite sind schwerer zu bekommen. Der Aufrechterhaltung einer

---

23 Ebenda, Cervera an Blanco, 6. Juli 1989, S. 100.

24 Musicant, Empire by Default, S. 231.

25 Ebenda, S. 473; Smith, The Spanish-American War, S. 152; Correspondance Relating to the War with Spain, Shafter an Toral, 3. Juli 1898, S. 79.

26 Correspondance Relating to the War with Spain, Shafter an Alger, 5. Juli 1898, S. 92.

27 Musicant, Empire by Default, S. 581.

28 Trask, The War with Spain in 1898, S. 365.

Blockade war kein Thema, weil Spanien keine Blockade verhängte. Aber die spanischen Kräfte konnten amerikanische Verwundete gut oder schlecht behandeln. Kapitän und Mannschaft der *Merrimac*, des amerikanischen Kohlenschiffs, das von seiner eigenen Crew versenkt wurde, um den Hafen von Santiago de Cuba zu blockieren, meldeten, dass man mit ihren Verwundeten anständig umgegangen sei.[29] Es gibt aber auch andere – vielleicht weniger zutreffende – Berichte, dass amerikanische Feldlazarette, die mit einer Flagge des Roten Kreuzes gekennzeichnet waren, von spanischen Kräften beschossen wurden.[30]

In dem Teil des Kriegs, der zwischen Spanien und den Vereinigten Staaten ausgetragen wurde, war die Last, sich an das HVR zu halten, nicht allzu groß. Wie in Kapitel 3 dargelegt, versuchten die Vereinigten Staaten von den Bestimmungen hinsichtlich einer Blockade zu profitieren, indem sie ihre Kriegserklärung zurückdatierten. Das Kriegsrecht der damaligen Zeit begünstigte (wie in Kapitel 1 ausgeführt) kriegführende Parteien. Deshalb ist es nicht überraschend, dass Spanien und die Vereinigten Staaten eine Kriegserklärung abgaben, sich an das Kriegsrecht hielten und, im Falle der Vereinigten Staaten, die Kriegserklärung manipulierten mit der ausdrücklichen Absicht, Blockaderegelungen zu aktivieren, die für sie vorteilhaft waren.

Obwohl die Vereinigten Staaten und Spanien sich in ihrem formellen Krieg weitgehend an das Kriegsrecht hielten, entsprach die Art und Weise, wie sie die lokale Zivilbevölkerung in Kuba, Puerto Rico und auf den Philippinen behandelten, ganz und gar nicht den heutigen humanitären Standards. Die schändliche Politik der *reconcentración,* die der spanische General Valeriano Weyler auf Kuba betrieb, verlangte, dass ausnahmslos alle Zivilpersonen die Bezirke verließen, in denen Aufständische aktiv waren. Der Historiker David Trask schreibt darüber: »[N]iemand durfte sich ohne Erlaubnis fortbewegen; die Militärkommandeure waren ermächtigt, rücksichtslos gegen Aufständische vorzugehen; Personen, die den Aufstand unterstützten oder Hilfe leisteten, wurden dem Militärstrafrecht unterworfen, das

---

29 Musicant, Empire by Default, S. 345; Hobson, The Sinking of the »Merrimac«, S. 80–83.
30 Rosenfeld, Diary of a Dirty Little War, S. 157, S. 162.

sehr viel härter war als das zivile Gegenstück.«[31] Als Folge von Weylers Vorgehen starben rund 100000 *reconcentrados* – vertriebene kubanische Zivilpersonen – in seinen Lagern.[32] Obwohl der Krieg zum Teil durch die schlechte Behandlung der kubanischen Bevölkerung durch Spanien ausgelöst worden war, blickten die amerikanischen Truppen voller Verachtung, die wahrscheinlich in Rassenvorurteilen wurzelte, auf die mit ihnen verbündeten spanischen Aufständischen herab.[33] Als es Pläne gab, gemeinsam mit Aufständischen aus Puerto Rico und den Philippinen zu kämpfen, wurden Vermutungen geäußert, diese lokalen Verbündeten wären zu »zivilisierter Kriegführung« nicht in der Lage und verdienten deshalb keinen Respekt.[34] Der erwartete Zusammenhang zwischen Formalitäten des Krieges und anständigem Verhalten galt dementsprechend nur für die Vereinigten Staaten und Spanien, und die Einhaltung des Kriegsrechts, soweit sie gegeben war, erodierte wohl massiv, sobald nichteuropäische Truppen als Verbündete und als Gegner ins Spiel kamen.[35]

Der Boxeraufstand: Als im Jahr 1900 das Expeditionskorps aufbrach, um in China gegen die Boxer zu kämpfen, hatte es durch den Abschluss der Haager Abkommen 1899 eine große Veränderung im Völkerrecht gegeben. Obwohl es bis zum heutigen Schutz von Zivilpersonen nach dem HVR noch ein weiter Weg war, legten die neuen Bestimmungen den kriegführenden Parteien deutlich stärkere Fesseln an als früher. Artikel 22 der Internationalen Übereinkunft betreffend die Gesetze und Gebräuche des Landkriegs (Haager Landkriegsordnung) besagt: »Die Kriegsparteien haben kein unbeschränktes Recht in der Wahl der Mittel zur Schädigung des Feindes.« Artikel 25 verbietet, »unverteidigte Städte, Dörfer, Wohnstätten oder Gebäude anzugreifen oder zu beschießen«. In dem Jahr vor Ausbruch des Boxerauf-

---

31 Trask, The War with Spain in 1898, S. 8.
32 Ebenda, S. 9.
33 Musicant, Empire by Default, S. 369; Trask, The War with Spain in 1898, S. 332.
34 Musicant, Empire by Default, S. 585, S. 590 f.; Trask, The War with Spain in 1898, S. 366, S. 409, S. 416.
35 Fazal / Greene, A Particular Difference, S. 836.

stands hatten sich alle Mitglieder des Expeditionskorps verpflichtet, diese Beschränkungen einzuhalten.[36] China war 1900 nicht Vertragspartei. Meine Erwartung ist, dass die Angehörigen des Expeditionskorps – die soeben die Haager Landkriegsordnung unterzeichnet und (wie in Kapitel 3 dargelegt) es sorgfältig vermieden hatten, China den Krieg zu erklären – in diesem Konflikt das Kriegsrecht verletzten.

Mit einer Ausnahme begingen tatsächlich alle Mitglieder des Expeditionskorps schwere Verstöße sowohl gegen die Haager Landkriegsordnung von 1899 wie gegen die Genfer Konvention von 1864.[37] Wie William Duiker schreibt: »Zu der Zeit war es im Westen üblich, auf die entsetzliche Grausamkeit zu verweisen, die die Boxer, oft mit offizieller Unterstützung, gegenüber den unschuldigen Missionaren in den chinesischen Provinzen begangen hatten. Dass es solche schlimmen Taten gab, ist unbestreitbar. Doch der alliierte Vormarsch auf Peking unterschied sich nicht sehr davon. Letzten Endes hatten beide Seiten wenig Grund, stolz zu sein.«[38] Die chinesischen Kämpfer verletzten mit Angriffen auf diplomatisches Personal und Ermordungen das gewohnheitsmäßige ius in bello. Die Belagerung der ausländischen Gesandtschaften, wo Diplomaten mit ihren Familien lebten, kam sicher einem Angriff auf Zivilpersonen gleich. Selbst chinesische Provinzgouverneure argumentierten, Angriffe auf ausländische Gesandte lägen »außerhalb des Rahmens des Völkerrechts«.[39] Artikel 25 der Haager Landkriegsordnung von 1899 – der damals alle kriegführenden Parteien mit Ausnahme Chinas beigetreten waren – verbietet Angriffe auf nicht verteidigte Gebäude und Wohnsiedlungen.[40] Obwohl die Gesandtschaften zur Zeit des ersten Angriffs etwas verteidigt wurden, wäre es mindestens spitzfindig, zu behaupten, sie seien legitime Ziele gewesen. Weil die Boxer nur wenige europäische Soldaten

---

36 Die Vereinigten Staaten hatten das zweite Haager Abkommen über die Landkriegführung unterzeichnet, ratifizierten es aber erst 1902.
37 Die Pariser Seerechtsdeklaration von 1856 kam nicht zur Anwendung, weil der Boxeraufstand kein Seekrieg war.
38 Duiker, Cultures in Collision, S. 201.
39 Tan, The Boxer Catastrophe, S. 86.
40 China unterzeichnete die Schlussakte der Haager Friedenskonferenz 1899, trat aber erst 1907 dem zweiten Haager Abkommen über die Landkriegführung (das in diesem Zusammenhang relevante Abkommen) bei.

gefangen nahmen, ist schwer zu sagen, ob Kriegsgefangene von China gut behandelt wurden; nach Aussage verschiedener Quellen wurden sie wahrscheinlich ermordet.[41] Alles in allem hätte China als die Seite, die den Krieg erklärt hatte, sich wohl mehr an die Bestimmungen des *ius in bello* halten sollen, die es akzeptiert hatte, als die Angehörigen des Expeditionskorps.

Das Expeditionskorps – gebildet vom Vereinigten Königreich, Frankreich, Russland, Deutschland, den Vereinigten Staaten und Japan – machte sich nach dem Kriegsvölkerrecht fast genauso schuldig. Die russischen und deutschen Truppen scheinen sich bei ihren Plünderungen und in ihrem sonstigen Auftreten nach dem Sieg besonders brutal und räuberisch verhalten zu haben.[42] Alle Beteiligten plünderten.[43] Duiker schreibt, die US-Truppen hätten regelmäßig »in der Schlacht chinesische Soldaten mit dem Bajonett durchbohrt und dann über die Mauer geworfen«.[44] Britische Truppen zerstörten die berühmte Weiße Pagode von Beijing, weil sie meinten, wenn die Pagode erhalten geblieben wäre, hätten die Chines_innen geglaubt, ihre Götter seien mächtiger als der christliche Gott.[45] Nach den Haager Abkommen von 1899 waren Kulturgüter und religiöse Einrichtungen geschützt, die Weiße Pagode wäre ganz sicher in diese Kategorie gefallen. Über die Schlacht von Tientsin schrieb Keown-Boyd: »Es besteht wohl wenig Zweifel, dass das Verhalten der alliierten Truppen unmittelbar nach der Schlacht entsetzlich war.«[46]

Die einzige Ausnahme bei den verbreiteten Verletzungen des *ius in bello* machten die japanischen Truppen. Sie wahrten beinahe die ganze Zeit strikte Disziplin, vergewaltigten nicht und misshandelten

---

41 Keown-Boyd, The Fists of Righteous Harmony, S. 115.
42 Duiker, Cultures in Collision, S. 160 f., S. 186. Die Deutschen waren infolge ihrer Empörung über die Ermordung von Clemens Freiherr von Ketteler, dem deutschen Gesandten am chinesischen Hof, durch die Boxer hoch motiviert. Russland war besonders daran gelegen, Zugang zur Mandschurei zu erlangen.
43 Keown-Boyd, The Fists of Righteous Harmony, S. 205.
44 Duiker, Cultures in Collision, S. 114; Keown-Boyd, The Fists of Righteous Harmony, S. 115.
45 Duiker, Cultures in Collision, S. 185.
46 Keown-Boyd, The Fists of Righteous Harmony, S. 142.

Zivilpersonen nicht. »In Tientsin und anderswo erhielten die japanischen Truppen allgemein Lob für ihre Art, zu kämpfen, aber überraschender ist, dass ihr Verhalten gegenüber der Zivilbevölkerung anscheinend dem aller ihrer Verbündeten überlegen war. Die Schlacht von Tientsin warf gewiss kein gutes Licht auf die westlichen Kämpfer und die Ritterlichkeit.«[47] Kriegsgefangene, die japanischen Truppen in die Hände fielen, wurden nicht gefoltert und nicht ermordet. Die einzige Verfehlung, die sich die japanischen Truppen offenbar zuschulden kommen ließen, waren Plünderungen in Beijing nach der Befreiung der Gesandtschaften. Ein Grund für die japanische Zurückhaltung war wohl der Wunsch des Landes, in den Klub der Großmächte aufgenommen werden.[48] Und tatsächlich beeindruckte Japan seine Verbündeten so sehr, dass es innerhalb der nächsten zehn Jahre dazugehörte.[49]

Der Bangladesch-Krieg: Der Bangladesch-Krieg von 1971 fiel in die Zeit nach Verabschiedung der Genfer Abkommen. Das HVR schützte mittlerweile ganz besonders Menschen – das heißt Zivilpersonen. Für die Beteiligten in zwischenstaatlichen Kriegen galten erhebliche Einschränkungen. In diesem Zusammenhang ist es vielleicht überraschend, dass Pakistan und Indien – die beide die Genfer Abkommen ratifiziert hatten – sich wechselseitig formell den Krieg erklärten. Nach meiner Erwartung rechneten beide nicht damit, in diesem Konflikt gegen die Bestimmungen des Kriegsrechts zu verstoßen, weil sie für *zwischenstaatliche* Kriege galten, und diese Annahme war gerechtfertigt.

Das *ius in bello* wurde im Bangladesch-Krieg in hohem Maße eingehalten, sofern wir unsere Analyse auf das Verhältnis von Indien und Pakistan beschränken. Pakistan war nicht in der Position, indische Zivilpersonen oder Kulturgüter im Osten anzugreifen, und Indien hatte keine Veranlassung, gegen Zivilpersonen oder Kulturgüter von Ostpakistan vorzugehen. Die indische Blockade von Chittagong im Osten und Karatschi im Westen war wirksam, weil die pakistanische Marine

47 Ebenda.
48 Ebenda, S. 121, S. 142, S. 167, S. 243.
49 Wilkins, The Making and Unmaking of Great Powers, Kap. 6.

nicht stark genug war, um sie zu brechen.[50] Überdies galt die Blockade sowohl für die See wie für den Luftraum.[51] Im großen Ganzen wurden Verwundete und Gefangene auf beiden Seiten gut behandelt; hier trug Indien den größten Teil der Last, denn Pakistan nahm nur wenige indische Kämpfende gefangen.

Darüber hinaus bleibt die Einhaltung des *ius in bello* in vier Dimensionen zu untersuchen. Erstens griffen sowohl die indische wie die pakistanische Luftwaffe im Westen an. Die Angriffe trafen allerdings offensichtlich nur Luftwaffenstützpunkte.[52] Etwaige zivile Opfer waren eindeutig Kollateralschäden und nicht beabsichtigt.

Zweitens war die indische Blockade zwar wirksam, aber Fragen nach ihrer Rechtmäßigkeit tauchten dennoch auf, weil anfangs unklar war, ob Indien und Pakistan sich im Kriegszustand befanden.[53] Diese Zweifel wurden durch die indische Kriegserklärung jedoch rasch beseitigt.

Drittens verstieß Indien wahrscheinlich gegen das dritte Genfer Abkommen aus dem Jahr 1949, als es die Rückführung pakistanischer

---

50 Ganguly, Conflict Unending, S. 68. Jackson/International Institute for Strategic Studies, South Asian Crisis, India, Pakistan, and Bangla Desh, S. 122, S. 136; Jahan, Pakistan, S. 204; Matinuddin, Tragedy of Errors, S. 470 f. Wäre die USS *Enterprise*, die am 10. Dezember als Zeichen der Unterstützung in die Bucht von Bengalen entsandt wurde, ein paar Tage früher eingetroffen, hätte die Wirksamkeit der indischen Blockade theoretisch auf die Probe gestellt werden können. Aber die meisten Historiker_innen wie auch die Kriegsteilnehmenden sahen in der Entsendung der *Enterprise* nicht viel mehr als eine leere Geste der USA. Matinuddin, Tragedy of Errors, S. 313; Sisson/Rose, War and Secession, S. 262 f.

51 Zaheer, The Separation of East Pakistan, S. 370.

52 Indien trieb auch mehrere kleinere Bodenoffensiven in Kaschmir und Sind voran, aber nach übereinstimmenden Berichten kam es dabei nicht zu Übergriffen auf Zivilpersonen, Sisson/Rose, War and Secession, S. 262 f.

53 Gerade weil der Krieg nicht formell erklärt worden war, fanden es die Vereinigten Staaten schwierig, Indiens Recht auf eine Blockade anzuzweifeln. Letztlich verzichteten sie darauf, als U. Alexis Johnson, im Außenministerium Abteilungsleiter für politische Angelegenheiten, darauf hinwies, dass *de facto* ein Kriegszustand zwischen Indien und Pakistan herrschte. Jackson/International Institute for Strategic Studies, South Asian Crisis, India, Pakistan, and Bangla Desh, S. 222, Anm. 27, S. 228, Anm. 31.

Kriegsgefangener sehr lange hinauszögerte. Diese Verzögerung, die in Kapitel 5 diskutiert wird, war Teil der indischen Taktik bei den Friedensverhandlungen. Der wahrscheinliche Verstoß hatte bedeutende Implikationen für die Aushandlung des Shimla-Abkommens, das den Krieg beendete. Doch er gehörte nicht zur Kriegführung im engeren Sinn. Schließlich machte sich Pakistan bei der Behandlung pakistanischer Bengal_innen Kriegsverbrechen schuldig. Die »Operation Searchlight«, die am 25. März 1971 begann, diente dazu, separatistische Kräfte der Awami-Liga gefangen zu nehmen. Sie wurde rücksichtslos durchgeführt. Bengalische Soldaten, die in der pakistanischen Armee dienten, wurden umgebracht. Studierende der Universität Dhaka wurde nahezu wahllos erschossen, weil der Verdacht bestand, sie würden Widerstand organisieren.[54] Zivilpersonen wurden gezielt erschossen oder gerieten ins Kreuzfeuer, zum Teil weil für die westpakistanischen Truppen alle bengalischen Menschen gleich aussahen und sie die Angehörigen der Awami-Liga nicht identifizieren konnten, die sie gefangen nehmen sollten (die meisten waren sowieso schon nach Indien geflohen).[55] Aber diese Verstöße erfolgten in einem Bürgerkrieg innerhalb Pakistans und nicht in dem zwischenstaatlichen Krieg zwischen Indien und Pakistan. Deshalb gilt insgesamt die Aussage, dass Indien und Pakistan in ihrem 1971 erklärten Krieg beide in hohem Maß das *ius in bello* einhielten.

Der Krieg um die Falklandinseln/Malvinas: Wie der Bangladesch-Krieg fällt auch der Falklandkrieg von 1982 in die Ära nach Verabschiedung der Genfer Abkommen. Anders als im Bangladesch-Krieg fanden im Falklandkrieg die Kampfhandlungen hauptsächlich auf See statt. Infolgedessen galt ein Großteil dessen, was wir als modernes HVR betrachten, nur für einen begrenzten Teil des Konflikts, denn das moderne HVR betrifft vor allem den Landkrieg. Es war klar, welche Gesetze des Krieges in früheren Auseinandersetzungen zur See wie

---

54 Ganguly, Conflict Unending, S. 60 f.
55 Sisson/Rose, War and Secession, S. 157–160; Jackson/International Institute for Strategic Studies, South Asian Crisis, India, Pakistan, and Bangla Desh, S. 33 ff.; Jahan, Pakistan, S. 199, S. 203.

dem Spanisch-Amerikanischen Krieg eine Rolle gespielt hatten. Doch Recht ist nichts Statisches. Auch wenn ein Statut – in diesem Fall die Pariser Seerechtsdeklaration von 1856 – im Wortlaut nicht verändert worden war, hatten doch jahrzehntelange Interpretationen und Fallrecht ihre Spuren hinterlassen. Die entscheidende Aktualisierung in diesem Fall spiegelte den Wandel der Militärtechnologie wider. Da es inzwischen Unterseeboote und Flugzeuge gab, musste eine Blockade 1982 einen sehr viel größeren vertikalen Raum abdecken als 1898.

Wie in Kapitel 3 argumentiert, trug das Wissen, dass eine effiziente Blockade kaum möglich war, zu Großbritanniens Zögern bei, Argentinien den Krieg zu erklären. Argentinien scheute ebenfalls vor einer Kriegserklärung zurück, aber aus anderen Gründen: weil es nicht mit einem Krieg rechnete. Meine Erwartung ist, dass auf britischer Seite der Grad der Einhaltung insbesondere des Seekriegsrechts gering gewesen sein dürfte.

In allen anderen außer diesem Schlüsselbereich hielten Argentinien und Großbritannien das *ius in bello* sehr weitgehend ein.[56] Viele Bereiche, die das internationale humanitäre Völkerrecht abdeckt, waren für diesen Konflikt nicht relevant. Beispielsweise spielte der Schutz von Kulturgut keine Rolle, weil es auf den Falklandinseln keine Kulturdenkmäler gab. Weder Großbritannien noch Argentinien zog den Einsatz chemischer oder biologischer Waffen in Erwägung.[57] Allerdings brach die britische Einsatztruppe so eilig in den Südatlantik auf, dass nukleare Wasserbomben erst später ausgeladen wurden.[58]

Beide Seiten hatten verschiedene Gelegenheiten, sich an das *ius in bello* zu halten oder es zu verletzen. Die Behandlung von Zivilpersonen war für die britischen Truppen kein Problem, denn sie wollten die 1800 Bewohner_innen der Falklandinseln befreien, die sich selbst als britische Staatsbürger_innen betrachteten. Zwar wendeten die briti-

---

56 Levie, The Falklands Crisis and the Laws of War, S. 64.
57 Argentinien besaß weder chemische noch biologische Waffen. Großbritannien besaß zum damaligen Zeitpunkt chemische Waffen, hatte aber mit dem Beitritt zur Biowaffenkonvention von 1972 auf den Besitz biologischer Waffen verzichtet. Die 1993 verabschiedete Chemiewaffenkonvention wurde sowohl von Argentinien (1995) als auch von Großbritannien (1986) ratifiziert.
58 Freedman/Gamba-Stonehouse, Signals of War, S. 130.

schen Truppen bei der Rückeroberung wichtiger Gebiete der Falklandinseln möglicherweise übermäßig viel Gewalt an,[59] doch es gibt keine Hinweise, dass Verwundete misshandelt worden wären.[60] Die fast 12000 argentinischen Kriegsgefangenen wurden entsprechend den Bestimmungen der Genfer Abkommen behandelt,[61] vereinzelt scheint es Verstöße gegeben zu haben.[62] Offenbar wurde erwogen, argentinische Kriegsgefangene festzuhalten, um Argentinien zur Kapitulation zu bewegen. Das wäre eine völkerrechtlich zweifelhafte Strategie gewesen, die zudem die internationale Gemeinschaft nicht akzeptiert hätte.[63]

Den schwersten Verstoß gegen das *ius in bello* beging Großbritannien mit der Einrichtung einer maritimen Ausschlusszone (Maritime Exclusion Zone, MEZ) am 12. April und einer totalen Ausschlusszone (Total Exclusion Zone, TEZ) am 30. April. Die MEZ sollte das Eindringen argentinischer Kriegsschiffe in eine 200-Meilen-Zone rund um die Falklandinseln verhindern, die TEZ dehnte die Sperre auf alle

---

59 Eddy/Linklater/Gillman, Falkland, S. 299, S. 328.

60 Britisches Sanitätspersonal scheint äußerste Anstrengungen unternommen zu haben, um argentinischen Verwundeten zu helfen. Zum Beispiel stürmten Sanitäter in ein brennendes Gebäude, um zwei argentinische Soldaten zu retten. Eddy/Linklater/Gillman, Falkland, S. 302; Jolly, Surgeon Commander, Falklands Field Hospital, S. 75.

61 Eddy/Linklater/Gillman, Falkland, S. 193.

62 Thompson, No Picnic, S. 143; Levie, The Falklands Crisis and the Laws of War, S. 73. Ein Kriegsgefangener, Hauptmann Alfredo Astiz, stellte Großbritannien vor unerwartete Probleme. Astiz war tief in Argentiniens »schmutzigen Krieg« verstrickt. Schweden und Frankreich wollten ihn wegen Mordes vor Gericht stellen und drängten Großbritannien, ihn nicht entsprechend den Genfer Abkommen zu repatriieren, sondern entweder nach Stockholm oder nach Paris zu überstellen. Wie Margaret Thatcher berichtet, war die Entscheidung über Astiz nicht einfach; letztlich repatriierte Großbritannien ihn, aber erst, nachdem man ihn gefragt hatte, ob er bereit sei, sich mit Vertretern Schwedens und Frankreichs zu treffen, ein Schritt, gegen den das IKRK entschieden protestierte, weil er gegen das Dritte Genfer Abkommen verstieß. Die übrigen argentinischen Kriegsgefangenen wurden recht schnell repatriiert. Thatcher, Downing Street No 10, S. 308; Levie, The Falklands Crisis and the Laws of War, S. 72 ff.

63 Freedman, The Official History of the Falklands Campaign, Bd. 2, S. 658 ff.

argentinischen See- und Luftfahrzeuge aus, die die argentinischen Kriegsanstrengungen hätten unterstützen können, etwa durch Überwachung.[64] Zwei britische Flugzeugträger, sechs Unterseeboote, acht Zerstörer und 15 Fregatten patrouillierten ständig auf See an den Grenzen der Ausschlusszone, unterstützt durch Amphibienfahrzeuge, Versorgungs- und Handelsschiffe. Elf bewaffnete Flugzeuggeschwader kontrollierten die Ausschlusszone in der Luft.[65]

Mit der MEZ wie mit der TEZ verfolgte Großbritannien das Ziel, die Falklandinseln abzuriegeln. Nach der Pariser Seerechtsdeklaration von 1856 sind Blockaden nur legal (das heißt, sie geben kriegführenden Staaten Rechte gegenüber neutralen Schiffen), wenn sie wirksam sind. Eine wirksame Blockade der Falklandinseln zu errichten, stellte für Großbritannien eine enorme Herausforderung dar. Die Entfernung bis zu den Falklandinseln beträgt fast 7000 Seemeilen. Eine Flotte zu entsenden und zu versorgen, die eine effektive Blockade durchführen konnte, war ohne beträchtliche Hilfe von Verbündeten in größerer Nähe zu den Falklandinseln nicht möglich. Die Aufgabe wurde noch zusätzlich erschwert, weil auch der Luftraum abgeriegelt werden musste.[66] Die Royal Navy und die Air Force sollten ein Gebiet mit einem Radius von 200 Meilen vom Meeresgrund bis in die Atmosphäre überwachen, 13 000 Kilometer von der Heimat entfernt.

Der britischen Führung war die Schwierigkeit oder eher Unmöglichkeit der Aufgabe klar. Margaret Thatcher schrieb über eine mögliche Blockade: »Tatsächlich wäre dies aufgrund des grauenhaften Wetters und der Versorgungsprobleme, die sich für einen Kampfverband so fern der Heimat stellen mußten, keinesfalls möglich gewesen.«[67] Admiral Sir Terence Lewin, der Chef des Verteidigungsstabs, erkannte, dass die Blockade unvollständig sein würde, insbesondere im Hinblick auf die Luftunterstützung: »Wir hatten nur 22 Harrier. Sie konnten keine kontinuierliche Luftüberwachung über Port Stanley gewährleisten. Sie wurden für die Luftverteidigung der Einsatztruppe in einem

---

64   Levie, The Falklands Crisis and the Laws of War, S. 65f.
65   Freedman/Gamba-Stonehouse, Signals of War, Schlachtordnung, S. 418–422.
66   Cardoso/Kirschbaum/Van Der Kooy, Falklands – The Secret Plot, S. 207.
67   Thatcher, Downing Street No 10, S. 283.

späteren Stadium (sofern ein solches erreicht werden sollte) gebraucht und dann möglicherweise für die Unterstützung von Bodentruppen nach einer Landung.«[68] Lewin merkte explizit noch an, dass er nicht von »totaler« Ausschlusszone gesprochen habe, dieser Begriff stamme aus dem Kriegskabinett.[69]

Und tatsächlich waren die MEZ und die TEZ nicht vollständig wirksam. Mindestens ein feindliches Schiff und mehrere feindliche Flugzeuge drangen in die Zone ein.[70] Wären damals im Südatlantik auch noch andere als argentinische und britische Schiffe unterwegs gewesen, wäre die Ausschlusszone wahrscheinlich noch häufiger durchbrochen worden. Die scheinbare Wirksamkeit der Zone könnte überdies damit zusammengehangen haben, dass die argentinische Marine sich sehr zaghaft verhielt (ironischerweise, denn ihr Kommandeur, Admiral Anaya, hatte seine Unterstützung für Staatspräsident Galtieri mit der Forderung verknüpft, die Malvinas wieder in argentinischen Besitz zu bringen). Im *Rattenbach-Bericht*, den die argentinische Regierung zur Aufarbeitung der Geschehnisse in Auftrag gab, wurde Anaya vorgeworfen, er habe »die Unterbrechung des Schiffsverkehrs nach Puerto Argentino [oder Port Stanley] gebilligt, die es unmöglich macht, die Truppen auf den Inseln adäquat zu versorgen«;[71] er habe »die Entscheidung gebilligt, die Flotte aus Sicherheitsgründen in flachem Wasser zu halten, weil ansonsten Gefahr von feindlichen Unterseebooten gedroht hätte, in der Hoffnung auf eine Gelegenheit [anzugreifen], und [er habe] ihren Einsatz nicht gefordert – was eingeschränkt möglich gewesen wäre –, um Überwasserschiffe der britischen Einsatztruppe als Ablenkungs- oder Störmanöver abzufangen, da sie [Großbritannien] vollkommen ungestraft auf See agierten«;[72] und generell habe er »dem Feind kampflos die absolute Herrschaft zur See überlassen«.[73] Die Feststellungen implizieren, dass die Entscheidung, die argentinische Flotte nach der Versenkung

---

68 Zitiert bei Dillon, The Falklands, S. 222.

69 Ebenda, S. 223 f.

70 Levie, The Falklands Crisis and the Laws of War, S. 65 f.

71 Rattenbach, Informe Rattenbach, S. 267. Übersetzung durch die Autorin.

72 Ebenda, S. 267 f.

73 Ebenda, S. 273.

eines Kreuzers am 2. Mai im Hafen zu halten, nicht nötig war; wären die Schiffe auf See gewesen, hätte das die Wirksamkeit der britischen Ausschlusszonen eingeschränkt.

Weitere Probleme untergruben die Effizienz und die Legalität der Ausschlusszonen als Blockademaßnahmen. Weil über den Mittelpunkt Unklarheit herrschte, war auch der Umfang vage.[74] Es ist schwierig, eine Blockade durchzusetzen, deren Grenzen nicht eindeutig sind. Wichtiger noch: Die britischen Truppen verletzten offenbar ihre eigenen Grenzen, indem sie einen Angriff auf den argentinischen Kreuzer *General Belgrano* erlaubten, der außerhalb der Ausschlusszone operierte.[75] Es besteht ein juristischer Konsens, »Blockaden erlauben keinen Angriff ohne Vorwarnung auf Schiffe, die nicht mit derartigen Angriffen rechnen müssen«.[76] Großbritannien war diese Position offenbar bewusst; die Führung rechtfertigte Befehle, Schiffe außerhalb der Ausschlusszone anzugreifen, mit Verweis auf Artikel 51 der UN-Charta und nicht mit der Verhängung von Ausschlusszonen.[77]

Großbritannien war generell bewusst, dass es sich rechtlich auf einem schmalen Grad bewegte. Der Wunsch, in einer rechtlichen Grauzone zu bleiben, stand hinter der Entscheidung, die MEZ und die TEZ als »Ausschlusszonen« zu bezeichnen und nicht von »Blockaden« zu sprechen. Nach der Offiziellen Geschichte des Falklandkriegs riet der »Juristische Berater [des Außenministeriums] nachdrücklich davon ab, in öffentlichen Verlautbarungen von einer ›Blockade‹ zu sprechen, weil dieser Begriff im Völkerrecht eng mit einem erklärten oder anerkannten Krieg verknüpft war«.[78] Nach Angaben des Historikers Lawrence Freedman (Verfasser der offiziellen britischen Geschichte des Konflikts) und seiner Co-Autorin Virginia Gamba-Stonehouse (eine argentinische Historikerin, die dem damaligen argentinischen Außenminister Costa Mendez geholfen hatte, sein Kriegsarchiv zu ord-

---

74 Eddy/Linklater/Gillman, Falkland, S. 209.
75 Levie, The Falklands Crisis and the Laws of War, S. 66.
76 Schmitt, Blockade Law, S. 7.
77 Dillon, The Falklands, S. 194 f.
78 Freedman, The Official History of the Falklands Campaign, Bd. 2, S. 85 f.

nen) »hätte das Militär gern von einer Blockade gesprochen, aber das warf völkerrechtliche Probleme auf«.[79] Großbritannien hatte somit zwei Gründe, den Begriff »Blockade« nicht zu verwenden. Erstens wäre es damit gefährlich in die Nähe eines erklärten Krieges gerückt. Und zweitens hätte die Bezeichnung »Blockade« für die Ausschlusszone dem britischen Militär eine Last aufgebürdet, die es nicht hätte tragen können, insbesondere in einer Zeit, da erwartet wurde, dass eine Blockade sowohl das Meer wie auch den Luftraum abdeckte. Der Verzicht auf eine Kriegserklärung erlaubte es Großbritannien, die nötige Uneindeutigkeit zu wahren, um den Krieg entsprechend seinen Möglichkeiten und Grenzen zu führen.

Es würde zwar zu meiner Argumentation passen zu sagen, dass Staaten, die einen Krieg erklären, mit hoher Wahrscheinlichkeit die Bestimmungen des Völkerrechts einhalten, aber die Vorsicht gebietet Skepsis gegenüber dieser Feststellung. Die Einhaltung des Kriegsrechts in einer konkreten Situation hängt von einer Reihe von Faktoren ab, die zu einem großen Teil nicht von den politisch Verantwortlichen antizipiert werden können, wenn sie darüber entscheiden, ob eine Kriegserklärung abgegeben wird oder nicht. Die politische und zeitliche – und oft auch geografische – Distanz zwischen Kriegserklärung und Einhaltung des HVR ist so groß, dass der Zusammenhang zwischen beiden mit großer Wahrscheinlichkeit schwach sein dürfte.

Die in diesem Kapitel präsentierte quantitative Analyse bestätigt, dass die Verbindung schwach ist. Notwendigkeiten der Kampfsituation, dazu Reziprozität, Zermürbungskrieg und annexionistische Ziele wiegen schwerer als eine Kriegserklärung. Der Zusammenhang zwischen Kriegserklärungen und der Einhaltung der Gesetze des Krieges tritt in den Fallstudien deutlicher zutage. In früherer Zeit haben die kriegführenden Parteien ausdrücklich zu dem Zweck eine Kriegserklärung abgegeben, um von den zum jeweiligen Zeitpunkt geltenden Bestimmungen des Kriegsrechts zu profitieren, und später haben die kriegführenden Parteien Kriegserklärungen vermieden, weil sie zu Recht erwarteten, dass sie im Verlauf des Konflikts die Gesetze des

---

79 Freedman/Gamba-Stonehouse, Signals of War, S. 248.

Krieges verletzen würden. Dennoch bestätigt die Analyse in diesem Kapitel die Annahme, dass die Wirkungen der Ausweitung des HVR sehr viel deutlicher sichtbar werden in der Entscheidung der kriegführenden Parteien, die Formalitäten des Krieges – Kriegserklärungen und Friedensverträge – anzuwenden, als in der Einhaltung des HVR. Wie im nächsten Kapitel diskutiert wird, kann es allerdings sein, dass die Einhaltung Folgen für den Abschluss von Friedensverträgen in zwischenstaatlichen Kriegen hat.

5
Friedensverträge in zwischenstaatlichen Kriegen

Kriege wurden schon seit mindestens so langer Zeit – oder noch länger – förmlich mit Friedensverträgen beschlossen, wie es Kriegserklärungen zu ihrer Eröffnung gab. Aber wie die Letztgenannten wurden Friedensabkommen seit dem Zweiten Weltkrieg immer seltener genutzt. Die Quote der zwischenstaatlichen Konflikte, die mit einem solchen Abkommen endeten, ist nur noch knapp ein Viertel so hoch wie die während des 19. und des frühen 20. Jahrhunderts.

Friedensverträge markieren das Ende von Kriegen. Ohne sie bleiben die Beziehungen zwischen Staaten, die in einen Krieg miteinander verwickelt waren, möglicherweise ungeklärt. Die Vereinigten Staaten verzichteten nach der Operation Iraqi Freedom im Irak oder nach der Operation Enduring Freedom in Afghanistan auf einen Friedensvertrag mit den jeweiligen Ländern. Stattdessen schlossen sie 2014 ein bilaterales Sicherheitsabkommen ab, das es Tausenden von US- und NATO-Soldaten ermöglichte, in Afghanistan weiterhin Operationen durchzuführen.[1] Ähnlich setzte eine Reihe von Übereinkünften – von denen keine einem Friedensvertrag gleichkam – einen Rahmen für den Abzug der meisten US-Soldaten aus dem Irak und legte den Status der verbleibenden Streitkräfte fest.[2] In Zentralasien behinderte das Fehlen eines Friedensabkommens zwischen Armenien und Aserbaidschan nach ihrem dreijährigen Krieg (1991–1994) über Bergkarabach

---

1   Walsh/Ahmed, Mending Alliance.
2   Bruno, U.S. Security Agreements and Iraq.

den Handel und die Zusammenarbeit beider Länder – mit gravierenden Schäden für die armenische Wirtschaft.[3]

Ich vertrete den Standpunkt, dass die Ausweitung des kodifizierten humanitären Völkerrechts Anreize für Staaten gesetzt hat, darauf zu verzichten, ihre Kriege untereinander mit Friedensverträgen zu beenden. Kriegführende, die Friedensverträge abschließen, erkennen mit ihnen offiziell an, dass sie sich in einem Kriegszustand befunden haben, in dem unstrittig das Kriegsvölkerrecht galt. Verhandlungen zu solchen Abkommen sind mitunter Foren der Rechenschaft – häufig mit Offenlegung von Kriegsverbrechen und der Festlegung von Strafen. Mit der Vermehrung der schriftlich fixierten Kriegsgesetze hat sich das Risiko für Strafmaßnahmen erhöht – und damit der Anreiz für Staaten, auf den Abschluss von Friedensverträgen zu verzichten. Diese Fehlanreize dürften besonders stark auf Staaten einwirken, denen bewusst ist, dass sie gegen Kriegsvölkerrecht verstoßen haben.

Friedensverträge: ein Überblick

Das lateinische *pax* für »Frieden« leitet sich aus dem Verb *pangere* her, mit der Bedeutung, »einen Pakt oder Vertrag schließen, in dem die Rechte und Pflichten beider Parteien genau festgelegt wurden«.[4] Im Verlauf der Geschichte wurden solche Verträge zur Beendigung von Kriegen in Form von Friedensabkommen geschlossen. Das erste bekannte ist der Friedensvertrag von Kadesch, der um 1269 v. Chr. zwischen dem hethitischen Großkönig Ḫattušili III. und Ramses II. von Ägypten geschlossen wurde. Der Historiker Trevor Bryce vertritt den Standpunkt, dass Ḫattušili diesen Vertrag mit Ramses II. hauptsächlich wegen der »Legitimation« besiegelt habe, die er nach »der Usurpation des Hethiter-Thrones« benötigt habe.[5] Bryce verweist darauf, dass er sich den Thron seines Neffen angeeignet und sich damit im eigenen Staat und auf der internationalen Bühne angreifbar gemacht habe. Da Vasallen bestimmten Königen und Geschlechtern die Treue

---

3 Rugman, Armenia Pays Dearly for Karabakh Victory.
4 Russell, The Just War in the Middle Ages, S. 4.
5 Bryce, The »Eternal Treaty« from the Hittite Perspective, S. 10.

schworen und die »Großkönige« der Bronzezeit auf persönlicher Basis miteinander verhandelten, habe sich Ḫattušili seiner Herrschaft erst dann sicher sein können, wenn er von wichtigen äußeren Akteuren anerkannt worden sei. Ramses war unter den vier Königen Primus inter Pares und hatte zudem Ḫattušili vertriebenem Neffen Zuflucht gewährt. Indem er Ḫattušili mit dem Friedensvertrag von Kadesch als Bruderkönig anerkannte, bestätigte er ihn als seinesgleichen. Wie Kriegserklärungen mögen die ersten Friedensverträge als ein Mittel eingesetzt worden sein, um Herrschaft zu signalisieren und zu festigen.

Auch wenn sich die Form von Friedensverträgen mit der Zeit verändert hat, waren sie stets von höchst ritualisierten und formellen Abläufen umgeben. Die alten Griechen errichteten Säulen, um ihren Abschluss zu markieren.[6] Im Mittelalter wurden derlei Abkommen häufig mit höchst symbolträchtigen Akten wie dem »Friedenskuss« *(osculum pacis)* besiegelt, dem heute in Ungefähr der Handschlag zwischen Staatsoberhäuptern entspricht, die einen Friedensvertrag abschließen. Aber diese Geste war von größerer Bedeutung in einer Zeit, in der solche Abkommen eher selten schriftlich niedergelegt wurden. Der Friedenskuss galt als Besiegelung eines heiligen Eids. Im 12. Jahrhundert verweigerte der englische König Heinrich II. Thomas Becket den Friedenskuss, nachdem Frankreich und England einen Friedensvertrag geschlossen hatten, der unter anderem Beckets Verbannung aufhob. Becket kehrte nach England zurück und wurde kurz darauf ermordet.[7] Schon vor der Zeit, da Friedensverträge schriftlich niedergelegt wurden, waren deren Abschlüsse Staatsakte, die ein hohes Maß an Förmlichkeit verlangten. Sie – wie im Fall Heinrichs II. – nicht zu erfüllen, stellte einen Affront dar. Und wer gegen die Bestimmungen eines Friedensabkommens verstieß, dem drohten göttliche Strafen.

Ob und wann ein Krieg mit einem Friedensabkommen endet, wirkt sich auf praktischer wie theoretischer Ebene aus. Friedensverträge sollen hauptsächlich dazu dienen, Konflikte beizulegen und zwischen Kriegführenden freundliche Kontakte wiederherzustellen, unter anderem mit der Wiederaufnahme diplomatischer Beziehungen

---

6 Thukydides, Der Peleponnesische Krieg, V,18(10), S. 397 f.
7 Vollrath, The Kiss of Peace, S. 177–181.

und eines zwischenstaatlichen Handels.[8] Überdies zeigen neuere Forschungen, dass förmliche Friedensabkommen stärker als informelle (oder keine) dazu beitragen, einen Frieden zu festigen.[9] Auch wenn es durchaus möglich ist, dass die bekannte Korrelation zwischen dem Abschluss eines Friedensabkommens und der nachfolgenden Dauer einer Friedensphase darauf zurückzuführen sein könnte, dass solche Abkommen in leichter lösbaren Konflikten geschlossen werden, kamen Forschende zu dem gegenteiligen Ergebnis, wonach Friedensabkommen – wohl insbesondere nach zwischenstaatlichen Kriegen – tatsächlich eher in den schwierigeren Fällen unterzeichnet werden.[10] Ich stelle auf der Grundlage der I-WIT-Daten fest, dass die Friedensphase nach zwischenstaatlichen Kriegen, die mit einem Friedensabkommen beendet wurden, durchschnittlich vier Jahre länger währt als die nach anderen wieder ausgebrochenen Kriegen, die ohne einen solchen Vertrag zu Ende gingen. Ähnlich dauert bei den Kriegsdyaden, bei denen der Konflikt nach einer Beilegung wieder ausbricht, die Friedensphase ohne Friedensvertrag durchschnittlich 11, aber mit einem solchen 20 Jahre. Überdies fordern dem Human Security Report von 2012 zufolge Kriege, die erneut ausbrechen, nachdem ein Friedensabkommen geschlossen wurde, mitunter weniger Todesopfer als andere wieder ausgebrochene, die ohne Vertrag zu Ende gingen.[11]

Der Abschluss eines Friedensabkommens beinhaltet eine stillschweigende Anerkennung, dass vormals ein Kriegszustand geherrscht hat. Mindestens ebenso wichtig ist, dass Friedensverträge Ungewissheiten darüber ausräumen, ob zwei Staaten miteinander noch in einen Krieg verwickelt sind.[12] Liegt dagegen kein Friedensvertrag vor, haben es Kriegführende schwer, ihre Beziehungen zu normalisieren, Streitigkeiten beizulegen oder Truppen aus umstrittenen Gebieten abzuziehen, selbst wenn der ursprüngliche Konflikt beendet erscheint. So verhinderte zum Beispiel das Fehlen eines russisch-japanischen Frie-

---

8 Neff, Peace and Prosperity, S. 365.
9 Fortna, Peace Time, S. 196, S. 199–205. Einwände gegen diese These siehe Lo/Hashimoto/Reiter, Ensuring Peace; Werner/Yuen, Making and Keeping Peace.
10 Fortna, Peace Time, Kapitel 3.
11 Human Security Report Project 2012, S. 150.
12 Grob, The Relativity of War and Peace, S. 205.

densvertrags nach dem Zweiten Weltkrieg über Jahrzehnte hinweg, die Beziehungen beider Länder zu normalisieren.[13]

Friedensverträge definieren

Ich definiere einen Friedensvertrag als ein schriftliches Dokument, das eine Übereinkunft zwischen Kriegführenden beschreibt, ihre Feinseligkeiten einzustellen und Streitfragen zu klären. Er muss von den Konfliktparteien unterzeichnet und ratifiziert sein. Ähnlich definiert das *Black's Law Dictionary* einen solchen Vertrag als einen, »der von Staatsoberhäuptern zur Beendigung eines Krieges unterzeichnet« wurde.[14] Typischerweise enthalten Friedensverträge mehrere Artikel, welche die Bedingungen der Beilegung von Streitigkeiten ausführen, namentlich: eine Präambel; politische und territoriale Klauseln; finanzielle, wirtschaftliche und juristische Klauseln; sowie Absicherungen und Garantien.[15] Auch wenn Kriege – sogar förmlich – durch unilaterale Erklärungen enden können, stellen diese eben deshalb keine Friedensverträge dar, weil sie einseitig erfolgen. Ebenso wenig stellen Übereinkünfte zu Feuerpausen, Waffenruhen und Waffenstillständen Friedensverträge dar, weil sie nur darauf abzielen, vorübergehend die Kampfhandlungen einzustellen. Die umstrittenen Fragen werden nicht unbedingt gelöst.

Der Frieden von Paris, der den Spanisch-Amerikanischen Krieg beendete, ist ein Musterbeispiel für einen Friedensvertrag. Nach Einstellung der Feindseligkeiten Anfang August 1898 handelten die US-amerikanischen und die spanischen Vertreter ein vorläufiges Friedensprotokoll aus, das am 12. August unterzeichnet wurde. Mehrere wichtige Streitfragen blieben in ihm ungelöst, insbesondere der künftige Status der Philippinen. Die Klärung dieser Streitpunkte wurde bis zur offiziellen Friedenskonferenz vertagt, die am 1. Oktober 1898 in Paris begann. Der abschließende Friedenvertrag umfasste Bestimmungen zur US-amerikanischen Besatzung Kubas, zur Abtretung Pu-

---

13 Rozman, Introduction, S. 1.
14 Garner, Black's Law Dictionary, S. 1540.
15 Grewe, Peace Treaties, S. 942 f.; Steiger, Peace Treaties from Paris to Versailles, S. 79–96.

erto Ricos sowie der Philippinen an die USA, zur Rückführung der Kriegsgefangenen und zum Verzicht beider Seiten auf Reparationen. Es lohnt sich, einige eher zwiespältige Fälle zu betrachten, die ich mehrheitlich nicht als Friedensverträge erfasse. Mehrere betreffen kriegerische Auseinandersetzungen, die schon vor dem Zweiten Weltkrieg entbrannten, dann aber in ihn übergingen, sodass es schwierig ist, ihre Beendigung von der des großen Konflikts zu unterscheiden. Dazu zählen der Chinesisch-Sowjetische Grenzkrieg von 1929 mit einer geplanten Friedenskonferenz, die dann der japanische Einmarsch in die Mandschurei vereitelt hat, der Zweite Japanisch-Chinesische Krieg ab 1937, dessen Beendigung durch den nachfolgenden Bürgerkrieg in China erschwert wurde, und der Japanisch-Sowjetische Grenzkonflikt mit dem Nomonhan-Zwischenfall 1939, dessen Beilegung offenbar ebenso sehr durch eine Grenzkommission wie durch ein förmliches Friedensabkommen geregelt wurde.[16] Keiner dieser Kriege wird als einer durch einen Friedensvertrag beendeter codiert.

Einige förmliche Übereinkünfte lösten nicht sämtliche politische Streitfragen. So sah zum Beispiel die Deklaration von Taschkent von 1966, die den Zweiten Indisch-Pakistanischen Krieg beendete, den Abzug der Streitkräfte beider Seiten und die Wiederaufnahme diplomatischer Beziehungen vor, verschob aber die Lösung politischer Streitfragen auf eine Reihe weiterer Gespräche (die dann im Sande verliefen). Folglich beinhaltete diese Deklaration zwar einige politische Inhalte, löste aber die auf dem Spiel stehenden Fragen des Krieges nicht wirklich und wird deswegen hier nicht als Friedensvertrag codiert. Anders verhält sich dies mit dem Shimla-Abkommen, das den Bangladesch-Krieg von 1971 beendete. Obwohl es sich ganz ähnlich wie die Deklaration von Taschkent liest, löst es das Kernproblem des Krieges – die Unabhängigkeit Ostpakistans/Bangladeschs –, weshalb es hier als Friedensvertrag gewertet wird.[17] Ähnlich wie mit der genannten Deklaration verhält es sich mit einem Abkommen von 1991, das mit dem Vietnamesisch-Kambodschanischen Krieg von 1977 assoziiert ist. Es bereitete den Boden für eine UN-Friedensmission, um

---

16 Coox, Nomonhan, S. 907.

17 Die Kaschmir-Frage tauchte im Bangladesch-Krieg erneut auf und wurde auch durch das sich anschließende Shimla-Abkommen nicht gelöst.

in Kambodscha freie Wahlen vorzubereiten, ließ aber die wichtigsten Streitfragen ungelöst.

Die Rolle der UNO bei Friedensverhandlungen verkompliziert unser Verständnis von Friedensverträgen in der Zeit nach 1945. Nach dem Iran-Irak-Krieg (Ersten Golfkrieg) wie auch nach dem Zweiten Golfkrieg von 1991 verabschiedete der UN-Sicherheitsrat Resolutionen, die die Bedingungen eines Friedens umrissen und denen die relevanten Parteien auch zustimmten. Einige Forschende vertreten, dass solche Resolutionen heute als Ersatz für Friedensverträge dienen.[18] Auch wenn sie ähnlichen Zwecken dienen, unterscheiden sie sich in der *Form* von einem traditionellen Friedensvertrag so dramatisch, dass ich sie nicht als Friedensvertrag codiere. Anstatt dass zwei Parteien am Verhandlungstisch Bedingungen festlegten, entstanden diese Resolutionen eher als Mandate, die eine Drittpartei durchsetzte, insbesondere im Fall des Iran-Irak-Krieges.

Die wichtigsten Unterscheidungen zwischen Friedens- und anderen Verträgen ergeben sich aus der Form und aus der Substanz. Inhaltlich stellen Abkommen, die Verfahrensweisen, aber keine substanziellen Streitfragen behandeln, nach einer angemessenen Codierung keine Friedensverträge dar. So bildet zum Beispiel ein Waffenstillstandsabkommen, das eine Pufferzone und einen Fahrplan für künftige Gespräche festlegt, keinen Friedensvertrag, während dies bei einer Übereinkunft, die einen Grenzverlauf festlegt und andere schwebende Fragen löst, durchaus der Fall sein könnte. Was die Verfahrensweisen angeht, muss ein Friedensvertrag in schriftlicher Form vorliegen, von den Kriegführenden ausverhandelt worden sein und von diesen auch als ein solcher betrachtet werden. Eine mündliche Übereinkunft, die Erklärung eines einseitigen Truppenabzugs, Resolutionen des UN-Sicherheitsrats oder schriftliche Übereinkünfte, in denen ausdrücklich festgehalten ist, dass sie keine Friedensverträge darstellen, gelten folglich nicht als Friedensverträge und werden also als solche auch nicht erfasst.

Dass Friedensverträge immer seltener geschlossen wurden, blieb in der wissenschaftlichen Literatur zumeist unbeachtet, teilweise weil sich die einschlägige Forschung bislang nicht auf solche per se konzen-

---

18 Bell, On the Law of Peace, S. 53.

triert oder diese nur über einen deutlich kürzeren Zeitraum hinweg in den Blick genommen hat, als ich es hier tue. So setzt zum Beispiel Virginia Page Fortna in ihrer Analyse dazu, wie lange ein Frieden nach zwischenstaatlichen Kriegen hält, als Beobachtungseinheit die Jahre des Friedens nach Waffenstillständen – nicht nach Friedensverträgen – zwischen 1946 und 1998 an.[19] Der Datensatz zu Friedensabkommen des Uppsala Conflict Data Program, der sämtliche bewaffneten Konflikte abdeckt, in denen mindestens 25 Personen in Kämpfen umkamen, bezieht zwar Friedensverträge ein, die ich als solche erfassen würde, allerdings nur für die Zeit seit 1975.[20]

Spannt man den Zeithorizont weiter, so zeigt sich, dass von den 56 Kriegen, die nach 1820 und vor 1950 zu Ende gingen, 40 (über 70 Prozent) mit einem Friedensabkommen beschlossen wurden – gegenüber nur 6 von den 38 Kriegen (rund 15 Prozent), die nach 1950 endeten. Wie Abb. 5.1 zeigt, gingen die Abschlüsse von Friedensverträgen besonders deutlich nach dem Zweiten Weltkrieg zurück. Der Korea-Krieg endete mit einem Waffenstillstand, aber ohne Friedensabkommen. Der Vertrag von Paris, der das US-Militärengagement in Vietnam beendete, diente als förmliches Waffenstillstandsabkommen zwischen den USA und Nordvietnam, löste aber keine der politischen Streitfragen, an denen sich der Krieg entzündet hatte. Der Zweite Golfkrieg von 1991 endete mit einer Reihe von Resolutionen, die vom UN-Sicherheitsrat verabschiedet, aber von den kriegführenden Fraktionen nicht verhandelt worden waren. Während die Vereinigten Staaten zwar Mitsprache hatten, spielten die Iraker bei der Festlegung der Inhalte keinerlei Rolle.[21] Iran und Irak einigen sich 1988 auf einen Waffenstillstand mit dem Versprechen, später einen Friedensvertrag auszuhandeln, ohne dass diese Gespräche jemals stattgefunden hätten.

Andererseits schlossen Ende des 20. Jahrhunderts einige der erbittertsten Rivalen zwar Friedensverträge miteinander ab, aber nicht in

---

19 Fortna, Peace Time, S. 45.
20 Die allermeisten Friedensabkommen im UCDP beschließen Bürgerkriege und keine zwischenstaatlichen bewaffneten Konflikte, ein Thema, das ausführlicher in Kapitel 8 erörtert wird. UCDP Peace Agreement Dataset, UCDP Downloads.
21 Rahman, The Making of the Gulf War, S. 315–318.

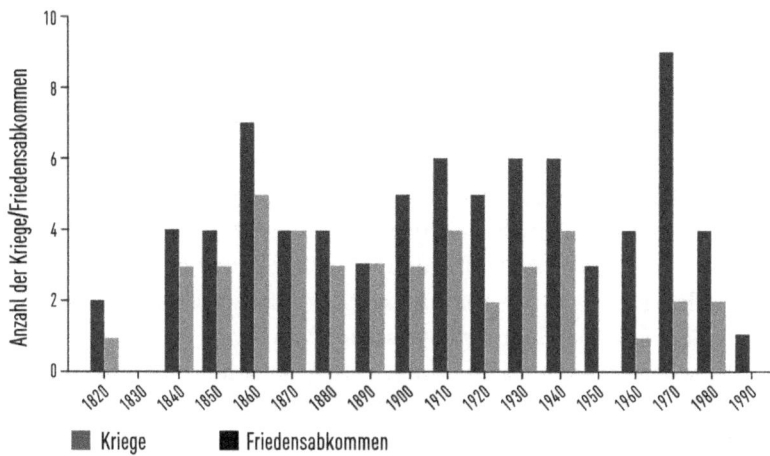

Abb. 5.1 Zwischenstaatliche Kriege und Friedensabkommen, 1820–2000

konsequenter Weise: So unterzeichneten Indien und Pakistan ein entsprechendes Abkommen nach dem Bangladesch-Krieg von 1971, nicht aber nach ihren vorigen (und späteren) Konflikten um Kaschmir. Israel und Ägypten unterschrieben 1978 das Camp-David-Abkommen, worauf Jordanien 16 Jahre später mit Israel ebenfalls einen Friedensvertrag abschloss. El Salvador und Honduras beendeten ihren »Fußballkrieg« förmlich mit einem Friedensabkommen in Lima.[22] Abgesehen von diesen wenigen Beispielen ging der Trend nach dem Zweiten Weltkrieg klar in die Richtung, immer seltener ein förmliches Friedensabkommen zu nutzen, um einen zwischenstaatlichen Krieg zu beenden.

Theoretische Erwartungen

Die gleiche Logik, nach der zwischen einem sich ausweitenden HVR und rückläufigen Kriegserklärungen ein Zusammenhang besteht, lässt sich auf den gleichzeitigen Rückgang bei Friedensabkommen

---

22 Zu weiteren Verträgen aus der Zeit nach den Genfer Abkommen zählen die nach dem Ifni-Krieg (Spanien/Marokko/Spanisch-Westafrika), dem Cenepa-Krieg (Ecuador/Peru) und dem Eritrea-Äthiopien-Krieg.

nach zwischenstaatlichen Kriegen beziehen. Wie eine Kriegserklärung bedeutet der Abschluss eines Friedensvertrags ein klares Bekenntnis dazu, dass vormals ein Kriegszustand geherrscht und damit ohne jede Zweideutigkeit das HVR gegolten hat. Da mit der Zeit immer neue HVR-Bestimmungen mit verändertem Charakter hinzukamen, zeigen Staaten eine immer geringere Bereitschaft, sich dazu zu bekennen, wenn sie sich in einem zwischenstaatlichen Kriegen befinden oder befunden haben, oder sie vermeiden möglichst Schritte, die klar auf einen solchen hinweisen – zum Beispiel ein Friedensabkommen abzuschließen, dass hier ein unmissverständliches Signal setzt.

Aus der Argumentation, wonach die Ausweitung des kodifizierten HVR dazu führte, dass Friedensverträge seltener genutzt werden, um Kriege zu beenden, ergeben sich mindestens zwei weitere Schlüsse. Allgemein müssten sich Staaten, die gegen das *ius in bello* verstoßen, besonders widerwillig dabei zeigen, Friedensabkommen zu schließen, weil sie für die Führungen und Soldaten ein Risiko bergen, dass Wiedergutmachung oder Ahndung gefordert werden. Friedensabkommen können als Foren für Rechenschaft dienen, die diese Kriegführenden lieber vermeiden. Im Gegensatz zu Kriegserklärungen, bei denen noch aussteht, ob das HVR eingehalten wird oder nicht (wie in Kapitel 4 erläutert), sind bei der Kriegsformalität des Friedensabkommens diese Fakten bereits geschaffen. Die alliierten Mächte sahen den Versailler Vertrag sicherlich als ein Forum der Rechenschaft an und nutzten ihn für Strafmaßnahmen gegen das Deutsche Reich, weil es den Ersten Weltkrieg begonnen und auf »brutale und unmenschliche Art« geführt hatte.[23]

Genauer lautet die erste Schlussfolgerung aus der genannten Argumentation, dass Verstöße gegen Kriegsgesetze, in deren Formulierung am deutlichsten auf die Folgen der Zuwiderhandlung hingewiesen wird, die Parteien am ehesten davon abhalten, einen Friedensvertrag abzuschließen. Ein Beispiel ist das Haager Abkommen von 1954 zum Schutz von Kulturgut. War die Aneignung von Kulturschätzen als Kriegsbeute in der internationalen Politik spätestens seit dem Römerreich an der Tagesordnung, so änderte sich diese Regel dramatisch ab

---

23 Georges Clemenceau, zitiert in: Hull, A Scrap of Paper, S. 10.

dem 19. Jahrhundert. Nach den Napoleonischen Kriegen gewannen sowohl die Wertschätzung für Kunst als auch Völkerrechtler_innen größere Bedeutung.[24] Diese Kombination führte zu einem Zuwachs an Regeln zum Schutz von Kulturgütern in Kriegszeiten. Die Bestimmungen wurden in einer Reihe von Vertragsentwürfen und – am bedeutendsten – im Haager Abkommen von 1954 schriftlich niedergelegt.[25] Darin heißt es: »Die Hohen Vertragsparteien verpflichten sich, im Rahmen ihres Strafrechts alle erforderlichen Maßnahmen zu treffen, um Personen jeder Staatsangehörigkeit, die sich einer Verletzung dieses Abkommens schuldig machen oder den Befehl zu einer solchen geben, zu verfolgen und strafrechtlich oder disziplinarisch zu bestrafen.« (Artikel 28) Viele Prozesse nach dem Zweiten Weltkrieg beinhalteten auf Grundlage dieses Abkommens auch Anklagen wegen Plünderung. Im gleichen Geist waren bereits als Ergebnis der Nürnberger Prozesse mehrere hochrangige NS-Verbrecher wegen des Raubs und der Plünderung von Kulturgütern verurteilt worden.[26] Der Internationale Strafgerichtshof für das ehemalige Jugoslawien (ICTY) verfolgte mehrere serbische und kroatische Offiziere wegen Kriegsverbrechen, wie dem Beschuss und der Plünderung der Altstadt von Dubrovnik sowie der Zerstörung der Brücke Stari most in Mostar.[27]

Selbst wenn keine strafrechtlichen Anklagen vorliegen, sind Forderungen, geplünderte Kulturgüter zurückzugeben oder Entschädigung zu leisten, inzwischen eine akzeptierte und übliche Praxis nach dem Krieg. Die Rückgabe wird oft als Teil von Friedensvereinbarungen verlangt, insbesondere von der unterlegenen Partei. So enthält beispielsweise der Friedensvertrag der Alliierten mit Österreich nach dem Zweiten Weltkrieg weitreichende Bestimmungen, verschiedene Arten von Eigentum zurückzuerstatten oder zu ersetzen, darunter auch Kulturgut. Dagegen debattieren Deutschland und Russland – zwei Länder, die miteinander keinen Friedensvertrag geschlossen haben – immer noch über das Schicksal von Tausenden von Kulturgegenstän-

---

24 Sandholtz, Prohibiting Plunder, Kapitel 4.
25 Eine ausgezeichnete Zusammenfassung dieser Geschichte des Kriegsvölkerrechts mit Blick auf den Schutz von Kulturgut siehe ebenda.
26 Ebenda., S. 125, S. 177.
27 Ebenda, S. 206 f.

den, die während des Zweiten Weltkrieges von russischen Soldaten aus Deutschland abtransportiert wurden. Mangels eines Friedensvertrags können die Russen keine rechtlichen Argumente für Entschädigungen ins Feld führen, die es ihnen ermöglichen würden, diese Objekte zu behalten.[28] Folglich müssen wir erwarten, dass Kriegführende, die das Kriegsvölkerrecht zum Schutz von Kulturgut verletzen, eine geringere Bereitschaft zeigen, förmliche Friedensabkommen zu unterzeichnen, als andere, die entsprechende Bestimmungen einhalten.

Ein Weg, um diese Haftung zu umgehen, könnte in einem Friedensvertrag bestehen, der einem Kriegsgegner für vergangene Kriegsverbrechen Amnestie gewährt. Obwohl dies theoretisch möglich wäre, zeigte eine Untersuchung zu den Friedensabkommen nach zwischenstaatlichen Kriegen, die in diesem Kapitel analysiert werden, dass kein einziges in diesem Sinn genutzt wurde. Auch wenn – wie im Friedenvertrag von Dorpat (Tartu) von 1920, der Estlands Krieg mit der UdSSR beendete – gelegentlich Bestimmungen auftauchen, die rückkehrenden Kriegsgefangenen Straflosigkeit gewähren, sind Staaten offenbar kaum bereit, in Abkommen Amnestien für begangene Verbrechen von Gegnern mitaufzunehmen.

Zweitens müssten wir ebenso erwarten, dass die Nutzungen der beiden Kriegsformalitäten in einer Beziehung stehen. Bewaffnete Konflikte, die mit einer Kriegserklärung beginnen, müssten besonders häufig mit förmlichen Friedensverträgen enden, weil die Kriegführenden im ersten Fall bereits die rote Linie überschritten haben, jenseits derer sie klar dazu verpflichtet sind, das *ius in bello* zu respektieren. Von dieser Regel gibt es wohl einige Ausnahmen: Staaten, die durch den Krieg aus dem internationalen System verschwinden, sind gar nicht gar mehr in der Lage, einen Friedensvertrag abzuschließen. Möglich ist ebenso, dass Kriegführende einen Krieg in der Erwartung beginnen, dass sie sich an das *ius in bello* halten werden, diese dann aber nicht erfüllen. Damit sinkt ihr Anreiz, sich auf einen förmlichen Friedensvertrag einzulassen.

Durchaus möglich und vielleicht sogar wahrscheinlich ist, dass Staaten und ihre Streitkräfte allgemein in bewaffnete Konflikte mit der

---

28 Sandholtz, Plunder, S.161f.

Absicht eintreten, sich an das *ius in bello* zu halten, ohne dass sie eine förmliche Kriegserklärung abgegeben haben. Aber den Krieg zu erklären und den Frieden mit einem Vertrag zu besiegeln, räumt jedwede Unklarheit darüber aus, ob Verstöße geahndet werden können. Für die Zeiten, in denen das *ius in bello* hochgradig kodifiziert vorliegt, müssen wir erwarten, dass Staaten, die sich auf Kriegserklärungen und Friedensverträge einlassen, mit einigem Grund auf ihre Fähigkeit vertrauen, das humanitäre Völkerrecht einzuhalten.

Empirische Analyse von Friedensverträgen

Ich untersuche anhand qualitativer und quantitativer Fakten die Bedingungen, unter denen Friedensverträge nach zwischenstaatlichen Kriegen geschlossen werden. Die quantitative Analyse lege ich als erste vor, um allgemeine Korrelationen aufzuzeigen und zudem einige alternative Erklärungen auszuschließen. Sie beruht auf denselben vier Fällen, die in Kapitel 3 und 4 herangezogen wurden, in denen Kriegserklärungen und die Erfüllung der Kriegsgesetze erörtert wurden.

Quantitative Analyse

Wie bei den Analysen von Kriegserklärungen und der Erfüllung der Kriegsregeln basiert die unten vorgelegte quantitative Analyse auf dem originären Datensatz zu Beginn und Beendigung zwischenstaatlicher Kriege (I-WIT). Sie dient dazu, meine Hypothesen zu überprüfen und andere auszuschließen, und zeigt neue Forschungswege auf, um Trends beim Einsatz von Friedensverträgen nach zwischenstaatlichen Kriegen zu eruieren.

Beschreibung der Variablen: Unten definiere ich wichtige unabhängige Variablen. Solche, die bereits in den Kapiteln 3 und 4 mit einer Beschreibung auftauchten, werden nur kurz erörtert, während andere, in diesem Kapitel neu eingeführte ausführlicher behandelt werden. Viele dieser neuen Variablen werden einbezogen, um alternative Erklärungen dazu zu überprüfen, wann und warum Friedensverträge geschlossen werden, im Gegensatz zu der Frage, wann und warum

Staaten Kriegserklärungen äußern oder sich an das Kriegsvölkerrecht halten. Wie bei den Analysen in Kapitel 3 und 4 entstammen viele dieser Variablen dem I-WIT-Datensatz. Dieser Beschreibung folgend, präsentiere und diskutiere ich anschließend Ergebnisse aus einer Reihe logistischer Regressionen zum Abschluss von Friedensverträgen nach innerstaatlichen Kriegen.

Die Ausweitung des kodifizierten humanitären Völkerrechts

Die wichtigste unabhängige Variable, die die Ausweitung des HVR erfasst, taucht in zwei Versionen auf. Die erste, *Kriegsgesetze*, ist schlicht eine Zählung, wie viele kriegsvölkerrechtliche Abkommen zur Zeit des Kriegsausbruchs in schriftlicher Form vorliegen.[29] Zu den untersuchten Kriegen, die vor der ersten schriftlichen Fixierung des HVR 1856 ausbrachen, zählen der Britisch-Persische Krieg, die italienischen Unabhängigkeitskriege und die französische Intervention in Mexiko. Die Kriege, die vor dem Hintergrund des umfangreichsten Kriegsvölkerrechts begannen, waren nicht überraschend die jüngsten in der Geschichte, darunter der Kosovokrieg, der Kargil-Krieg, die Golfkriege und der Afghanistankrieg. Ich halte diese Version, um die Ausweitung des HVR zu messen, mit Blick auf eine Analyse zu Friedensverträgen für besonders nützlich, weil Kriegführende, die den Abschluss eines solchen Vertrages erwägen, verschiedene – und unterschiedlich viele – HVR-Verträge ratifiziert haben dürften. Theoretisch lässt sich nur schwer ermitteln, welche Größenordnung dabei die größte Vorhersagekraft dazu hat, ob eine kriegführende Partei einen Friedensvertrag abschließt. Besonders kompliziert wird die Frage in multilateralen Kriegen. Die zweite Version, *mittlere Ratifizierungen*, ist die durchschnittliche Anzahl an *ius-in-bello*-Abkommen, die die beiden Mitglieder einer Dyade ratifiziert haben. Meine Hypothese lautet: Je höher die Anzahl der Kriegsgesetze oder der mittleren Ratifizierun-

---

29 Da Staaten kriegsvölkerrechtliche Abkommen nicht gerade während eines Krieges ratifizieren, ändert es am Ergebnis nichts, ob deren Anzahl für den Beginn oder das Ende des Krieges angesetzt wurde. Wallace stellt fest, dass ein Konflikt die Wahrscheinlichkeit für einen Staat vermindert, dass er später künftige Abkommen zum humanitären Völkerrecht ratifiziert. Wallace, Regulating Conflict.

gen, desto niedriger die Wahrscheinlichkeit, dass es zum Abschluss eines Friedensvertrags kommt.

Nichterfüllung der Bestimmungen zum Schutz von Kulturgut

Um die These zu überprüfen, dass Staaten besonders dann vor dem Abschluss von Friedensverträgen zurückscheuen, wenn sie gegen diejenigen Kriegsgesetze verstoßen haben, die bei Verletzungen ausdrücklich Sanktionen vorsehen, nutze ich Daten von James Morrow und Hyeran Jo, die sich damit befasst haben, wie die Bestimmungen zum Schutz von Kulturgut in sämtlichen zwischenstaatlichen Kriegen im 20. Jahrhundert erfüllt wurden.[30] Wie in Kapitel 4 nutze ich in meiner Analyse Morrows »Ordnungsindex für die Einhaltung«, eine kombinierte Bewertung zur Erfüllung, die auf der Größenordnung, der Häufigkeit, dem Grad an Zentralisierung und der Klarheit der Verstöße beruht.[31] Ich nehme Verstöße gegen Bestimmungen zum Schutz von Kulturgut aus zwei Gründen in den Blick. Erstens sind sie eines der Bereiche im Kriegsvölkerrecht, die besondere Bestimmungen zu Sanktionen enthalten. Zweitens handelt es sich anders als bei anderen Bereichen, die Morrow und Jo behandeln, bei sämtlichen Dokumenten, anhand derer sie ihre Codierungsregeln zum Schutz von Kulturgut erstellten, um echte Verträge anstatt um Erklärungen oder Entwürfe für Abkommen. Da mein entscheidender kausaler Mechanismus eben auf dem Effekt der Ausweitung des *ius in bello* beruht, das in internationalen Verträgen kodifiziert ist, könnte es die Fehlerquote der Analyse deutlich erhöhen, wenn nicht schriftlich niedergelegte Kriegsgesetze in ein Maß für die Nichterfüllung einbezogen würden.

Kriegserklärung

Die unten dargelegte Analyse beginnt ebenfalls mit einer Bewertung, in welcher Beziehung Kriegserklärungen und Friedensverträge stehen. Eine begleitende Hypothese meiner Argumentation lautet, dass die Kriegsformalitäten miteinander einhergehen: Staaten, die den Krieg erklären, unterzeichnen tendenziell auch eher Friedensverträge. Und

---

30 Morrow / Jo, Compliance with the Laws of War.
31 Morrow, When Do States Follow the Laws of War?, S. 563.

umgekehrt enden Kriege, die informell begonnen wurden, ebenfalls eher informell. Die Daten zu den Kriegserklärungen stammen aus dem Datensatz I-WIT. Hier handelt es sich um eine binäre Variable, die erfasst, ob mindestens ein Mitglied der Kriegsdyade dem anderen den Krieg erklärt hat.

Kontrollvariablen und alternative Erklärungen

Militärischer Sieg: Ein militärischer Sieg geht oft mit Beutemachen, der Möglichkeit, die Geschichte umzuschreiben, und mit einer erhöhten Wahrscheinlichkeit einher, dass der nachfolgende Frieden dauerhaft hält. Wenn in einem militärischen Konflikt eine Seite eindeutig den Sieg davongetragen hat, lassen sich politische Streitfragen wohl eher am Verhandlungstisch lösen, als es auf dem Schlachtfeld möglich ist. Das bedeutet nicht, dass die Siegerseite unbedingt unilateral die Bedingungen des Friedens diktiert. Auch wenn dies in einigen Fällen (mit dem Friedensvertrag von Versailles als bekanntestem Beispiel) geschehen ist, können sich Verhandlungen selbst nach einer entscheidenden militärischen Niederlage in die Länge ziehen, solange die Verliererseite nicht vollständig vernichtet ist.[32] Nichtsdestotrotz dürfte ein militärischer Sieg eher zu einem Friedensvertrag führen als ein in einer Pattsituation endender Krieg, weil die unterlegene Seite kaum glaubwürdig damit drohen könnte, als Alternative die Kämpfe wiederaufzunehmen. Die Logik spricht dafür, dass Kriege, die mit einem militärischen Sieg enden, mit höherer Wahrscheinlichkeit zu einem Friedensvertrag führen als solche, die unentschieden ausgehen.

Unabhängig voneinander stellten Page Fortna und Monica Toft einen Rückgang bei klaren Siegen in Kriegen fest.[33] Heute enden so-

---

32 So soll Zar Nikolaus II. bei den Verhandlungen in Portsmouth, New Hampshire, zu einem Friedensvertrag zur Beendigung des Russisch-Japanischen Krieges geschrieben haben:»Ich bin bereit, einen Krieg, den ich nicht begonnen habe, mit einem Frieden zu beenden, vorausgesetzt, die uns angebotenen Bedingungen sind der Würde Russlands angemessen. Ich erachte nicht, dass wir geschlagen sind; unsere Armee ist noch intakt, und ich habe Vertrauen in sie.« Etsthus, Double Eagle and Rising Sun, S. 50. Siehe ebenso Kecskemeti, Strategic Surrender, Kapitel 2.

33 Toft, Peace Through Victory?; Fortna, Where Have all the Victories Gone?.

wohl zwischenstaatliche als auch Bürgerkriege sehr viel eher in einer Pattsituation. Wenn ein entscheidender Zweck eines Friedensvertrags darin besteht, Übereinkünfte zu den Streitfragen festzuschreiben, um die der Krieg ausgefochten wurde,[34] müssen wir erwarten, dass Friedensverträge seltener geschlossen werden, wenn unentschiedene Ausgänge häufiger werden. Der I-WIT-Datensatz beinhaltet eine Variable für den militärischen Ausgang als Gleichstand oder Unentschieden, als unbedeutenden Sieg, als klaren Sieg oder als überragenden Sieg für die eigene Seite. Diese Variable überführe ich in eine binäre, bei der *militärischer Sieg* = 1, wenn der Krieg mit einem klaren oder überwältigenden Sieg geendet hat.[35]

Territoriale Veränderung: Ein anderer Umstand, der die Wahrscheinlichkeit erhöht, dass ein Friedensvertrag abgeschlossen wird, ist ein Gebietstransfer als Ergebnis des Krieges. Territoriale Streitigkeiten sind ein Hauptgrund für den Ausbruch von Kriegen.[36] Wenn Gebiete abgetreten oder im Krieg erobert werden, liefert ein Friedensabkommen die Gelegenheit, diese Veränderung vertraglich festzuschreiben. Tatsächlich kann ein solches Abkommen als eine Art Urkunde dienen: als ein öffentliches Dokument, das den Rechtsanspruch auf ein bestimmtes Territorium bescheinigt. Dies mag denn auch der wichtigste Grund dafür sein, warum Friedensverträge geschlossen werden. Und dies legt wiederum nahe, dass Kriege, die mit Gebietsübertragungen von der einen zur anderen Seite einhergehen, häufiger mit einem Friedensvertrag enden als andere, in denen die territorialen Verhältnisse gleichbleiben.

Neuere Forschungen zu territorialen Konflikten und insbesondere dazu, dass sich ab Mitte und bis gegen Ende des 20. Jahrhunderts eine Norm herausgebildet hat, die sich gegen territoriale Eroberungen richtet, deuten darauf hin, dass Gebietstransfers als Ergebnis kriegeri-

---

34 Grewe, Peace Treaties, S. 939.
35 Eine andere Trenngrenze anzusetzen, bei der *militärischer Sieg* = 0, wenn der Krieg mit Gleichstand endet, und sonst immer = 1, verändert nichts an den Ergebnissen.
36 Vasquez, The War Puzzle; Gibler, The Territorial Peace.

scher Auseinandersetzungen heute auf geringere Akzeptanz stoßen.[37] Dies verhinderte freilich nicht den Ausbruch territorialer Kriege in der genannten Ära. Gebietsstreitigkeiten sind nach wie vor eine hervorstechende Kriegsursache. Bei zweien der bedeutendsten Kriegskomplexe in der Zeit nach 1945 – die zwischen Indien und Pakistan um Kaschmir und die im Nahen Osten um die Grenzen von Israel – handelt es sich unstrittig um territoriale Konflikte. Nichtsdestotrotz kann in zwischenstaatlichen Kriegen, die um Gebiete geführt werden, der öffentliche Transfer von Territorium als deren Ergebnis für die internationale Gemeinschaft zu einem inakzeptablen Vorgang werden, wenn sich eine starke internationale Norm gegen territoriale Aggressionen richtet.

Territoriale Veränderung steht schlicht dafür, ob Gebiete als Ergebnis des Krieges in andere Hände übergegangen sind. Diese Variable aus dem I-WIT-Datensatz wird bezogen auf den territorialen Status quo *ante bellum* auf einer 5 Punkte umfassenden Skala erfasst: keine Gebietsveränderung; koloniale Besitzungen oder Protektorate gehen in andere Hände über oder werden unabhängig; kleine oder unbedeutende Stücke Land wechseln den Besitzer; oder ganze Staaten werden erobert. Wie die Variable des militärischen Sieges überführe ich auch diese in eine binäre, wobei *territoriale Veränderung* = 1, wenn irgendwelche Gebiete durch einen Krieg in andere Hände gelangen.

Von außen erzwungener Regimewechsel (FIRC): Zahlreiche Kriege aus neuerer Zeit deuten in Sachen Krieg auf einen weiteren Wandel hin, der mit dem genannten zusammenhängt: Militärische Konflikte enden heute eher mit einem Regimewechsel als mit territorialen Eroberungen oder eher traditionellen begrenzten militärischen Siegen. Dass Kriege heute immer häufiger mit einem Regimewechsel enden, könnte Friedensverträge überflüssig gemacht haben. Anstatt eine Übereinkunft zwischen Feinden zu treffen, könnte es in solchen Fällen nützlicher sein, einen Freundschaftsvertrag oder ein entsprechendes Bündnis zu schließen. Diese Beobachtung legt nahe, dass nach Kriegen, die mit einem von außen erzwungenen Regimewechsel *(foreign-imposed regime*

---

37 Korman, The Right of Conquest; Wendt, Social Theory of International Politics; Zacher, The Territorial Integrity Norm.

change, FIRC) enden, gegenüber anderen ohne einen solchen Wechsel seltener ein Friedensvertrag unterzeichnet wird. FIRC steht dafür, ob ein von außen erzwungener Regimewechsel als Ergebnis des Krieges erfolgt ist, und beinhaltet Fälle wie die Besetzung Japans oder Deutschlands nach dem Zweiten Weltkrieg. Die Codierung für diese Variable entstammt der von Alexander Downes und Jonathan Monten erstellten Liste solcher Regimewechsel.[38] Diese Liste wurde daraufhin mit der Liste der Correlates of War abgeglichen, um zu bestimmen, welche Regimewechsel mit bestimmten Kriegen einhergingen.

Staatsuntergang: Eine verwandte Möglichkeit betrifft Kriege, die mit der Auslöschung eines Staates enden, sodass es keinen Partner am Verhandlungstisch mehr gibt, mit dem sich ein Friedensabkommen unterzeichnen ließe. Die Logik spricht dafür, dass Kriege, die in einen Staatsuntergang münden, seltener mit einem Friedensvertrag beschlossen werden als andere, an deren Ende die Kriegführenden ihre staatliche Souveränität behalten.[39] Beispiele sind die Kriege, in denen sich in den 1880er-Jahren Sardinien/Piemont auf der einen und das Königreich beider Sizilien und der Kirchenstaat auf der anderen Seite gegenüberstanden – und die mit der Einigung Italiens endeten, –, sowie der (Siebenwöchige) Deutsche Krieg von 1866, der mit der Vereinigung deutscher Staaten zum Norddeutschen Bund endete. In beiden Fällen wurden zwischen den kriegführenden Parteien – zwischen Italien bzw. Preußen und den Ländern, die sie sich jeweils einverleibt hatten – keine Friedensverträge geschlossen. Meiner Festlegung von 2007 folgend, definiere ich Staatsuntergang als den »förmlichen Verlust der Kontrolle über die Außenpolitik an einen anderen Staat«, um zu codieren, ob ein Dyaden-Mitglied bei Beendigung (oder während) der Feindseligkeiten von der Landkarte verschwunden ist.[40] Die Liste

---

38 Downes/Monten, Forced to be Free?

39 Fazal, State Death. Da Fälle, bei denen der Krieg mit dem Untergang eines Staates endete, seit 1945 dramatisch zurückgegangen sind, würde diese Hypothese keine rückläufige Anzahl an Friedensverträgen nach Kriegen vorhersagen. Dagegen könnte sie eine Variation beim Abschluss entsprechender Verträge in der Zeit vor 1945 vorhersagen.

40 Ebenda, S. 1.

der untergegangenen Staaten von 2007 taucht hier allerdings in einer Abwandlung auf, die Fälle von außen erzwungener Regimewechsel ausschließt, damit *Staatsuntergang* und *FIRC* ins gleiche Modell einbezogen werden können. Während die ursprüngliche Liste der Staatsuntergänge zum Beispiel die Besatzung Deutschlands und Japans nach dem Zweiten Weltkrieg einschließt, fehlen diese Fälle in der abgewandelten Liste, weil sie bereits als von außen erzwungene Regimewechsel erfasst sind.

Kriegsdauer und Jahr des Kriegsendes: Diese Variablen entstammen beide aus dem Correlates of War Project. *Kriegsdauer* wurde als ein Maß für Kriege aufgenommen, bei denen Verhandlungsprobleme besonders akut sind. Dahinter steht die Erwartung, dass langwierigere Kriege genau deshalb seltener mit einem Friedensabkommen enden, weil ihre Streitfragen so schwierig zu lösen sind. *Jahr des Kriegsendes* überprüft die Möglichkeit, dass ein langanhaltender Trend vorliegen könnte.

UN-Mitgliedschaft: Auf derselben Grundlage, auf der die Völkerrechtler_innen den Standpunkt vertreten, dass die Nationen Kriegserklärungen überflüssig gemacht hätten, könnten sie behaupten, dass dieser Effekt auch auf Abschlüsse von Friedensverträgen einwirkt.[41] Deswegen nehme ich die UN-Mitgliedschaft als eine eindeutige Variable in die Analyse von Friedensverträgen mit auf. Diese Variable bewegt sich zwischen 0 und 2. Dabei gibt 0 an, dass kein Mitglied der Kriegsdyade UN-Mitglied ist, während 1 für eine und 2 für zwei kriegführende Parteien als UN-Mitglied steht. Wenn die UN-Mitgliedschaft die Wahrscheinlichkeit verringert, dass Friedensverträge geschlossen werden, müsste diese Variable der Logik nach einen negativen Korrelationskoeffizienten generieren.

Gemeinsames Demokratieniveau: Wie in Kapitel 3 vermutet, neigen Demokratien womöglich eher dazu, die Kriegsformalitäten einzusetzen. Friedensabkommen können als Verträge gelten und dürften als solche

---

41 Bell, On the Law of Peace, S. 93 ff. Wie ich allerdings in Kapitel 8 erörterte, unterstützt das UN-System nachdrücklich die Nutzung von Friedensverträgen, um Bürgerkriege zu beenden.

mit den Prinzipien von Transparenz und vernünftiger Argumentation, die der Demokratie zugrunde liegen, in Einklang stehen. *Gemeinsames Demokratieniveau* basiert auf dem Maß für Demokratie des Polity-IV-Projektes. Als gemeinsames Ergebnis der Dyade setze ich den niedrigeren der beiden Werte für die Demokratisierung an. Hier herrscht die Erwartung, dass Dyaden mit einem höheren gemessenen Demokratisierungsgrad verglichen mit anderen mit einem niedrigeren eher Friedensverträge abschließen.

Großmächte: Die Variablen *keine Großmacht* und *eine Großmacht* erfassen, ob keiner oder einer der beiden Gegner in der Kriegsdyade den Status der Großmacht innehat – mit der Liste der Großmächte des Correlates of War Project als Grundlage. Großmächte sehen vielleicht keine Notwendigkeit, sich in der Auseinandersetzung mit Nichtgroßmächten auf Kriegsformalitäten einzulassen. Folglich müssten wir bei *einer Großmacht* im Ergebnis einen negativen Koeffizienten erwarten. Das Vorzeichen des Koeffizienten bei *keine Großmacht* ist schwieriger vorherzusagen. Als Referenzkategorie dient *beide Großmächte*.

Veto-Spieler: Je mehr Veto-Spieler es in einem Staat gibt, desto schwieriger gestaltet sich vielleicht der Abschluss eines Friedensabkommens. Diese Logik spiegelt die These wider, wonach Bürgerkriege mit mehr Veto-Spielern auf der jeweiligen Seite länger dauern als andere mit weniger solcher Player.[42] Wie bei der Analyse zu Kriegserklärungen nutze ich Witold Heinisz' Maß der politischen Zwänge, um die Anzahl der Veto-Spieler in den einzelnen Dyaden zu bestimmen. Da für die Jahre, in denen Kriege enden, leider zu viele Daten fehlen, lasse ich diese Variable in der Analyse außen vor.[43]

---

42 Cunningham, Veto Players and Civil War Duration.
43 Eine zusammenfassende Variable für politische Zwänge wirft nur für 23 Dyaden Daten ab. Wie in Kapitel 3 erörtert, sind zwei Alternativen, eine aus dem *Polity*-Datensatz und eine aus dem V-Dem-Datensatz, unpraktikabel, weil *Xconst* aus dem Polity-Datensatz hoch mit der *Polity*-Variablen korreliert (und tatsächlich eine der Variablen ist, die zur Indizierung genutzt wird) und weil der V-Dem-Datensatz erst beim 20. Jahrhundert ansetzt.

Europäisch versus nichteuropäisch. In gleicher Weise, wie europäische Staaten vielleicht eine geringere Bereitschaft zeigen, nichteuropäischen Staaten im Konfliktfall den Krieg zu erklären, weil solche Erklärungen ein Zeichen des Respekts darstellen, könnten diese Staaten auch einen größeren Widerwillen zeigen, mit nichteuropäischen Staaten Friedensabkommen zu schließen. Deswegen nehme ich für Dyaden, die aus Staaten beider Typs bestehen, eine Indikatorvariable auf, die auf Fazals und Greens Codierung europäischer und nichteuropäischer Staaten beruht.[44]

Aufstandsbekämpfung (COIN): Schließlich ist auch möglich, dass Kriege, in der zumindest eine Seite Guerillataktiken einsetzt, weniger wahrscheinlich mit Friedensabkommen enden, weil sowohl Aufstände als auch deren Bekämpfung – wie das Ergebnis von Kapitel 4 nahelegt – mit höheren Raten an Verstößen gegen das HVR einhergehen dürften oder weil die Partei, die den Aufstand bekämpft, die Aufständischen als illegitime Gegner betrachtet, die es nicht verdienen, dass Kriegsformalitäten eingesetzt werden. Wie in Kapitel 3 nehme ich die COIN-Variable auf, die erfasst, ob der Krieg ein Element der Aufstandsbekämpfung beinhaltet hat.

Regressionsanalyse und Diskussion: Das Universum der Fälle für die quantitative Analyse zu Friedensverträgen sind zwischenstaatliche Kriegsdyaden von 1816 bis 2007. Hier nutze ich nicht gerichtete Kriegsdyaden als meine Analyseeinheit. Folglich ergibt der Krieg zwischen den Vereinigten Staaten und Deutschland im Zweiten Weltkrieg im Datensatz nur eine (keine zwei) Beobachtung. Weil die abhängige Variable – ob ein Friedensvertrag geschlossen wurde – binär ist, führe ich eine Reihe logistischer Regressionen zu Friedensverträgen in zwischenstaatlichen Kriegen durch. Bei der Clusteranalyse werden robuste Standardfehler benutzt.

Die in Tabelle 5.1 dargestellten Ergebnisse geben an, dass die Anzahl der HVR-Abkommen, die bei Ende des Krieges in Kraft sind, signifikant und negativ mit der Häufigkeit korrelieren, in der Friedensverträge geschlossen werden. Basierend auf der Analyse in Modell 1

---

44   Fazal / Greene, A Particular Difference.

Tabelle 5.1   Logistische Regressionen zu Friedensverträgen, nach Kriegsdyade

Modell	1	2	3	4	5	6 (UNSC)	7
Kriegs-gesetze	-0,34 (0,10) p=0,00	-0,25 (0,11) p=0,02	-1,34 (0,38) p=0,00	-1,14 (0,71) p=0,11	-0,26 (0,08) p=0,00	-0,33 (0,10) p=0,00	
mittlere Ratifi-zierungen		-0,32 (0,12) p=0,01					
Nichterfüllung von Bestim-mungen zum Schutz von Kulturgut				-1,88 (1,00) p=0,06			
Kriegs-erklärung	1,38 (0,71) p=0,05						1,47 *(0,72)* p=0,04
militärischer Sieg	0,62 (0,65) p=0,34	1,20 (0,76) p=0,11	0,91 (0,67) p=0,18			0,84 (0,69) p=0,23	0,47 (0,61) p=0,44
territoriale Veränderung	1,20 (0,52) p=0,02	1,21 (0,41) p=0,00	0,91 (0,50) p=0,07	0,98 (0,58) p=0,09	0,74 (0,49) p=0,13	1,54 (0,44) p=0,00	1,22 (0,52) p=0,02
FIRC	-1,10 (0,79) p=0,17	-0,48 (0,59) p=0,42	-1,21 (0,66) p=0,07	-0,15 (0,59) p=0,80		-0,72 (0,61) p=0,24	-1,15 (0,81) p=0,16
UN-Mitglied-schaft				-1,07 (0,55) p=0,05	1,01 (0,93) p=0,28		
gemeinsames Demokratie-niveau	0,11 (0,07) p=0,14	0,12 (0,08) p=0,13	0,15 (0,08) p=0,07			0,05 (0,07) p=0,46	0,11 (0,08) p=0,14
keine Großmacht	-1,35 (0,69) p=0,05	-2,87 (0,85) p=0,00	-1,51 (0,82) p=0,07	-1,24 (1,05) p=0,24	-1,18 (0,75) p=0,12	-1,22 (0,78) p=0,12	-1,52 (0,69) p=0,03
eine Großmacht	-1,95 (0,57) p=0,00	-2,41 (0,72) p=0,00	-2,20 (0,75) p=0,00	-1,89 (1,28) p=0,14	-2,03 (0,67) p=0,00	-1,86 (0,67) p=0,01	-1,87 (0,50) p=0,00

Modell	1	2	3	4	5	6 (UNSC)	7
Staats-	−1,40	−1,19	−1,50	0,72	−1,04	0,85	−1,45
untergang	(0,81)	(0,53)	(0,77)	(0,98)	(0,47)	(1,44)	(0,78)
	p=0,09	p=0,03	p=0,05	p=0,47	p=0,03	p=0,56	p=0,07
europäisch	0,58	0,66	0,71	0,36	0,82	0,90	
vs. nicht-	(0,40)	(0,37)	(0,43)	(0,63)	(0,41)	(0,35)	
europäisch	p=0,15	p=0,08	p=0,10	p=0,57	p=0,04	p=0,01	
Kriegsdauer	0,00	0,00	0,00	0,00		0,00	0,00
	(0,00)	(0,00)	(0,00)	(0,00)		(0,00)	(0,00)
	p=0,25	p=0,40	p=0,32	p=0,21		p=0,56	p=0,26
Jahr des					0,07		
Kriegsendes					(0,05)		
					p=0,20		
Aufstands-							−0,03
bekämpfung							(1,05)
							p=0,98
Konstante	2,82	2,50	3,54	13,33	−122,00	1,94	3,12
	(1,01)	(1,33)	(1,12)	(3,70)	(97,88)	(1,06)	(1,00)
	p=0,01	p=0,06	p=0,00	p=0,00	p=0,21	p=0,07	p=0,00
Anzahl der Fälle	224	228	228	101	253	228	224
Pseudo-R^2	0,4536	0,2747	0,4530	0,5305	0,3601	0,3201	0,4482
Chi^2	0,0000	0,0000	0,0000	0,0000	0,0000	0,0000	0,0000
% richtig vorhergesagt	83,48	75,44	82,46	86,14	81,82	73,68	83,48

Hinweis: Robuste Standardfehler in Klammern

wurden Kriege, die im Jahr 2000 zu Ende gingen, als 18 kodifizierte »Kriegsgesetze«[45] vorlagen, zu 90 Prozent seltener mit einem Friedensvertrag beschlossen als solche, die im Jahr 1900 – mit vier solcher Gesetze – endeten. Abb. 5.2 illustriert diese Beziehung. Etwas anders ausgedrückt, bestand für Russland und Großbritannien, die im Krimkrieg gegeneinander in einer Zeit kämpften, als das Kriegsvölkerrecht noch nicht kodifiziert war, eine um 60 Prozent höhere Wahrschein-

---

45 Diese Zahl (18) zählt größere Mengen von Einzelverträgen – wie die Haager Abkommen von 1899 und 1907 – jeweils als ein Kriegsgesetz.

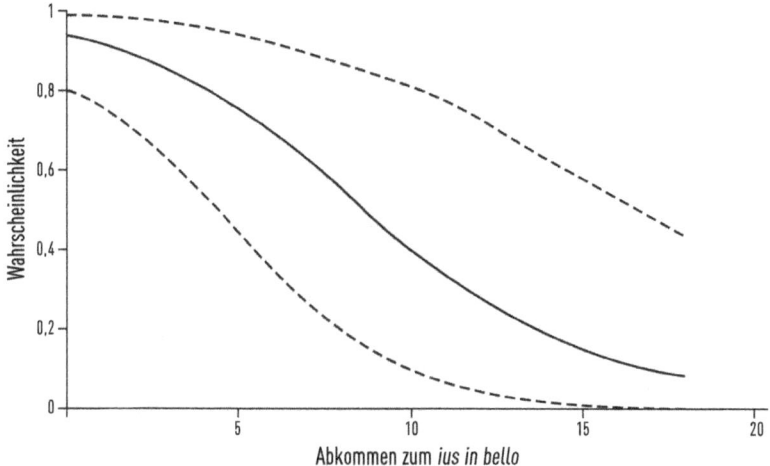

Abb. 5.2 Wahrscheinlichkeit für einen Friedensvertrag bei einem Zuwachs an kodifiziertem HVR. Darstellung mit Konfidenzintervallen

lichkeit, dass sie ihren Krieg mit einem Friedensvertrag beendeten als für Afghanistan und Großbritannien nach dem Afghanistankrieg von 2001, als Afghanistan acht und das UK 25 »Kriegsgesetze« (bei einem Durchschnitt von 16,5) ratifiziert hatte. Tatsächlich wurde der Krimkrieg mit einem Friedensvertrag – dem (Dritten) Pariser Frieden von 1856 – beendet, während dies beim Afghanistankrieg nicht der Fall war.

Die Ergebnisse stehen auch mit zwei Begleithypothesen im Einklang, die sich aus der umfassenderen These ableiten lassen, wonach die Ausweitung des kodifizierten HVR zu einem rückläufigen Gebrauch von Kriegsformalitäten führt. Modell 4 überprüft die These, wonach Staaten, die gegen kriegsvölkerrechtliche Bestimmungen zum Schutz von Kulturgut verstoßen (die ungewöhnlich deutlich zur Ahndung von Verstößen verpflichten), besonders stark davor zurückscheuen, Friedensverträge zu schließen. Hinter dieser These steht die Logik, dass die betreffenden Staaten das Forum der Rechenschaft vermeiden wollen, das bei Verhandlungen für einen Friedensvertrag eröffnet wird. Der Koeffizient für die Nichterfüllung der Kriegsgesetze zum Schutz von Kulturgut ist negativ und statistisch signifikant: Wie sich zeigt, schließen Staaten, die gegen diese Kriegsgesetze am meisten verstoßen, mit einer Wahrscheinlichkeit von über 80 Prozent seltener Friedensverträge ab als diejenigen, die sie am besten erfüllen. Zudem werden Kriege, die förmlich eröffnet werden, wie vorhergesagt, gegenüber anderen, für die keine Seite eine Kriegserklärung abgegeben hat, mit einer um 40 Prozent höheren Wahrscheinlichkeit auch förmlich beendet.[46]

Zwei Mengen von Kontrollvariablen korrelieren ebenfalls mit dem Abschluss von Friedensverträgen. Die erste bezieht sich auf die Rolle des Territoriums oder die territoriale Kontrolle bei entsprechenden Abschlüssen. Nicht überraschend schließen Kriegführende, die den Staatsuntergang erleiden – also aus dem internationalen System verschwinden – nur halb so oft Friedensverträge ab wie andere, deren Staat den Krieg übersteht. Dieses Ergebnis ist interessant, wenn es mit der fehlenden statistischen Beziehung zwischen dem Abschluss von Friedensverträgen und von außen erzwungenen Regimewechseln verglichen wird. In diesem zweiten Fall besteht der Staat als eine internationale juristische Person fort, um Abkommen wie Friedensverträge schließen zu können, aber ihre Regimes oder Führer werden als Ergebnis des Krieges von den Siegermächten ausgetauscht.

Ob Territorium als Ergebnis des Krieges den Besitzer wechselt, steht ebenfalls in einer signifikanten Beziehung zum Abschluss von Friedensverträgen. Kriege, die mit einem Gebietstransfer enden, werden zu fast 40 Prozent häufiger durch einen solchen förmlichen Vertrag beschlossen als andere, bei denen die territorialen Verhältnisse unverändert bleiben. Hier dient das Friedensabkommen wohl als eine Art Urkunde, in der die Gebietsabtretung festgeschrieben wird. Allerdings liefern territoriale Veränderungen keine Erklärung für den *Rückgang*, der bei der Nutzung von Friedensverträgen zu verzeichnen ist. Heute enden weniger Kriege als früher mit Gebietsabtretungen, während Kriege, die mit solchen Veränderungen enden, signifikant häufiger mit Friedensverträgen beschlossen werden.

Die andere Menge signifikanter Kontrollvariablen bezieht sich auf den relativen Status der Kriegführenden. Dyaden, in denen kein Staat oder nur einer Großmacht ist, beschließen ihren Konflikt signifikant seltener mit einem Friedensvertrag als die Referenzkategorie von Dya-

---

46 Diese Beziehung wird weiter unten im Kapitel noch ausführlicher erörtert.

den, in denen beide Staaten Großmächte sind. Überraschenderweise beenden Dyaden, die aus einem europäischen und einem nichteuropäischen Staat bestehen, ihren Konflikt tendenziell häufiger mit einem Friedensvertrag als andere mit null oder mit zwei europäischen Staaten. Dieses unerwartete Ergebnis könnte der Tatsache geschuldet sein, dass die Dyaden außerhalb der Kategorie *europäisch vs. nichteuropäisch* eine besonders gemischte Menge darstellen (mit anderen Worten: die Referenzkategorie ist besonders heterogen) oder dass europäische Staaten mit besonders hoher Wahrscheinlichkeit nichteuropäische Staaten besiegen und ihnen dann – zu ihren Bedingungen – Friedensverträge aufzwingen.

Weitere alternative Erklärungen funktionieren weniger gut. Die Beziehung zwischen militärischem Sieg und Friedensabkommen ist statistisch nicht ausreichend signifikant, selbst wenn die Variable *europäisch vs. nichteuropäisch* aus dem Modell ausgeschlossen wird. Vier weitere Variablen – *gemeinsames Demokratieniveau, Kriegsdauer, Jahr des Kriegsendes* und *Aufstandsbekämpfung* – erreichen ebenfalls keine statistische Signifikanz. Das Ergebnis bei *gemeinsames Demokratieniveau* steht im Gegensatz zu der in Kapitel 3 dargelegten Analyse der Beziehung zwischen Demokratien und Kriegserklärungen. Das Vorzeichen des Koeffizienten ist, wie vorhergesagt, zwar positiv, aber dass die statistische Signifikanz fehlt, spricht entweder für eine andere Beziehung zwischen Demokratie und Friedensverträgen oder dafür, dass die gemeinsame Analyse gegenüber der Einzelbetrachtung dieser Beziehung ziemlich kompliziert ist.

Die zeitlichen Variablen verhalten sich in dieser Analyse wohl am überraschendsten. Die Dauer eines Krieges spielt in keinem Fall eine statistisch signifikante Rolle. Überdies liegt der wesentliche Effekt dieser Variablen konsistent bei oder nahe 0. Der positive Koeffizient beim Jahr, in dem der Krieg endet, deutet – falls überhaupt auf etwas – allenfalls darauf hin, dass Friedensverträge mit *höherer* Wahrscheinlichkeit nach späteren als nach früheren Kriegen geschlossen werden. Dieses Ergebnis müsste besonders Leserinnen und Leser beruhigen, die sich dafür interessieren, ob hinter diesen Ergebnissen Langzeittrends stehen könnten.

Die letzte Menge an Variablen betrifft die Rolle der Vereinten Nationen bei der Vorhersage, ob Friedensverträge geschlossen werden.

Eine solche Beziehung konkurriert am schärfsten mit meiner Hypothese. In Modell 6 in Tabelle 5.1 wurden in die abhängige Variable zusätzlich Resolutionen des Sicherheitsrats der Vereinten Nationen (UNSC) einbezogen, die als Ersatz für Friedensverträge dienen könnten. Mit anderen Worten: Dieses Modell sagt ein Ergebnis an Friedensverträgen oder UNSC-Resolutionen vorher. Bei dieser Abwandlung der Variablen bleiben die Ergebnisse allerdings unverändert. Der Zuwachs an kodifizierten HVR-Bestimmungen verringert, so meine Argumentation, auch weiterhin signifikant die Wahrscheinlichkeit, dass Kriege mit Friedensverträgen enden. Die Ergebnisse der Regressionsanalyse sprechen ebenfalls nicht dafür, dass UNSC-Resolutionen als Ersatz für Friedensverträge dienen. Tatsächlich gibt es bei diesen Resolutionen nur zwei Fälle (beide mit der Forderung nach einer Feuerpause), die als Friedensverträge dienen könnten: Resolution 598 nach dem Iran-Irak-Krieg von 1980–1988 und Resolution 687 nach dem Zweiten Golfkrieg 1990–1991.

Die Modelle 3 und 4 beinhalten eine Indikatorvariable, die angibt, ob eines, beide oder kein Mitglied der Dyade zur Zeit des Konflikts UN-Mitglied war. Hier erbringen unterschiedliche Zeitabschnitte inkonsistente Ergebnisse. In der Analyse, die das 19. und das 20. Jahrhundert abdeckt, korreliert die UN-Mitgliedschaft signifikant und negativ mit dem Abschluss von Friedensverträgen. Beschränkt sich die Analyse allerdings unter Ausschluss des 19. auf das 20. Jahrhundert – in dem die UN-Mitgliedschaft die größte Bedeutung hat –, kehrt sich das Vorzeichen des Koeffizienten um, und die statistische Signifikanz geht verloren. Bestenfalls können wir sagen, dass die Beziehung zwischen der UN-Mitgliedschaft und dem Abschluss von Friedensverträgen nach diesen Ergebnissen unbestimmt ist.

Tabelle 5.2 geht dieser Beziehung tiefer auf den Grund. Auch wenn nach 1945 die meisten Staaten UN-Mitglied waren, so gilt dies keineswegs für alle. Mehrere Staaten – darunter China, Nordkorea, Nordvietnam und Israel – traten den Vereinten Nationen als anerkannte Staaten in der UN-Ära erst bei, nachdem sie größere Kriege ausgefochten hatten.[47] Keines dieser Nicht-UN-Mitglieder schloss einen

---

47 Die Volksrepublik China nahm ihren Sitz in der UNO 1971 ein, während die Demokratische Volksrepublik Korea (Nordkorea) 1991 beitrat – beide lange

Friedensvertrag ab. Diese Kriegsformalität wurde dagegen während der UN-Ära *ausschließlich* von Dyaden genutzt, bei denen beide Kontrahenten UN-Mitglieder waren. Zu diesen zählen: Spanien und Marokko (Ifni-Krieg), El Salvador und Honduras (Fußballkrieg) sowie Indien und Pakistan (Bangladesch-Krieg). Angesichts der Tatsache, dass in der UN-Ära Mitglieder der UNO ganz offenbar wahrscheinlicher Friedensabkommen schließen als Nichtmitglieder, lässt sich die These schwer aufrechterhalten, dass die Existenz der Vereinten Nationen dafür verantwortlich sei, dass immer weniger Friedensverträge geschlossen werden.

Tabelle 5.2 Friedensabkommen und Mitgliedschaft in den Vereinten Nationen

	1816–2007		nur UN-Ära		
	vor 1945	nach 1945	UN-Mitglieder (beide)	UN-Mitglied (einer)	Nicht-UN-Mitglieder (beide)
Friedens-vertrag	75% (123)	7% (7)	12% (7)	0% (0)	0% (0)
kein Friedens-vertrag	25% (40)	93% (91)	88% (53)	100% (31)	100% (7)
insgesamt	100% (163)	100% (98)	100% (60)	100% (31)	100% (7)

Robustheitsmaßnahmen wie die Weltkriege auszuschließen, den Logarithmus der Dauer zu nutzen oder das höchste (anstatt das durchschnittliche) Maß an Ratifizierung einzubeziehen, erbrachte bei den Koeffizienten zu den Variablen *ius-in-bello*-Abkommen und *Ratifizierungen* stabile Ergebnisse. Die Koeffizienten »Großmacht« und »Staatsuntergang« verloren in diesen Spezifikationen zuweilen ihre statistische Signifikanz, während die Koeffizienten zu territorialer Veränderung und militärischem Sieg tendenziell an Signifikanz gewannen.

---

nach dem Waffenstillstandsabkommen, das auf den Koreakrieg folgte. Israel trat 1949 nach dem Unabhängigkeitskrieg bei. Vietnam wurde 1977 nach dem Vietnamkrieg Mitglied.

Qualitative Analyse

Ich nutze die gleiche Auswahl an Fällen, die in den vorangegangenen Kapiteln in der Analyse zu Kriegserklärungen und zur Einhaltung des HVR erörtert wurden. Die unten dargestellte Analyse des Spanisch-Amerikanischen Krieges zeigt, dass Friedensabkommen – wie Kriegserklärungen – im 19. Jahrhundert als ein gewohnheitsrechtliches Vorgehen im Krieg betrachtet wurden. Mit der Vermehrung der Kriegsgesetze und deren verändertem Charakter sank allerdings die Bereitschaft der Kriegführenden – insbesondere derer, die am ehesten zur Einhaltung verpflichtet waren –, Friedensverträge abzuschließen. Deutlich sichtbar wurde diese Zurückhaltung, wenn sie, wie beim Boxeraufstand, im Verlauf des Konflikts gegen das HVR verstoßen hatten. Besonders interessant ist hier der Fall des Shimla-Abkommens, das 1971 den Bangladesch-Krieg zwischen Indien und Pakistan beendete, weil er ein Verhalten offenbart, das meine Theorie nicht erwarten lassen würde: Indien erklärte den Krieg, verstieß dann aber gegen das HVR zur Rückführung von Kriegsgefangenen. Pakistan zwang das Land, Farbe zu bekennen und auf den Gleichgewichtspfad der Erfüllung zurückzukehren. Damit wurde der Abschluss des Shimla-Abkommens möglich, das den Krieg offiziell beendete. Typischer für die Zeit nach Abschluss der Genfer Abkommen ist der Fall des Falklandkriegs (Guerra de las Malvinas), der teilweise wahrscheinlich deshalb in keinen Friedensvertrag mündete, weil die entscheidenden strittigen territorialen Fragen ungelöst blieben.

Gewohnheitsrecht, ius in bello *und der Vertrag von Paris:* Ähnlich wie die Parteien des Spanisch-Amerikanischen Krieges den Konflikt mit Kriegserklärungen begonnen hatten, hielten sie es offenbar selbstverständlich für wünschenswert, ihn mit einem förmlichen Friedensvertrag zu beenden. Ein solcher Vertrag war beiden Seiten wichtig, weil davon ausgegangen wurde, dass der Krieg ohne Abkommen erneut aufflammen würde. Spanien hatte ausreichend viele Schläge einstecken müssen, um einen Angriff auf sein Mutterland zu befürchten, während es in den Vereinigten Staaten als unehrenhaft galt, einem am Boden liegenden Feind weitere Hiebe zu versetzen. Außenminister John Hay beschrieb die Präferenzen der US-Regierung so: »Ein Friedensvertrag ist für die Vereinigten Staaten von höchster Bedeutung, wenn er ohne das Opfer reiner Pflicht zu haben ist. Der Präsident würde die Wiederaufnahme der Feindseligkeiten gegen einen niedergeworfenen Gegner zutiefst bedauern.«[48]

Wichtig war ein Friedensabkommen auch deshalb, weil es als eine öffentliche Erklärung diente, in der Spanien zustimmte, auf die Souveränität über Kuba – das bald unabhängig werden sollte – zu verzichten und Puerto Rico, Guam und die Philippinen an die Vereinigten Staaten abzutreten. Ehe diese territorialen Verfügungen in die ersten drei Artikel des Vertrags gegossen wurden, hatten sie die Friedenskonferenz beherrscht, weil Spanien den USA die Souveränität über Kuba nur widerwillig übertrug und sich erbittert dagegen wehrte, die Philippinen als seine Kolonie aufzugeben. Tatsächlich hätte dieser letzte Streitpunkt fast zum vorzeitigen Abbruch der Konferenz geführt.

Nach über einem Monat der Verhandlungen mit geringsten Fortschritten stellten die Vereinigten Staaten den spanischen Friedensunterhändlern ein Ultimatum. Ihre entscheidende Forderung an Spanien lautete, ihnen die Philippinen (neben Puerto Rico, Kuba und Guam, deren Abtretung vereinbart war) gegen 20 Millionen Dollar zu überlassen. Mit der Aufgabe dieser letzten Kolonie hätte der spanischen Großmacht das Totenglöckchen geläutet.

Nachdem Eugenio Montero Ríos, der Vorsitzende der spanischen Friedenskommission, das US-Ultimatum erhalten hatte, umriss er in einem Telegramm an den spanischen Staatsminister Duque de Almodóvar del Río die Forderungen und fügte seine Einschätzung hinzu: Ich glaube, dass der amerikanische Vorschlag deutlich mehr Nachteile als Vorteile birgt und dass es für Spanien als ein letzter Vorschlag am besten wäre, den USA die Antillen und die Philippinen kostenlos anzubieten unter der Voraussetzung, dass die kolonialen Verpflichtungen auf sie übergehen; oder die USA sichern Spanien die entsprechende Summe zu, damit es diese Verpflichtungen decken kann, wenn sie zu seinen Lasten bleiben. Sollten die USA diesen Vorschlag nicht akzeptieren, ist es vorzuziehen, ihnen die Antillen und die Philippinen zu überlassen, weil es an

---

48 United States Department of State 1899, S. 48, Hay an Day, Washington, 13. November 1898.

Ressourcen zu ihrer Verteidigung fehlt, und die Verhandlungen ohne ein Friedensabkommen zu beenden.[49] Die spanische Regierung reagierte auf die US-Forderungen erschreckt und gedemütigt. Almodóvar berichtete, dass »weiterer Widerstand zwecklos und der angedrohte Abbruch der Verhandlungen gefährlich« sei.[50] Die Gefahr, von der Almodóvar sprach, drohte in zweierlei Hinsicht: Spanien befürchtete einen amerikanischen Angriff auf das spanische Mutterland und zudem »rastlose« internationale Kräfte, die durch die »alarmierende« Dauer der Verhandlungen »stimuliert« würden.[51] Folglich kehrte Spanien ohne alle Ansprüche an den Verhandlungstisch zurück. Als eine besiegte Nation würde es die Vertragsbedingungen akzeptieren, anstatt sie zu diktieren.

Wie beeinflusste das Maß, in dem die USA und Spanien das *ius in bello* erfüllt hatten, den Abschluss des Vertrags von Paris? Wie in Kapitel 4 dargelegt, behandelten beide Staaten die Soldaten und Matrosen des jeweils anderen mustergültig. Der gegenseitige Respekt und Anstand, die hinter dem hohen Maß an Erfüllung des *ius in bello* gestanden hatten, bestimmten auch den Verlauf der Friedensverhandlungen. Auch wenn man nur schwer vertreten könnte, dass dieses positive Verhalten im Krieg aktiv zum Zustandekommen des Friedensvertrags beigetragen hat, liegt die Vermutung nicht allzu fern, dass Rechtsverstöße – insbesondere durch die Spanier – den Verlauf der Konferenz sowie die Bedingungen des Vertrages durchaus hätten verändern können.

Streitigkeiten über den Umgang der Spanier mit kubanischen Aufständischen tauchten in entscheidenden Momenten der Vertragsverhandlungen auf. Die US-Delegation wies die spanische Forderung an die Vereinigten Staaten, Spaniens Schulden in Kuba zu übernehmen, mit der Begründung zurück, dass diese aufgenommen worden seien, um eben jene Aufstandsbekämpfung zu finanzieren, wegen der die

---

49 Ministerio del Estado, Spanish Diplomatic Correspondence and Documents, S. 325, Teil 3, Dokument 77, Montero Ríos an Almodóvar, Paris, 21. November 1898.
50 Ebenda, S. 333, Teil 3, Dokument 90, Almodóvar an Montero Ríos, Madrid, 25. November 1898.
51 Ebenda.

USA in den Konflikt eingetreten waren. Diese »unzivilisierte Kriegführung« zu subventionieren, lehnten die Vereinigten Staaten ab.[52] Von diesem Streitpunkt abgesehen, haben die spanischen Verstöße gegen das gewohnheitsrechtliche *ius in bello* in Kuba die Aussichten auf einen Friedensvertrag offenbar nicht beeinträchtigt, wahrscheinlich deshalb nicht, weil sie sich nicht gegen die Vereinigten Staaten gerichtet hatten. Der Spanisch-Amerikanische Krieg war in vielerlei Hinsicht ein archetypischer traditioneller und förmlicher Krieg. Beide Seiten achteten sehr stark auf die Feinheiten des förmlichen Ablaufs – wer wann den Krieg erklärte, die gewissenhafte Beachtung des *ius in bello*, sobald die Feindseligkeiten begannen, und die Einhaltung sämtlicher äußerer Formalien einer Friedenskonferenz, obwohl die Siegerseite in der Position war, praktisch alle Bedingungen für die Nachkriegszeit zu diktieren. Aber dieser Konflikt war auch einer der letzten einer aussterbenden Art. Mit Eröffnung der Haager Konferenz nur ein Jahr nach seinem Ende begann eine neue Ära der zwischenstaatlichen Konflikte. Wie die Beispiele des Boxeraufstands und nachfolgender Kriege zeigen, sollten die Kriegsformalitäten weniger gefragt und infolgedessen in den kommenden Kriegen auch seltener eingesetzt werden.

Das »Boxer-Protokoll«: Das Friedensabkommen zwischen den Alliierten und China, das den Boxeraufstand offiziell beendete, hat eine zwiespältige Stellung inne. Als eine eindeutig förmliche Übereinkunft, die viele der Streitfragen behandelte, um die der Konflikt entbrannt war, trug es allerdings nicht den Titel »Friedensvertrag«, und auch die Wörter »Frieden« oder »Krieg« tauchen in ihm nirgendwo auf. Auch wurde es von den alliierten Parteien nicht ratifiziert.[53] Obwohl in inoffiziellen Schreiben von »Friedensverhandlungen« die Rede war, die dem Abschluss vorausgingen,[54] machten die Alliierten deutlich, dass das Boxer-Protokoll nicht als Friedensverstrag gedacht war, und legten klar die Gründe dar:

---

52 Reid, Making Peace with Spain, S. 72.
53 Grob, The Relativity of War and Peace, S. 208.
54 United States Department of State 1900, Conger an Prinz Ching, 10. September 1900, S. 201.

Der Kongress der Vereinigten Staaten, die französischen Kammern und der Bundesrat waren nicht aufgefordert worden, einer Kriegserklärung zuzustimmen. Bezeichnend ist, dass im wichtigen Haushaltsausschuss des Reichstags Zweifel laut wurden, ob es angemessen sei, unter diesen Umständen mit China einen »Friedensvertrag« zu schließen. Die Überschrift »Abschlussprotokoll« war offenbar bewusst gewählt worden, um auf die Bestimmungen im amerikanischen, französischen und deutschen Verfassungsrecht hinzuweisen, wonach Entscheidungen, wie die für eine Kriegserklärung, der Legislativen vorbehalten sind. Sie diente dem Zweck, die rechtliche Existenz eines Krieges zu leugnen.[55]

Von den Motiven für den Abschluss förmlicher Friedensabkommen, welche die quantitative Analyse erbringen könnte, lagen Verstöße gegen das *ius in bello* in diesem Fall sicherlich vor. Für die Verstöße durch China sah das Boxer-Protokoll eine strenge Ahndung vor.[56] Die der Alliierten könnten dagegen durchaus der Bereitschaft entgegengewirkt haben, ein förmliches Friedensabkommen zu schließen und somit explizit anzuerkennen, dass sich die am Expeditionskorps in China beteiligten Staaten in einem Kriegszustand befunden hatten – ein Eingeständnis mit juristischen Konsequenzen, insbesondere im Licht der Tatsache, dass alle diese Staaten ein Jahr zuvor die Haager Abkommen unterzeichnet hatten. Das zweite dieser Abkommen von 1899 untersagte ausdrücklich, Kriegsgefangene unmenschlich zu behandeln und Plünderungen zu begehen. Die Beteiligten am Expeditionskorps hatten gegen beide Bestimmungen verstoßen. Dass der Status des »Boxer-Protokolls« bewusst im Unklaren gehalten wurde, sollte sieben Jahre später den chinesischen Abgesandten bei der Ausarbeitung der Haager Abkommen von 1907 zu der Bitte veranlassen, in die neueste Kodifizierung des *ius in bello* eine Forderung mitaufzunehmen, den Krieg förmlich zu definieren. Sein Ersuchen war erfolglos.[57]

---

55   Grob, The Relativity of War and Peace, S. 208. Hervorhebung durch die Autorin.

56   Tan, The Boxer Catastrophe, S, 216–223; Kelly, A Forgotten Conference, S. 103. Siehe ebenso das Boxer-Protokoll, insbesondere Artikel 2 und 10.

57   Davis, The United States and the Second Hague Peace Conference, S. 211.

Das Shimla-Abkommen: Mit dem Shimla-Abkommen von 1972, das den Bangladesch-Krieg von 1971 beendete, wurden drei Ziele erreicht. Erstens bestätigte es ausdrücklich das Bekenntnis von Indien und Pakistan zu den Prinzipien der UN-Charta. Zweitens konnten dank seiner die diplomatischen Beziehungen und der Handel zwischen beiden Ländern wiederaufgenommen werden. Und drittens enthielt es die Forderung, dass sich Inder und Pakistaner wieder auf ihre jeweilige Seite der internationalen Grenze zurückzogen.

Mindestens ebenso bedeutsam ist dagegen das, was das Shimla-Abkommen nicht leistete: Der Kaschmirkonflikt blieb ungelöst, auch wenn es Spekulationen gibt, wonach Indiens Premierministerin Indira Gandhi und Pakistans Zulfikar Ali Bhutto informell übereinkamen, sich hinter die Waffenstillstandslinie – im Shimla-Abkommen »Kontrolllinie« genannt – von 1971 zurückzuziehen.[58] Zudem fehlte im Abkommen eine förmliche Anerkennung Bangladeschs durch Pakistan.[59]

Mit der Bestimmung, dass sich die indischen und die pakistanischen Streitkräfte hinter die internationalen Grenzen zurückzuziehen hatten, beinhaltete der Vertrag allerdings eine implizite Anerkennung des neuen Staates Bangladesch und löste damit die wichtigste Streitfrage. Tatsächlich bestätigte er offiziell den damals geschaffenen Status quo. Indien hatte sich im Januar 1972 aus Bangladesch zurückgezogen, das bereits Monate vor Abschluss des Abkommens als souveräner Staat operiert hatte.

Offengeblieben war während der Verhandlungen zum Abkommen die Frage der pakistanischen Kriegsgefangenen, die nach wie vor in Indien festgehalten wurden. Ihre Internierung bedeutete einen klaren Verstoß gegen das dritte Genfer Abkommen von 1949, wo es heißt: »Die Kriegsgefangenen sind nach Beendigung der aktiven Feindseligkeiten ohne Verzug freizulassen und heimzuschaffen.« (Artikel 118) Eine entscheidende These in diesem Kapitel lautet, dass Staaten, die das *ius in bello* verletzen, eine besonders geringe Bereitschaft zeigen müssten, Friedensverträge abzuschließen. Hier hatte der siegreiche Staat – der in einer Position war, die Bedingungen zu diktieren – das

---

58   Ganguly, Conflict Unending, S. 71.
59   Sattar, Simla Pact, S. 481.

ius in bello klar verletzt. Wie lässt sich diese Tatsache damit in Einklang bringen, dass er das Shimla-Abkommen dennoch ausgehandelt und unterzeichnet hat?

Während Indien die Kriegsgefangenen als Unterpfand für Verhandlungen zurückhielt, um Pakistan zur Anerkennung Bangladeschs zu bewegen, scheiterte die Strategie gerade daran, dass es offiziell erklärt hatte, sich in einem förmlichen Kriegszustand zu befinden. Auch hatte Indien als Führungsmacht der Bewegung der Blockfreien wiederholt seine Unterstützung für das internationale Recht bekundet. Sich ganz offen über dieses hinwegzusetzen, hätte eine blamable Heuchelei offenbart. Pakistan klagte am Internationalen Gerichtshof mit der Begründung, dass (angesichts der Nichtanerkennung Bangladeschs) allein bei ihm die Zuständigkeit liege, Soldaten den Prozess zu machen, denen Völkermord und Verbrechen gegen die Menschlichkeit vorgeworfen wurden. Folglich verstoße Indien gegen das dritte Genfer Abkommen von 1949 und müsse die Gefangenen rücküberführen.[60] Die *Times of India* überschrieb einen Artikel zum Thema, frei übersetzt, mit »Pak[istans] Versuch durchschaut, die öffentliche Meinung zum Krieg zu manipulieren«.[61] Als Indien schließlich einlenkte, ersuchte Pakistan den Gerichtshof, die Klage fallenzulassen, bevor eine Entscheidung über die juristische Zuständigkeit fiel. Es sagt wohl einiges, dass Indien seit dem Shimla-Abkommen von 1972 trotz wiederholter Scharmützel – und eines größeren Krieges 1999 – um Kaschmir mit Pakistan keinen Friedensvertrag mehr unterzeichnet hat.

Sieg ohne Friedensvertrag: Die Politik, die den Beginn des Falklandkrieges bestimmt hatte, prägte auch dessen Ende. Großbritannien errang einen klaren Sieg, wie die Kapitulationen von Argentiniern vor Ort belegen, darunter auch von General Mendendez im Government House in Stanley, dem Regierungssitz der Falklandinseln.[62]

---

60 Ebenda, S. 482; International Court of Justice, Case Concerning Trial of Pakistani Prisoners of War.

61 Pak Bid to Divert World Opinion Seen, *Times of India*.

62 Eddy/Linklater/Gillman, Falkland, S. 299, S. 342; Freedman/Gamba-Stonehouse, Virginia, Signals of War, S. 375 f.

Verhandlungen und Übereinkünfte auf hoher Ebene erwiesen sich allerdings als schwierig. Großbritannien verlangte eine Art förmliche Anerkennung der Kapitulation oder Waffenruhe, während Argentinien darauf bestand, dass die gegen das Land verhängten Sanktionen aufgehoben würden. Zusätzlich erschwert wurde der Abschluss einer förmlichen Waffenruhe (ganz zu schweigen eines förmlichen Friedensvertrags) durch die politische Lage in Argentinien. In der argentinischen Öffentlichkeit regte sich erbitterter Widerstand gegen einen offiziellen Waffenstillstand. Der faktische Präsident Leopoldo Galtieri hatte das Militär gegen sich.[63] Und am 17. Juni 1982 brach Galtieris Militärjunta zusammen. Auch wenn kein Fall von Staatsuntergang vorliegt, stellte sich dem Vereinigten Königreich die Frage, von wem es eine Kapitulation entgegennehmen konnte. Die sich anschließende innenpolitische Umstrukturierung in Buenos Aires erschien als Vorspiel zu einer Beendigung des Krieges am Verhandlungstisch.

Großbritannien hob bis Juli 1982 die meisten ihrer Sanktionen gegen Argentinien auf, ließ allerdings einige, insbesondere gegen Waffenhandel, in Kraft. Dagegen fuhr Argentinien einen härteren Kurs und hielt mehr Sanktionen gegen das Vereinigte Königreich aufrecht, auch wenn die Briten ihre Sanktionen zunächst auszuweiten versuchten, bis eine förmliche Einstellung der Feindseligkeiten erreicht werden konnte.[64] Obwohl beide Länder ihre diplomatischen Beziehungen 1990 wieder aufnahmen,[65] blieb die Streitfrage um die Ansprüche auf die Falklandinseln/Malvinas insofern ungelöst, als Großbritannien und Argentinien niemals zu einem förmlichen Abkommen gelangten.[66]

Das Fehlen einer Einigung in der wichtigsten territorialen Streitfrage war in diesem Fall offenbar das entscheidende Hindernis, das jedem Friedensvertrag im Weg stand. Wenn Friedensverträge zuweilen, wie von den Ergebnissen der quantitativen Analyse in Tabelle 5.1 nahegelegt, als eine Art Urkunde für Gebietstransfers dienen, müssen

63 Ebenda, S. 411.
64 Freedman, The Official History of the Falklands Campaign, Bd. 2, S. 660 ff.
65 Bell, On the Law of Peace, S. 51.
66 Die ehemalige argentinische Staatspräsidentin Cristina Kirchner bekräftigte Argentiniens Anspruch auf die Inseln noch im Jahr 2010. Falklands, Iran, Palestine, Issues of Mrs. Kirchner Address to UN Assembly.

diesen beide Parteien zugestimmt haben. Zum Stand Mitte 2015 ist die Souveränität über die Falklandinseln/Malvinas nach wie vor umstritten. Die Inseln sind für das britisch-argentinische Verhältnis ungefähr das, was die Kurilen für das zwischen Japan und Russland seit mindestens dem Ende des Zweiten Weltkriegs waren: ein Knackpunkt, der den Abschluss eines Friedensvertrags verhindert.[67] Im Fall der Falklandinseln/Malvinas kam nicht einmal ein förmliches Waffenstillstandsabkommen zustande, was aber vielleicht insofern nicht überrascht, als die territoriale Integrität Argentiniens auf dem Festland unangetastet blieb. Das Land wurde zum Abzug aus einem Archipel gezwungen, der weit vor seiner Küste lag, ohne eigenen Boden im Mutterland preisgeben zu müssen. Mit anderen Worten: Da die argentinische Regierung keine Pistole auf die Brust gesetzt bekommen hatte, war ihr Anreiz gering, die nationale Demütigung einer Kapitulation zu akzeptieren.

Inwieweit behinderten Verstöße gegen das *ius in bello* in diesem Fall den Abschluss eines Friedensabkommens? Hier spielten diese bestenfalls eine begrenzte Rolle. Das allgemeine Verhalten in dem zwischenstaatlichen Krieg war akzeptabel gewesen, wie in Kapitel 4 erörtert. Wo am deutlichsten gegen Kriegsrecht verstoßen worden war – bei der Quasiblockade durch Großbritannien –, waren die juristischen Konsequenzen begrenzt oder gar inexistent – teilweise deswegen, weil keine Kriegserklärung erfolgt war. Eine ineffiziente Blockade gilt nicht als Kriegsverbrechen, und die britische Blockade hatte nur den argentinischen Gegner getroffen, ohne dass neutrale Schiffe aufgebracht worden wären. Hätten solche Schiffe allerdings in die Sperrzone zu gelangen versucht, wäre der Aufschrei in der internationalen Gemeinschaft wegen der Verletzung des *ius in bello* durch das Vereinigte Königreich wohl deutlich lauter ausgefallen. Dieses hatte wenig Anreiz, das Risiko einzugehen, bei Verhandlungen zu einem Friedensvertrag in Haftung genommen zu werden.

Das informelle Vorgehen im Falklandkrieg bereitete den britischen Militärs einiges Kopfzerbrechen. Admiral Sandy Woodward,

---

67 Japan Rejects Putin's Claim It Is to Blame for Stalled Islands Talks, *The Japan Times*.

der Kommandeur der Falklands Battle Group, beschrieb die Moral so: »Ein ziemliches Problem, verschärft dadurch, dass der ›Krieg‹ nie erklärt wurde oder vorbei war.«[68] Die zunehmende Festschreibung des *ius in bello*, die, wie ich vertrete, dafür gesorgt hat, dass zwischenstaatliche Kriege verstärkt informell geführt werden, kann die Kriegführung folglich nicht nur durch Restriktionen der Militärs bei der Wahl ihrer Mittel einschränken, sondern auch darin, wie effizient sie ihre Kämpfe ausfechten.

Eine förmliche Beziehung: Gehen Kriegserklärungen und Friedensverträge miteinander einher?

Kriegserklärungen haben gute Prädikatoren für den Abschluss von Friedensverträgen, was darauf hindeutet dass beide Kriegsformalitäten häufig im Verbund auftreten. Die oben erörterten quantitativen Ergebnisse legen nahe, dass Kriegsdyaden, in denen mindestens eine Partei eine Kriegserklärung ausgesprochen hat, gegenüber solchen ohne jede Erklärung mit einer um 40 Prozent erhöhten Wahrscheinlichkeit ein Friedensabkommen abschließen werden. Gleichzeitig sagen Kriegserklärungen aber nicht mit absoluter Sicherheit voraus, dass ein Friedensvertrag geschlossen wird, womit sich die Frage stellt, wann und warum die Kriegsformalitäten nicht miteinander einhergehen. Und die entsprechende Frage stellt sich bei einer Reihe von Kriegen, die zwar nicht erklärt, aber mit einem Friedensvertrag beendet wurden. Tabelle 5.3 fasst die Beziehungen zwischen Kriegserklärungen und Friedensverträgen zusammen.

Es gibt mindesten drei Gründe, aus denen mit Kriegserklärungen begonnene bewaffnete Konflikte ohne Friedensvertrag enden können. Erstens können Kriegführende den Krieg in der Erwartung erklären, dass sie das *ius in bello* einhalten werden, daran im Verlauf des Konflikts aber scheitern. Mit ihrer Kriegserklärung haben sie sich verpflichtet, das HVR einzuhalten, und entscheiden sich, wenn sie am Ende feststellen, dass sie dies nicht getan haben, möglicherweise gegen

---

68 Council, Command of the Defence 2004, S. 9.

ein Friedensabkommen, um sich bei den Verhandlungen nicht noch stärker dem Risiko auszusetzen, zur Verantwortung gezogen zu werden. In ihrer neueren Geschichte zum Kriegsvölkerrecht im Ersten Weltkrieg merkt Isabel Hall an, dass die Alliierten die Verantwortlichkeit des Deutschen Reichs für sein Verhalten während des Krieges eindeutig an den Friedensvertrag knüpften. Sie zitiert aus einem Schreiben Clemenceaus an Bülow: »Deutschlands Verantwortung beschränkt sich allerdings nicht darauf, dass es den Krieg geplant und begonnen hat. Nicht weniger verantwortlich war es für die brutale und inhumane Weise, in der er geführt wurde.«[69]

Tabelle 5.3   Kriegserklärungen und Friedensverträge

	Friedensvertrag	kein Friedensvertrag
Kriegserklärung	86	21
keine Kriegserklärung	41	108

Zweitens enden mit einer Kriegserklärung begonnene Kriege vielleicht dann ohne Friedensvertrag, wenn eine Partei der Dyade im Verlauf des Konflikts untergeht. Aus den oben dargestellten Ergebnissen wissen wir, dass Kriege, die zum Untergang eines beteiligten Staates führen, kaum halb so oft mit einem Friedensvertrag enden wie andere, nach denen beide beteiligten Staaten fortbestehen. Dieses Ergebnis zeigt sich vor allem in einer Reihe von Kriegsdyaden des Zweiten Weltkriegs, in denen insbesondere Deutschland mit zahlreichen Gegnern keinen Friedensvertrag geschlossen hat, teilweise wegen der Teilung in Ost und West.

Drittens ist in Fällen, in denen nur eine Partei der Dyade den Krieg erklärt – und sogar das *ius in bello* respektiert – hat, die andere Partei eher unwahrscheinlich bereit, einen Friedensvertrag zu schließen, wenn sie gegen dieses Recht verstoßen hat. Der oben erörterte Fall des Boxeraufstands passt in dieses Muster. China erklärte den am Expeditionskorps beteiligten Staaten den Krieg, während für die westlichen Mächte wegen der eklatanten Verstöße dieses Korps gegen das Kriegs-

---

69   Hull, A Scrap of Paper, S. 10.

völkerrecht kaum Anreiz bestand, anschließend mit China ein förmliches Friedensabkommen zu schließen, vor allem deshalb, weil sie vor Kurzem erst die Haager Abkommen von 1899 unterzeichnet hatten. Schwerer nachzuvollziehen ist, warum Kriege, die ohne Kriegserklärung begannen, mit einem Friedensvertrag enden. Wie oben dargestellt, besteht zwischen Kriegserklärungen und Friedensverträgen eine statistisch signifikante Korrelation. Wenn ich die Fälle untersuche, in denen die Kriegsformalitäten nicht im Verbund auftauchten, versuche ich somit, die Ausnahme von der Regel zu verstehen. Als eine mögliche Erklärung, warum unerklärte Kriege mit einem Friedensvertrag enden, könnten Kriegführende, welche die Kriegsgesetze entgegen ihrer ursprünglichen Erwartung einhalten, es für sicherer halten, nach Kriegsende einen Friedensvertrag abzuschließen, weil sie wegen Verletzungen der *ius in bello* wenig zu befürchten haben. So respektierten zum Beispiel Honduras und El Salvador beide das *ius in bello* während des Fußballkrieges von 1969 – ein unerklärter Krieg, den 1980 der Vertrag von Lima beendete.

In der inzwischen umfangreichen Literatur zur Beendigung von Kriegen ist der Wandel im Gebrauch von Friedensverträgen weitgehend unbeachtet geblieben. Diese Lücke ist deswegen problematisch, weil Friedensverträge mehr als nur reine Kriegsformaltäten sind. Neuere Forschungen deuten darauf hin, dass solche Abkommen einen unabhängigen Effekt auf die Dauer und vielleicht sogar die Qualität des nachfolgenden Friedens haben.[70] Sollte dies der Fall sein, stellt die rückläufige Nutzung von Friedensverträgen einen besorgniserregenden Trend dar.

Überwiegend erklären sich Völkerrechtler_innen die rückläufige Nutzung von Friedensverträgen wie auch die von Kriegserklärungen aus der Entstehung des UN-Systems. Auch wenn diese These Wahres enthalten mag, nährt die empirische Analyse in diesem Kapitel Zweifel an ihr. Resolutionen des UN-Sicherheitsrats sind offenbar nicht an die Stelle von Friedensverträgen getreten, und die Staaten, die solche Verträge in der UN-Ära abschlossen, waren durchweg Mitglieder der UNO. Und Kriegsbeteiligte, die nicht in den UN organisiert waren, haben auch keine Friedensverträge abgeschlossen.

---

70 Wallensteen, Quality Peace, S. 31.

Die Faktenlage deutet vielmehr darauf hin, dass der Rückgang bei den Friedensverträgen enger mit der Ausweitung des humanitären Völkerrechts zusammenhängt. Nach meinem Standpunkt ist dies deshalb der Fall, weil Staaten versuchen, ihre juristische Verantwortlichkeit aus diesem sich weiterentwickelnden völkerrechtlichen Regelwerk zu begrenzen, und deshalb Schritte wie den Abschluss von Friedensverträgen vermeiden, die klar einen Kriegszustand definieren. Wenn Staaten während eines Konflikts Kriegsvölkerrecht verletzen, zeigen sie eine besonders geringe Bereitschaft, einen Friedensvertrag zu schließen – weil sie bei den Verhandlungen für ein solches Abkommen das Risiko vermeiden wollen, zur Rechenschaft gezogen zu werden.

Während der rückläufige Einsatz von Friedensverträgen Anlass zu Sorge gibt, stößt man auf ein anderes Rätsel, wenn man die jeweiligen Quoten miteinander vergleicht, mit denen zwischenstaatliche Kriege und Bürgerkriege mit Friedensverträgen beendet werden: Im gleichen Zeitraum, in dem diese Quote bei zwischenstaatlichen Kriegen gesunken ist, ist sie bei Bürgerkriegen gestiegen. In den nächsten Kapiteln untersuche ich, wie sich die Weiterentwicklung des Kriegsvölkerrechts auf Rebellengruppen in Bürgerkriegen im Vergleich zu den Effekten ausgewirkt hat, die in den Kapiteln 3, 4 und 5 auf Staaten in zwischenstaatlichen Kriegen dargestellt wurden.

6

Unabhängigkeitserklärungen in Bürgerkriegen

Das Kriegsrecht wurde von Staaten hauptsächlich deshalb ausgearbeitet, um ihren militärischen Auseinandersetzungen untereinander Regeln aufzuerlegen. Die vorangegangenen drei Kapitel haben empirisch untersucht, wie sich der Einsatz von Kriegsformalitäten in zwischenstaatlichen Kriegen verändert hat. Mit dieser Art Kriege einzusteigen, war deshalb sinnvoll, weil diese den Ausgangspunkt dafür gebildet haben, dass ein Kriegsvölkerrecht überhaupt entstanden ist, und weil sie bei der erstmaligen Kodifizierung entsprechender Regeln die häufigste Form der bewaffneten Konflikte darstellten.

Heute werden die meisten bewaffneten Konflikte allerdings in Form von Bürgerkriegen ausgefochten. Damit wäre ein Verständnis, wie die Weiterentwicklung der Kriegsgesetze die Politik und die moderne Kriegführung beeinflusst hat, schlicht unvollständig ohne eine parallele Untersuchung dazu, wann Kriegsformalitäten in Bürgerkriegen eingesetzt werden. Nicht überraschend, wird diese Analyse im Vergleich zu der zu zwischenstaatlichen Kriegen nicht exakt parallel verlaufen. Wegen der zahlreichen Unterschiede, die zwischen beiden Typen des Konflikts herrschen, werden sie üblicherweise getrennt behandelt, und es ist durchaus ungewöhnlich, sie in ein und demselben Buch zu erörtern. Aber wenn wir den historischen Bogen nachverfolgen wollen, in dem sich das Projekt des humanitären Völkerrechts entwickelt hat, können wir uns in dieser Darstellung nicht von Anfang bis Ende auf zwischenstaatliche Kriege beschränken. Bürgerkriege prägten die Gestaltung des humanitären Völkerrechts im gesamten Verlauf seiner Geschichte mit, und diejenigen, die es gegenwärtig vertreten, konzentrierten ihre Bemühungen zu einem Großteil auf Bürgerkriege. Entsprechend befasse ich mich in den nächsten drei Kapiteln mit ihnen.

Ich konzentriere mich zunächst auf Trends, wann in Bürgerkriegen Unabhängigkeitserklärungen eingesetzt werden. Diese Analyse stellt sich etwas anders dar als die in Kapitel 3 präsentierte Erörterung um Kriegserklärungen in zwischenstaatlichen Kriegen, und zwar aus mehreren Gründen. Erstens besetzen in Bürgerkriegen Rebellengruppen und Regierungen völlig andere Positionen, was ihre internationale Anerkennung angeht. Bei Staaten, die sich den Krieg erklären, ist von einer gewissen Gleichheit im Status auszugehen, die in Bürgerkriegen zwischen Aufständischen und Staaten fehlt. Zweitens und damit einhergehend versuchen sezessionistische Aufständische, die ihre Unabhängigkeit erklären, diese Kluft im Status zu überwinden. Und drittens: Da unterschiedliche Rebellengruppen im Bürgerkrieg vielfältige Ziele verfolgen, dient es als ein nützlicher Ausgangspunkt, nur einen Typ des Bürgerkriegs in den Blick zu nehmen, um die Beziehung zwischen den Kriegsgesetzen und dem Verhalten von Rebellengruppen zu beurteilen.

Zahlreiche Rebellengruppen – aber insbesondere sezessionistische – stellen sich in Bürgerkriegen in hohem Maß auf die Präferenzen der internationalen Gemeinschaft und die Erfordernisse des Völkerrechts ein. Diese These ist vielleicht insofern brisant, als das internationale Recht, das schon in zwischenstaatlichen Kriegen auf Skepsis stößt, in Bürgerkriegen praktisch als bedeutungslos gilt. Der Bürgerkrieg sagt dem innerstaatlichen Rechtsgefüge von Natur aus den Kampf an. Und sezessionistische Bürgerkriege – in denen Aufständische einen neuen unabhängigen Staat anstreben – stellen zudem das fundamentale Prinzip der Souveränität infrage, das dem internationalen Recht zugrunde liegt.

Nichtsdestotrotz behandeln sezessionistische Rebellengruppen die Kriegsgesetze häufig mit Sorgfalt. Bei Gruppen, die einen eigenen unabhängigen Staat anstreben, richtet sich diese Achtsamkeit sowohl auf die Bestimmungen, die den Rückgriff auf Gewalt regeln (*ius ad bellum*), als auch auf die zum Verhalten im Krieg (*ius in bello*). Auch wenn andere Rebellengruppen die Kriegsgesetze ebenso achten, habe ich in Kapitel 2 vertreten, dass sich die unbeabsichtigten Folgen der

Ausweitung des Kriegsvölkerrechts am sichtbarsten in den Handlungen von Sezessionisten zeigen müssten – und zwar deshalb, weil sie anders als andere Typen von Aufständischen die Unterstützung der internationalen Gemeinschaft benötigen, um ihre politischen Ziele zu erreichen. Diese Argumentation führe ich anhand einer Frage aus: Unter welchen Bedingungen verkünden sezessionistische Rebellengruppen förmliche Unabhängigkeitserklärungen?

Solche Gruppen werden versuchen, den Vorlieben der internationalen Gemeinschaft auf die Spur zu kommen, um ihre Chancen zu maximieren, ihre politischen Ziele zu erreichen. In der Ära der Vereinten Nationen beinhalteten diese Präferenzen eine »traditionelle Aversion« gegenüber einseitigen Unabhängigkeitserklärungen.[1] Auch wenn die Vereinten Nationen in ihrer Frühzeit die Entkolonialisierung unterstützten, nahmen sie sezessionistische Bewegungen davon aus, zum Beispiel in Staaten, die frisch die Unabhängigkeit erlangt oder diese seit einiger Zeit besessen hatten. Deutlich wird dieser Punkt anhand der Geschichte der »Erklärung über Grundsätze des Völkerrechts betreffend freundschaftliche Beziehungen und Zusammenarbeit zwischen Staaten im Einklang mit der Charta der Vereinten Nationen« von 1970.[2] Diese Erklärung betont erneut die erstmals in der UN-Charta dargelegten Prinzipien der territorialen Integrität, der friedlichen Beilegung von Konflikten und der politischen Unabhängigkeit der Staaten. Sie behandelt zudem das Prinzip der Selbstbestimmung zu einer Zeit, in der zwei historische Trends zusammenliefen: Während das Ende der Entkolonialisierung in Sicht kam, war der Kalte Krieg in vollem Gange. Damit mussten Staaten einen Weg finden, wie sie mit neuen Ansprüchen auf ethnische und politische Selbstbestimmung umgingen, während sie einen Weltkrieg zu verhindern versuchten. Wie der renommierte Völkerrechtler Antonio Cassese zeigt, kann bei einer oberflächlichen Interpretation dieser Erklärung der Eindruck entstehen, dass sie Sezession und Sezessionismus Raum verschaffe. Allerdings »wandten sich die Staaten, die am Entwurf der Erklärung beteiligt waren, in der überwiegenden Mehrheit entschieden gegen den Gedanken, dass Völker ein Sezessions-

---

1 Fierstein, Kosovo's Declaration of Independence, S. 419.
2 Resolution 2625 (XXV) der UN-Generalversammlung, 24. Oktober 1970.

recht hätten«.[3] Und wie ein anderer Rechtswissenschaftler es fasst: »Damit ein Anspruch auf Sezession als rechtens gelten kann, neigt die staatliche Praxis dazu, als notwendige Vorbedingung den Konsens der betreffenden Parteien zu betonen [...]. Staatliche Praxis legt nahe, dass unilaterale Unabhängigkeitserklärungen, falls überhaupt, nur sehr geringe Unterstützung haben [...], wenn die Regierung eines bestimmten Staates deutlich macht, dass sie gegen die Sezession ist.«[4]

Die syrischen Kurden reagierten auf diese Präferenz, indem sie vor einer förmlichen Unabhängigkeitserklärung zurückscheuten und sich stattdessen zu einer autonomen föderalen Region erklärten.[5] Für eine Gruppe wie die Kurden, die seit fast einem Jahrhundert staatliche Unabhängigkeit anstreben, überrascht dieser Schritt einigermaßen – insbesondere vor dem Hintergrund, dass die syrisch-kurdische Partei der Demokratischen Union (PYD) zum gegenwärtigen Zeitpunkt wohl das am effizientesten regierte Territorium in Syrien kontrolliert. Warum begnügt sie sich damit, die Autonomie anstatt förmlich die Unabhängigkeit zu erklären? »In einem Interview mit Al Jazeera«, so heißt es, »betonte Alan Semo, der Vertreter der syrisch-kurdischen Partei der Demokratischen Union (PYD) im Vereinigten Königreich, dass es nicht deren Absicht sei, die Unabhängigkeit zu erklären.«[6] Damit demonstrieren die Kurden weiterhin guten Willen gegenüber der internationalen Gemeinschaft – mit einer notwendigen Vertagung einer Diskussion über die Unabhängigkeit, ohne diese Option auszuschließen. Sezessionistische Aufständische wissen, dass sie gegenüber den Vertreter_innen der internationalen Gemeinschaft mit der Macht, ihnen Anerkennung zu gewähren, mit Vorsicht auftreten müssen. Ebenso ist ihnen bewusst, dass diese Gemeinschaft sich in der Ära der UN gegen förmliche Unabhängigkeitserklärungen gestellt hat. Infolgedessen beobachten wir, wie ich vertrete, seit 1945 einen rückläufigen Gebrauch von einseitigen Unabhängigkeitserklärungen.

---

3 Cassese, Self-Determination of Peoples, S. 112.
4 Fierstein, Kosovo's Declaration of Independence, S. 430 f.
5 Syria Civil War 2016.
6 Why Syria's Kurds Want Federalism, *Al Jazeera*.

Die bisherige Forschung hat die längeren Trends bei der Nutzung von Unabhängigkeitserklärungen im Bürgerkrieg bislang außer Acht gelassen. Im übrigen Teil dieses Kapitels beginne ich mit einer Erörterung dazu, warum wir uns mit diesen befassten sollten. Ich definiere sie und gebe einen Überblick zur Häufigkeit, in der Unabhängigkeitserklärungen verkündet wurden. Anschließend lege ich dar, dass sezessionistische Rebellengruppen, da sie internationale Anerkennung brauchen, wertschätzen und anstreben, die Präferenzen der internationalen Gemeinschaft besonders aufmerksam registrieren und für sie besonders empfänglich sind. Wenn die Völkergemeinschaft sich gegen unilaterale Unabhängigkeitserklärungen positioniert, greifen weniger sezessionistische Gruppen auf dieses Mittel zurück, selbst dann, wenn der Sezessionismus insgesamt zunimmt.

Ich analysiere Unabhängigkeitserklärungen in Bürgerkriegen anhand eines originären Datensatzes: des Civil War Initiation and Termination Dataset (C-WIT),[7] der zusammen mit dem Datensatz I-WIT erstellt wurde (und weiter unten beschrieben wird). Zudem erörtere ich mehrere Fallstudien, die auf Sekundärquellen, Archivmaterial und Interviews beruhen. Ich stelle einmal mehr fest, dass Kriegführende – in diesem Fall sezessionistische Rebellengruppen – auf die Kriegsgesetze sehr strategisch reagieren. Bei ihnen führt dieses Verhalten allerdings eher als bei Staaten dazu, dass sie das Kriegsvölkerrecht einhalten, anstatt es zu umgehen.

Unabhängigkeitserklärungen: eine Übersicht

Unabhängigkeitserklärungen verdienen aus mehreren Gründen Aufmerksamkeit. Erstens weil die Anzahl von Sezessionistengruppen steigt,[8] uns aber ein Verständnis dafür fehlt, wie wir diese als eine Kategorie von Rebellengruppen und die Unterschiede zwischen ihnen einzuschätzen haben. Eine Untersuchung, wann und ob sezessionistische Aufständische in Bürgerkriegen die Unabhängigkeit erklären, bietet einen ersten Anhaltspunkt, um diese Fragen zu klären.

---

7 Eine Beschreibung des C-WIT findet sich bei Fazal, Statistical Appendix.
8 Fazal/Griffiths, Membership Has its Privileges, S. 84.

Zweitens können die Existenz und der Inhalt von Unabhängigkeitserklärungen künftiges Verhalten signalisieren. So forderten zum Beispiel die Zapatisten in ihrer Unabhängigkeitserklärung zur Abspaltung von Mexiko von 1993 explizit das IKRK dazu auf, ihr Verhalten zu überwachen – und sandten damit die Botschaft aus, dass sie Einsicht in das humanitäre Völkerrecht hätten und das Bemühen der internationalen Gemeinschaft um dessen Einhaltung schätzten: »Wir bitten auch, dass internationale Organisationen und das Internationale Rote Kreuz unsere Kämpfe überwachen und regulieren, damit unsere Anstrengungen realisiert werden, unsere Zivilbevölkerung aber geschützt bleibt. Wir erklären jetzt und immer, dass wir dem Genfer Abkommen unterliegen.«[9]

Drittens kann ein umfassenderes Verständnis der Unterschiede in Unabhängigkeitserklärungen auch dazu beitragen, eine mögliche Schieflage in der bestehenden Forschung zum Sezessionismus zu korrigieren, die dazu neigt, solche Erklärungen als Kriterium heranzuziehen, um sezessionistische Gruppen zu identifizieren.[10] Wenn der Sezessionismus mehr Aufmerksamkeit gewinnt, ist es wichtig, in unser Verständnis des allgemeinen Phänomens auch solche sezessionistische Gruppen einzubeziehen, die auf Unabhängigkeitserklärungen verzichten. Dieser Punkt wird besonders dann deutlich, wenn sich zeitliche Trends in der Häufigkeit zeigen, in der solche Gruppen ihre Unabhängigkeit erklären. Er spricht auch dafür, dass in den bisherigen Forschungen deren Anzahl systematisch zu niedrig veranschlagt wurde. Die in diesem Kapitel vorgelegten Daten tragen dazu bei, sezessionistische Rebellengruppen in Bürgerkriegen auszumachen, die in früheren Listen vielleicht außen vor geblieben sind. Allerdings leisten sie keinen Beitrag dazu, sezessionistische Bewegungen zu identifizieren, die gewaltfrei operieren und auf eine Unabhängigkeitserklärung verzichtet haben.

---

9   Bob, The Marketing of Rebellion, Kapitel. 4. Siehe First Declaration of the Lacandona Jungle.

10   Coggins, Power Politics and State Formation in the Twentieth Century, S. 65; Griffiths, Age of Secession, S. 50; Regan/Wallensteen, Federal Institutions, S. 274.

Und schließlich: Auch wenn Unabhängigkeitserklärungen die Geschichte hindurch im internationalen Recht höchst umstritten waren, könnte das Rechtsgutachten zur Gültigkeit der Unabhängigkeitserklärung des Kosovo, das 2010 vom Internationalen Gerichtshof (IGH) vorgelegt wurde, die Tür zu weiteren solchen Erklärungen öffnen.[11] Wie der IGH feststellte, sind solche Erklärungen im Allgemeinen und die des Kosovo im Besonderen nach internationalem Recht keineswegs illegal.[12] Diese Grundsatzentscheidung wurde zweifellos von sezessionistischen Aufständischen – und den Ländern, von denen sie sich abspalten wollen – rund um den Globus wahrgenommen und bewertet. Ein Grund für ihre Bedeutung ist der enge Fokus des IGH auf die Legalität der Erklärung an sich. Ausdrücklich vermieden wurde eine Entscheidung darüber, ob der Kosovo ein Sezessionsrecht hatte und ob irgendeine der erfolgten diplomatischen Anerkennungen des Kosovo durch Staaten Gültigkeit besäße. Entgegen der Festlegung mehrerer Völkerrechtler_innen und der Kosovo-Albaner_innen selbst, dass das IGH-Rechtsgutachten wegen seiner eng gefassten Bedeutung keinen Präzedenzfall schaffe,[13] signalisierten andere Gruppen, darunter in Transnistrien, Bergkarabach, der Republik Srpska und Palästina, dass sie es als einen Präzedenzfall behandeln würden, was die Wahrscheinlichkeit für weitere Unabhängigkeitserklärungen erhöht.[14]

---

11 Bilefsky, World Court Rules Kosovo Declaration Was Legal; International Court of Justice, Accordance with International Law of the Unilateral Declaration of Independence in Respect of Kosovo.

12 International Court of Justice 2010, Advisory Opinion, *ICJ Reports 2010*. Siehe die Abschnitte 79–84.

13 In der sechsten Klausel der Unabhängigkeitserklärung des Kosovo heißt es: »Kosovo ist ein Sonderfall, der sich aus dem nicht einvernehmlichen Auseinanderbrechen Jugoslawiens ergeben hat, und ist kein Präzedenzfall für irgendeine andere Situation.« Kosovo Declaration of Independence. Hinweise darauf, dass das Rechtsgutachten als eng gefasst konzipiert worden war und keinen Präzedenzfall schuf, siehe Peters, Has the Advisory Opinion's Finding that Kosovo's Declaration of Independence was not Contrary to International Law Set an Unfortunate Precedent?, S. 5 f., S. 8 f., S. 11; Thaci, To Kosovans, Blair Is a True Hero; United Nations, Security Council Meets in Emergency Session.

14 Peters, Has the Advisory Opinion's Finding that Kosovo's Declaration of Independence was not Contrary to International Law Set an Unfortunate Precedent?, S. 292; siehe ebenso Wilde, Self-Determination, S. 152.

Unabhängigkeitserklärungen definieren

Mindestens drei Quellen lassen sich heranziehen, um Unabhängigkeitserklärungen zu definieren. Erstens liefern historische Beispiele, insbesondere die ersten Unabhängigkeitserklärungen, eine induktive Grundlage für eine Definition. Solche Erklärungen haben eine lange Geschichte, wenn auch keine so lange wie Kriegserklärungen, teilweise deshalb, weil ein staatliches System vorliegen muss, bevor politische Gruppen sich von ihm für unabhängig erklären können. Die Deklaration von Arbroath von 1320, eine von den Schotten unter britischer Herrschaft verkündete Erklärung – bekannt geworden durch den US-amerikanischen Film *Braveheart* –, illustriert dieses Problem. Im Versuch, sich von ihren englischen Oberherren zu befreien, ersuchten die Schotten den Papst, »zu geruhen, den König der Engländer, der sich mit seiner Habe begnügen sollte, da England bislang für sieben oder mehr Könige reichte, zu ermahnen und aufzufordern, uns Schotten in Frieden zu lassen«.[15] Wie der Historiker David Armitage vermerkt, war die Deklaration von Arbroath ein Aufruf zu Friedensgesprächen und wurde nur »in der Rückschau als Unabhängigkeitserklärung bezeichnet«.[16]

Eine andere bekannte Deklaration aus der Frühzeit wurde 1581 von den Niederländern zu einer Zeit verfasst, da ihr Territorium noch zu Spanien gehörte. Sie entstand im Zug eines langen Konflikts, des Achtzigjährigen Krieges, der mit dem Dreißigjährigen Krieg und dem Westfälischen Frieden endete. Die Diktion dieser niederländischen Erklärung entspricht der heutiger Kriegserklärungen: »Da wir nun keine andere Hoffnung auf Aussöhnung haben und keine andere Abhilfe finden, sind wir im Einklang mit dem Naturgesetz zu unserer Verteidigung und um die Rechte, Privilegien und Freiheiten unserer Landsleute, Ehefrauen und Kinder aufrechtzuerhalten und um die letzten Nachkommen davor zu bewahren, von den Spaniern versklavt zu werden, gezwungen, dem König von Spanien die Gefolgschaft zu verweigern und solche Methoden zu verfolgen, die uns am geeignetsten erscheinen, unsere alten Freiheiten und Privilegien zu sichern.«[17]

---

15 Cowan, »For Freedom Alone«, S.144–147.
16 Armitage, The Declaration of Independence, S.42.
17 Thatcher, The Library of Original Sources, Bd.5, S.189–197.

Diese Erklärung, die sogenannte Akte der Abschwörung (Akte van Afzwering oder Plakkaat van Verlatinghe) tritt für die Ablösung der spanischen Herrschaft durch die eines anderen Fürsten ein, vorzugsweise des Herzogs von Anjou. Wie die Schotten 1320 strebten die Niederländer keinen unabhängigen Staat an sich, sondern eher ein anderes Regime an. Ähnlich ist die sogenannte Unabhängigkeitserklärung der Krim von 2014 das Ergebnis einer Volksabstimmung zum Anschluss an Russland oder zum Verbleib in der Ukraine. Sie ist weniger eine Unabhängigkeitserklärung als eine des Irredentismus.[18]

Wie David Armitage anmerkt, ist die Unabhängigkeitserklärung mit der weltweit größten Ausstrahlung die der Vereinigten Staaten. Im Gegensatz zur schottischen oder holländischen ruft sie klar dazu auf, einen neuen und freien Staat zu schaffen, anstatt bei einer übergeordneten Machtinstanz um einen besseren Regenten oder darum zu bitten, in Ruhe gelassen zu werden: Gefordert wird »[d]aß diese Vereinigten Colonien Freye und Unabhängige Staaten sind, und von Rechtswegen seyn sollen; daß sie von aller Pflicht und Treuergebenheit gegen die Brittische Krone frey- und losgesprochen sind, und daß alle Politische Verbindung zwischen ihnen und dem Staat von Großbrittannien hiemit gänzlich aufgehoben ist, und aufgehoben seyn soll; und daß als Freye und Unabhängige Staaten sie volle Macht und Gewalt haben, Krieg zu führen, Frieden zu machen, Allianzen zu schliessen, Handlung zu errichten, und alles und jedes andere zu thun, was Unabhängigen Staaten von Rechtswegen zukömmt.« Wie die US-amerikanische enthält die Unabhängigkeitserklärung des Südsudan von 2011 eine Liste mit Rechtfertigungen für die Sezession und »erklärt den Südsudan zu einem freien und unabhängigen souveränen Staat«. Während alle genannten Deklarationen Begründungen enthalten, warum Souveränität übertragen werden soll, erklären nur die US-amerikanische und die südsudanesische diese Souveränität zusätzlich für unabhängig.

Eine zweite Quelle für Definitionen von Unabhängigkeitserklärungen findet sich in Kriegserklärungen. Diese sind so definiert, dass

---

18 Zum Originalwortlaut siehe unter: https://pbs.twimg.com/media/Bic HwbNIQAAv49q.jpg [6. 3. 2019]. Danke an Svetlana Tsalik für die Unterstützung bei der Übersetzung.

eine kriegführende Partei öffentlich ihre Absicht bekundet, in feindselige Akte gegen einen anderen Staat einzutreten. Kriegserklärungen müssen nach den Regeln des erklärenden Staates erfolgen. Unabhängigkeitserklärungen können sich der Definition nach mit Kriegserklärungen überschneiden, sind aber nicht absolut identisch. Anders als diese bilden sie nicht zwangsläufig den Auftakt zur Anwendung von Gewalt oder bekunden die Absicht, in feindselige Akte gegen einen anderen Staat einzutreten.[19] So wie sich nicht alle sezessionistischen Gruppen für unabhängig erklären, so wenden auch nicht alle, die diesen Schritt tun, Gewalt an, um ihrer Forderung Nachdruck zu verleihen. Die meisten ehemaligen Sowjetrepubliken erklärten ihre Unabhängigkeit und erlangten sie auf gewaltfreiem Weg. In neuerer Zeit, im September 2014, traten die Schotten an die Wahlurnen, um in einem Referendum über die Unabhängigkeit vom Vereinigten Königreich abzustimmen.

Anders als bei Kriegserklärungen ergibt ein Kriterium, wonach die betreffende Erklärung »nach den Regeln des erklärenden Staates erfolgen« müsse, bei der zur Unabhängigkeit keinen Sinn. Vielen Gruppen, die einen solchen Schritt erwägen, fehlen dafür die entsprechenden Regeln. Tatsächlich ist es unwahrscheinlich, dass irgendeine – selbst gut etablierte – Gruppe auf festgeschriebene Verfahrensweisen zur Erklärung der Unabhängigkeit zurückgreifen kann, da diese typischerweise einmalig erfolgt.[20]

Insofern Unabhängigkeitserklärungen einen rechtlichen Status zugebilligt bekommen sollen, ist es vernünftig, auch im internationalen Recht nach einer Definition für sie zu suchen. Dass wir dort allerdings nicht fündig werden, liegt aller Wahrscheinlichkeit nach daran, dass hier der Anschein vermieden werden soll, dem Akt, die Unabhängigkeit zu erklären, Legitimität zu verleihen. Völkerrechtler_innen

---

19 Natürlich münden nicht alle Kriegserklärungen in Feindseligkeiten. Mehrere lateinamerikanische Länder erklärten gegen Ende des Zweiten Weltkriegs den Achsenmächten den Krieg, um Zugang zur Friedenskonferenz zu erhalten. Diese Fälle bleiben in der empirischen Analyse in Kapitel 3 unberücksichtigt, weil die betreffenden Länder keine Truppen einsetzten.

20 Anzumerken ist allerdings, dass manche Gruppen ihre Unabhängigkeit mehrfach erklären – der Kosovo zum Beispiel.

würden vor einem solchen Schritt zurückscheuen, weil dieser den Grundprinzipien der staatlichen Souveränität zuwiderläuft, die das Staatensystem untermauern. Folglich findet sich in gängigen Rechtslexika für »Unabhängigkeitserklärung« auch keinerlei Eintrag.[21] In jüngerer Zeit weckte die Unabhängigkeitserklärung des Kosovo von 2008 in Fachkreisen des Völkerrechts großes Interesse.[22] Während bislang weder Rechtslexika noch Gerichte für solche Erklärungen eine Definition lieferten, taucht eine solche in der offiziellen schriftlichen Erklärung auf, die die Vereinigten Staaten für den Internationalen Gerichtshof zur Frage der Legalität der Unabhängigkeitserklärung des Kosovo abgegeben haben. Demnach ist sie »Ausdruck des Willens oder Bestrebens eines Gebildes, von den Mitgliedern der internationalen Gemeinschaft als ein Staat anerkannt zu werden«.[23]

Ich definiere eine Unabhängigkeitserklärung als die öffentliche Proklamation eines Gebildes, das die Anerkennung der Mitglieder der internationalen Gemeinschaft als ein Staat anstrebt, eine Proklamation mit einer Begründung für einen sezessionistischen Anspruch und abgegeben von der Führung der betreffenden Gruppe.[24] Diese Defini-

---

21 Garner, Black's Law Dictionary; Fox, Dictionary of International and Comparative Law; Parry/Grant, Parry and Grant Encyclopaedic Dictionary of International Law.

22 Borgen, Kosovo's Declaration of Independence; Bothe, Kosovo – So What?; Cirkovic, An Analysis of the ICJ Advisory Opinion on Kosovo's Unilateral Declaration of Independence; Detrez, Recent International Advisory Opinion; Fierstein, Kosovo's Declaration of Independence; Milanovic/Wood, The Law and Politics of the Kosovo Advisory Opinion; Ryngaert, The ICJ's Advisory Opinion on Kosovo's Declaration of Independence; Summers, Kosovo. A Precedent?; Szewczyk, Lawfulness of Kosovo's Declaration of Independence; Vidmar, International Legal Responses to Kosovo's Declaration of Independence.

23 United States of America, Written Statement, S. 51.

24 Interessanterweise gibt es mindesten einen Fall einer Unabhängigkeitserklärung in einem nichtseparatistischen Bürgerkrieg. Während der chinesischen Revolution von 1911, die Sun Yat-sen an die Macht brachte, gaben Provinzgouverneure Erklärungen der Unabhängigkeit von der Zentralregierung der Qing ab, allerdings mit dem Ziel, ein neues nationales Regierungssystem anstatt einen unabhängigen Staat zu schaffen. Zarrow, China in War and Revolution, S. 34.

tion erweitert die relativ dünne Beschreibung in der US-Erklärung und zeigt auf, dass sich die jeweiligen Definitionen für Unabhängigkeitserklärungen und Kriegerklärungen überlappen. Sie erfasst zudem die meisten Fälle, die typischerweise als Unabhängigkeitserklärungen diskutiert werden.

Meine Definition schließt einige Fälle aus. Während eines Bürgerkriegs Mitte des 19. Jahrhunderts erklärten mehrere Provinzgouverneure Kolumbiens, dass sie die Autorität der Zentralregierung nicht anerkennen und für ihre Regionen Autonomie beanspruchen. Diese Erklärung kann allerdings nicht als Unabhängigkeitserklärung gelten, da die Regionen anstelle einer unabhängigen Staatlichkeit nur eine neue Zentralregierung anstrebten.[25] Ähnlich fällt auch das Manifest der chinesischen Volksbefreiungsarmee vom Oktober 1947, obgleich von einer sezessionistischen Gruppe verfasst, aus der Definition heraus, weil das Hauptaugenmerk darauf lag, gegen Chiang Kai-sheks Regierung vorzugehen, anstatt einen neuen und anderen Staat zu gestalten.[26] Wie es im Manifest heißt:»Das Ziel unserer Armee in diesem Krieg, liegt, wie der Nation und der Welt immer wieder verkündet, in der Befreiung des chinesischen Volkes und der chinesischen Nation [...], um den Erzverbrecher des Bürgerkrieges, Chiang Kai-shek, zu stürzen und eine demokratische Koalition zu bilden, um das allgemeine Ziel der Befreiung des Volkes und der Nation zu erreichen.«[27] Insgesamt besteht mein Ziel beim Codieren von Unabhängigkeitserklärungen darin, erstens sezessionistische Gruppen anhand ihrer geäußerten Kriegsziele (unabhängig von jeder Unabhängigkeitserklärung) zu identifizieren und zweitens, förmliche Unabhängigkeitserklärungen als solche auszumachen.

In der Analyse der Unabhängigkeitserklärung unten begrenze ich mein Universum von Fällen auf sezessionistische Konflikte, die im C-WIT-Datensatz als solche ausgewiesen sind. Der Prozentsatz an Bürgerkriegen, bei denen es um Sezession geht (dargestellt mit der durchgezogenen Linie in Abb. 6.1) ergibt für die vergangenen beiden Jahrhunderte eine U-förmige Kurve, die ungefähr ab 1900 aufwärts

---

25 Ponce, La Rebelión de las Provincias, S. 170.
26 Siehe Mao Tse-tung, Manifesto of the Chinese People's Liberation Army.
27 Ebenda.

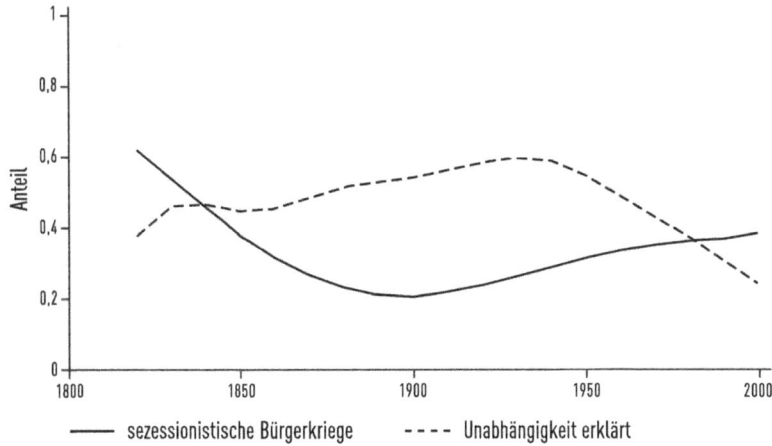

Abb. 6.1   Sezessionismus und Unabhängigkeitserklärungen 1816 – 2007

zeigt. Die gestrichelte Linie in der Abbildung gibt für diesen Zeitraum den Anteil an sezessionistischen Gruppen an, die die Unabhängigkeit erklärt haben, und fügt dieser Geschichte eine Wende hinzu. Statt U-förmig verläuft die Kurve eher in Form eines umgedrehten U, wobei Unabhängigkeitserklärungen bis zur Ära der UN regelmäßig, anschließend aber sichtbar rückläufig eingesetzt wurden. Obwohl seit ungefähr 1950 mehr Bürgerkriege um eine Sezession geführt werden, erklären immer weniger dieser Kriegführenden förmlich die Unabhängigkeit. Die Kombination dieser Trends wirft mindesten zwei Fragen auf. Erstens: Wenn sezessionistische Aufständische für einen wachsenden Anteil an Bürgerkriegen verantwortlich waren, warum neigten die betreffenden Rebellengruppen dann immer seltener dazu, förmliche Unabhängigkeitserklärungen abzugeben? Zweitens und allgemeiner: Warum und wann erklären manche Gruppen die Unabhängigkeit, während andere dies vermeiden?

Theoretische Erwartungen

Mit der Frage, wie die internationale Gemeinschaft Unabhängigkeitserklärungen aufnimmt, müssen sich sämtliche sezessionistischen Gruppen auseinandersetzen. Um die Präferenzen dieser Gemeinschaft zu erkennen und zu verstehen, ist zunächst eine Unterscheidung wichtig, wie sie auf Sezessionismus einerseits und auf förmliche Unabhängigkeitserklärungen andererseits reagiert. Das eine bezieht sich auf ein Ziel, während das andere ein Mittel betrifft, wie dieses Ziel erreicht wird.

Die Haltung der internationalen Gemeinschaft gegenüber dem Sezessionismus ist facettenreich und hat sich mit der Zeit verändert. Normen der Souveränität haben sich ungefähr über die letzten hundert Jahre gewandelt. Das Prinzip der Selbstbestimmung gewann nach dem Ersten Weltkrieg erheblich an Zuspruch.[28] So zeigte sich Woodrow Wilson zum Beispiel tief betroffen über das Schicksal der Polen, die seit 1795 darum gekämpft hatten, die unabhängige Staatlichkeit zurückzuerlangen. Eine internationale Offenheit für die Selbstbestimmung zeigte sich an der Gründung mehrerer neuer Staaten wie dem Irischen Freistaat in der unmittelbaren Nachkriegszeit. Das Einstehen für das Selbstbestimmungsrecht der Völker als Prinzip wurde verstärkt festgeschrieben in Artikel 1(2) der Charta der Vereinten Nationen, der es als eines ihrer Ziele formuliert, »freundschaftliche, auf der Achtung vor dem Grundsatz der Gleichberechtigung und Selbstbestimmung der Völker beruhende Beziehungen zwischen den Nationen zu entwickeln.« Nach dem Zweiten Weltkrieg war die Abkehr vom Mandatssystem des Völkerbunds zugunsten der Entkolonialisierung ein weiteres deutliches Zeichen dafür, dass das Selbstbestimmungsrecht in der Weltpolitik herausragende Bedeutung gewann. Auch wenn eine Vielfalt von Faktoren dazu geführt hat, dass von 1945 bis in die Gegenwart über 125 neue Staaten entstanden, spielte die Empfänglichkeit der internationalen Gemeinschaft für Ansprüche auf Selbstbestimmung dabei sicherlich eine Rolle.

Wie Robert Jackson und Mikulas Fabry zeigten, haben die Anforderungen an die Regierungsfähigkeit für eine erfolgreiche Sezession mit der Zeit abgenommen. In früheren Zeiten, insbesondere in denen,

---

28 Dieses Prinzip machte erstmals während der Französischen Revolution weltweit Schlagzeilen und fand folglich schon lange vor dem 20. Jahrhundert Beachtung. Da es sich aber auf nationale Gruppen bezog, die eine unabhängige Staatlichkeit anstrebten, war offenbar der Erste Weltkrieg der Wendepunkt für seine herausragende Stellung auf der Weltbühne.

als die internationale Gemeinschaft mit Ansprüchen auf Selbstbestimmung weniger stark sympathisierte, mussten Staatsanwärter unter Beweis stellen, dass sie ihre Grenzen verteidigen und ihr Territorium regieren konnten. Dies führte häufig zur Anwendung von Gewalt, um ihre politischen Ziele zu erreichen. In einer Ironie der Geschichte wandte die internationale Gemeinschaft gerade um eine Zeit, da die Kriterien für Staatlichkeit von Montevideo 1933 formuliert wurden, diese gerade auf einige besonders erfolgreiche sezessionistische Bewegungen nicht mehr an. Stattdessen erhielten zahlreiche Gruppen, denen die Staatsfähigkeit fehlte, internationale Anerkennung,[29] häufig deshalb, weil eine Großmacht als Patron ihre Unabhängigkeitsansprüche unterstützte.[30]

Eine weitere Wende, die die internationale Gemeinschaft in ihrer Unterstützung für die Selbstbestimmung vollzog – und die uns näher an Überlegungen heranführt, wie sich die Haltungen gegenüber Unabhängigkeitserklärungen veränderten –, betrifft die Anwendung von Gewalt in sezessionistischen Konflikten. Die internationale Gemeinschaft hat gewaltsame Mittel, um Eigenstaatlichkeit zu erlangen, immer deutlicher missbilligt.[31] Diese Haltung ist vermutlich dadurch gerechtfertigt, dass Staaten, die sich gewaltsam abspalten, gegenüber anderen, die dies mit friedlichen Mitteln tun, mit deutlich höherer Wahrscheinlichkeit in bewaffnete Konflikte mit Nachbarn geraten – mit denen, von denen sie sich losgesagt, oder anderen, die sich um dieselbe Zeit abgespalten haben.[32] Und als neue Staaten haben sie ein erhöhtes Risiko, in einen Bürgerkrieg zu geraten. Sezessionistische Gruppen neigten bislang dazu, die Appelle zur Vermeidung von Gewalt zu beherzigen. Obwohl sowohl die Quote als auch die absolute Anzahl an sezessionistischen Bewegungen zugenommen haben, ist der Anteil an den Beteiligten, die Gewalt in größerem Stil einsetzen, seit der Wende zum 20. Jahrhundert und sicherlich seit Gründung der Vereinten Nationen 1945 zurückgegangen. Aber dieser Trend muss keineswegs fortdauern, wenn, wie neuere Forschungen nahelegen,

---

29 Finnemore, National Interests in International Society, S. 136.
30 Coggins, Power Politics and State Formation in the Twentieth Century.
31 Goertz / Diehl / Balas, The Puzzle of Peace, S. 124 ff.
32 Tir, Keeping the Peace After Secession, 731 f.

Gewaltfreiheit als Strategie für die Sezession weniger effizient ist als für Gruppen mit anderen politischen Zielen.[33]

Neben den Trends, Gruppen ohne echte Regierungsfähigkeit Anerkennung zuzubilligen und den Einsatz von Gewalt zu missbilligen, drückte die internationale Gemeinschaft auch ihre entschiedenen Vorbehalte gegen unilaterale Unabhängigkeitserklärungen aus. Dieser Kurs wurde in der UN-Ära deutlich: Gegenüber ihrer geäußerten Unterstützung für das Selbstbestimmungsrecht der Völker stufte sie das Prinzip, die staatliche Souveränität und die territoriale Unversehrtheit zu schützen, als höherrangig ein. So bezogen die französische, die britische und die US-amerikanische Regierung während der Konflikte vor der Auflösung Jugoslawiens die Position, dass »die Haltung unilateraler Anerkennung für die internationale Gemeinschaft schädlich sein« könne und dass diese »Anerkennung« weiterhin »nur als Teil eines gesamtheitlichen Friedensabkommens«[34] erfolgen solle. Die Resolution 787 des UN-Sicherheitsrats zu Bosnien und Herzegowina von 1992 »bekräftigt nachdrücklich [den] Aufruf [der UNO] an alle Parteien und anderen Beteiligten, die territoriale Unversehrtheit der Republik Bosnien und Herzegowina strengstens zu achten, und erklärt, dass einseitig ausgerufene Gebilde oder unter Verletzung dieser territorialen Unversehrtheit aufgezwungene Regelungen nicht anerkannt werden«.[35] Mit anderen Worten ging die Priorität der internationalen Gemeinschaft dahin, die bestehende Ordnung zu bewahren. Und während für die Entkolonialisierung der europäischen Reiche eine Ausnahme galt, waren andere Sezessionen weniger willkommen.

Der Widerstand gegen einseitige Unabhängigkeitserklärungen kam bei mehreren Gelegenheiten klar zum Ausdruck. Die EU forderte Kroatien und Slowenien auf, ihre Unabhängigkeitserklärungen zu widerrufen. Der Südsudan erhielt den Ratschlag, auf eine unilaterale Erklärung zu verzichten, und befolgte ihn so lange, bis sein Beitritt zur internationalen Gemeinschaft gesichert war. Die Unabhängigkeitserklärung, welche die Tuareg in Nordmali 2012 ausriefen, wurde von der Afrikanischen Union wie auch vom UN-Sicherheitsrat zurückgewie-

---

33 Chenoweth/Stephan, Why Civil Resistance Works, S. 7.
34 Kinzer, Germans Follow Own Line on Yugoslav Republics.
35 Vereinte Nationen, Resolution 787.

sen.[36] Bis in die jüngste Vergangenheit hielten sich sezessionistische Bewegungen wie die in Katalonien – zumindest eine Zeitlang – mit entsprechenden Erklärungen zurück, weil sie national wie international als ein allzu aggressiver Schritt erschien.[37] Die schottische Unabhängigkeitsbewegung übte sich in ähnlicher Zurückhaltung und hielt 2014 ein Referendum darüber ab, ob eine solche Erklärung verkündet werden solle. Nach einem Scheitern machte die Bewegung einen Rückzieher – im Einklang mit der Erwartung, dass Unabhängigkeitserklärungen heute mit großer Vorsicht abgegeben werden. Dagegen stieß die einseitige Entscheidung der Krim, sich von der Ukraine abzuspalten (ohne Einverständnis der ukrainischen Regierung und ohne ein Sezessionsrecht, das in der ukrainischen Verfassung verankert gewesen wäre), auf eine breite internationale Verurteilung.

Die Frage lohnt sich, warum Gruppen so vorsichtig dabei sind, ihre Unabhängigkeit zu erklären. Für sezessionistische Rebellengruppen ergibt sich eine ganz andere Kosten-Nutzen-Rechnung für diesen Schritt als für Staaten bei der Entscheidung, einem anderen den Krieg zu erklären. So fallen zum Beispiel die bürokratischen und strategischen Kosten einer Völkerrechtskonformität, zu der Kriegserklärungen verpflichten, im Fall von Unabhängigkeitserklärungen nicht an. Diese bilden im Grundsatz ebenfalls ein nützliches Signal an die internationale Gemeinschaft. Insofern müssen sezessionistische Aufständische – deren politischer Erfolg von der internationalen Gemeinschaft abhängt – auf deren vorherrschende Meinung zur Legalität solcher Instrumente achten. Wenn sich die internationale Gemeinschaft gegen Unabhängigkeitserklärungen stemmt, können die Kosten, eine solche zu verkünden, unerschwinglich hoch sein.

36 Siehe UNSC Res 2056 (5. Juli 2012), zitiert in: Tancredi, Secession and the Use of Force, S. 258.

37 Anna Arque von der katalanischen Gruppe »Welcome, Mr. President [...] to the Independent State of Catalonia«, Interview, geführt von der Autorin, 26. Juli 2011. Katalanische Versuche, ein Unabhängigkeitsreferendum durchzuführen, wurden von der spanischen Zentralregierung durchkreuzt. Zum jetzigen Stand haben die katalanischen Separatist_innen ein solches Referendum durchgeführt und die Unabhängigkeit ausgerufen – und sich im Streit mit Madrid über ihre Zukunft so in eine ausweglose Situation manövriert.

Meine vorrangige Hypothese lautet: Da sich die internationale Gemeinschaft in der UN-Ära deutlich und wiederholt gegen unilaterale Unabhängigkeitserklärungen ausgesprochen hat, ist eine rückläufige Wahrscheinlichkeit zu erwarten, dass Gruppen die Unabhängigkeit erklären. Aber genau deshalb, weil diese Erklärungen ein Signal an die Außenwelt darstellen, kann der Rückgriff auf sie dann von Nutzen sein, wenn die Gruppe so schwach ist, dass sie für ihr Überleben auf äußere Unterstützung angewiesen ist. Und die erreicht sie nur dann, wenn sie in irgendeiner Form ihre Ziele bekannt gibt. Folglich hängt die Kosten-Nutzen-Analyse für sezessionistische Gruppen, die erwägen, die Unabhängigkeit auszurufen, möglicherweise von zwei Faktoren ab: von der Haltung der internationalen Gemeinschaft gegenüber Unabhängigkeitserklärungen und von ihrer jeweiligen relativen Stärke.

Wie Kriegserklärungen in zwischenstaatlichen Kriegen fallen Unabhängigkeitserklärungen in Bürgerkriegen unter die Rubrik der Kriegsgesetze, die Gewaltanwendung regeln. Da sich die Normen und Regeln des Krieges weiterentwickelt haben, reagierten Kriegführende strategisch, um ihre politischen Ziele effizienter voranzubringen.

Empirische Analyse zu Unabhängigkeitserklärungen

Ich stütze mich auf qualitative wie auf quantitative Fakten, um zu analysieren, wann und welche sezessionistischen Gruppen Unabhängigkeitserklärungen verkünden. Wie bei vorangegangenen Analysen, präsentiere ich zunächst eine quantitative Analyse, um Unabhängigkeitserklärungen in eine globale Perspektive zu rücken. Dieses Kapitel beinhaltet Beschreibungen von Schlüsselvariablen, die in quantitativen Analysen zu Unabhängigkeitserklärungen, Angriffen von Aufständischen auf Zivilisten in Bürgerkriegen und Friedensabkommen in Bürgerkriegen zum Einsatz kommen, und legt damit die Grundlagen für die nächsten beiden Kapitel. Weil mein Universum der Fälle – sezessionistische Rebellengruppen – allerdings relativ klein ist, verzichte ich in diesem Kapitel auf eine Regressionsanalyse. Stattdessen gebe ich bivariate Korrelationen zwischen verschiedenen unabhängigen Variablen und Unabhängigkeitserklärungen wieder als ersten Schritt, um diesen Beziehungen auf den Grund zu gehen.

Dieses Kapitel beinhaltet auch Hintergrundinformationen zu den untersuchten Fällen, die im übrigen Buch in meiner Analyse zu Kriegsformalitäten und zur Einhaltung des humanitären Völkerrechts in Bürgerkriegen herangezogen werden: zum Texanischen Unabhängigkeitskrieg von 1836; zum Unabhängigkeitskrieg der Südmolukken 1950; und zum Krieg zwischen dem Norden und dem Süden des Sudan, der 2011 zur Unabhängigkeit des Südsudan führte.

Quantitative Analyse

Die quantitative Analyse für dieses Kapitel sowie für die Kapitel 7 und 8 beruht auf dem Datensatz zum Beginn und zur Beendigung von Bürgerkriegen (Civil War Initiation and Termination, C-WIT), der mit dem (in Kapitel 3 bis 5 verwendeten) I-WIT-Datensatz erstellt wurde und sämtliche Bürgerkriege abdeckt, die in der Liste Correlates of War von 1816–2007 auftauchen. Eine eingehende Beschreibung des C-WIT-Datensatzes ist im online verfügbaren »statistical appendix«[38] enthalten.

Als ersten Einschnitt beschränke ich mich in meiner Analyse von Unabhängigkeitserklärungen auf sezessionistische Rebellengruppen, hier codiert als diejenigen Gruppen, die einen unabhängigen Staat anstreben. Gruppen, die ihre Zentralregierung stürzen wollen oder nur eine Autonomie anstreben, gelten dabei nicht als sezessionistisch. Die FMLN in El Salvador ist beispielsweise als eine Gruppe codiert, die den Sturz der Zentralregierung anstrebt. Die Yemeni Young Faith Believers strebten unter anderem eine Autonomie für (aber keine Abspaltung von) Sa'da, eine(r) nordwestliche(n) Region im Jemen, an und werden deswegen nicht als sezessionistisch geführt. Dagegen kämpften die Achines_innen, Tschetschen_innen und Pol_innen zu unterschiedlichen Zeiten für einen unabhängigen Staat und gelten deswegen als sezessionistische Gruppen.[39]

---

38 Siehe Fazal, Statistical Appendix; http://www.tanishafazal.com/publications/ [1. 4. 2019].

39 Gruppen wie der Islamische Staat, die territoriale Souveränitäten auf religiöser Basis wiederzubeleben versuchen, erfasse ich aus zwei Gründen nicht als Sezessionisten. Erstens sind die von ihnen konzipierten Staatsgrenzen nicht

Beschreibung von Variablen: Unten beschreibe ich die Codierung von Schlüsselvariablen, die in die quantitative Analyse von Unabhängigkeitserklärungen sowie in die Analysen von Angriffen auf Zivilpersonen und von Friedensverträgen (in Kapitel 7 und 8) einbezogen sind. Zusammengefasste Statistiken zu diesen Variablen finden sich im online verfügbaren »statistical appendix«. Neben den Variablen, anhand derer ich meine eigene Position dazu überprüfe, welche Beziehung zwischen der Unterstützung der internationalen Gemeinschaft für Unabhängigkeitserklärungen und der relativen Stärke von sezessionistischen Gruppen besteht, nehme ich mehrere Variablen mit auf, die alternative Erklärungen für das Auftauchen von Unabhängigkeitserklärungen testen sollen.

Unabhängigkeitserklärung

Unabhängigkeitserklärung steht dafür, dass Aufständische eine förmliche Erklärung zur Unabhängigkeit von einem Staat abgegeben haben. Damit eine Erklärung als eine der Unabhängigkeit zählt, muss sie drei Kriterien erfüllen: Sie muss publik gemacht worden, mit einer Begründung für die Ansprüche der Gruppe erschienen und von deren Führung verlautbart worden sein. Eine schriftliche Niederlegung ist kein notwendiges Kriterium.

Periodeneffekte

Die Ära der UN ist eine Dummy-Variable für Bürgerkriege, die nach 1945 ausbrachen. Sie überprüft die Möglichkeit, dass Unabhängigkeitserklärungen in der UN-Ära seltener zu beobachten sind als in früheren Zeiten. Abb. 6.1 zeigt deutlich, dass bei Unabhängigkeitserklärungen ein Periodeneffekt auftritt. Meine Hauptthese in diesem Kapitel lautet, dass das rückläufige Auftreten von Unabhängigkeitserklärungen dadurch bedingt ist, dass die internationale Gemeinschaft in der Zeit der UN eine Aversion gegen solche Erklärungen geäußert hat.

---

klar abgegrenzt. Und zweitens streben diese Gruppen auch keinen Staat an, der innerhalb der bestehenden internationalen Gemeinschaft operieren würde. Fazal, Religionist Rebels and the Sovereignty of the Divine, S. 28 f.

Das Kräfteverhältnis

Neben den zeitlichen Verhältnissen könnten wir auch erwarten, dass die militärische Stärke die Neigung einer Gruppe beeinflusst, ihre Unabhängigkeit zu erklären. Man könnte annehmen, dass eher stärkere als schwächere Gruppen einem solchen Schritt zuneigen, weil bei ihnen die Erfolgsaussichten größer sind. Plausibel ist aber auch das Gegenteil: Vielleicht erklären schwächere Gruppen eher als stärkere ihre Unabhängigkeit, insbesondere in einem Zeitalter, in dem die internationale Gemeinschaft unilaterale Unabhängigkeitserklärungen ablehnt. Schwächere Gruppen könnten laut dieser Logik Unabhängigkeitserklärungen als ein Mittel einsetzen, um ihre politische Kampagne abzukürzen, während Gruppen, die ihrem Ziel einer Unabhängigkeit schon näher sind, sich eher in Zurückhaltung üben, um Fehltritte zu vermeiden, die Sympathien kosten würden.

Ich messe die militärische Stärke von Aufständischen auf vier Arten. Erstens mit der Variablen *aufständische Kämpfer* als der absoluten Anzahl an solchen Personen. Eine Beziehung zwischen dem militärischen Potenzial von Rebellen und Unabhängigkeitserklärungen könnte davon abhängen, ob bei deren Stärke eine kritische Grenze überschritten wird. Zweitens ist das *Stärkeverhältnis (im Einsatz)* die zahlenmäßige Stärke der Aufständischen dividiert durch die der Regierungstruppen, die in einem bestimmten Konflikt eingesetzt werden.[40] Diese Variable erfasst das Kräfteverhältnis zwischen den Streitkräften der Regierung und den kämpfenden Aufständischen und bezieht so das Grundprinzip mit ein, wonach die stärkere Seite höhere Siegeschancen hat.[41] Dies entspricht Woods Maß der relativen Stärke der Aufständischen, die »ein Verhältnis aufständischer Soldaten zu einer skalierten Anzahl an Regierungssoldaten« wiedergibt.[42] Anstatt der Gesamtstärke der Regierungstruppen nutze ich hier die Anzahl der Soldat_innen, die in einem bestimmten Konflikt eingesetzt wer-

---

40 Die Anzahl der Regierungssoldaten, die in einem bestimmten Konflikt eingesetzt werden, stammt zunächst aus dem C-WIT-Datensatz. Wo entsprechende Daten fehlten, wurde die Anzahl der Militärangehörigen aus Correlates of War angesetzt.
41 Cunningham / Gleditsch / Salehyan, It Takes Two, S. 574 f.
42 Wood, Rebel Capability and Strategic Violence against Civilians, S. 606.

den, weil ein anderer Teil von diesen wahrscheinlich zur Außenverteidigung oder für innere Konflikte in Reserve gehalten wird, während davon auszugehen ist, dass die Aufständischen die Gesamtheit ihrer Streitkräfte gegen die Regierung aufbieten. So setzten zum Beispiel in einer Reihe von Bürgerkriegen die Regierungen Chinas und Russlands nur einen kleinen Bruchteil ihrer Streitkräfte gegen den jeweiligen Gegner ein. Fokussiert man sich auf das Verhältnis der Streitkräfte, die tatsächlich in einem bestimmten Konflikt operieren, bleibt die Analyse eher lokal begrenzt. Als ein drittes Maß für die militärische Stärke des Aufstands gibt *Stärkeverhältnis (insgesamt)* die Anzahl der kämpfenden Aufständischen geteilt durch die zahlenmäßige Gesamtstärke der Regierungsarmee wieder. Auch wenn das *Stärkeverhältnis (im Einsatz)* in vielfacher Hinsicht ein besseres Maß darstellt, fehlen zur Bildung des Nenners zahlreiche Daten, sodass es theoretisch möglich ist, eine größere Anzahl an Beobachtungen einzubeziehen, wenn man mit dem *Stärkeverhältnis (insgesamt)* operiert. Da im C-WIT-Datensatz Angaben fehlen, habe ich auch *Stärkeverhältnis nach COW* berechnet, in der ergänzend zum C-WIT-Maß Schätzungen der Correlates of War zur Stärke der Regierungstruppen verarbeitet sind.

Vormalige administrative Grenzen

Wie Davon Carter und Hein Goemans sowie in einer anderen Studie Ryan Griffiths gezeigt haben, entstehen Staaten tendenziell in den Grenzen früherer Verwaltungseinheiten.[43] Auch wenn es im internationalen Recht kein Sezessionsrecht gibt,[44] ist die Völkergemeinschaft offenbar eher bereit, Abspaltungen bestehender Verwaltungseinheiten zu tolerieren als Sezessionen, die außerhalb vormals festgelegter Grenzen versucht werden. Müssen wir angesichts der von vornherein höheren Erfolgsaussichten erwarten, dass bestehende Verwaltungseinheiten, die eine Sezession anstreben, häufiger oder seltener ihre Unabhängigkeit erklären als sezessionistische Gruppen mit einem beanspruchten Territorium ohne diesen Status? Wie bei der Variablen

---

43 Carter/Goemans, The Making of the Territorial Order; Griffiths, Age of Secession, S. 8.

44 Cassese, Self-Determination of Peoples, S. 123; Horowitz, A Right to Secede?, S. 72 f.; Corten, Are There Gaps in the International Law of Secession?, S. 232.

der Stärke der Aufständischen könnte eine von zwei gegenläufigen Logiken herrschen. Die einfachere legt nahe, dass Verwaltungseinheiten mit besonders hoher Wahrscheinlichkeit ihre Unabhängigkeit erklären, weil sie von der internationalen Gemeinschaft eher anerkannt werden. Eine überlegtere Logik deutet freilich auf das Gegenteil hin: Verwaltungseinheiten scheuen genau deshalb in besonderem Maß vor Unabhängigkeitserklärungen zurück, weil ihre Chancen, ihr Ziel zu erreichen, relativ gut stehen und sie diese nicht gefährden wollen, indem sie die internationale Gemeinschaft vor den Kopf stoßen.

Ich habe die *inneren Verwaltungseinheiten* anhand einer Reihe von Enzyklopädien codiert, darunter Daniel Elezars *Federals Systems of the World* und Gwillim Laws *Administratives Subdivisions of Countries* sowie anhand von Griffiths' Datensatz zu Protostaten.[45] Neben der Bestimmung, welche sezessionistischen Bewegungen existierenden intern verwalteten politischen Einheiten entsprachen, habe ich auch sezessionistische Bewegungen codiert, welche die Abspaltung eines vormals unabhängigen Staates – wie Tibet – oder die von gleich mehreren inneren Verwaltungseinheiten – wie die US-amerikanischen Südstaaten in der Konföderation – anstrebten.

Kontrollvariablen und alternative Erklärungen

Anzahl der Faktionen: Fragmentierung ist ein Maß für die Anzahl der Faktionen in der Rebellengruppe, hier definiert als unterschiedliche, aber verbündete Gruppen, die denselben Gegner bekämpfen und die gleichen politischen Ziele verfolgen, aber verschiedene militärische Führungen (und mitunter auch unterschiedliche Namen) haben.[46]

---

45 Elazar, Federal Systems of the World; Law, Administrative Subdivisions of Countries; Griffiths, Age of Secession.

46 C-WIT unterscheidet zwischen Gruppen und Faktionen. Eine separate Gruppe ist eine Rebellenorganisation mit besonderen politischen Zielen und einer eigenen Militärstruktur (z. B. ULIMO vs. NPFL). Faktionen sind Untereinheiten von Gruppen. Sie teilen dieselben politischen Ziele, haben aber verschiedene militärische Führungen. Folglich stellen ULIMO vs. Liberia und NPFL vs. Liberia im Datensatz zwei verschiedene Beobachtungen (Kriegsdyaden) dar. Dagegen sind die zahlreichen Faktionen von Kaschmiris alle Teil einer Rebellengruppe und tauchen im Datensatz deswegen als eine Beobachtung auf.

Während die meisten Gruppen im Datensatz nicht in Faktionen zerfallen, bestehen manche, wie die Aufständischen, die gegenwärtig in Kaschmir gegen Indien kämpfen, aus Dutzenden solcher Untergruppen.[47] Diese Variable nehme ich mit auf, um die von einigen Forschenden ins Spiel gebrachte Möglichkeit zu überprüfen, dass stärker zersplitterte Rebellengruppen besonders stark dazu neigen, in einen Überbietungswettbewerb miteinander zu treten – in ein Konkurrenzverhalten, bei dem sie sich Loyalität zu sichern versuchen, indem sie zu immer radikaleren Mitteln greifen, um sich gegen rivalisierende Faktionen abzugrenzen. Diese Überbietungslogik wurde zu einer Erklärung dafür herangezogen, warum zersplitterte Rebellengruppen besonders häufig Zivilpersonen ins Visier zu nehmen. Hier versuche ich mithilfe dieser Logik die Möglichkeit auszuloten, dass stärker zersplitterte Rebellengruppen besonders häufig Unabhängigkeitserklärungen verkünden.[48] Dabei ist darauf hinzuweisen, dass diese Logik eine Alternative zu meiner These darstellt: Ich vertrete den Standpunkt, dass sich Unabhängigkeitserklärungen hauptsächlich an äußere Adressaten richten, während die Überbietungslogik dafür spräche, dass sie vor allem als Signale an innere Adressaten gemeint sind.

Anhaltende sezessionistische Bewegungen: Die Variable *konkurrierende sezessionistische Herausforderungen* nimmt den Wert 1 an, wenn der Staat, von dem sich die betreffende Gruppe abspalten will, gleichzeitig eine weitere sezessionistische Gruppe bekämpft. So stand zum Beispiel die indonesische Regierung gleichzeitig mit sezessionistischen Aufständischen in Aceh und in Osttimor im Kampf. Diese Variable soll die Möglichkeit überprüfen, ob solche Gruppen seltener ihre Unabhängigkeit von einer Zentralregierung ausrufen, wenn diese mit mehreren solcher Bestrebungen konfrontiert ist. Zu dieser Variablen gibt es zwei alternative Maße. Barbara Walters Maß für die Anzahl

---

47 Staniland, Organizing Insurgency.

48 Siehe zum Beispiel Cunningham/Bakke/Seymour, Shirts Today; Chenoweth, Democratic Competititon and Terrorist Activity. Zur Faktionierung und Friedensverträge siehe D. Cunningham, Veto Players and Civil War Duration.

potenzieller künftiger Herausforderungen erfasst, wie viele solcher Gruppen eine Zentralregierung nach eigener Einschätzung in den kommenden Jahren bekämpfen muss.[49] Der Nutzen von Walters Version dieser Variablen wird allerdings dadurch begrenzt, dass sie auf dem Datensatz von Minorities at Risk (MAR) beruht, der erst bei 1945 ansetzt. Eine andere Version der Variablen beruht auf Ryan Griffiths' Datensatz der Protostaaten, der bis ins Jahr 1816 zurückreicht.[50] Griffiths codiert die Konkurrenz zwischen sezessionistischen Bewegungen in ein und demselben Land. Seine Definition des Protostaats wirkt sich allerdings so aus, dass viele der im C-WIT-Datensatz enthaltenen sezessionistischen Rebellengruppen ausgeschlossen bleiben. Nur ein Drittel von diesen zählen als Protostaaten.[51] Folglich würden Analysen, die auf Walters und Griffiths' Maßen beruhen, nur willkürlich ausgewählte Stichproben an Daten zugrunde liegen. Deswegen lege ich der Variablen *konkurrierende sezessionistische Herausforderungen* nur den C-WIT-Datensatz zugrunde. Wie die Variable, die die Fragmentierung der Gruppe angibt, trägt sie zur Überprüfung einer alternativen Erklärung bei, wobei sich die Signale diesmal nicht an die konkurrierenden Bewegungen, sondern hauptsächlich an die Zentralregierung richten.

Analyse und Diskussion: Der C-WIT-Datensatz führt für die Zeit von 1816 bis 2007 87 sezessionistische Rebellengruppen auf. Angesichts dieser relativ kleinen Anzahl ist es eher unwahrscheinlich, dass eine Regressionsanalyse signifikante Ergebnisse abwirft. Deshalb werte ich

---

49 Walter, Reputation and Civil War, S. 225.
50 Griffiths, Between Dissolution and Blood.
51 Griffiths definiert Protostaaten als »politische Zuständigkeitsbereiche mit folgenden Zügen: (1) Sie haben mindestens eine Bevölkerung von 1000 Personen *und* eine Mindestgröße von 100 Quadratkilometern und (2) besitzen *entweder* die volle innere Unabhängigkeit (indirekte Herrschaft) (a) *oder* haben besondere Rechte im Einklang mit einer sich auf die gesamte Einheit erstreckenden ethnischen Gruppe oder Nation zugebilligt bekommen, (b) *oder* sie sind das Ergebnis eines Gebietstransfers in den letzten zehn Jahren, (c) *oder* sie liegen mindestens 100 Meilen von der Metropole entfernt.« Ebenda, S. 734 f.

die Daten einfacher anhand einer Liste bivariater Korrelationen zwischen sezessionistischen Gruppen, die eine Unabhängigkeit erklären, und den oben beschriebenen unabhängigen Variablen aus. Unter den in Tabelle 6.1 zusammengefassten Korrelationen stehen die UN-Ära, die militärische Stärke und der innere administrative Status der sezessionistischen Gruppe in den stärksten (wenn auch keinen besonders starken) Beziehungen dazu, ob Unabhängigkeitserklärungen abgegeben werden. Wie wir aus Tabelle 6.1 wissen, neigen sezessionistische Gruppen in der UN-Ära mit abnehmender Wahrscheinlichkeit dazu, ihr beanspruchtes Territorium für unabhängig zu erklären. Dies deckt sich mit der negativen – wenn auch statistisch nicht signifikanten – Beziehung zwischen einer Erklärung der Unabhängigkeit und der UN-Ära. Interessanter sind die Beziehungen zwischen militärischer Stärke (erfasst hier durch *aufständische Soldaten*, *Stärkeverhältnis* und *COW-Stärkeverhältnis*) bzw. dem inneren administrativen Status der Rebellengruppen und dem Ausrufen der Unabhängigkeit. Teilweise wegen dieser schwachen Ergebnisse lautet eine interessante Hypothese, die es zu überprüfen gilt, dass die Beziehung zwischen der Stärke der Aufständischen und Unabhängigkeitserklärungen sowohl fließend wie auch bedingt sein könnte. Die stärksten sezessionistischen Aufständischen – die mit der größten Chance auf Unabhängigkeit – könnten am seltensten ihre Unabhängigkeit erklären, insbesondere in der UN-Ära, in der ihnen die Abneigung der internationalen Gemeinschaft gegen solche Erklärungen bekannt ist. Andererseits erklären schwächere sezessionistische Gruppen eine Unabhängigkeit vielleicht als ein Mittel, um ihrer Sache öffentliche Aufmerksamkeit zu verschaffen. Diese Logik legt zunächst nahe, dass sezessionistische Gruppen, die die Unabhängigkeit erklären, dies schon in einem frühen Stadium ihres Kampfes tun, in dem sie typischerweise schwach sind. Der Fall Indonesiens (ausführlicher unten anhand des Falls der Südmolukken erörtert) liefert einige Indizien zugunsten dieser Hypothese. Von vier sezessionistischen Konflikten in Indonesien – Südmolukken, Westpapua, Osttimor und Aceh – erklärten die Aufständischen in dreien (Südmolukken, Osttimor und Aceh) gleich zu Beginn ihrer Kriege ihre Unabhängigkeit, während die in Westpapua ihre erst in der Mitte ihres Krieges gegen Indonesien zu einem Zeitpunkt erklärten, da die Kämpfe für sie besonders ungünstig verliefen.[52] Allgemeiner erklärten nahezu Dreiviertel der sezessionistischen Rebellengruppen die Unabhängigkeit vor Beginn des Bürgerkriegs, im Durchschnitt rund eineinhalb Jahre vor Ausbruch der Kämpfe.

Tabelle 6.1 Bivariate Analyse von Unabhängigkeitserklärungen

unabhängige Variable	Korrelation	p-Wert
UN-Ära	−0,10	0,39
Fragmentierung	−0,04	0,70
konkurrierende sezessionistische Herausforderungen	0,02	0,86
aufständische Kämpfer	0,21	0,11
Stärkeverhältnis (im Einsatz)	0,15	0,33
Stärkeverhältnis (insgesamt)	0.07	0,66
Stärkeverhältnis nach COW	0,19	0,14
innere Verwaltungseinheit	−0,12	0,29

Diese Logik deckt sich auch mit der negativen Beziehung zwischen dem inneren administrativen Status und einem Erklären der Unabhängigkeit, da Gruppen, die eine bestehende Verwaltungseinheit für sich reklamieren, höhere Aussichten darauf haben, dass ihre Sezession gelingt. Erwarten können wir auch, dass sich jeder Unterschied zwischen schwächeren und stärkeren Aufständischen deutlicher in der UN-Ära zeigt, in der die internationale Gemeinschaft ihre Abneigung gegen Unabhängigkeitserklärungen klarer artikuliert hat.

---

52 Die Unabhängigkeitserklärung der Südmolukken erfolgte am 25. April 1950 und bildete den Auftakt zu einem Sezessionskrieg. Osttimor gab seine am 28. November 1975 bekannt – mit der Folge einer Invasion der indonesischen Streitkräfte und eines anschließenden Sezessionskriegs. Die Erklärung der Achines_innen erfolgte am 4. Dezember 1976, als die Bewegung Freies Aceh (GAM) ihre Rebellion gegen Jakarta begann. Die Aufständischen in Westpapua veröffentlichten ihre Unabhängigkeitsbewegung im Januar 1967, worauf der Krieg im Juli des Jahres ausbrach. Eine umfassende Dokumentation sämtlicher Fälle ist in Form der Schilderungen des C-WIT-Datensatzes verfügbar.

Die Korrelation zwischen dem Stärkeverhältnis (insgesamt) – dem zwischen Aufständischen und der Gesamtheit der Regierungstruppen, das kombiniert aus den C-WIT- und den COW-Daten (und somit aus den am wenigsten lückenhaften Daten) ermittelt wurde – und Gruppen, die die Unabhängigkeit erklären, spricht dafür, dass stärkere Aufständische allgemein eher zum Mittel der Unabhängigkeitserklärung greifen als schwächere. Diese Beziehung tritt entgegen den Erwartungen deutlicher in der Zeit nach als in der vor 1945 hervor.[53]

Dieses Ergebnis könnte durchaus der dürftigen Datenlage zu dieser Variablen für die Zeit nach verglichen mit der vor 1945 geschuldet sein. Nach meiner Erwartung betreffen die fehlenden Daten die schwächeren Rebellengruppen. Wären sie verfügbar, würde ich eine Umkehr des Ergebnisses erwarten, bei dem wir tatsächlich beobachten würden, dass stärkere Rebellengruppen in der UN-Ära mit geringerer Wahrscheinlichkeit die Unabhängigkeit erklären, als es vormals der Fall war.

Variablen, die Hypothesen überprüfen sollten, wonach sich Unabhängigkeitserklärungen an andere Adressaten als an die internationale Gemeinschaft richten, erbrachten für diese alternativen Erklärungen wenig Unterstützung. Die Korrelationen zwischen der Fragmentierung der Gruppe und konkurrierenden sezessionistischen Herausforderungen auf der einen und Unabhängigkeitserklärungen auf der anderen Seite weisen beide in die falsche Richtung. Zudem sind sie weit von einer statistischen Signifikanz entfernt.

Qualitative Analyse

Betrachtet man sezessionistische Rebellengruppen aus dem Blickwinkel einer quantitativen Analyse, so zeigt sich, dass die militärische Stärke von Aufständischen und der zeitliche Hintergrund (vor oder nach Gründung der UN) durchaus einen Effekt darauf haben können, ob und welche Gruppen Unabhängigkeitserklärungen veröffentli-

---

53 Mit Blick auf die Sezessionisten, die in Bürgerkriegen vor 1945 kämpften, liegt der Wert der Korrelation zwischen dem COW-Kräfteverhältnis und der Erklärung einer Unabhängigkeit bei 0,16 (p=0,42). Bei den Sezessionisten in der Zeit danach liegt er bei 0,22 (p=0,22).

chen. Diese beiden Faktoren – militärische Stärke und zeitlicher Hintergrund – könnten auch beeinflussen, *wann* sezessionistische Gruppen in der Zeit ihres Bestehens die Unabhängigkeit erklären. So könnte deren Entscheidung zu einem solchen Schritt beispielsweise von ihrer Stärke zu einem bestimmten Zeitpunkt abhängen, gekoppelt an die Signale, die von der internationalen Gemeinschaft ausgehen. Die fallübergreifende Struktur der C-WIT-Daten ermöglicht keine Zeitreihenanalyse für die einzelnen Fälle. Um dieses Thema eingehender zu behandeln, braucht es Fallstudien.

Die Entscheidung Kroatiens, die Unabhängigkeit zu Beginn seines sezessionistischen Krieges zu erklären, diese Erklärung dann aber zu verschieben, illustriert die komplizierte Rolle, welche die internationale Gemeinschaft in sezessionistischen Kriegen spielen kann, und bringt vielleicht auch etwas Licht in die Feinheiten der Beziehung, die zwischen dem zeitlichen Hintergrund, der Stärke von Aufständischen und dem Erklären der Unabhängigkeit herrscht. Kroatien verfügte im Jugoslawienkonflikt von Anfang an über eine starke Position, was seine militärische Stärke, seinen inneren administrativen Status und seinen Anspruch auf Selbstbestimmung betraf. Dennoch sandte die internationale Gemeinschaft an die Kroaten zu Beginn ihres Konflikts klare Signale gegen eine Sezession aus. Als allerdings deutlich wurde, dass die westliche Welt willens war, die Unabhängigkeit Kroatiens zu unterstützen – also zu einer Intervention zu dessen Gunsten bereit war –, fiel es den Kroaten leichter, das Anliegen der internationalen Gemeinschaft zu honorieren, eine Unabhängigkeitserklärung und ein entsprechendes Referendum auf die Zeit nach Beendigung der Feindseligkeiten zu verschieben.[54] Dieser Meinungsumschwung in Kroatien zur Mitte des Konflikts wurde folglich direkt durch die internationale Gemeinschaft bestimmt.

Unten behandle ich eingehender drei Fälle sezessionistischer Bewegungen aus drei verschiedenen historischen Zeitabschnitten. Alle standen vor der Entscheidung, ob und wann sie eine förmliche Unabhängigkeitserklärung veröffentlichen würden. Wenn auch mit unterschiedlichem Ausgang, so wurde diese Entscheidung in allen Fällen

---

54 Coggins, Secession, Recognition, and the International Politics of Statehood, S. 160.

von der Wahrnehmung der Aufständischen bedingt, welche Präferenzen in der internationalen Gemeinschaft herrschten. Und auch die Einschätzung der jeweiligen Gruppe der eigenen Stärke spielte in diese Entscheidung mit hinein. Wie in den Fällen zwischenstaatlicher Konflikte, die in Kapitel 3 bis 5 untersucht wurden, habe ich Bürgerkriege ausgewählt, die mit Blick auf die unabhängigen und abhängigen Variablen Variationen zeigen. Im Einklang mit der quantitativen Analyse schöpfte ich dabei aus der Menge der sezessionistischen Rebellengruppen, die im C-WIT-Datensatz ausgewiesen sind. Als typisches Beispiel für sezessionistisches Verhalten vor 1945 habe ich den Fall Texas in Mexiko im 19. Jahrhundert ausgewählt, ein Beispiel, bei dem eine Unabhängigkeitserklärung abgegeben wurde. Als Vorgriff auf Fragen, die in Kapitel 7 und 8 erörtert werden, ist dabei anzumerken, dass die Texaner damals Zivilpersonen kaum ins Visier nahmen und auch keinen echten Friedensvertrag mit Mexiko abschlossen. Für die Zeit der UN-Ära, in der Unabhängigkeitserklärungen selten wurden, untersuche ich einen Fall aus der frühen Nachkriegszeit und einen weiteren aus der jüngeren Vergangenheit. Die Südmolukken, auf denen eine schwache sezessionistische Rebellengruppe agierte, deren Gebiet durch klare innere administrative Grenzen umrissen war, erklärten sich 1950 von Indonesien unabhängig. Wie die Texaner verschonten die Aufständischen Zivilpersonen weitgehend und schlossen mit der indonesischen Regierung keinen Friedensvertrag ab. Aber anders als diese verloren sie ihren Unabhängigkeitskrieg. Der neuere Fall betrifft den Südsudan. Dessen Aufständische verzichteten auf eine Unabhängigkeitserklärung, weil sie von der internationalen Gemeinschaft implizit darum ersucht wurden. Im Gegensatz zu den Texanern und Südmolukken nahmen sie in erheblichem Maß auch Zivilpersonen ins Visier und schlossen mit der Regierung einen förmlichen Friedensvertrag ab. Weil ich mich im Rest dieses Kapitels sowie in den Kapiteln 7 und 8 auf diese Fälle beziehe, liefere ich zu ihnen nachfolgend kurz einige Informationen zum jeweiligen Hintergrund.

Texas: Kaum hatte Mexiko seinen erbittert ausgetragenen Unabhängigkeitskrieg gegen Spanien 1821 gewonnen, gerieten Texas und die Texaner in eine politisch prekäre Situation. Das damals zu Mexiko gehörige Texas war in weiten Teilen mit englischsprachigen Auswanderern aus den Vereinigten Staaten besiedelt. Obwohl Mexiko nach der Verfassung von 1824 eine föderale Struktur hatte, versuchte die Zentralregierung bald, ihre Kontrolle über die konstituierenden Einheiten zu straffen. Laut dem Historiker William Binkley betrachtete Mexiko Texas mit besonderer Sorge, »weil die Obrigkeiten den Verdacht hegten, dass der Zustrom an Siedlern Teil eines organisierten Plans sei, um Mexiko Gebiete zu entziehen«.[55] Da Texas zuvor weder die spanische Sprache noch der Katholizismus aufgezwungen worden war, so weckte nun Mexikos offizielle Forderung nach einer Staatssprache und einer Staatsreligion bei vielen Texanern Unmut. Dieser wuchs spürbar mit dem Gesetz vom 6. April 1830, das die Zuwanderung begrenzen und Nichtkatholiken daran hindern sollte, sich in Texas niederzulassen.[56] Noch beunruhigter waren die Texaner, als nach einer gescheiterten Invasion und dem Versuch einer spanischen Rückeroberung eine Militärdiktatur im Land errichtet wurde: Sie sorgten sich wegen der Auswirkungen von Einfuhrzöllen auf ihre Wirtschaft sowie wegen Fragen der Selbstverwaltung, insbesondere was die ökonomischen Folgen des Verbots der Sklaverei anging.[57]

Texas' englischsprachige politische Führungsfiguren, insbesondere der hochangesehene Stephen F. Austin, hofften zunächst, Teil eines echt föderalen Mexikos zu bleiben. Ende 1833 reiste Austin nach Mexiko-Stadt mit dem Vorschlag, Texas zu einem Bundesstaat innerhalb der mexikanischen Föderation zu machen und das Einwanderungsgesetz von 1830 außer Kraft zu setzen. Nach einem lauen Empfang wurde Austin auf dem Rückweg nach Texas wegen Verrats unter dem Vorwurf verhaftet, er habe »dem Gemeinderat von Bexar« geraten, »alles für eine Regierungsbildung vorzubereiten, um Texas eine Selbstverwaltung zu ermöglichen«.[58] Sogar noch nach seiner Verhaftung hielten seine Anhänger an seinem Wunsch fest, auf eine texani-

---

55 Binkley, The Texas Revolution, S. 5.
56 Ebenda.
57 Reichstein, Der texanische Unabhängigkeitskrieg 1835/36, S. 63; Lack, The Texas Revolutionary Experience, S. 3.
58 Reichstein, Der texanische Unabhängigkeitskrieg 1835/36, S. 68.

sche Unabhängigkeitserklärung zu verzichten.[59] Nach seiner Freilassung schrieb Austin Freunden, er habe seine Position geändert und unterstütze jetzt vollumfänglich diese Unabhängigkeit.[60] Mit einer Zulassung des Englischen als offizieller Sprache und einem Widerruf des Gesetzes von 1830 versuchte Mexiko, die Texaner zu beschwichtigen, aber diese Zugeständnisse reichten nicht weit genug und kamen zu spät.[61] Mit Austins Gesinnungswandel erhielt die sezessionistische Bewegung, die seit Monaten, wenn nicht seit Jahren unter der Oberfläche geschwelt hatte, den entscheidenden Auftrieb.

Mexiko dachte gar nicht daran, Texas kampflos in die Unabhängigkeit zu entlassen. Die mexikanische Armee war der texanischen haushoch überlegen. Diese Asymmetrie spiegelte sich in den ersten mexikanischen Siegen bei Goliad und – am bekanntesten – bei Alamo wider. Aber als sich die mexikanischen Streitkräfte am 21. April 1836 gerade eine Rast gönnten, wurden sie bei San Jacinto durch einen Überraschungsangriff von Sam Houstons Truppen besiegt. Antonio López de Santa Anna, Mexikos befehlshabender General, ehemaliger Präsident und faktischer Staatschef, geriet in Gefangenschaft. Als Bedingung für seine Freilassung handelte er die Klauseln eines Friedens aus – darunter die mexikanische Anerkennung eines unabhängigen Texas'. Damit stellt der texanische Unabhängigkeitskrieg den seltenen Fall eines erfolgreichen sezessionistischen Krieges dar. Binnen weniger Jahre wurde Texas als unabhängiger Staat von den Vereinigten Staaten, Frankreich und Großbritannien anerkannt. Bald stellte die texanische Bevölkerung fest, dass eine Annexion durch die Vereinigten Staaten für sie günstiger war, und trat am 29. Dezember 1845 der Union bei.

Äußere Patronage und texanische Entscheidung, die Unabhängigkeit zu erklären

Für die Männer, die die Abspaltung von Mexiko debattierten, galt eine Unabhängigkeitserklärung als gewohnheitsrechtliche Notwendigkeit, für die der Zeitpunkt aber strategisch gewählt werden musste. Noch bevor Texas am 3. März 1836 seine Unabhängigkeit verkündete, war

---

59   Ebenda, S. 80 f.
60   Lack, The Texas Revolutionary Experience, S. 33.
61   Reichstein, Der texanische Unabhängigkeitskrieg 1835/36, S. 80 f.

eine entsprechende Erklärung bereits mehrere Male in Erwägung gezogen worden. Im November 1834 endete eine Konsultation – eine lokale politische Versammlung, um zu einer Entscheidung über Texas' Zukunft zu kommen – mit einem Beschluss, auf eine Unabhängigkeitserklärung zu verzichten. Stattdessen sollte der Krieg geführt werden, um zur föderalen Verfassung von 1824 zurückzukehren, die Santa Anna außer Kraft gesetzt hatte. Im Kern stand hinter der politischen Strategie der texanischen Politiker die Hoffnung, dass sich die anderen mexikanischen Staaten einer Revolution anschließen würden, um die vormalige verfassungsmäßige Ordnung wiederherzustellen.[62] Diese anfängliche Scheu, sich für unabhängig zu erklären, war durch zwei weitere Faktoren bedingt: Texas' militärische Schwäche gegenüber Mexiko und das Bestreben, die Unterstützung der Vereinigten Staaten zu gewinnen. Der Verzicht auf eine Unabhängigkeitserklärung hieß auch, dass »es sich in den USA besser für ein Texas [warb], das einen rein idealistischen Kurs zu verfolgen schien«.[63]

In Zentrum dieser vorangegangenen Debatten stand freilich weniger die Frage, ob die Unabhängigkeit erklärt werden sollte, als vielmehr die, ob die Unabhängigkeit überhaupt das Ziel der Texaner war. Die Klärung erfolgte dann auf der Konsultation vom März 1836. Sobald die Texaner erkannten, dass sich ihnen keine weiteren mexikanischen Staaten anschließen oder sie unterstützen würden, wurde für ihr politisches Überleben die Sezession notwendig.[64] Und als sich die texanischen Entscheidungsträger erst einmal auf das Ziel einer Unabhängigkeit verständigt hatten, lautete die Frage weniger, ob als vielmehr wann eine entsprechende förmliche Erklärung veröffentlicht werden sollte. Der Präzedenzfall der US-amerikanischen Unabhängigkeitserklärung 60 Jahre zuvor war den sezessionistischen Gruppen

---

62 Binkley, The Texas Revolution, S. 78. Zudem veröffentlichten Garnisonen in Goliad und Nacogdoches Erklärungen, die praktisch auf Unabhängigkeitserklärungen von Deserteuren hinausliefen. Auch wenn sie keine rechtliche Bedeutung hatten, stellten sie wichtige Signale der öffentlichen Meinung dar. Lack, The Texas Revolutionary Experience, S. 70, S. 80.
63 Reichstein, Der texanische Unabhängigkeitskrieg 1835/36, S. 144.
64 Binkley, The Texas Revolution, S. 97, S. 101, S. 128.

der Welt immer noch akut präsent.[65] Seine Unabhängigkeit zu erklären, war ein Standard angemessenen Verhaltens für Gruppen, die den eigenen unabhängigen Staat anstrebten.

Signale aus den Vereinigten Staaten – auch über das Beispiel der Unabhängigkeitserklärung von 1776 hinaus – hatten für Texas Bedeutung. Bis Januar 1836 war den wichtigsten texanischen Entscheidungsträgern klar geworden, dass die Unterstützung dieses Landes davon abhängen würde, dass sie sich förmlich für unabhängig erklärt hätten. Der Historiker Andreas Reichstein beschreibt es so:

> War ursprünglich die Rücksichtnahme auf diplomatische Verwicklungen zwischen den USA und Mexiko ein Grund für die Zurückhaltung der Texaner in der Unabhängigkeitsfrage gewesen, so erfuhren die drei Unterhändler Austin, Wharton und Archer, was auch in bereits zitierten Briefen von Privatleuten aus den USA an die führenden Köpfe in Texas zum Ausdruck gekommen war: Diplomatie hin oder her – wollte Texas von Einzelpersonen oder privaten Organisationen materielle Unterstützung erfahren oder Freiwillige für den Kampf gegen Mexiko gewinnen, so mußte es so schnell wie möglich seine Unabhängigkeit erklären. Die drei Emissäre drücken sich klar aus: Ohne Unabhängigkeitserklärung keine Anleihen, kein Geld, keine Hilfe.[66]

Kurz darauf, am 3. März 1836, erklärte Texas förmlich seine Unabhängigkeit. Dabei hatten die Vereinigten Staaten nicht nur den Zeitpunkt der texanischen Erklärung, sondern auch – durch das eigene Beispiel – deren Inhalt bestimmt. George Childress, den die Konsultation mit der Abfassung des betreffenden Dokuments betraute, gestaltete es bewusst nach dem US-amerikanischen Vorbild. Damit verkürzte er nicht nur den Prozess seiner Ausgestaltung, sondern auch die Dauer der Debatte vor der Verabschiedung: Die Unabhängigkeitserklärung wurde auf Anhieb und einstimmig angenommen.[67] Der Einfluss der USA auf diese Entscheidung von Texas wirkte besonders stark in einer Zeit, in der es noch keine organisierte internationale Gemeinschaft gab. Statt deren Signale fanden diejenigen am meisten Beachtung, die

---

65 Armitage, The Declaration of Independence.
66 Reichstein, Der texanische Unabhängigkeitskrieg 1835/36, S. 148.
67 Ebenda, S. 149.

von dem Nachbarn ausgesandt wurden, der die texanische Sache am ehesten unterstützen würde.[68]

»Der von der Welt vergessene Krieg«:[69] *Sezessionismus auf den Südmolukken:* Die Verhandlungen, die auf Indonesiens Erklärung der Unabhängigkeit von den Niederlanden von 1945 folgten, verliefen kontrovers und kompliziert. Zu den zahlreichen umstrittenen Fragen zählte auch die föderale Natur des neuen indonesischen Staates. Nach der Übereinkunft des Runden Tischs vom Dezember 1949, an dem über Indonesiens Unabhängigkeit von den Niederlanden und über eine Verfassung beraten wurde, waren die Südmolukken – ein auch als »Gewürzinseln« bekannter Archipel – eine der Regionen, denen unter einem künftigen föderalen System das Recht auf Selbstbestimmung zuerkannt wurden.[70]

Allerdings schloss die Regierung des indonesischen Präsidenten Sukarno schon kurz nach der Unabhängigkeit die Option einer friedlichen Abspaltung aus, indem sie ihre Zustimmung zur föderalen Verfassung aufkündigte. Das neue, stärker zentralisierte Regierungssystem löste auf Ambon, der Hauptinsel der Südmolukken, sowie in der gleichnamigen Stadt eine Welle der Empörung aus. Als Reaktion auf eine effiziente Blockade durch die indonesische Marine und die erwartete Landung indonesischer Truppen verkündete die Republik Maluku Selatan (RMS) am 25. April 1959 offiziell ihre Unabhängigkeit.[71] Der nachfolgende Bürgerkrieg verlief anfangs mit intensiven Kämpfen, entwickelte sich aber bis Dezember 1959 zu einem Abnutzungskrieg, der mit sehr geringer Intensität von Guerilla-Kämpfern

---

68 Dies deckt sich mit den Ergebnissen einer wachsenden Zahl an Literatur zur Diplomatie von Aufständischen, die sich mit dem äußeren Erscheinungsbild von Rebellengruppen gegenüber bestimmten Patronen und der internationalen Gemeinschaft allgemein befasst. Huang, Rebel Diplomacy in Civil Wars; Kaplan, Strategies of Insurgent Diplomacy; Coggins, Petitioning Power.

69 Brackman, World's Forgotten War Ending in Spice Islands.

70 Prins, Location, S. 29 f.; Christie, A Modern History of Southeast Asia, S. 117 f.; Higgins, Regulating the Use of Force in Wars of National Liberation, S. 170.

71 Chauvel, Nationalists, Kapitel 18.

im Dschungel ausgetragen wurde und nach dem Fall der Stadt Ambon seine wichtigste Basis auf der Insel Seram (Ceram) fand.[72]

Die Republik Maluku Selatan auf der Weltbühne

Die relative militärische Schwäche der Südmolukken war ein wichtiges Motiv bei der Entscheidung, die Unabhängigkeit auszurufen. Abgelegen und arm, mangelte es der Inselregion an Ressourcen. Der Appell an die internationale Gemeinschaft bildete ihre Hauptstrategie, um ihre Erfolgsaussichten zu verbessern. 1950 hatte sich die Völkergemeinschaft noch nicht ausdrücklich gegen unilaterale Unabhängigkeitserklärungen ausgesprochen (deutlicher wurde diese Position mit der oben erwähnten »Erklärung über Grundsätze des Völkerrechts betreffend freundschaftliche Beziehungen ...« von 1970). Ihre Unterstützung war – wie für alle sezessionistischen Bewegungen – eine notwendige Vorbedingung für politischen Erfolg. Zudem sahen die Südmolukken ihren Fall als besonders aussichtsreich an. Ihre Inselgruppe stellte eine Verwaltungseinheit par excellence – eine Provinz – innerhalb des indonesischen Staatsgebildes dar.[73] Ihre Deklaration begann mit einem Verweis auf die Selbstbestimmung:»Im Einklang mit dem positiven Willen und den Forderungen des Volkes der Südmolukken verkünden wir hier die Unabhängigkeit de facto und de jure der Südmolukken.«[74] Argumentiert wurde zudem auf der Grundlage der Konferenz des Runden Tisches, unter direkter Berufung auf das Völkerrecht.

Solange der internationalen Gemeinschaft ihr Anliegen unbekannt war, konnten die Südmolukken von ihr weder materielle noch moralische Unterstützung erwarten. Folglich war Bekanntheit entscheidend, um ihre politischen Ziele zu erreichen, und die Veröffentlichung einer förmlichen Unabhängigkeitserklärung war ein Teil einer entsprechenden Publizitätskampagne. Appelle an die internationale Gemeinschaft erfolgten seit 1950 bis heute in vielfältiger Form. Leserbriefe in wichtigen westlichen Tageszeitungen, wie der *New York Times*

---

72 Brackman, World's Forgotten War Ending in Spice Islands.
73 Carter/Goemans, The Making of the Territorial Order; Griffiths, Catch and Release.
74 Prins, Location, S. 36 f.

und dem *Christian Science Monitor*, wandten sich entschieden gegen jede Berichterstattung, welche die Legitimität der südmolukkischen Unabhängigkeit infrage stellte, häufig unter Verweis darauf, dass ein niederländischer Gerichtshof das Sezessionsrecht anerkannt hatte, und mit Beschwerden über das Versagen der internationalen Gemeinschaft, ihr Versprechen einzulösen und den Fall vor den UN-Sicherheitsrat zu bringen.[75] Die Südmolukken drangen wiederholt bei der niederländischen Regierung darauf, zu ihren Gunsten zu intervenieren,[76] und wandten sich zudem an die australische und die US-amerikanische Regierung.[77] Die RMS-Exilregierung unterhält seit 1966 eine aktive Präsenz in den Niederlanden. Sie besitzt eine Website und ist Mitglied von INGOs wie der Organisation der nicht repräsentierten Nationen und Völker (UNPO).[78]

Die Südmolukken führten drei Argumente in der Hoffnung ins Feld, die internationale Gemeinschaft dazu zu ermutigen, sie gegen die indonesische Regierung zu unterstützen.[79] Erstens beriefen sie sich häufig auf das Prinzip der Selbstbestimmung der Völker.[80] Zweitens machten sie geltend, dass Indonesien kein Recht habe, sich die Südmolukken einzuverleiben, da es sich um einen unabhängigen Staat handele, dessen Rechte die niederländische Regierung anerkannt habe.[81] Drittens brachten sie ein strategisches Argument vor: Die Südmolukken dienten als entscheidender Teil eines Bollwerks gegen die kommunistische Expansion: Sollten ihre Bemühungen um eine Un-

---

75 Zum Beispiel Nikijuluw (C. L.), Stand of South Moluccas; U.N. Seeks to Halt Amboina Fighting 1950; Nikijuluw (K. K.), Stand of South Molucca; 1,500 Ambonese March in Hague o. D.; Nikijuluw (K. J.), The War in the Moluccas.
76 Willem Sopacua, Vizepräsident der Exilregierung der Republik Maluku Seletan, Korrespondenz mit der Autorin, 18. März 2013.
77 Chauvel, Nationalists, S. 366.
78 Vertreter_innen der UNPO, Interview, geführt von der Autorin, 4. Februar 2013.
79 Chauvel, Nationalists, S. 376 f.
80 Siehe zum Beispiel die Resolution, die die Südmolukken an den Vorsitz der UN-Kommission für Indonesien UNCI richteten: UN Archives, Series S-0681/Box 15/File 2/Acc. DAG13/2.00/UN Commission for Indonesia (UNCI): South Moluccas Affair (mit Anhängen).
81 Higgins, Regulating the Use of Force in Wars of National Liberation, S. 170.

abhängigkeit scheitern, würde dies die Aussichten auf eine kommunistische Übernahme in der Region erhöhen. Allgemein versuchten die Südmolukken, das Signal auszusenden, dass sie gute und geschätzte Bürgerinnen und Bürger der internationalen Gemeinschaft würden. Sie boten den UN sogar Truppen zum Einsatz im Koreakrieg an, im Gegensatz zur indonesischen »Unterstützung für den chinesischen Aggressor gegen die amerikanische Resolution vom 21. Januar 1951«.[82]

Letztlich verloren die Südmolukken ihren Kampf um die Unabhängigkeit. Aber ihre Unabhängigkeitserklärung war insofern erfolgreich, als sie in der internationalen Gemeinschaft Aufmerksamkeit weckte. Es ist unklar, ob die Südmolukken angesichts ihrer militärischen Schwäche ohne sie so viel Interesse gewonnen hätten. Auch wenn die militärische Phase des Konflikts vorüber ist, verfolgt die RMS weiterhin das Ziel einer Unabhängigkeit.

Südsudan: Der Gründung eines neuen Staates Südsudan im Juli 2011 gingen Jahrzehnte eines Bürgerkriegs zwischen dem Norden und dem Süden des Landes voraus, der schon zu Beginn der Unabhängigkeit von Großbritannien 1956 begonnen hatte. Dieser verlief als einer der weltweit längsten und blutigsten.

Mehrere zusammenhängende Faktoren könnten als »Ursachen« dieses Krieges gelten. Befeuert wurde dieser weitgehend durch ethnische und religiöse Differenzen zwischen den beiden Landesteilen – mit dem Versuch des islamistischen Nordens, dem christlichen und animistischen Süden die arabische Sprache und den Islam aufzuzwingen. Insbesondere im Vergleich zum Norden litt der Süden unter einer schwachen Entwicklung der Infrastruktur. Dieses Missverhältnis blieb bestehen, weil es Großbritannien versäumte, während des Entkolonialisierungsprozesses Konzessionen an den Süden auszu-

---

82 Brief von der Republik Maluku Selatan, J. P. Nikjulow an die Generalversammlung der Vereinten Nationen, 23. Januar 1951. Siehe ebenso das Memorandum von P. W. Lokollo, generalbevollmächtigter Vertreter und Ernährungsminister der Republik Maluku Selatan, 26. September 1950. UN Archives, Series S-0681.

handeln.[83] Als dort Ölvorkommen entdeckt wurden, warf die Bevölkerung des Südsudans dem Norden vor, die Förderung allein zum eigenen Nutzen zu betreiben.[84]

Der Krieg zwischen dem Nord- und dem Südsudan wird allgemein in zwei Phasen unterteilt. In der ersten von 1956 bis 1972 bekämpften südländische Aufständische den Versuch der Regierung im Norden, den gesamten Sudan zu arabisieren und zu islamisieren. Ein Friedensabkommen von 1971 versprach dem Süden eine größere Autonomie. Anschließend sorgte die politische Entwicklung im Norden – insbesondere die Rückkehr einer islamistischen Regierung – dafür, dass die Zentralregierung in Khartum diese Übereinkunft wieder aufkündigte.

Die zweite Phase des Konflikts begann 1983, als die Feindseligkeiten erneut ausbrachen: Oberst John Garang wurde in den Süden entsandt, um die Proteste niederzuschlagen, desertierte aber und stieg zum Anführer der Aufständischen im Süden auf. Er gründete die Sudanesische Volksbefreiungsbewegung/-armee (SPLM/A), die in den kommenden Jahrzehnten als wichtigste Oppositionsgruppe gegen den Norden kämpfen sollte.

Der Bürgerkrieg zwischen dem Nord- und dem Südsudan verdient aus zahlreichen Gründen Beachtung. Die Opposition im Süden war extrem zersplittert, mit Trennlinien, die entlang der ethnischen Grenzen zwischen Dinka und Nuer verliefen, die sich im unabhängig gewordenen Südsudan bis heute bekriegen.[85] Neben ethnischen politischen Fragen entzweiten die Anführer der Aufständischen im Süden teilweise auch die Kriegsziele. Wie in Texas 150 Jahre zuvor, strebten einige eine Demokratisierung mit Verbleib im Staat Sudan an, während andere für die Unabhängigkeit eintraten. Der Krieg war durch eine besonders starke internationale Einmischung geprägt, höchst kostspielig und zog sich äußerst lange hin. Khartum soll »bis zur

---

83 Thyne, Sudan, S.736.
84 Die Beziehung zwischen Ressourcen und Sezession wurde ausführlich im Fall der indonesischen Provinz Aceh erörtert. Siehe Aspinall, The Construction of Grievance; Morelli/Rohner, Resource Concentration and Civil Wars, S.3.
85 Jok/Hutchinson, Sudan's Prolonged Second Civil War.

Hälfte« seines Jahreshaushalts für den Krieg ausgegeben haben.[86] Zahlreiche Länder unterstützten die eine oder die andere oder zuweilen sogar beide Seiten.

Das größere Kampfgeschehen endete mit dem Abschluss des Naivasha-Abkommens (Comprehensive Peace Agreement, CPA) von 2005. Eine entscheidende Bestimmung des CPA sah für den Süden die Möglichkeit vor, sechs Jahre später eine Volksabstimmung zur Unabhängigkeit abzuhalten. Neben dem vorgeschlagenen Referendum und einem Waffenstillstand beinhaltete das CPA einen Plan zur Machtteilung, bei der John Garang Vizepräsident des Sudan wurde.[87]

Eine aufgeschobene Erklärung

Zu behaupten, die südsudanesischen Sezessionist_innen hätten sich nicht für unabhängig erklärt, ist nicht ganz korrekt. Tatsächlich vollzogen sie diesen Schritt am 9. Juli 2011, am eben jenem Wochenende, an dem sie als Mitgliedsstaat in die Vereinten Nationen aufgenommen wurden. Hier lautet die große Frage, warum die Sudanesische Volksbefreiungsbewegung mit ihrem militärischen Arm (SPLM/A) mit diesem Schritt Jahre gewartet hatte, obwohl die Unabhängigkeit doch längst als beschlossene Sache erschienen war.

Eine Erklärung für diesen Verzug lautet, dass der südsudanesische Konflikt nicht als sezessionistischer Krieg begonnen hatte. Es überrascht nicht, dass sich der Gesinnungswandel bei den Kriegszielen auch auf die Wahrscheinlichkeit auswirkt, dass eine Unabhängigkeitserklärung veröffentlicht wird. Fast per Definition ist es höchst unwahrscheinlich, dass in einem nichtsezessionistischen Konflikt eine Unabhängigkeitserklärung auftaucht. Damit bleibt die Frage: Die SPLM/A hätte die Unabhängigkeit ausrufen können, nachdem sie sich auf ihre sezessionistischen Ziele festgelegt hatte, entschied sich aber anders.

Eine andere Erklärung könnte in der Tatsache liegen, dass die SPLM/A besonders stark zersplittert war, insbesondere im Vergleich zum Fall der Südmolukken. Sie war ihrerseits eine Splittergruppe der

---

86 Ebenda, S. 136.
87 Garangs Amtszeit als Vizepräsident währte nicht lang, weil er kurz nach Amtsantritt bei einem Hubschrauberabsturz umkam.

Bewegung Anyanya II und spaltete sich anschließend in mehrere weitere Gruppen auf, darunter in die SPLA-Torit, in die SPLA-Bahr al-Ghazal und die Faktionen der südsudanesischen Unabhängigkeitsbewegung.[88] Auch wenn die Faktionierung der Aufständischen in diesem Fall ein herausragender Zug ist, zeigten die Ergebnisse in Tabelle 6.1 eine schwache Korrelation zwischen Zersplitterung und dem Erklären der Unabhängigkeit. Überdies müsste nach der Logik des Überbietungswettbewerbs, die hinter jeder möglichen Beziehung zwischen den beiden Merkmalen steht, mit der Anzahl der Faktionen auch die Wahrscheinlichkeit *steigen,* dass eine Unabhängigkeit erklärt wird, während hier gerade das Gegenteil der Fall war.

Tatsächlich wurde der Zeitpunkt, zu dem die südsudanesische Unabhängigkeitserklärung erfolgte, durch den Rahmen des Naivasha-Abkommens (CPA) von 2005 bedingt, das mit erheblicher internationaler Unterstützung ausgehandelt worden war. Der Südsudan hielt sich penibel an diese Vereinbarungen als Teil einer konzertierten Anstrengung, seine Aussichten zu erhöhen, als eigenständiger Staat internationale Anerkennung zu bekommen. Das CPA sah die Möglichkeit vor, sechs Jahre nach Abschluss des Abkommens, also 2011, ein Referendum zur Unabhängigkeit abzuhalten. Obwohl sich schon 2009 (als geplante Zwischenwahlen verschoben und infolgedessen als undemokratisch erachtet wurden) eine klare Mehrheit für die Sezession abzeichnete, wartete der Südsudan weiterhin und hielt das Referendum auf den Tag genau sechs Jahre nach Abschluss des CPA ab.

Und obwohl die Volksabstimmung klar zugunsten der Abspaltung ausging, hielt sich der Süden mit einer Unabhängigkeitserklärung immer noch zurück: Nach den Vorgaben des CPA konnte der Südsudan erst sechs Monate nach einem positiven Votum unabhängig werden.

Damit stand der 9. Juli 2011 als das Datum fest, an dem er den entscheidenden Schritt tun durfte. Die eigentliche Verkündung wurde zu einem genau orchestrierten Ereignis. Salva Kiir Mayardit, der erste Präsident des Südsudan, rief die Unabhängigkeit bei einem Festakt in Juba aus und überreichte UN-Generalsekretär Ban Ki-moon die Erklärung zusammen mit einem Antrag, von den Vereinten Nationen als

---

88 Thyne, Sudan, S. 738.

Mitglied aufgenommen zu werden. Ban Ki-moon übermittelte beides elektronisch nach New York, wo zu diesem Wochenende für den UN-Sicherheitsrat und für die Generalversammlung Sitzungen anberaumt waren. Ihr Termin war nicht zufällig gewählt: Auch wenn sicher weitere Angelegenheiten anstanden, hatten die UN-Gremien ihre Sitzungen so gelegt, dass sie zum nächstmöglichen Zeitpunkt über die Mitgliedschaft des Südsudan abstimmen konnten.

Die Vereinten Nationen nehmen neue Staaten als Anwärter vor allem dann gerne in ihre Reihen auf, wenn diese zuvor die Mitgliedschaft in den relevanten regionalen Organisationen erworben haben – im Fall des Südsudan die der Afrikanischen Union (AU). Diese war aus administrativen und logistischen Gründen allerdings nicht in der Lage, den Südsudan zum vorgegebenen Termin Anfang Juli 2011 aufzunehmen, obwohl allgemeiner Konsens herrschte, dass eine Abstimmung positiv verlaufen wäre. Auch sieht ein übliches Prozedere vor, dass Resolutionen zu einer UN-Mitgliedschaft vom Vorsitz der relevanten regionalen Organisation eingebracht werden, um die regionale Unterstützung für den neuen Staat und seine UN-Mitgliedschaft zu bekunden. Als ein Signal, dass der Südsudan bei ausreichend Zeit die AU-Mitgliedschaft bereits erhalten hätte, brachte Ruanda, das damals den Vorsitz der AU führte, in die UN-Generalversammlung die Resolution ein, mit welcher der Südsudan in die Vereinten Nationen aufgenommen wurde.

Wichtig ist der Hinweis, dass die südsudanesische Unabhängigkeitserklärung nicht unilateral erfolgte. Die Regierung des Sudan akzeptierte die Ergebnisse des vorangegangenen Referendums und erkannte den neuen Staat am 8. Juli 2011, einen Tag vor dem der Unabhängigkeitserklärung, denn auch tatsächlich an. Der Süden hatte zuvor eine einseitige Erklärung erwogen, insbesondere angesichts von Hinhaltetaktiken zum Referendum durch Khartum, schreckte vor dem Schritt aber aus Angst vor einer Gegenreaktion der internationalen Gemeinschaft zurück. Hätten sie ihn doch unternommen, hätten ihnen andere afrikanische Staaten wahrscheinlich die Anerkennung verweigert – und damit ihre Chancen gemindert, die der internationalen Gemeinschaft zu bekommen. Während dieser ganzen komplizierten Abläufe hielt sich der Südsudan auf Punkt und Komma genau an das international abgesegnete CPA, insbesondere was den Zeitpunkt der Unabhängigkeitserklärung anging. Die internationale Gemeinschaft sandte an den sezessionistischen Südsudan klare Signale aus, die er – zu seinem Vorteil – peinlich genau beachtete. Dieser Fall ist einer der wenigen in neuerer Zeit, in denen solche Aufständische Erfolg damit hatten, dass sie sich an Weisungen der internationalen Gemeinschaft hielten.

Mit dem Rechtsgutachten des Internationalen Gerichtshof (IGH) zur unilateralen Unabhängigkeitserklärung des Kosovo 2010 wurden solche Erklärungen zu einem zentralen Streitpunkt im internationalen Recht. Die Kontroverse um den Fall des Kosovo rückt einen wichtigen Punkt in diesem Kapitel ins Licht: Entscheidungen von sezessionistischen Gruppen, ob und wann sie die Unabhängigkeit erklären, erfolgen aus strategischen Gründen. Diese Strategie wird weitgehend von den Signalen bestimmt, die von der internationalen Gemeinschaft ausgehen, sei es von einem mächtigen Nachbarstaat wie im Fall Texas im 19. Jahrhundert oder von den Vereinten Nationen heute. Entsprechend zögerten noch in jüngster Zeit die Katalanen, die Schotten und die Kurden allesamt, sich für unabhängig zu erklären, aus Angst vor einer Gegenreaktion der internationalen Gemeinschaft, deren Unterstützung wesentlich ist, um ihre Ziele zu verwirklichen.

Die in diesem Kapitel dargelegten Fakten sprechen auch für eine mögliche Beziehung zwischen der militärischen Stärke einer Rebellengruppe und der Wahrscheinlichkeit, dass sie diesen Schritt tut. Insbesondere in jüngster Zeit neigen ihm vielleicht gerade die stärksten Gruppen am wenigsten zu, weil sie am nächsten davorstehen, ihre politischen Ziele zu erreichen, und jede Verärgerung in der internationalen Gemeinschaft vermeiden wollen. Andererseits könnten die schwächsten Gruppen Unabhängigkeitserklärungen als ein Mittel nutzen, um der Welt deutlich zu machen, dass es sie gibt: Sie bleiben von jeder Unterstützung der Weltgemeinschaft so lange ausgeschlossen, als sich diese ihrer Existenz nicht bewusst ist. Die Unabhängigkeitserklärung dient somit als eine Art Visitenkarte. Möglich wäre auch, dass die innere Unterstützung für Unabhängigkeitserklärungen je nachdem schwankt, wie stark die betreffende Gruppe zu einem bestimmten Zeitpunkt ist. Ganz neue oder sehr schwache Gruppen mögen besonders stark dazu neigen, sich für unabhängig zu erklären, ihre

Einstellung später aber revidieren, wenn sie an Stärke gewinnen oder ihre Strategien verändern. Natürlich beobachten wir, wie sowohl die Kurden als auch die Palästinenser heute sehr vorsichtig vorgehen, weil sie Anhaltspunkte für eine internationale Anerkennung sammeln und sich zentimeterweise auf eine anerkannte Staatlichkeit zubewegen.[89] Sezessionistengruppen sind sich ihres Erscheinungsbildes vor der internationalen Gemeinschaft bewusst, vielleicht mehr als andere Rebellengruppen, weil sie wissen, dass deren Unterstützung für eine internationale Anerkennung als neuer Staat entscheidend ist. Diese Rücksicht gegenüber den Wünschen der Weltgemeinschaft beschränkt sich nicht auf Unabhängigkeitserklärungen. Sie wird auch darin sichtbar, wie diese Aufständischen ihre Kriege führen und beenden, was in den Kapiteln 7 und 8 thematisch behandelt wird. Allerdings belohnt die internationale Gemeinschaft das Wohlverhalten sezessionistischer Gruppen keineswegs immer. Diese Kluft zwischen ihren Bekundungen und ihren Handlungen ist bis zu sezessionistischen Aufständischen, die sich offenbar schlecht informiert haben, anscheinend noch nicht durchgesickert. Im Gegensatz zu Forschenden konzentrieren sie sich auf das Hier und Jetzt des Überlebens und verfügen so nicht über eine globale Perspektive, wie sie die Wissenschaftsgemeinschaft genießt. Auf kurze Sicht kommt ihre Schwierigkeit, sich auf den neuesten Stand zu bringen, der internationalen Gemeinschaft durchaus entgegen, weil diese Gruppen wohl eher auf direkte Signale als auf die Erfahrungen vormaliger weniger erfolgreicher Sezessionistengruppen achten. Aber wenn sie sich auf längere Sicht besser informieren,

---

89 Inzwischen unterhalten fast 30 Länder konsularische Vertretungen in Erbil. Über 130 Länder – die Mehrheit der gegenwärtigen Liste an Staaten – erkennen Palästina an, und nationale Parlamente wie das britische sowie souveräne Gebilde wie der Vatikan haben in neuerer Zeit Palästina ebenfalls anerkannt. Palästina ist inzwischen zudem Mitglied in über 25 internationalen Organisationen. Rudoren/Hadid, Vatican to Recognize Palestinian State in New Treaty; Department of Foreign Relations, Kurdistan Regional Government; Bartlett, Here are All the Countries that Recognise Palestinian Statehood. Das irakische Kurdistan hat im September 2017 ein Referendum zur Unabhängigkeit abgehalten, zum gegenwärtigen Stand der Dinge aber noch keine förmliche Unabhängigkeitserklärung abgegeben. Fisher/Taub, A Will to Secede Doesn't Always Mean There's a Way.

könnte die internationale Gemeinschaft in Schwierigkeiten kommen in ihrem Bemühen, den Ausbruch, den Verlauf und die Beendigung einer besonders häufigen Art des Bürgerkriegs zu bewältigen. Sie kann sich nicht dauerhaft darauf verlassen, dass sezessionistische Aufständische übersehen, wie sich ähnliche Gruppen vor ihnen verhalten haben und wie es ihnen damit ergangen ist.

7
Sezessionismus und Angriffe auf Zivilpersonen

Wie bei Unabhängigkeitserklärungen müssen sezessionistische Bewegungen bei der Entscheidung, ob sie sich an die Gesetze des Krieges halten, ihre militärischen und politischen Ziele ausbalancieren. In diesem Kapitel konzentriere ich mich auf Angriffe auf Zivilpersonen,[1] zum einen weil der Schutz von Zivilpersonen das wichtigste Thema des internationalen humanitären Völkerrechts ist, und zudem, weil das Verbot von Angriffen auf Zivilpersonen wahrscheinlich besser bekannt ist als andere Gesetze, wie etwa solche zum Schutz von Kulturgut. Mit anderen Worten: Rebellengruppen werden sich höchstwahrscheinlich an die Regel halten, Zivilpersonen nicht anzugreifen. Diese Analyse hat auch den Vorteil, dass sie einen Beitrag zur vorhandenen Literatur über das Verhalten gegenüber Zivilpersonen in Bürgerkriegen leistet, die sich auf die Finanzierung von Rebellengruppen oder die Aufteilung der Kontrolle über das Territorium zwischen Rebellengruppen und Regierungen konzentriert und dabei den Kriegszielen als wichtiger unabhängiger Variablen wenig Aufmerksamkeit schenkt.[2]

Ein großes Thema in diesem Buch ist, dass die Ausweitung des HVR jeweils unterschiedliche Effekte auf Staaten hatte, die zwischenstaatliche Kriege führen, und auf Rebellengruppen, die in Bürger-

---

1 Angriffe auf Zivilpersonen werden hier definiert als bewusster Einsatz einer Strategie, Gewalt – Tod oder körperliche Verletzungen – gegen Zivilpersonen anzuwenden. Die Definition wird weiter unten eingehender diskutiert.
2 Eine aktuelle Ausnahme ist Fortna, Do Terrorists Win?

kriege verstrickt sind. Wie in Kapitel 1 diskutiert, kümmerten sich die Urheber_innen des HVR wenig darum, welche Wirkungen die Gesetze, die sie schufen, auf Rebellengruppen haben würden, und konzentrierten sich stattdessen darauf, rechtliche Hürden für die Anerkennung solcher Gruppen zu errichten. Rebellengruppen konnten daraus den Schluss ziehen, dass es sich lohnt, ein Staat zu sein, weil nur Staaten unter dem Schutz des Völkerrechts stehen. Parallel dazu, dass die Vorteile, ein Staat zu sein, größer geworden sind, haben wir auf der anderen Seite eine Zunahme sezessionistischer Bestrebungen gesehen.[3] Sezessionistische Gruppen wollen einen guten Eindruck auf die internationale Gemeinschaft machen. Wenn die internationale Gemeinschaft eine Aversion gegen einseitige Unabhängigkeitserklärungen zum Ausdruck bringt, werden sezessionistische Gruppen, wie in Kapitel 6 diskutiert, seltener Unabhängigkeitserklärungen abgeben. Dieses Kapitel zeigt, dass Rebellengruppen, die ein Staat sein wollen, signifikant häufiger als andere Arten von Rebellengruppen davor zurückschrecken, Zivilpersonen anzugreifen. Ich argumentiere, dass die Zurückhaltung sezessionistischer Gruppen außer von militärstrategischen Faktoren, die mit den Unabhängigkeitsbestrebungen zu tun haben, auch von den Präferenzen der internationalen Gemeinschaft abhängt.

Angriffe auf Zivilpersonen

Angriffe auf Zivilpersonen in zwischenstaatlichen Kriegen und Angriffe auf Zivilpersonen in Bürgerkriegen werden in der Literatur seltsamerweise getrennt abgehandelt. Wie in Kapitel 4 diskutiert, konzentriert sich die Literatur zu Angriffen auf Zivilpersonen in zwischenstaatlichen Kriegen hauptsächlich auf zwei Variablen: die Militärstrategie des Zielstaats und die Kriegsziele des angreifenden Staats. Valentino, Huth und Balch-Lindsay in einer Studie und Downes in einer anderen zeigen übereinstimmend, dass Staaten, deren Gegner Methoden des Guerillakriegs einsetzen, mit höherer Wahrscheinlich-

---

3   Fazal/Griffiths, Membership Has its Privileges.

keit Zivilpersonen angreifen als Staaten, deren Gegner mit konventionellen Mitteln kämpfen.[4] Aufstandsbekämpfung zieht häufiger Angriffe auf Zivilpersonen nach sich, teilweise wegen der Schwierigkeit, Kämpfende von Zivilpersonen zu unterscheiden, aber auch als letzte Option. Kriegsziele führen durch eine andere Logik zu Angriffen auf Zivilpersonen: Wenn eine Kriegspartei Territorium der gegnerischen Partei annektieren will, wird die annexionistische Kriegspartei es *ceteris paribus* vorziehen, sich ein von gegnerischer Bevölkerung »gesäubertes« Territorium einzuverleiben. Dieser Wunsch kann Angriffe auf Zivilpersonen – »ethnische Säuberungen« – des annexionistischen Staats zur Folge haben.[5]

Frühere Forschungen über Angriffe auf Zivilpersonen in Bürgerkriegen haben sich sehr viel mehr auf Gruppenmerkmale konzentriert als auf die Art der Kriegführung oder die Kriegsziele. Stathis Kalyvas legt eine Theorie von Angriffen auf Zivilpersonen vor, die darauf beruht, in welchem Ausmaß ein bestimmtes Territorium militärisch von der Regierung oder von gegnerischen Kräften kontrolliert wird.[6] Jeremy Weinstein argumentiert, die Strukturen der Finanzierung und Rekrutierung von Rebellengruppen würden ihre Neigung zu Angriffen auf Zivilpersonen beeinflussen: Die Gruppen, die von einer dritten Partei finanziert würden oder sich durch Schmuggel finanzierten, seien im Hinblick auf Nahrungsmittel und Unterstützung weniger auf die Zivilbevölkerung angewiesen und deshalb eher bereit, Zivilpersonen anzugreifen.[7] Kathleen Cunningham hat sich auf den Grad des Zusammenhalts in einer Gruppe konzentriert: Sie sagt, je stärker zersplittert eine Gruppe sei, desto wahrscheinlicher sei

---

4 Valentino/Hutz/Balch-Lindsay, Draining the Sea; Downes, Targeting Civilians in War, insb. S. 157–160.

5 Eine Ausnahme wäre der Fall, dass ein annexionistischer Staat ein Territorium beansprucht, weil dort Angehörige derselben ethnischen Gruppe leben. In dem Fall könnten wir damit rechnen, dass Zivilpersonen angegriffen werden, die nicht derselben ethnischen Gruppe angehören. Beispiele dafür sind der Bergkarach-Konflikt und die russische Intervention auf der Krim 2013.

6 Kalyvas, The Logic of Violence in Civil War.

7 Weinstein, Inside Rebellion, Kap. 6; Salehyan/Siroky/Wood, External Rebel Sponsorship and Civilian Abuse, S. 640.

es, dass sie Zivilpersonen angreife; weil die Faktionen sich gegenseitig überbieten wollten, rivalisierten sie untereinander, wem es besser gelinge, Zivilpersonen einzuschüchtern und ihre Unterstützung zu erlangen.[8]

Kriegsziele sind ein wichtiger fehlender Aspekt in der Literatur über Angriffe auf Zivilpersonen in Bürgerkriegen. Politische Ziele prägen das Verhalten aller kriegführenden Parteien – in zwischenstaatlichen Kriegen wie in Bürgerkriegen –, Rebellengruppen machen da keine Ausnahme. In jüngster Zeit hat die Forschung begonnen, in Analysen des Verhaltens von Rebellengruppen in Bürgerkriegen Kriegsziele zu untersuchen – von »nach Legitimität strebenden« Rebellen bis zu sezessionistisch gesinnten.[9] In diesem Kapitel möchte ich zu diesen Forschungen etwas beitragen.

Theoretische Erwartungen

Ich argumentiere, dass sowohl militärische wie politische Erwägungen sezessionistische Rebellengruppen zu dem Schluss bringen können, dass Angriffe auf Zivilpersonen ihren Interessen zuwiderlaufen könnten. Aus militärischer Sicht sind sezessionistische Gruppen eine verletzliche Bevölkerungsgruppe mit eingeschränktem Wirkungsbereich. Der Teil der Zivilbevölkerung, zu dem sie den meisten Zugang haben – und den sie am leichtesten attackieren könnten –, ist die potenzielle Bevölkerung ihres neuen unabhängigen Staats. Rebellengruppen haben wenig Anreiz, diese Bevölkerung anzugreifen. Möglich ist, dass sezessionistische Kräfte in dem Staat, von dem sie sich trennen wollen, Zivilpersonen direkt hinter der »Grenze« attackieren, aber damit setzen sie diese Bevölkerung der Gefahr von Vergeltungsmaßnahmen aus. Wie Monica Toft und andere gezeigt haben, erheben Gruppen sezessionistische Forderungen besonders eindringlich, wenn sie sich in

8   Cunningham, Inside the Politics of Self-Determination, Kap. 6.
9   Jo, Compliant Rebels; Huang, Rebel Diplomacy in Civil Wars; Fortna, Do Terrorists Win?; Stanton, The Impact of Civilian Targeting on Civil War; Coggins, Terrorism, Substitution, and Unintended Consequences.

einem bestimmten geografischen Gebiet konzentrieren.[10] Die Konzentration bringt den Vorteil zahlenmäßiger Stärke mit sich, hat aber den Nachteil, dass eine solche Gruppe ein leichtes Ziel darstellt.

Die politischen Anreize für sezessionistische Kräfte, Zivilpersonen nicht anzugreifen, sind weitgehend deckungsgleich mit den Gründen, warum sie eher nicht geneigt sind, einseitige Unabhängigkeitserklärungen abzugeben. Nur die internationale Gemeinschaft kann sezessionistischen Gruppen geben, was sie wollen – internationale Anerkennung –, und sie hat sehr klar ausgedrückt, dass sie Angriffe auf Zivilpersonen ablehnt. Der UN-Sicherheitsrat hat eine Reihe von Resolutionen verabschiedet, in denen Angriffe auf Zivilpersonen zum Beispiel in Afghanistan, Kambodscha und Somalia verurteilt werden.[11] Der UN-Generalsekretär veröffentlicht überdies jedes Jahr eine »Liste der Schande« mit den Namen von »Parteien, die Kinder rekrutieren oder einsetzen, Kinder töten oder verstümmeln, Vergewaltigungen und andere Formen sexueller Gewalt gegen Kinder verüben oder in bewaffneten Konflikten Schulen und / oder Krankenhäuser angreifen«. Auf der Liste des Jahres 2014 standen 56 Bewaffnete Nichtstaatliche Akteure (ANSAs, Armed Non-State Actors). Interessanterweise waren nur zwölf davon (rund 20 Prozent) sezessionistische Gruppen.[12] Im Anschluss an Bemühungen der UN, Aufmerksamkeit auf solche Konflikte zu lenken, gab es vermehrt Aktionspläne, eine Art Verträge zwischen den Vereinten Nationen und Rebellengruppen. Zum Beispiel verpflichtete sich die Moro Islamic Liberation Front (MILF), eine sezessionistische Gruppe auf den Philippinen, in dem Aktionsplan aus dem Jahr 2009 ausdrücklich, die Bestimmungen des

---

10 Toft, The Geography of Ethnic Violence, S. 21.

11 Siehe UN-Resolutionen 1193, 1214 (Afghanistan), 811, 864 (Angola), 771, 780
    1034 (ehemaliges Jugoslawien), 1009, 1019 (Kroatien), 764, 819, 820 (Bosnien
    und Herzegowina), 880 (Kambodscha), 1272 (Osttimor), 993 (Georgien), 446
    (Israel), 788, 1001 (Liberia), 812, 846, 918 (Ruanda), 1181, 1231, 1289 (Sierra
    Leone), 733 sowie 794 (Somalia). Aufgelistet in Samuels, Political Violence
    and the International Community, S. 131, Anm. 286.

12 Liste auf der Website von Human Rights Watch, https://www.hrw.org/
    sites/default/files/related_material/list%20of%20parties%20only.pdf. [6. 3.
    2019].

internationalen humanitären Völkerrechts hinsichtlich der Rekrutierung von Kindersoldat_innen einzuhalten.[13]

Wie in Kapitel 2 erörtert, kennen sezessionistische Gruppen aus
drei Gründen womöglich die Wünsche der internationalen Gemeinschaft und die Gesetze des Krieges besser als andere Rebellengruppen.
Erstens holen viele sich westliche Berater_innen zu Hilfe, die sie in
ihren Beziehungen zur internationalen Gemeinschaft unterstützen.
Zweitens sind sezessionistische Gruppen anscheinend besonders
empfänglich für Hilfe von NGOs, deren Mission es ist, sie über das
HVR zu informieren und entsprechend auszubilden. Weil solche Be-
rater_innen und NGOs zunehmend bekannter werden, wenden sich
Rebellengruppen immer häufiger hilfesuchend an sie. Zum Beispiel
wandten sich die sezessionistischen Tuareg auf Rat von Anwält_innen,
die mit ihnen zusammenarbeiteten, 2012 an die NGO Geneva Call,
die es sich zur Aufgabe gemacht hat, den Einsatz von Landminen,
die Rekrutierung von Kindersoldat_innen und sexuelle Gewalt durch
ANSAs einzudämmen.[14] Und drittens werden sezessionistische Truppen im Vergleich zu Rebellengruppen, die Kämpfe um Ressourcen
führen, eher Überläufer_innen aus dem staatlichen Militärapparat
anziehen, die eine Ausbildung in HVR erhalten haben. Sezessionistische Gruppen sind sich darum tendenziell eher bewusst, dass Angriffe
auf Zivilpersonen ihrem Ruf bei der internationalen Gemeinschaft
schaden und damit ihre Aussichten auf Anerkennung schmälern.

Ein weiterer Vorteil von Zurückhaltung im Umgang sezessionistischer Gruppen mit Zivilpersonen ist, dass Zurückhaltung Tüchtigkeit
signalisiert. Zurückhaltende Gruppen sind disziplinierte Gruppen,
und Drittparteien arbeiten generell lieber mit disziplinierten Gruppen
zusammen. Wenn sezessionistische Gruppen davon absehen, Zivilpersonen anzugreifen, dienen sie damit ihren eigenen militärischen
Zielen, weil sie ihre eigene Bevölkerung nicht in Gefahr bringen, und
signalisieren gleichzeitig der internationalen Gemeinschaft, dass sie

---

13 Geneva Call, Action Plan between the Moro Islamic Liberation Front (MILF)
    and the United Nations in the Philippines regarding the issue of Recruitment
    and Use of Child Soldiers in the Armed Conflict in Mindanao.

14 Pascal Bongard, Programmleiter bei Geneva Call, Interview mit der Autorin,
    14. Februar 2013.

willens und in der Lage sind, gute Mitglieder dieser Gemeinschaft zu werden. Es wird jedoch Zeiten geben, in denen sezessionistische Gruppen Anreizen widerstehen müssen, Zivilpersonen anzugreifen.[15] Eine logische Folge meines Arguments ist, dass Angriffe auf Zivilpersonen besonders dann zu erwarten sind, wenn in dem von den sezessionistischen Gruppen beanspruchten Gebiet viele Menschen anderer ethnischer Herkunft leben.[16] Wie in zwischenstaatlichen Kriegen dienen Angriffe auf Zivilpersonen hier dem Ziel, eine unerwünschte Bevölkerung aus einem Gebiet zu entfernen, das Teil eines neuen politischen Gebildes werden soll. Deshalb sollten wir auch einen Zusammenhang erwarten zwischen Angriffen auf Zivilpersonen und dem Ausmaß, in dem die sezessionistischen Kräfte in der von ihnen beanspruchten Region ethnisch dominieren. Ethnisch sehr weitgehend dominierende sezessionistische Kräfte hätten demnach weniger Anreize zu ethnischen Säuberungsmaßnahmen, weil die Menschen in der beanspruchten Region, die nicht zu ihrer ethnischen Gruppe gehören, keine Bedrohung darstellen. Umgekehrt wäre damit zu rechnen, dass die ethnisch am wenigsten dominierenden sezessionistischen Kräfte am ehesten zu Angriffen auf Zivilpersonen – besonders solchen mit einer anderen ethnischen Zugehörigkeit – neigen würden, weil sie ethnische Säuberung betreiben wollen.

Bevor wir uns die Ergebnisse der empirischen Analyse ansehen, ist es wichtig festzuhalten, dass der Zusammenhang von Unabhängigkeitserklärungen und Angriffen sezessionistischer Kräfte auf Zivilpersonen in Bürgerkriegen sich nicht parallel zu dem in Kapitel 4 erörter-

---

15 Ähnlich argumentiert Stanton, Violence and Restraint in Civil War, S. 52.
16 Wood zufolge könnte hier auch das Timing oder die Abfolge eine Rolle spielen. Demnach greifen sezessionistische Gruppen Zivilpersonen eher am Beginn eines Konflikts an, wenn sie schwach sind und auf andere Weise keine Unterstützung gewinnen können oder wenn sie das von ihnen beanspruchte Gebiet säubern wollen, um ihren Anspruch zu untermauern. Die Überprüfung dieser Argumentation erfordert sehr detaillierte Zeitreihendaten über sich anbahnende sezessionistische Bestrebungen in einem bestimmten Gebiet, die zum gegenwärtigen Zeitpunkt nicht verfügbar sind. Wood, Rebel Capability and Strategic Violence against Civilians, S. 605.

ten Zusammenhang zwischen Kriegserklärungen und Einhaltung des HVR verhält. In Kapitel 3 argumentiere ich, dass die Ausweitung des HVR Staaten veranlasst, mit Kriegserklärungen zu zögern, weil sie die rote Linie nicht überschreiten wollen, ab der sie eindeutig zur Einhaltung des HVR verpflichtet wären. Nach dieser Logik ist zu erwarten, dass die Staaten, die eine Kriegserklärung abgegeben haben, mit besonders hoher Wahrscheinlichkeit das HVR beachten: Diese Staaten wollen das HVR in Anspruch nehmen, gerade weil sie in hohem Maß damit rechnen, es einzuhalten. Aber hinsichtlich des Rechts sezessionistischer Gruppen, eine Unabhängigkeitserklärung abzugeben, ist das Völkerrecht sehr viel weniger eindeutig als in der Frage des Rechts, eine Kriegserklärung abzugeben, wenn Staaten gegeneinander kämpfen. Das strategische Verhalten sezessionistischer Kräfte, wenn es um das *ius ad bellum* geht, ist nicht erkennbar mit ihrem strategischen Verhalten im Hinblick auf das *ius in bello* verbunden. Sofern überhaupt können wir erwarten, dass bei sezessionistischen Gruppen, die in der Zeit vor den Genfer Abkommen die Unabhängigkeit erklärt haben, die Wahrscheinlichkeit von Angriffen auf Zivilpersonen am größten ist, weil sie mit der Abgabe einer formellen Erklärung die internationale Gemeinschaft bereits provoziert haben. Das ist eine weitere logische Folge meines Arguments. Der allgemeine Zusammenhang zwischen Unabhängigkeitserklärung und Angriffen auf Zivilpersonen ist für den Zeitraum von 1816 bis 2007 negativ und statistisch signifikant. Doch für die Zeit seit Gründung der Vereinten Nationen ist in Fällen aus der Ära nach Verabschiedung der Genfer Abkommen, als die Wünsche der internationalen Gemeinschaft hinsichtlich Unabhängigkeitserklärungen wie hinsichtlich Angriffen auf Zivilpersonen sehr eindeutig formuliert waren, der Zusammenhang sehr viel schwächer und nicht mehr statistisch signifikant.[17]

---

17 Die Korrelation zwischen sezessionistischen Gruppen, die die Unabhängigkeit erklären, und solchen, die Zivilpersonen angreifen, liegt für den Zeitraum 1816–2007 bei −0,26 (p=0,01). Für die Zeit vor Verabschiedung der Genfer Abkommen liegt die entsprechende Korrelation bei −0,08 (p=0,59).

Wann greifen Rebellengruppen Zivilpersonen an?

Wie in den vorangehenden Kapiteln evaluiere ich die bisher formulierten Erwartungen anhand quantitativer und qualitativer Erkenntnisse. Das wichtigste Ergebnis meiner Analyse ist, dass sezessionistische Gruppen mit sehr viel geringerer Wahrscheinlichkeit Zivilpersonen angreifen als nichtsezessionistische Gruppen. Weitere Ergebnisse illustrieren Unterschiede, welche Arten von Zivilpersonen sezessionistische Kräfte angreifen, zeitliche Tendenzen bei gewalttätigem Sezessionismus und Angriffen auf Zivilpersonen und wie Rebellengruppen im Allgemeinen und sezessionistische Gruppen im Besonderen reagieren, wenn sich Angriffe auf Zivilpersonen seitens der Regierungen, gegen die sie kämpfen, gegen sie richten.

Quantitative Analyse

Das Universum der Fälle für diese Analyse sind alle Bürgerkriegsdyaden, die C-WIT von 1816 bis 2007 identifiziert hat. Das in diesem Kapitel betrachtete Universum der Fälle ist größer als in den vorangegangenen Kapiteln, weil in diesem Kapitel sezessionistische Rebellen mit anderen Rebellengruppen verglichen werden, während Kapitel 6 sich ausschließlich auf sezessionistische Gruppen konzentrierte. Ein weiterer Unterschied besteht darin, dass ich in diesem Kapitel zwei Versionen des Datensatzes verwende. In der Version mit der »Originalcodierung« fehlen erhebliche Datenmengen, insbesondere zu der abhängigen Schlüsselvariablen Angriffe von Rebellengruppen auf Zivilpersonen. Die zweite Version mit der »Standardcodierung« geht davon aus, dass fehlende Daten zu dieser Variablen gleich null gesetzt werden können. Die Ergebnisse aufgrund der Originalcodierung und der Standardcodierung werden unten präsentiert, nach der Diskussion der Codierung der Schlüsselvariablen.

Beschreibung der Variablen: Im Folgenden beschreibe ich die Quellen und die Codierung für die in der quantitativen Analyse dieses Kapitels verwendeten Variablen. Sofern nichts anderes angegeben ist, stammen alle Variablen aus C-WIT. Mehrere Variablen dienen dazu, wie unten erläutert, alternative Erklärungen zu testen.

Angriffe auf Zivilpersonen

Ich definiere Angriffe auf Zivilpersonen als gezielten Einsatz einer Strategie, Gewalt gegen Zivilpersonen anzuwenden, wobei die Anwendung von Gewalt das Zufügen einer körperlichen Schädigung bis hin zum Tod bedeutet (Deportation oder Inhaftierung zählen nicht, sofern sie nicht mit körperlicher Schädigung oder Tod einhergehen). Diese Definition überschneidet sich mit denen, die in Analysen von Angriffen auf Zivilpersonen in zwischenstaatlichen Kriegen und Bürgerkriegen verwendet werden.[18] Sie ist auch ähnlich wie die Definition, die dem Datensatz zu einseitiger Gewalt des Uppsala Conflict Data Project (UCD) zugrunde liegt, der sich auf »den Einsatz bewaffneter Gewalt durch die Regierung eines Staates oder eine formell organisierte Gruppe gegen Zivilpersonen, der zu mindestens 25 Todesfällen führt«[19], konzentriert. Und sie ist ähnlich der Definition in der Global Terrorism Database, die den »angedrohten oder tatsächlichen Einsatz illegalen Zwangs und illegaler Gewalt durch einen nichtstaatlichen Akteur in der Absicht, ein politisches, wirtschaftliches, religiöses oder gesellschaftliches Ziel durch Angst, Zwang oder Einschüchterung zu erreichen«, erfasst.[20]

Ereignisse aus der jüngsten Vergangenheit liefern Beispiele dafür. Es wird vermutet, dass ukrainische Rebellengruppen am 17. Juli 2014 Flug MH17 der Malaysia Airlines abgeschossen haben. Obwohl die Rebellengruppen den Vorwurf bestreiten, sprechen viele Berichte dafür, dass die Rakete versehentlich auf ein Zivilflugzeug abgefeuert wurde;

---

18 Zum Beispiel definiert Downes in seiner Erörterung von Gewalt gegen Zivilpersonen in zwischenstaatlichen Kriegen Angriffe auf Zivilpersonen als »eine militärische Strategie von politischen oder militärischen Eliten, die darauf abzielt, Nichtkombattant_innen absichtlich anzugreifen und zu töten, oder die nicht zwischen Kombattant_innen und Nichtkombattant_innen unterscheidet und deshalb Letztere in großer Zahl tötet« (Downes, Targeting Civilians in War, S. 13). Für Bürgerkriege definiert Kalyvas Gewalt als »die absichtliche Schädigung von Personen«. Er beschränkt seine Analyse auf Gewalt gegen Zivilpersonen, definiert als »jene Personen, die nicht vollzeitig Mitglieder einer bewaffneten Gruppe sind« (Kalyvas, The Logic of Violence in Civil War, S. 19).

19 Eck/Hultman, One-Sided Violence against Civilians in War, S. 235.

20 Global Terrorism Database, Codebook. Inclusion Criteria and Variables, S. 6.

folglich würde dieser Vorfall nicht als absichtlicher Angriff auf Zivilpersonen codiert. Hingegen ist die Belagerung und Versklavung der Jesid_innen durch den Islamischen Staat, die 2014 begann, eindeutig ein absichtsvolles Vorgehen gegen Zivilpersonen mit dem Ziel, ein Gebiet von einer bestimmten Bevölkerungsgruppe zu säubern. Dieses Beispiel erfüllt eindeutig die Definition eines Angriffs auf Zivilpersonen.

Sezessionismus

Die Codierung der unabhängigen Schlüsselvariablen, *sezessionistisch*, ist die gleiche, die verwendet wird, um das Universum der Fälle für die in Kapitel 6 präsentierte Analyse von Unabhängigkeitserklärungen abzugrenzen. Rebellengruppen, die für einen eigenen, unabhängigen Staat kämpfen, werden als sezessionistisch codiert.

Die Zusatzprotokolle

Eine weitere Schlüsselvariable ist *Post-AP*, eine Dummy-Variable für Konflikte nach 1977, als die beiden Zusatzprotokolle (Additional Protocols) zu den Genfer Abkommen von 1949 über bewaffnete Konflikte um die nationale Selbstbestimmung und Bürgerkriege verabschiedet wurden. Diese Variable erlaubt es, die Möglichkeit zu prüfen, dass Rebellengruppen mit abnehmender Wahrscheinlichkeit Zivilpersonen angreifen, wenn es Gesetze des Krieges gibt, die explizit in Bürgerkriegen anwendbar sind. In manchen Spezifikationen interagiert *Post-AP* mit sezessionistisch, um die Möglichkeit zu testen, dass sezessionistische Gruppen in der Zeit nach der Verabschiedung der Zusatzprotokolle mit geringerer Wahrscheinlichkeit Zivilpersonen angreifen.

Kontrollvariablen und alternative Erklärungen

Kräfteverhältnis: Um das Kräfteverhältnis zwischen Regierung und Rebellengruppen zu erfassen, verwende ich wieder *Stärkeverhältnis (im Einsatz),* das auf der zahlenmäßigen Stärke der Rebellengruppen geteilt durch die Zahl der in einem bestimmten Konflikt eingesetzten Regierungstruppen basiert. Diese Variable erlaubt es, die in der Forschung etwa von Reed Wood vorgetragene Möglichkeit zu testen, dass schwächere Gruppen mit höherer Wahrscheinlichkeit Zivilpersonen angreifen als stärkere Gruppen, weil schwächeren Gruppen die Ressourcen fehlen, ohne Gewaltanwendung die Unterstützung der Zivilbevölkerung zu gewinnen.[21]

Anzahl der Faktionen: Ich benutze *Fragmentierung* (wie im letzten Kapitel beschrieben), um die Zahl der Faktionen in der Rebellengruppe zu messen und die Möglichkeit zu testen, dass wegen der Logik der gegenseitigen Überbietung Angriffe auf Zivilpersonen umso wahrscheinlicher sind, je stärker zersplittert die Rebellengruppen sind.[22] Cunningham zufolge ist eine alternative Erklärung, dass fragmentierte Rebellengruppen mit höherer Wahrscheinlichkeit als weniger fragmentierte Gruppen Zivilpersonen angreifen, weil die Faktionen innerhalb der Rebellengruppe um die Macht kämpfen.

Aufstand: *Aufstand* erfasst die allgemeine Militärstrategie der Gruppe. Obwohl Aufstand und Bürgerkrieg (oder Aufständische und Rebellengruppen) oft gleichgesetzt werden, ist es wichtig, die Art und Weise der Kriegführung von der Tatsache zu unterscheiden, dass sie geführt werden, und davon, was während der Kämpfe passiert.[23] Ich übernehme die Definition von James Fearon und David Laitin, wonach Aufstand ein Mittel der Guerillakriegführung ist, für das »kleine, leicht bewaffnete Gruppen« typisch sind, die »überfallartig zuschlagen, üblicherweise von ländlichen Gebieten aus«.[24] Ein Beispiel dafür ist der chinesische Bürgerkrieg.[25] Aufstand unterscheidet sich typischerweise von konventioneller Kriegführung, bei der wie im amerikanischen oder spanischen Bürgerkrieg schwere Artillerie zum Einsatz kommt und herkömmliche Schlachten geschlagen werden.[26] Ich

---

21 Wood, Rebel Capability and Strategic Violence against Civilians, S. 604.

22 Cunningham/Bakke/Seymour, Shirts Today, Skins Tomorrow.

23 Kalyvas/Balcells, International System and Technologies of Rebellion; Fazal/Fortna, Guerrillas in the Mist.

24 Fearon/Laitin, Ethnicity, Insurgency, and Civil War, S. 75.

25 Entsprechend Maos Rat hinsichtlich Aufständen entwickelte sich der chinesische Bürgerkrieg schließlich zu einem konventionellen Krieg.

26 Kalyvas/Balcells (International System and Technologies of Rebellion, S. 418) codieren einen dritten Typus der militärischen Strategie, »symmetrisch nichtkonventionell« (SNK). Dieser Typus liege dann vor, »wenn die Militärtechnologien der Staaten und Rebellengruppen auf einem niedrigen Niveau

beziehe diese Kontrolle ein als Test für die Möglichkeit, die von Wissenschaftler_innen wie Mueller vorgeschlagen wird,[27] dass Guerillagruppen mit höherer Wahrscheinlichkeit als andere Zivilpersonen angreifen.[28]

Angriffe der Regierung auf Zivilpersonen: *Angriffe der Regierung auf Zivilpersonen* ist genauso definiert wie *Angriffe von Rebellengruppen auf Zivilpersonen*, mit der Ausnahme, dass in diesem Fall die Regierung die Täterin ist. Diese Kategorie wird hier aufgenommen, um für die Möglichkeit zu kontrollieren, dass Rebellengruppen Zivilpersonen angreifen als Reaktion darauf, dass die Regierung Zivilpersonen angegriffen hat (oder umgekehrt). Beispiele für Angriffe der Regierung auf Zivilpersonen sind der Bürgerkrieg in Sierra Leone gegen die Revolutionäre Vereinigte Front (Revolutionary United Front, RUF) in den 1990er Jahren, der Krieg in Tschetschenien, der Bangladesch-Krieg und der noch andauernde Bürgerkrieg in Syrien (der allerdings zu aktuell ist, um in die Daten aufgenommen zu werden).[29]

Finanzierung von Rebellengruppen: *Schmuggel (Kontrabande)* ist eine Möglichkeit, wie sich Rebellengruppen finanzieren, die Variable codiert, ob Rebellengruppen ihre Kämpfe zumindest teilweise durch Mittel wie illegalen Abbau von Bodenschätzen und die Produktion oder den Verkauf von Edelsteinen oder Drogen finanzieren. Sie kontrolliert für die Möglichkeit, die am nachdrücklichsten von Weinstein vertreten wird, dass Rebellengruppen, die sich durch Schmuggel finanzieren, sich freier fühlen, Zivilpersonen anzugreifen, weil sie bei der Führung ihrer Kriege weniger auf die Unterstützung der Zivilbevölkerung angewiesen sind.[30] Weinsteins Argumentation trägt auch dem wichtigen möglichen Anteil Rechnung, den mangelnde Disziplin bei der Erklä-

---

ausgeglichen« sind. C-WIT codiert SNK-Kriege nicht. Für die Zwecke dieses Buchs ist das nicht relevant, da SNK sich auf die Kriegführung von Regierungen und nicht von Rebellengruppen bezieht.

27 Mueller, The Remnants of War, S. 19 f.

28 *Aufstand* und *sezessionistisch* zeigen eine schwache positive Korrelation, die aber nicht statistisch signifikant ist.

29 Human Rights Watch, Death from the Skies.

30 Weinstein, Inside Rebellion, Kap. 6.

rung der unterschiedlichen Neigung von Rebellengruppen hat, Zivilpersonen anzugreifen. Wie Morrow im Hinblick auf zwischenstaatliche Kriege zeigt, ist der Schutz von Zivilpersonen ein Aspekt des HVR, der besonders häufig verletzt wird, weil einzelne Soldaten auch befehlswidrig entsprechende Taten begehen können; in dieser Hinsicht unterscheiden sich Angriffe auf Zivilpersonen beispielsweise vom Einsatz chemischer und biologischer Waffen, der typischerweise zentral kontrolliert wird.[31]

Demokratie: *Polity* kontrolliert für das Demokratieniveau der Regierung. Stanton und andere argumentieren, Rebellengruppen würden vor allem dann dazu neigen, Zivilpersonen anzugreifen, wenn sie gegen einen demokratischen Gegner kämpften, weil eine demokratische Öffentlichkeit zivile Opfer besonders schwer toleriert.[32] Der Grad an Demokratie kann sowohl einen Einfluss darauf haben, inwieweit Rebellengruppen geneigt sind, Zivilpersonen anzugreifen, als auch darauf, inwieweit die Regierung zu solchen Angriffen tendiert,[33] was wiederum eine entsprechende Vergeltungsreaktion von Rebellengruppen auslösen kann.[34] *Polity* verwendet Polity2 aus dem Polity-IV-Datensatz als Maß für den Regimetypus und reicht von −10 (am stärksten autokratisch) bis 10 (am wenigsten autokratisch). Die Verwendung von Polity2 statt von Polity erlaubt, mehr Beobachtungen einzubeziehen, was besonders hilfreich ist, weil eine überproportional hohe Zahl von fehlenden Beobachtungen in Polity Länderjahre mit einem Bürgerkrieg sind. Andere Maße für Demokratie sind Polity zwar vielleicht überlegen, aber keines reicht zeitlich so weit zurück.[35]

---

31 Morrow, Order within Anarchy, S. 116.
32 Eubank/Weinberg, Does Democracy Encourage Terrorism?; Stanton, Terrorism in the Context of Civil War, S. 1013; Chenoweth, Terrorism and Democracy.
33 Downes, Restraint or Propellant?
34 Anzumerken ist jedoch, dass ein inverser Zusammenhang zwischen Demokratie und Bürgerkriegen besteht. Die an Bürgerkriegen beteiligten Demokratien waren bereits Sonderfälle und widersprechen wohl auch in dieser Hinsicht den Erwartungen.
35 Zum Beispiel enthält der Datensatz von Freedom House »Freedom in the World« das am zweithäufigsten (nach dem Polity-Wert) verwendete Maß; es

Regressionsanalyse und Diskussion: Angesichts der dichotomischen Natur der abhängigen Variablen wird bei der Analyse, inwieweit Rebellengruppen Angriffe auf Zivilpersonen als militärische Strategie einsetzen, eine logistische Regression angewendet. In Übereinstimmung mit der allgemeinen Argumentation in diesem Kapitel stelle ich fest, dass sezessionistische Gruppen signifikant seltener als nichtsezessionistische Rebellengruppen Zivilpersonen angreifen. In den Tabellen 7.1 und 7.2 sind diese Ergebnisse anhand von Standard- und Originalcodierungen der für Angriffe auf Zivilpersonen relevanten Variablen dargestellt; sie zeigen, dass sich diese Aussage bei verschiedenen Modellspezifikationen bestätigt.[36] Basierend auf den Ergebnissen der Modelle 2 und 3 in Tabelle 7.1 können wir sagen, dass sezessionistische Gruppen mit einer um 28 bis 41 Prozent geringeren Wahrscheinlichkeit Zivilpersonen angreifen als nichtsezessionistische Gruppen. Diese Ergebnisse bestätigen die Haupthypothese dieses Kapitels.

Tabelle 7.3 zeigt marginale Effekte für alle signifikanten Variablen. In Abb. 7.1 wurden die marginalen Effekte für sezessionistische Gruppen herausgezogen. Vielleicht weil diese Analyse eine sehr viel größere Zeitspanne einbezieht als die meisten quantitativen Analysen von Bürgerkriegen, decken sich die Ergebnisse bei vielen Kontrollvariablen nicht mit den Ergebnissen früherer Forschungen. Aufstand ist immer positiv, erreicht aber im am meisten reduzierten Modell nur eine statistische Signifikanz von 0,1. Das Ergebnis stimmt allgemein, aber nicht stark, mit der Behauptung überein, dass Guerillagruppen mit höherer Wahrscheinlichkeit Zivilpersonen angreifen als Rebellengruppen, die keine Guerillamethoden einsetzen. Aber es bestätigt

---

deckt den Zeitraum von 1972 bis zur Gegenwart ab. Das Maß von Pzeworski u. a. für Demokratie deckt den Zeitraum ab 1950 ab; Bernhardt u. a. decken den Zeitraum von 1991 bis 1995 ab; der Economist Intelligence Unit Democracy Index beginnt 2007. Es ist wichtig, darauf hinzuweisen, dass die Verwendung von Polity in Analysen von Bürgerkriegen kritisiert wurde, weil Polity in manchen Codierungen Maße für Bürgerkrieg einschließt. Aber dieses Thema ist wichtiger bei Analysen über den Beginn von Kriegen als wie hier im Zusammenhang mit der Kriegführung. Vreeland, The Effect of Political Regime on Civil War.

36 Die Ergebnisse bleiben unverändert, wenn statt der logistischen Regression die Methode der kleinsten Quadrate verwendet wird.

Tabelle 7.1 Logistische Regressionsanalysen von Angriffen auf Zivilpersonen durch Rebellengruppen (Standardcodierung)

	(1)	(2)	(3)	(4)
sezessionistisch	−0,8 (0,49) p=0,09	−0,8 (0,53) p=0,09	−1,2 (0,67) p=0,06	−1,6 (0,81) p=0,04
Aufstand	0,7 (0,44) p=0,07	0,5 (0,48) p=0,22	0,5 (0,55) =0,35	0,6 (0,56) p=0,26
Angriffe auf Zivilpersonen durch Staat (standardisiert)	2,66 (0,44) p=0,00	2,53 (0,47) =0,00	2,37 (0,56) =0,00	2,35 (0,56) p=0,00
Post-AP		2,32 (0,65) p=0,00	2,79 (0,85) p=0,00	2,17 (0,95) =0,02
sezessionistisch*post-AP				1,86 (1,76) p=0,29
Finanzierung durch Schmuggel			−0,47 (0,90) =0,60	−0,29 (0,89) p=0,74
Zersplitterung			0,47 (0,17) p=0,01	0,47 (0,16) p=0,00
Polity			−0,06 (0,05) p=0,25	−0,7 (0,06) p=0,19
Kräfteverhältnis (im Einsatz)	0,00 (0,09) p=0,99	−0,02 (0,08) p=0,80	−0,05 (0,12) =0,65	−0,07 (0,11) p=0,52
Konstante	−1,92 (0,43) p=0,00	−2,17 (0,47) p=0,00	−3,05 (0,67) =0,00	−3,09 (0,67) p=0,00
N	148	148	130	130
Pseudo-R^2	0,31	0,40	0,46	0,46
Chi^2	0,0000	0,0000	0,0000	0,0000
Prozent korrekt vorhergesagt	79,05	81,76	82,31	82,31

Hinweis: Standardfehler in Klammern

Tabelle 7.2 Logistische Regressionsanalysen von Angriffen auf Zivilpersonen durch Rebellengruppen (Originalcodierung)

	(1)	(2)	(3)	(4)
sezessionistisch	−0,96 (0,49) p=0,05	−1,15 (0,55) p=0,04	−1,68 (0,74) p=0,02	−2,42 (1,03) p=0,02
Aufstand	0,08 (0,44) p=0,07	0,62 (0,49) p=0,21	0,51 (0,56) p=0,37	0,67 (0,58) p=0,25
Angriffe auf Zivilpersonen durch Staat (original)	2,30 (0,45) p=0,00	2,15 (0,49) p=0,00	2,03 (0,58) p=0,00	2,03 (0,58) p=0,00
Post-AP		2,54 (0,70) p=0,00	2,95 (0,89) p=0,00	2,13 (0,95) p=0,03
sezessionistisch*post-AP				2,58 (1,85) p=0,16
Finanzierung durch Schmuggel			−0,58 (0,20) p=0,01	−0,37 (0,88) p=0,67
Zersplitterung			0,54 (0,20) p=0,01	0,56 (0,19) p=0,00
Polity			−0,07 (0,06) p=0,20	−0,09 (0,06) p=0,15
Kräfteverhältnis (im Einsatz)	−0,01 (0,09) p=0,95	−0,03 (0,08) p=0,73	−0,06 (0,12) p=0,64	−0,08 (0,11) p=0,48
Konstante	−1,60 (0,43) p=0,00	−1,85 (0,46) p=0,00	−2,90 (0,71) p=0,00	−2,97 (0,71) p=0,00
N	132	132	116	116
Pseudo-R^2	0,27	0,37	0,45	0,46
Chi^2	0,0000	0,0000	0,0000	0,00008-
% korrekt vorhergesagt	75,76	81,82	81,03	2,76

Hinweis: Standardfehler in Klammern

Tabelle 7.3 Marginale Effekte bei signifikanten Variablen (Tabelle 7.2, Modell 3)

Variable	Wahrscheinlichkeit bei null	Wahrscheinlichkeit bei 1	Differenz
Sezessionismus	0,68	0,39	−41%
Regierung greift Zivilpersonen an	0,18	0,68	260%
nach 1977	0,68	0,96	42%
Zersplitterung (25. bis 75. Perzentil)	0,59	0,69	17%

nicht die Argumentation, dass Guerillagruppen mit geringerer Wahrscheinlichkeit die Zivilbevölkerung angreifen, weil sie auf deren Unterstützung angewiesen sind. Nicht überraschend ist die Feststellung, dass Rebellengruppen, die Opfer von Angriffen der Regierung auf Zivilpersonen werden, mit einer rund zweieinhalbmal größeren Wahrscheinlichkeit selbst Zivilpersonen angreifen als Rebellengruppen, deren Regierungen Zivilpersonen nicht angreifen.[37] Diese Feststellung passt zu gemischten Ergebnissen hinsichtlich der Rolle von Reziprozität in früheren Forschungen zu Angriffen auf Zivilpersonen in zwischenstaatlichen Kriegen[38] und allgemeiner zur Einhaltung des internationalen humanitären Völkerrechts in zwischenstaatlichen Kriegen.[39] Die Ergebnisse bestätigen auch bestehende Aussagen über den Zusammenhang von Gruppenfragmentierung und Angriffen auf Zivilpersonen: Stärker fragmentierte Gruppen greifen mit einer um 35 bis 40 Prozent höheren Wahrscheinlichkeit Zivilpersonen an als weniger fragmentierte Gruppen.

Jeremy Weinstein hat andere Erklärungen herangezogen und argumentiert überzeugend, dass die Wahrscheinlichkeit für Angriffe auf

---

37 Eine nützliche Ausweitung dieser Analyse wäre es, die Abfolge bei Angriffen auf Zivilpersonen zu untersuchen. Angesichts des großen substanziellen Effekts von Reziprozität wäre es interessant zu wissen, welche Seite mit Angriffen auf Zivilpersonen begonnen hat.

38 Downes, Targeting Civilians in War, S. 71, S. 74 f.; Valentino / Huth / Balch-Lindsay, Draining the Sea, S. 395.

39 Morrow, When Do States Follow the Laws of War?, S. 565.

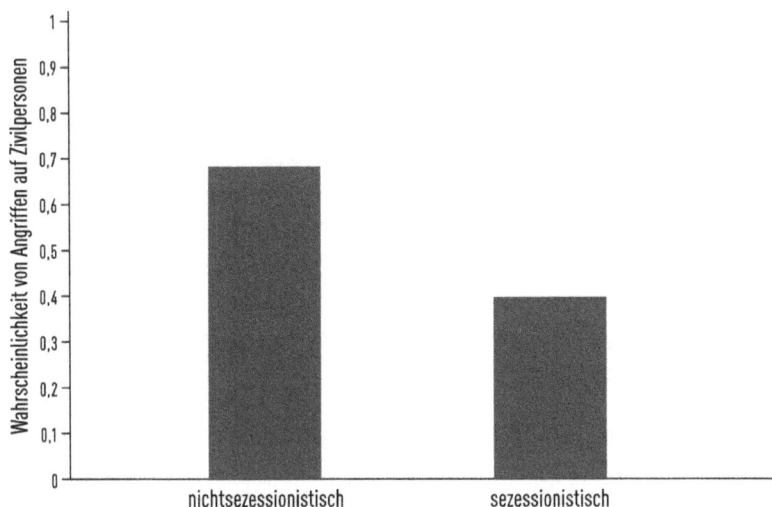

Abb. 7.1 Sezessionismus und Angriffe auf Zivilpersonen

Zivilpersonen bei Rebellengruppen am größten ist, die sich aus illegalen Quellen (wie dem Handel mit Drogen und Diamanten) finanzieren.[40] Meine Ergebnisse zeigen jedoch, dass die Finanzierung durch Schmuggel in keinem Fall ein signifikanter Prädikator für Angriffe auf Zivilpersonen ist. In manchen Spezifikationen ist der Koeffizient bei dieser Variablen sogar negativ. Anders als in den Forschungen von Jessica Stanton[41] erreicht der Koeffizient für den Regimetyp auch keine statistische Signifikanz. Ebenfalls im Gegensatz zu der Arbeit von Stanton und insbesondere von Reed Wood ist der Indikator für die Stärke der Rebellengruppen im Verhältnis zur Stärke der Regierung konstant negativ, aber erreicht nie ein statistisch signifikantes Niveau.[42] Wenn alternative Maße für relative Stärke angewendet werden – Maße aus C-WIT und COW für die Gesamtstärke der Regierung –, ist das Ergebnis entweder stabil, oder der Koeffizient wechselt das Vorzeichen, bleibt aber statistisch nicht signifikant.

---

40   Weinstein, Inside Rebellion, Kap. 6.
41   Stanton, Terrorism in the Context of Civil War, S. 1016; Dies., Violence and Restraint in Civil War, S. 94 f.
42   Wood, Rebel Capability and Strategic Violence against Civilians, S. 608.

Wen greifen sezessionistische Gruppen an? Wenn sezessionistische Gruppen Zivilpersonen angreifen, können wir erwarten, dass sich ihre Angriffe gegen Personen richten, die nicht derselben ethnischen Gruppe angehören – in einem neuen Staat wären sie eine Minderheit, und im bestehenden Staat sind sie vielleicht die Mehrheit. Obwohl sezessionistische Gruppen mit signifikant geringerer Wahrscheinlichkeit als nichtsezessionistische Gruppen Zivilpersonen angreifen, kommen doch bei rund der Hälfte aller sezessionistischen Gruppen solche Angriffe vor. Nach meiner Auffassung dienen in diesen Fällen die Angriffe auf Zivilpersonen dazu, Territorium von unerwünschten Bevölkerungsgruppen zu säubern.

Tabelle 7.4 Angriffe sezessionistischer Gruppen, 1816–2007

Ziel	Verteilung und Erläuterung
nur Angehörige anderer ethnischer Gruppen	15 (47 %) Islamische Befreiungsfront der Moros (Philippinen, 2000–2001; 2003)
Angehörige anderer ethnischer Gruppen und Angehörige der eigenen ethnischen Gruppe	9 (25 %) Befreiungstiger von Tamil Eelam (Sri Lanka, 1983–2002; 2006–2009)
nur Angehörige der eigenen ethnischen Gruppe	6 (17 %) Kaschmirische Aufständische (Indien, 1989–heute)
weder noch/andere[a]	4 (11 %) Antimonarchisten (Königreich beider Sizilien, 1820)

Hinweis: Einige Daten fehlen, weil in einer Handvoll Fällen zu wenig Informationen vorliegen, um diese Variablen zu codieren.

a Typischerweise Fälle, in den Rebellentruppen unterschiedslos Angriffe führten oder wüteten.

Tabelle 7.4 zeigt die Verteilung der Ziele bei den sezessionistischen Gruppen, die Zivilpersonen angreifen.[43] Zu beachten ist, dass diese

---

43 Die Daten zu Zielen stammen aus den Berichten der Codierenden über Kriege in C-WIT.

Tabelle explizit anhand der abhängigen Variablen selektiert, um zu sehen, was wir aus Veränderungen bei den Zielen von sezessionistischen Gruppen erfahren. Sollten sezessionistische Gruppen häufiger ihr eigenes Volk angreifen als Bevölkerungsgruppen, die sie in ihrem Gebiet nicht haben möchten, wäre das problematisch für meine Argumentation. In einem gewissen Ausmaß würde jedoch die Feststellung, dass Gruppen dazu tendieren, Angehörige ihrer eigenen ethnischen Gruppe anzugreifen, zu einigen prominenten Fällen aus jüngster Zeit passen: In kurdischen, tschetschenischen und palästinensischen Dörfern haben die Zentralregierungen erfolgreich einheimische Bewohner_innen rekrutiert, um ihre Nachbar_innen zu denunzieren.[44] In Sri Lanka sind die Tamil Tigers berüchtigt dafür, dass sie massiv (aber nicht ausschließlich) ihre Landsleute attackieren.[45]

Trotz dieser außergewöhnlichen Fälle erzählen die Daten insgesamt eine andere Geschichte. In der klaren Mehrheit (70 Prozent) der Fälle, in denen sezessionistische Gruppen Zivilpersonen angreifen, gelten die Angriffe Angehörigen anderer ethnischer Gruppen in Gebieten, die von den Sezessionist_innen beansprucht werden. Die Achines_innen, deren Angriffe sich teilweise gegen die javanesische Volksgruppe richteten, die sie von dem von ihnen beanspruchten Land vertreiben wollten, sind ein gutes Beispiel dafür.[46] Der Experte für Aceh Edward Aspinall schildert ein Interview mit einem Kämpfer für die Unabhängigkeit von Aceh, der argumentierte, Angehörige der javanesischen Volksgruppe könnten die ethnische Integrität von Aceh zerstören.[47] Achinesische Kämpfer_innen hängten in dem Gebiet Plakate auf mit einer Botschaft an die javanesische Bevölkerung:»Javanesische Transmigrant_innen auf dem Land von Aceh-Sumatra, sucht das Weite, bleibt nicht in Aceh-Sumatra.«[48] Dieses Beispiel wie auch die systematischeren Daten stimmen mit der Annahme überein, dass

---

44 Hawramy, Kurdish Security Forces Shield Region from Iraq Security Woes; Chivers, Chechen Government Intensifies Scare Tactics, Rebels' Families Say; Blagov, Russia Pays Millions in Rewards After Killing of Chechen Leader; Omer, Who Are Israel's Palestinian Informants?
45 Lilja/Hultman, Intraethnic Dominance and Control.
46 Ebenda, S.5.
47 Aspinall, Islam and Nation, S.73.
48 Ebenda, S.172f., S.191.

solche Angriffe Säuberungsaktionen darstellen. Tatsächlich scheint es, dass von der deutlichen Mehrheit sezessionistischer Gruppen, die Personen einer anderen Ethnie angreifen, zwei Drittel ausschließlich Angehörige anderer Ethnien angreifen.

Ein robusterer Test dieser Hypothese verwendet eine Regressionsanalyse der sezessionistischen Konflikte im C-WIT-Datensatz. Um die Hypothese zu überprüfen, dass ethnisch dominierende sezessionistische Gruppen seltener Zivilpersonen in ihrer eigenen Region angreifen, wurden zusätzliche Daten über die ethnische Zusammensetzung der Gruppen innerhalb der von ihnen beanspruchten Region gesammelt. Zwei Maßstäbe dieser Variablen wurden für die Analyse in Tabelle 7.5 verwendet: *Ethnisches Gleichgewicht (1)* ist in fünf gleichen Intervallen codiert, von den sezessionistischen Gruppen mit einer klaren Minderheit (0–20 Prozent) bis zu denen mit einer überwältigenden Mehrheit (80–100 Prozent). *Ethnisches Gleichgewicht (2)* ist in fünf ungleichen Intervallen codiert, um die wenig überraschende Tatsache zu berücksichtigen, dass die ethnische Verteilung nicht über alle Intervallen hinweg gleich ist. *Ethnisches Gleichgewicht (2)* ist folgendermaßen codiert: 1 (0–25 Prozent), eindeutige Minderheit; 2 (25–50 Prozent), Minderheit; 3 (50–75 Prozent), klare Mehrheit; 4 (75–90 Prozent), dominierend; und 5 (90–100 Prozent), überwältigende Mehrheit. Wie bei den C-WIT-Daten wurden für die Codierung dieser Variable hauptsächlich Sekundärquellen verwendet.

Die Personen, die in ihrer Region am stärksten dominieren, sollten am wenigsten dazu tendieren, andere, die nicht ihrer Ethnie angehören, zu eliminieren. Wenn das *ethnische Gleichgewicht* zunimmt, sollte die Wahrscheinlichkeit von Angriffen auf Zivilpersonen abnehmen. Die Ergebnisse der Analyse stützen diese Hypothese sehr. Bei den sezessionistischen Gruppen, die in den von ihnen beanspruchten Regionen am meisten dominieren, ist die Wahrscheinlichkeit um 25 Prozent geringer, dass sie Zivilpersonen angreifen, als bei den am wenigsten dominierenden Gruppen. Robustheitsmaßnahmen, die die Variable ethnisches Gleichgewicht auf einen binären Wert reduzieren und die Möglichkeit berücksichtigen, dass der Effekt kurvilinear sein könnte (danach wäre es bei ethnischen Gruppen mit mittlerer Dominanz am wahrscheinlichsten, dass sie Angehörige anderer Ethnien angreifen), erbringen keine besonders starken Resultate; in dem Fall

Tabelle 7.5 Logistische Regressionen zu Angriffen sezessionistischer Rebellengruppen auf Zivilpersonen (Standardcodierung)

	(1)	(2)
ethnisches Gleichgewicht (1)	−0,51 (0,30) p=0,09	
ethnisches Gleichgewicht (2)		−0,48 (0,27) p=0,07
Angriffe der Regierung auf Zivilpersonen (standardisiert)	2,99 (0,71) p=0,00	2,98 (0,71) p=0,00
Zersplitterung	0,48 (0,28) p=0,09	0,47 (0,28) p=0,10
Konstante	−0,62 (1,23) p=0,61	−0,87 (1,07) p=0,42
N	67	67
Pseudo-R²	0,38	0,38
Chi²	0,0000	0,0000

Hinweis: Standardfehler in Klammern

könnte der Effekt der ethnischen Dominanz auf die Wahrscheinlichkeit, dass Zivilpersonen angegriffen werden, tatsächlich linear sein. Die Ergebnisse dieser Analyse stimmen auch mit der Behauptung von Kathleen Cunningham überein, dass zersplitterte Gruppen, die für Selbstbestimmung kämpfen (sezessionistische Gruppen sind eine solche Kategorie) mit besonders hoher Wahrscheinlichkeit Zivilpersonen angreifen.[49] Vom 25. bis zum 75. Perzentil nimmt bei dieser Variablen die Wahrscheinlichkeit, dass Zivilpersonen angegriffen werden, um rund 10 Prozent zu; der substanzielle Effekt dieser Variablen ist geringer als der Effekt der Dominanz einer sezessionistischen Gruppe in der Region. Die Logik der Reziprozität übt weiterhin den stärksten

---

49 Cunningham, Divide and Conquer or Divide and Concede.

Einfluss aus, ob Zivilpersonen angegriffen werden. Sezessionistische Kräfte, die das Ziel von Angriffen der Regierung werden, greifen selbst mit einer zweieinhalbmal höheren Wahrscheinlichkeit Zivilpersonen an als Gruppen, die nicht von der Regierung attackiert wurden.

Spielt das humanitäre Völkerrecht eine Rolle?

Mein Argument besagt, dass alle Rebellengruppen und ganz besonders sezessionistische mit geringerer Wahrscheinlichkeit Zivilpersonen angreifen, je weiter entwickelt das HVR ist und vor allem dann, wenn es auch in Bürgerkriegen gilt. Um diese Hypothese quantitativ zu überprüfen, habe ich eine Variable für Konflikte nach 1977 aufgenommen, als zwei Zusatzprotokolle zu den Genfer Abkommen von 1949 beschlossen wurden. Die Protokolle – vor allem Zusatzprotokoll II – sollen den Inhalt der Abkommen ausdrücklich auf Bürgerkriege übertragen.[50] Artikel 1 (4) des Protokolls lautet: »Dieses Protokoll, das den den Genfer Abkommen vom 12. August 1949 gemeinsamen Artikel 3 weiterentwickelt und ergänzt, [...] findet auf alle bewaffneten Konflikte Anwendung, die [...] im Hoheitsgebiet einer Hohen Vertragspartei zwischen deren Streitkräften und abtrünnigen Streitkräften oder anderen organisierten bewaffneten Gruppen stattfinden, die unter einer verantwortlichen Führung eine solche Kontrolle über einen Teil des Hoheitsgebiets der Hohen Vertragspartei ausüben, dass sie anhaltende, koordinierte Kampfhandlungen durchführen [...].« Protokoll I ist auch insofern relevant, als es die Anwendung des bestehenden humanitären Völkerrechts ausdehnt auf »bewaffnete Konflikte, in denen Völker gegen Kolonialherrschaft und fremde Besetzung sowie gegen rassistische Regimes in Ausübung ihres Rechts auf Selbstbestimmung kämpfen«.[51]

Für sich allein prüft diese Variable, ob Rebellengruppen generell nach dieser Erweiterung des internationalen humanitären Völkerrechts mit geringerer Wahrscheinlichkeit Zivilpersonen angegriffen

---

50 Frühere Versuche, Bürgerkriege oder »nichtinternationale bewaffnete Konflikte« ins HVR einzubeziehen, waren der Gemeinsame Artikel 3 der Genfer Abkommen von 1949 sowie Artikel 19 des Haager Abkommens über den Schutz von Kulturgut bei bewaffneten Konflikten von 1954.

51 Zusatzprotokoll zu den Genfer Abkommen vom 12. August 1949 über den Schutz der Opfer internationaler bewaffneter Konflikte (Protokoll I).

haben. Die Zusatzprotokolle aus dem Jahr 1977 stellen den Höhepunkt der ersten Phase einer Bewegung zur Ausweitung der formellen Anwendung des HVR in Bürgerkriegen oder »bewaffneten inneren Konflikten« dar.[52] Durch die Kombination von Kriegszielen (Sezessionismus) mit dem Zeitraum nach 1977 kann ich außerdem für die Möglichkeit testen, ob sezessionistische Rebellengruppen mit höherer Wahrscheinlichkeit als nichtsezessionistische Gruppen auf diese Weiterentwicklung des Völkerrechts reagieren und dementsprechend nach 1977 seltener Zivilpersonen angreifen als vor 1977. Ein konsistent positiver und signifikanter Koeffizient bei der Zeit nach den Zusatzprotokollen (Post-AP) in den Tabellen 7.1 und 7.2 signalisiert, dass das tatsächlich nicht der Fall ist. Vielmehr zeigen die Ergebnisse, dass Rebellengruppen nach 1977 mit einer um 40 Prozent *höheren* Wahrscheinlichkeit Zivilpersonen angegriffen haben als vor 1977.[53]

Robustheitsmaßnahmen mit alternativen Spezifikationen für die Aussage, dass Angriffe auf Zivilpersonen durch sezessionistische Gruppen oder Rebellengruppen mit der Ausweitung des HVR – insbesondere einer Indikatorvariablen für die Zeit nach Verabschiedung der Genfer Abkommen[54] oder einer Variablen für das Jahr des Kriegsbeginns – abgenommen haben, erbrachten weitgehend stabile Resultate.

---

52 Sivakumaran, Reenvisaging the International Law of Internal Armed Conflict, S. 222 ff.

53 Es könnte sein, dass ein Ungleichgewicht bei der Berichterstattung dieses Ergebnis beeinflusst hat. Weil solche Verletzungen von der internationalen Gemeinschaft immer weniger akzeptiert werden, könnte es sein, dass darüber mehr geschrieben wird und die Codierenden sie deshalb bei späteren Kriegen mehr beachten. Eine ähnliche Logik besagt, dass über Terrorismus in demokratischen Staaten überdurchschnittlich viel und in anderen Regimetypen eher unterdurchschnittlich berichtet wird; bei Menschenrechtsverletzungen könnte es ähnliche Verzerrungseffekte geben. Drakos / Gofas, The Devil You Know but Are Afraid to Face; Fariss, Respect for Human Rights has Improved Over Time.

54 Völkerrechtsexpert_innen neigen dazu, den Zusatzprotokollen aus dem Jahr 1977 zu den Genfer Abkommen aus dem Jahr 1949 weniger Gewicht zuzusprechen, weil weniger Staaten die Zusatzprotokolle ratifiziert haben als die Abkommen. Doch wie weiter oben und ebenfalls in Kapitel 1 diskutiert, sind die Zusatzprotokolle wichtig, weil sie explizit für Bürgerkriege gelten.

Der Koeffizient für Sezessionismus war immer negativ, obwohl er in manchen Fällen unter das Niveau p=0,1 fiel. Sofern sich überhaupt etwas daraus ableiten lässt, dann dass die sezessionistischen Gruppen vor der Verabschiedung dieser Verträge des HVR zurückhaltender waren als danach. Ähnliche Ergebnisse wurden erzielt, wenn anstelle einer logistischen Regression ein OLS-Modell verwendet wurde.[55]

Eine mögliche Erklärung für diese überraschende Feststellung ist, dass der Druck des internationalen Systems auf sezessionistische Gruppen, sich in einer bestimmten Weise zu verhalten, schon vor der Entscheidung für die Anwendung politischer Gewalt stark wahrgenommen wird. Nicht nur das humanitäre Völkerrecht wurde im Lauf des hier diskutierten Zeitraums erweitert, sondern auch die völkerrechtlichen Bestimmungen, die den Einsatz von Gewalt regeln. Wie unter anderem Forschungen von Mikulas Fabry gezeigt haben, erlangten erfolgreiche sezessionistische Gruppen insbesondere im 19. Jahrhundert die staatliche Unabhängigkeit häufig, indem sie buchstäblich für ihren Staat kämpften.[56] Als sich jedoch das Selbstbestimmungsprinzip durchsetzte, galt die Eigenstaatlichkeit in manchen Kreisen eher als ein Recht, besonders bei den Bewegungen, die nicht zu Gewalt griffen. Insofern kann die internationale Anerkennung durchaus von der Zurückhaltung sezessionistischer Gruppen nicht nur *während* des Krieges, sondern bereits vor einem möglichen Konflikt abhängen; mindestens kann es sich aus der Sicht der Sezessionist_innen so darstellen. Wenn das so stimmt, sollten wir erwarten, dass sezessionistische Gruppen, die die Entscheidung getroffen haben, bestimmte in-

---

55 Die Aufspaltung der Daten in Beispiele vor 1977 und nach 1977 bringt nicht signifikante Ergebnisse bei allen Koeffizienten, hauptsächlich weil die Beispiele nach 1977 nicht sehr zahlreich sind. Ein Wechsel der Basiskategorie bringt ebenfalls unklare Ergebnisse; das deutlichste Resultat ist, dass sezessionistische Gruppen vor 1977 besonders selten Zivilpersonen angreifen (verglichen mit allen anderen Basiskategorien). Allerdings haben frühere Forschungen, die sich primär auf Fälle nach 1989 konzentrierten (und eine niedrigere Schwelle für bewaffnete Konflikte anlegten, basierend auf UCDP-Daten), herausgefunden, dass Sezessionismus einen negativen und signifikanten Effekt bei Angriffen auf Zivilpersonen hat. Siehe beispielsweise Jo, Compliant Rebels, Kap. 5.

56 Fabry, Recognizing States, Kap. 3.

ternationale Grundsätze zu verletzen – jene, die einer einseitigen, gewaltsamen Abspaltung im Wege stehen –, vielleicht erbitterter um den Sieg kämpfen und sich deshalb weniger Gedanken darum machen, dass sie womöglich andere Grundsätze des Völkerrechts verletzen, wie etwa das Verbot, Zivilpersonen anzugreifen.[57]

Wenn der Druck der internationalen Gemeinschaft heute tatsächlich stärker wahrgenommen wird als früher, könnte man zunächst einmal annehmen, dass sezessionistische Bewegungen vielleicht im Lauf der Zeit weniger gewaltsam geworden sind. Während die meisten Daten über Sezessionismus aus der Zeit nach 1945 stammen, erfasst der Datensatz von Ryan Griffiths alle sezessionistischen Bewegungen von 1816 bis 2011.[58] Diese Daten zeigen einen eindeutigen Rückgang des Anteils sezessionistischer Gruppen, die ihre Forderungen gewaltsam durchzusetzen versuchen, obwohl sezessionistische Bestrebungen insgesamt zunehmen.[59] In Abb. 7.2 ist der Anteil sezessionistischer Bewegungen dargestellt, die in Kriege mit mindestens 1000 Gefallenen verwickelt waren.[60] Sie zeigt einen klaren Rückgang im Lauf der letzten beiden Jahrhunderte. Nach 1949 war die Wahrscheinlichkeit, dass sezessionistische Bewegungen große Kriege führten (definiert als Kriege mit mindestens 1000 Gefallenen), um die Hälfte geringer als in der Zeit vor 1949.[61]

Somit erscheint es zumindest möglich, dass ein Selektionseffekt die Ergebnisse für den Interaktionsterm *sezessionistisch*post-AP* beeinflusst.[62] Mit anderen Worten: Als die internationale Gemeinschaft

---

57 Ähnlich argumentiert Fearon, Signaling Versus the Balance of Power and Interests, S. 239–244.

58 Griffiths, Age of Secession.

59 Fazal/Griffiths, Membership Has its Privileges, S. 86, S. 99.

60 Das heißt, sezessionistische Bewegungen, die codiert wurden, dass sie die Schwelle der Correlates of War von 1000 Gefallenen erreicht haben.

61 Diese Ergebnisse stimmen mit Cunninghams Analyse von Unabhängigkeitsbewegungen überein, obwohl sie nur die Zeit nach 1960 untersucht. Cunningham, Divide and Conquer or Divide and Concede, S. 279, S. 282.

62 Eine andere interessante Erweiterung würde bedeuten, den möglichen Selektionseffekt abzubilden. Das würde sehr viele Daten zu allen sezessionistischen Gruppen, gewalttätigen und nicht gewalttätigen, verlangen sowie ein Instrument, das verwendet werden könnte, um das erste Stadium vorherzu-

ihre Abneigung gegen sezessionistische Gewalt kundtat, haben die Sezessionist_innen zugehört, und seither führen sie immer seltener große Kriege. Die sezessionistischen Gruppen, die am wenigsten auf die Hinweise der internationalen Gemeinschaft geachtet haben, haben sich am häufigsten für den Krieg entschieden; es ist vielleicht nicht überraschend, dass sie, wenn sie Signale ignorieren, die den Einsatz von Gewalt verurteilen, auch Signale ignorieren, die Angriffe auf Zivilpersonen verurteilen. Die sezessionistischen Gruppen in der oben präsentierten Datenanalyse würden dann ganz besonders schwierige Fälle für die Argumentation darstellen, die eine Verbindung zwischen Sezessionismus, Angriffen auf Zivilpersonen und der Ausweitung des HVR postuliert, denn sie alle haben sich für den Konflikt entschieden und handeln dementsprechend bereits in einer Weise, die der gegenwärtigen Haltung im Völkerrecht widerspricht.

Zwei weitere Faktoren könnten ebenfalls bei diesem unerwarteten Ergebnis eine Rolle spielen. Erstens kann es sein, dass wir einfach mehr Informationen über Angriffe auf Zivilpersonen heute als in früheren Zeiten besitzen; dann wäre dieser scheinbare Anstieg ein Artefakt der besseren Datenlage.[63] Und zweitens könnte eine Zunahme der Angriffe auf Zivilpersonen eine Reaktion darauf sein, dass Regierungen öfter gegen Zivilpersonen vorgehen. Hier könnten weitere Forschungen dazu, welche Regierungen wann die Zusatzprotokolle unterzeichnet haben, hilfreich sein, um herauszufinden, ob die am meisten für Bürgerkriege anfälligen Staaten am seltensten die Protokolle unterzeichnet haben und deshalb am wenigsten in ihrer Kriegführung gehemmt waren. Mit einer ähnlichen Stoßrichtung untersucht Stanton den Zusammenhang zwischen politisch inklusiven versus exklusiven Rebellen, die gegen demokratische versus autokratische Regimes kämpfen, und findet heraus, dass diese strategische In-

---

sagen (Auswahl von gewalttätigem Sezessionismus), aber nicht das zweite Stadium (Angriffe auf Zivilpersonen durch sezessionistische Gruppen). Ein solches Modell würde notgedrungen die Möglichkeiten des oder der Forschenden einschränken, sezessionistische und nichtsezessionistische Gruppen zu vergleichen.

63 Eine ähnliche Vermutung in Bezug auf Menschenrechtsverletzungen formuliert Fariss, Respect for Human Rights has Improved Over Time.

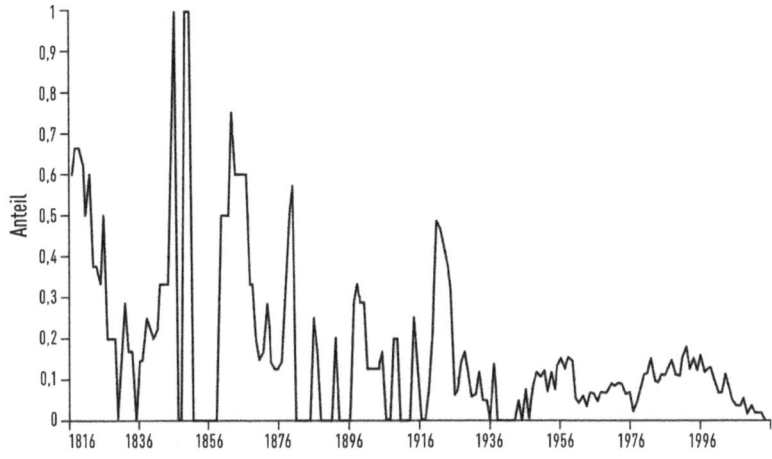

Abb. 7.2 Anteil sezessionistischer Gruppen, die in größerem Umfang Gewalt anwenden

teraktion – die hier nicht einbezogen wurde – einen erheblichen Teil
der Veränderungen bei Angriffen auf Zivilpersonen in Bürgerkriegen
nach 1989 erklärt.[64]

Qualitative Analyse

Die quantitative Analyse liefert deutliche Unterstützung für die Aussage, dass sezessionistische Gruppen mit geringerer Wahrscheinlichkeit Zivilpersonen angreifen als nichtsezessionistische Gruppen. Aber
es bleibt schwierig festzustellen, ob diese Unterscheidung mit militärstrategischen Erfordernissen zusammenhängt oder mit dem Wunsch,
es der internationalen Gemeinschaft recht zu machen, insbesondere
in jüngster Zeit. Eine weitere Frage ist, ob Wohlverhalten sich für sezessionistische Gruppen auszahlt. In den im Folgenden vorgestellten
Fallstudien untersuche ich diese Fragen weiter.

Texas: Der Texanische Unabhängigkeitskrieg entspricht weitgehend
den Ergebnissen der oben, vor allem in den Tabellen 7.1 und 7.2, präsentierten quantitativen Analyse. Keine Seite scheint in diesem Kon-

---

64 Stanton, Violence and Restraint in Civil War, S. 98.

flikt Zivilpersonen angegriffen zu haben. Von dem brutalen Massaker an den Verteidigern von Alamo Ende Februar und Anfang März 1836 abgesehen, konzentrierten sich die mexikanischen Angriffe auf Kombattanten und richteten sich nicht gegen Zivilpersonen. Die Zivilbevölkerung von Texas fürchtete sicher mexikanische Angriffe, teils wegen der erbitterten Kämpfe bei Alamo und Goliad.[65] Die Angst der texanischen Bevölkerung vor der vorrückenden mexikanischen Armee führte zu den berüchtigten »Runaway Scrapes«, Evakuierungen, in deren Verlauf ein großer Teil der texanischen Bevölkerung nach Osten floh.[66] Es war ein großes Problem für die texanische Armee, die Soldaten daran zu hindern zu desertieren, weil sie ihre Familien und ihre Häuser schützen wollten.

Die militärische Reichweite der texanischen Truppen war sehr begrenzt. Gefechte fanden ausschließlich nördlich des Rio Grande statt, auf dem Gebiet, das Texas beanspruchte. Deshalb kamen die texanischen Truppen gar nicht in die Lage, mexikanische Zivilpersonen anzugreifen, selbst wenn sie es gewollt hätten.

Die texanische Armee versetzte die eigene Zivilbevölkerung zuweilen in Angst und Schrecken, obwohl man kaum von regelrechten Angriffen auf Zivilpersonen sprechen kann. Eifrig wurden Zwangsrekrutierungen zur Verstärkung der militärischen Kräfte betrieben, und manchmal wurden nicht nur Menschen, sondern auch Besitztümer beschlagnahmt.[67] Zuweilen plünderte die Armee und misshandelte Zivilpersonen, aber dieses Verhalten rührte eher von Disziplinlosigkeit her als von einer gezielten Strategie, Zivilpersonen anzugreifen.[68] Abgesehen davon galt derartiges Verhalten wohl als eher akzeptabel, wenn es sich gegen die beträchtliche hispanische Bevölkerungsgruppe (Tejanos) richtete, deren Loyalität zur Revolution von den schlecht ausgerüsteten Soldaten der texanischen Armee, die auf Plünderungen aus waren, auf die Probe gestellt wurde.

Wie Paul Lack gezeigt hat, waren die Tejanos am stärksten von Misshandlungen von Zivilpersonen durch die texanische Armee be-

---

65 Binkley, The Texas Revolution, S. 107.
66 Lack, The Texas Revolutionary Experience, S. 101, S. 222.
67 Ebenda, S. 102.
68 Ebenda, Kap. 7, Kap. 8.

troffen.[69] Misshandlungen dieser Bevölkerungsgruppe passen zu der Hypothese, wenn sezessionistische Kräfte Zivilpersonen angreifen, dann werden sich ihre Angriffe bevorzugt gegen die ethnische Minderheit in der abspaltungswilligen Region richten. Aber im Fall von Texas wurden die Misshandlungen nicht von oben befohlen. Im Gegenteil, Militärführer wie Sam Houston setzten sich sehr dafür ein zu verhindern, dass Zivilpersonen angegriffen wurden. Houstons Haltung hatte zwei Gründe. Erstens wollte er wohl den Konflikt mit den Tejanos so gering wie möglich halten. Aber ihm war auch die internationale Dimension von Zurückhaltung gegenüber der Zivilbevölkerung bewusst:»Die Welt würde unsere Sache verdammen, wenn wir zu Hause Blut vergössen.«[70] Houston überschätzte wohl das Ausmaß der internationalen Aufmerksamkeit für den Konflikt in Texas, aber seine Überlegung stimmt voll und ganz mit der Annahme überein, dass sezessionistische Gruppen wissen, dass sie internationale Unterstützung brauchen, und ihr Verhalten dementsprechend ausrichten werden – auch indem sie Angriffe auf Zivilpersonen vermeiden –, um die Chance zu erhöhen, solche Unterstützung zu bekommen. Diese Anekdote spricht auch dafür, dass die Sorge sezessionistischer Kräfte, wichtige internationale Unterstützer_innen könnten Angriffe auf Zivilpersonen missbilligen, nicht erst im 20. Jahrhundert auftauchte, sondern schon viel früher. Das könnte dazu beitragen zu erklären, warum in den Tabellen 7.1 und 7.2 kein Interaktionseffekt zwischen der Erweiterung des HVR und Sezessionismus gefunden wurde. Mit anderen Worten: Es könnte sein, dass sezessionistische Kräfte schon immer die internationale Reaktion auf Angriffe gegen Zivilpersonen im Blick hatten. Wenn das zutrifft, dann können wir nicht damit rechnen, bei der Einhaltung internationaler Normen hinsichtlich des Umgangs mit der Zivilbevölkerung durch sezessionistische Kräfte einen starken Zeiteffekt – markiert durch wichtige Verträge des HVR – zu finden.

Mexikos Einstellung gegenüber dem Rest der Welt war ganz anders. Weil Mexiko wusste, dass viele Freiwillige in der texanischen Ar-

---

69 Ebenda, S.187 ff.
70 Ebenda, S.200.

mee aus den Vereinigten Staaten kamen, nahm der mexikanische General Santa Anna die Position ein, ausländische Kämpfende in Mexiko würden als »Piraten« angesehen und gegebenenfalls nicht als Kriegsgefangene behandelt, sondern erschossen. Aber statt Freiwillige abzuschrecken, hatte diese Politik den gegenteiligen Effekt und weckte bei den Amerikaner_innen noch mehr Sympathie für die texanische Sache.[71]

Südmolukken: In dem Wissen – oder zumindest in der Hoffnung –, dass die Augen der Welt auf sie gerichtet wären, verhielten sich die Rebellengruppen der Südmolukken bei Angriffen auf Zivilpersonen ungewöhnlich zurückhaltend. Die Armee der Republik Maluku Selatan (RMS), die Angkatan Perang Republik Maluku Selatan (APRMS), griff offensichtlich die indonesischen Truppen nicht an und scheint sogar bereit gewesen zu sein, erhebliche zivile Opfer in Kauf zu nehmen, um ihre Chancen auf Anerkennung zu erhöhen.[72]

Die indonesische Regierung hingegen hielt sich in diesem Krieg ganz und gar nicht mit Angriffen auf Zivilpersonen zurück. Die Republik der Südmolukken verstand, dass ihr dieses Verhalten, wenn sie es öffentlich machte, große Unterstützung der internationalen Gemeinschaft einbringen konnte. Deshalb war sie immer schnell bereit, die indonesische Regierung öffentlich wegen Angriffen auf Zivilpersonen anzuprangern. In Presseorganen wie der *New York Times* und in Appellen an den UN-Sicherheitsrat warf sie Indonesien »Bombardierung und Beschuss unschuldiger Bewohner_innen der Dörfer Hutumuri, Aland, Amahusu, Latuhalat, Tulehu, Laha, Haruku, Itawaka, Saparua« vor.[73] Die Regierung habe sogar nach gewaltigen Überflutungen

---

71 Binkley, The Texas Revolution, S. 97; Reichstein, Der texanische Unabhängigkeitskrieg 1835/36, S. 152f.

72 Chauvel, Nationalists, Soldiers and Separatists, S. 389. Wenn das zutrifft, würde diese Strategie Kupermans Argumentation zum moralischen Risiko von Interventionen entsprechen (The Moral Hazard of Humanitarian Intervention).

73 Petition der »South Moluccas Youth« an den UN-Sicherheitsrat, 17. Oktober 1950, UN Archives: Series S–0681/Box 15/File 2/Acc. DAG13/2.00/UN Commission for Indonesia (UNCI): South Moluccas Affair (with Annexes).

eine »Hungerblockade« über Ambon verhängt[74] und missbrauche südmolukkische Zivilpersonen als menschliche Schutzschilde.[75] Die Republik der Südmolukken reagierte nicht in gleicher Weise. Ihre Truppen – die sich in der Zeit der holländischen Kolonialherrschaft den Ruf erworben hatten, tapfer zu kämpfen – lieferten sich zwar Gefechte mit Regierungstruppen, griffen aber Zivilpersonen nicht an. Ein wichtiger Grund für ihre »Zurückhaltung« war sicher, dass sie dazu nicht in der Lage waren. Die Schwierigkeit, in den 1950er Jahren von Ambon nach Jakarta zu gelangen, war ein Hindernis; der Kontakt mit »dem Hauptland« beschränkte sich auf ein Minimum und funktionierte nur mit Booten.[76] Aber ihre Selbstdarstellung zeigt, dass die Südmolukken sich des Bildes, das sie in der internationalen Öffentlichkeit abgaben, sehr genau bewusst waren. Da sie Vorwürfe gegen die indonesischen Regierung erhoben, war ihnen wohl ebenfalls bewusst, dass sie die internationale Sympathie, die sie so unbedingt wollten, nicht bekommen würden, wenn sie mit Angriffen auf Zivilpersonen in Jakarta auf sich aufmerksam machen sollten.

Südsudan: Anders als bei der Befreiungsbewegung der Südmolukken steht das Verhalten der Sudanesischen Volksbefreiungsbewegung/ -armee (Sudan People's Liberation Movement/Army, SPLM/A) in ihrem Bürgerkrieg mit dem Norden in klarem Widerspruch zu der Aussage, dass sezessionistische Rebellengruppen eher selten Zivilperso-

---

74 Brief von Nikijuluw an den Vorsitzenden der UN-Indonesienkommission, 9. Oktober 1950, UN Archives: SeriesS-0681/Box 15/File 2/Acc. DAG13/ 2.00/UN Commission for Indonesia (UNCI): South Moluccas Affair (with Annexes).

75 Telegramm von Nikijuluw an das Sekretariat der UN-Indonesienkommission, 1. August 1950, UN Archives: Series S-0681/Box 15/File 2/Acc. DAG13/ 2.00/UN Commission for Indonesia (UNCI): South Moluccas Affair (with Annexes).

76 Es gab zwar gelegentlich Flüge, aber die meisten Bewohner_innen der Südmolukken hatten nicht genug Geld für ein Flugticket. Weil in den 1950er Jahren keine großen Handelsschiffe zwischen Ambon und Jakarta verkehrten, hätte eine Reise nach Jakarta bedeutet, 1300 Seemeilen in einem kleinen Boot zurückzulegen. Willem Sopacua, Vizepräsident der Exilregierung der RMS, im Interview mit der Autorin, 4. Februar 2013.

nen angreifen. Im sudanesischen Bürgerkrieg wurden Zivilpersonen vielfach und von allen Seiten Zielscheibe von Angriffen. Die Regierung in Khartum griff während der gesamten Dauer des Konflikts Zivilpersonen im Süden an, üblicherweise durch Bombardierungen aus der Luft und indem sie humanitäre Hilfe behinderte. Die Angriffe des Nordens auf die Zivilbevölkerung im Süden waren so massiv, dass die internationale Gemeinschaft sie scharf kritisierte, unter anderem mit einer Blanko-Resolution des UN-Sicherheitsrats, die »gezielte Angriffe auf Zivilpersonen und Orte, die durch internationales Recht geschützt sind, scharf verurteilt«.[77] Die damalige amerikanische Außenministerin Madeleine Albright und der kanadische Außenminister Lloyd Axworthy benannten ausdrücklich die sudanesische Regierung und forderten sie auf, ihre »verwerflichen« Aktionen zu beenden, die »der Welt klar zeigen, dass diese Regierung sich nicht um die humanitäre Sicherheit ihrer Bevölkerung kümmert«.[78]

Angriffe von südsudanesischen Rebellen auf Zivilpersonen richteten sich jedoch nicht gegen Personen im Norden. Zumindest teilweise attackierte die SPLM/A, die hauptsächlich kleinkalibrige, für Angriffe über große Distanzen hinweg ungeeignete Waffen besaß, den Norden nicht, weil sie dazu nicht in der Lage war.[79] Doch auch nachdem die Rebellen im weiteren Kriegsverlauf Artillerie und schwere Waffen bekommen hatten, griffen sie den Norden nicht an.[80] Stattdessen attackierten die beiden größten ethnischen Gruppen innerhalb der SPLM/A – die Dinka und die Nuer – im Verlauf des Konflikts die Angehörigen der jeweils anderen Volksgruppe.[81] Das mündete in einen Bürgerkrieg, der bis Mitte 2018 andauerte.

Die Angriffe auf Zivilpersonen der jeweils anderen Ethnie innerhalb der Koalition in diesem Konflikt passen am besten zu der Feststellung – wenngleich nicht unbedingt zu der Logik –, dass die am

---

77 World. Analysis Sudan; Sudan's Cruel War. Siehe auch Resolution 1265 des UN-Sicherheitsrats.

78 Aid Group Says Sudan Bombed Its Hospital; Axworthy Criticizes Sudan for Attacks.

79 York, Rebel Soldiers of Misfortune.

80 O'Loughlin, Sudan's Southern Rebels Ready for Final Push.

81 Berkeley, The Longest War in the World.

meisten zersplitterten und ethnisch vielfältigsten sezessionistischen Rebellengruppen am ehesten Zivilpersonen attackieren. Die Logik hinter der Aussage, dass Zersplitterung zu Angriffen auf Zivilpersonen führt, hängt mit gegenseitiger Überbietung zusammen: Splittergruppen innerhalb größerer Bewegungen greifen Zivilpersonen an, um Stärke zu demonstrieren und unentschlossene Zivilpersonen dazu zu bewegen, dass sie sich ihrer Seite anschließen.[82] In diesem Fall erinnern die Angriffe auf Zivilpersonen eher an ethnische Säuberungen. Aber es ging nicht darum, die Bevölkerungsgruppe des Nordens aus dem Gebiet zu vertreiben. Vielmehr scheint es sich hier um einen Fall zu handeln, in dem mindestens zwei feindliche Gruppen, die sich zusammengeschlossen hatten, um gegen eine dritte zu kämpften, nie aufhörten, sich gegenseitig als Bedrohung zu betrachten.

Ein verwirrender Aspekt dieses Falls hat mit den Angriffen auf Zivilpersonen durch die SPLM/A und der anschließenden Unterstützung der Unabhängigkeit des Südsudan durch die internationale Gemeinschaft zu tun. Weiter oben habe ich argumentiert, dass viele Rebellengruppen und ganz besonders sezessionistische Rebellengruppen kundtun wollen, dass sie sich an das HVR halten, um so zu signalisieren, dass sie bereit und in der Lage sind, gute Mitglieder der internationalen Gemeinschaft zu werden. Die eklatanten Menschenrechtsverletzungen der SPLM/A scheinen auf den ersten Blick im Widerspruch dazu zu stehen. Um den Widerspruch aufzulösen, muss man zunächst einmal verstehen, dass sich Worte und Taten der internationalen Gemeinschaft unterscheiden. Zum Beispiel hat die internationale Gemeinschaft eine ganz klare Präferenz für gewaltlosen politischen Wandel einschließlich gewaltlosem Sezessionismus zum Ausdruck gebracht.[83] Erica Chenoweth und Maria Stephan haben jedoch gezeigt, dass Gewaltlosigkeit zwar generell politisch erfolgreicher ist als Gewaltanwendung, dies aber nicht für sezessionistische Bewegungen gilt.[84] Ähnlich hat Bridget Coggins festgestellt, dass »hochran-

---

82 Cunningham/Bakke/Seymour, Shirts Today, Skins Tomorrow, S. 73.
83 Goertz/Diehl/Balas, The Puzzle of Peace, S. 15.
84 Chenoweth/Stephan (Why Civil Resistance Works) gehen nicht weiter auf diese wichtige Ausnahme zu ihrer Haupterkenntnis ab, aber sie lässt sich leicht durch ihre Argumentation erklären. Sie sagen, Gewaltlosigkeit habe

gige Freund_innen« – und nicht beispielsweise die bewiesene Fähigkeit, die Regierung zu übernehmen – darüber entscheiden, welche sezessionistischen Bewegungen internationale Anerkennung erlangen.[85] Wenn die Staatengemeinschaft, die entscheiden kann, ob eine sezessionistische Bewegung anerkannt wird, den Einsatz von Gewalt zur Durchsetzung sezessionistischer Forderungen toleriert, ist es vielleicht nicht zu abwegig anzunehmen, dass diese Gemeinschaft über Verletzungen des HVR hinwegsieht, die dabei vorkommen.

Warum sollten dann sezessionistische Gruppen glauben – und vor allem ihr Handeln auf diese Überzeugung gründen –, dass die internationale Gemeinschaft sich von Gruppen abwendet, die das HVR verletzen? Und inwieweit teilte die SPLM/A diese Überzeugung? Die internationale Gemeinschaft bewegte sich in diesem Fall mit ihrer Kommunikation auf einem schmalen Grat: Sie verurteilte die Angriffe aller Konfliktbeteiligter auf Zivilpersonen, richtete ihren Zorn aber besonders auf den Norden. Allgemeiner gesagt, sieht es so aus, als würden sezessionistische Gruppen nicht sehr auf Präzedenzfälle achten. Statt sich frühere Beispiele ähnlicher Konflikte anzusehen, um einzuschätzen, was funktioniert hat und was nicht, hören sie auf die Signale, die ausgesendet werden, insbesondere von den Kräften, die über ihr spezielles Schicksal entscheiden können.[86] Ein besserer Test, wie sezessionistische Gruppen auf Kritik der internationalen Gemeinschaft reagieren, könnten die Fälle sein, in denen die sezessionistische

mehr Erfolg als Gewaltanwendung, weil mehr Menschen dabei mitmachten; es sei leichter, Personen für die Beteiligung an gewaltlosem Protest zu gewinnen als dafür, dass sie zu den Waffen greifen und ihr Leben riskieren. Sezessionistische Gruppen haben inhärent eine eingeschränkte Unterstützerbasis – sie ist geografisch und oft ethnisch begrenzt. Weil sezessionistische Gruppen im Allgemeinen keine landesweite Unterstützung für ihr Anliegen finden, ist es nicht überraschend, dass sie mit Gewaltlosigkeit nicht weit kommen.

85 Coggins, Friends in High Places.
86 Möglicherweise orientieren sich sezessionistische Gruppen an Fällen in ihrer näheren Umgebung. Manche Wissenschaftler_innen behaupten, benachbarte Fälle von Sezessionismus seien relativ selten, die Gründe erklärt Walter, Reputation and Civil War. Aktuellere Forschungen sprechen dafür, dass Sezessionismus tatsächlich ansteckend sein könnte. Siehe Cunningham/Sawyer, Is Self-Determination Contagious?

Gruppe und nicht die Regierung wegen Angriffen auf Zivilpersonen von der internationalen Gemeinschaft getadelt wird.[87]

Die Vermehrung der Gesetze, die das Verhalten im Krieg regeln, hatte auf Rebellengruppen in Bürgerkriegen einen deutlich anderen Einfluss als auf Staaten, die in zwischenstaatlichen Kriegen kämpften. Die Einhaltung dieser völkerrechtlichen Bestimmungen und der Normen, die sich parallel dazu entwickelten, ist für die internationale Gemeinschaft oft eine Bedingung für die Anerkennung von Rebellengruppen. Für eine Kategorie von Rebellengruppen ist die Aussicht auf Anerkennung besonders wichtig: für sezessionistische Rebellengruppen. Die internationale Gemeinschaft, wie sie in der UN-Ära entstanden ist, war bemerkenswert erfolgreich darin, ihre Vorstellungen bei sezessionistischen Bewegungen durchzusetzen.

Die Aussage, dass sezessionistische Gruppen mit geringerer Wahrscheinlichkeit als nichtsezessionistische Zivilpersonen angreifen, stimmt mit einer wachsenden Literatur überein, die den Wunsch nach internationaler Legitimität mit der Einhaltung des humanitären Völkerrechts verknüpft, einschließlich der Behandlung von Kriegsgefangenen und dem Einsatz von Kindersoldat_innen.[88] Die UN hat klare

---

87 Es ist unwahrscheinlich, dass wir solche Fälle beobachten können, weil Angriffe der Regierung auf die Zivilbevölkerung typischerweise häufiger vorkommen und schwerer sind als entsprechende Angriffe von Rebellengruppen, insbesondere in sezessionistischen Konflikten. In C-WIT gibt es nur eine Handvoll von Fällen, in denen sezessionistische Gruppen Zivilpersonen angegriffen haben und Regierungen nicht. Mehrere Beispiele, wie etwa der des Königreichs beider Sizilien, sind Sonderfälle. Ein in unserem Zusammenhang eher treffendes Beispiel sind die Moro-Rebellen auf den Philippinen Anfang des Jahrtausends. Manche Organisationen wie das IKRK heben die Islamische Befreiungsfront der Moros (MILF) nicht besonders hervor, aber sie tauchte wegen des Einsatzes von Kindersoldat_innen auf der »schwarzen Liste« des UN-Generalsekretärs auf. Die Reaktion der MILF war extrem positiv. Sie schloss nicht nur einen Aktionsplan mit der UNO ab, in der sie sich verpflichtete, Kinder nicht mehr als Kämpfende zu rekrutieren, sondern unterzeichnete auch die Selbstverpflichtung Deeds of Commitment on Child Soldiering and Anti-Personnel Land Mines von Geneva Call.

88 Jo, Compliant Rebels, Kap. 3, Kap. 6, Kap. 7; Lasley/Thyne, Secession, Legitimacy and the Use of Child Soldiers, S. 290.

Signale in Form von Aktionsplänen und schwarzen Listen an Rebellengruppen gesendet, dass sie Verletzungen des HVR missbilligt. Im Gegenzug haben offenbar die Rebellengruppen ihrerseits Signale ausgesendet und etwa über Plattformen wie Geneva Call mitgeteilt, dass sie sich an das HVR halten.[89] Oder sie haben Regierungen Angriffe auf Zivilpersonen in von Rebellenkräften besetzten Gebieten vorgehalten, wie es die südmolukkischen sezessionistischen Kräfte in offenen Briefen an die *New York Times* und in Petitionen an die Vereinten Nationen getan haben.

Der wachsende Einfluss des internationalen Rechts und der internationalen Gemeinschaft auf Beginn und Verlauf von Bürgerkriegen ist offensichtlich. Wie in Kapitel 6 diskutiert, schrecken sezessionistische Gruppen vor der Erklärung der Unabhängigkeit zurück, aus Angst, die internationale Gemeinschaft zu verärgern. Sie üben Zurückhaltung, wenn sich Gelegenheiten ergeben, das HVR zu verletzen, weil sie signalisieren wollen, dass sie willens und in der Lage sind, gute Mitglieder der internationalen Gemeinschaft zu werden.

Hat die Sensibilität sezessionistischer Gruppen für die Wünsche der internationalen Gemeinschaft Erfolg? Das heißt, haben sezessionistische Gruppen, die sich mit der Unabhängigkeitserklärung und bei Angriffen auf Zivilpersonen zurückhalten, bessere Aussichten, ihr Ziel zu erreichen und einen unabhängigen Staat zu gründen als Gruppen, die den Rat der internationalen Gemeinschaft ignorieren? Die Antwort scheint zumindest bis heute »nein« zu lauten. Frühere Forschungen haben gezeigt, dass am ehesten die sezessionistischen Gruppen internationale Anerkennung erlangen, die die Unterstützung einer Großmacht, den Vorteil früherer administrativer Grenzen oder beides haben.[90] Das Verhalten während des Konflikts scheint sich

---

89 Website von Geneva Call, https://genevacall.org [6. 3. 2019]. Geneva Call bietet Rebellengruppen eine Plattform, um Selbstverpflichtungen zur Einhaltung des HVR abzugeben. Zur Analyse, welche Gruppen bevorzugt solche Verpflichtungen abgeben, siehe Fazal/Konaev, Homelands Versus Minelands; Richters, Norm Diffusion Beyond the State; Gleditsch u. a., International Conventions and Non-State Actors.

90 Coggins, Power Politics and State Formation in the Twentieth Century, S. 9; Griffiths, Age of Secession, S. 8.

nicht auf ihren Erfolg auszuwirken. In gewisser Hinsicht bedeutet das, dass sezessionistische Kräfte nicht unbedingt dem Rat der internationalen Gemeinschaft folgen sollten. In anderer Hinsicht spricht es dafür, dass die internationale Gemeinschaft gut daran täte, konsequent in ihren Grundsätzen, ihrem Rat und ihrem Handeln zu sein.

8
Friedensverträge in Bürgerkriegen

Aus mindestens zwei Gründen ist es schwieriger, in Bürgerkriegen Friedensverträge zu schließen als in zwischenstaatlichen Kriegen. Erstens besteht zwischen den Konfliktparteien in Bürgerkriegen immer eine Legitimitätskluft, die es in zwischenstaatlichen Kriegen nicht unbedingt gibt. Die Gestalter_innen des Kriegsrechts, das das Verhalten der kriegführenden Parteien in einem Konflikt regelt, beschäftigten sich mit Bürgerkriegen fast ausschließlich unter dem Aspekt, wie sich die Anerkennung von Rebellengruppen verhindern ließ (wie in Kapitel 1 diskutiert). Aus demselben Grund scheuten Staaten, die in einen Bürgerkrieg verstrickt waren, oft Friedensgespräche: Sie wollten den gegnerischen Rebellengruppen keine Legitimität zusprechen. Zweitens muss in der großen Mehrzahl der Bürgerkriege (Ausnahmen sind die Fälle, die mit einer erfolgreichen Abspaltung enden) zumindest eine ehemals kriegführende Partei die Waffen niederlegen, damit alle zusammenleben können. Das erzeugt ein Einhaltungsproblem, das sehr viel schwerer wiegt als bei Staaten, weil Staaten nach einem zwischenstaatlichen Krieg typischerweise ihre Militärkräfte behalten und sich in ihre international anerkannten Grenzen zurückziehen.[1]

Trotz der Legitimitätskluft und des Einhaltungsproblems wurden jahrhundertelang nach Bürgerkriegen Friedensverträge geschlossen. Die Geschichten von Friedensverträgen in zwischenstaatlichen Kriegen und in Bürgerkriegen sind miteinander verschränkt; für die Zeit, bevor das Staatensystem existierte, lässt sich kaum sagen, ob ein Friedensvertrag in die eine oder andere Kategorie fiel. Systematische Daten sprechen dafür, dass rund 10 Prozent aller Bürgerkriege im 19. und

---

1 Walter, Committing to Peace, Kap. 2.

frühen 20. Jahrhundert mit einem Friedensvertrag endeten. In der Ära der Vereinten Nationen hingegen ist diese Zahl langsam, aber stetig angestiegen. Heute endet ein Drittel aller Bürgerkriege mit einem formellen Friedensvertrag. Der zunehmende Einsatz von Friedensverträgen am Ende von Bürgerkriegen steht im Gegensatz zur rückläufigen Bedeutung von Friedensverträgen als Abschluss zwischenstaatlicher Kriege, wie in Kapitel 5 diskutiert. Es ist ein Rätsel: Warum werden nach Bürgerkriegen öfter Friedensverträge geschlossen und nach zwischenstaatlichen Kriegen seltener, zumal sich nach Bürgerkriegen besondere Probleme für den Friedensschluss stellen?

Dieses Rätsel wird noch dadurch vergrößert, dass die Beziehung zwischen Friedensverträgen nach Bürgerkriegen und der Dauer des anschließenden Friedens anders ist als bei zwischenstaatlichen Kriegen. Bei zwischenstaatlichen Kriegen, die enden und später wieder aufflammen, hält der Frieden, wenn die gegnerischen Parteien einen Friedensvertrag geschlossen haben, vier Jahre länger, als wenn kein Friedensvertrag geschlossen wurde (siehe Kapitel 5). Bei Bürgerkriegen, die enden und später wieder aufflammen, hält der Frieden drei Jahre *weniger lang,* wenn ein Friedensvertrag geschlossen wurde, als wenn es keinen Friedensvertrag gab. Betrachten wir nur die Beispiele aus der Zeit nach 1945 – als im Anschluss an Bürgerkriege öfter Friedensverträge geschlossen wurden –, ist dieser negative Zusammenhang sogar noch ausgeprägter und wird statistisch signifikant.

In Kapitel 5 habe ich argumentiert, dass der Bedeutungsverlust von Friedensverträgen in zwischenstaatlichen Kriegen zu einem wesentlichen Teil mit der Ausweitung des humanitären Völkerrechts zusammenhängt, das Anreize für Staaten schafft, bestimmte rote Linien nicht zu überschreiten, weil sie ansonsten für Verletzungen dieser Rechtsnormen zur Verantwortung gezogen werden könnten. Während es vielleicht ästhetisch ansprechend wäre zu argumentieren, bei Bürgerkriegen gelte das Gegenteil – dass sowohl die Rebellengruppen wie die von ihnen bekämpften Regierungen infolge der Ausweitung des HVR immer öfter geneigt seien, Friedensverträge abzuschließen –, so trägt diese Argumentation nicht. Der Grund hängt zumindest teilweise mit dem humanitären Völkerrecht selbst zusammen, das im Kontext von Bürgerkriegen absichtlich deutlich schwächer und vager ist als im Kontext von zwischenstaatlichen Kriegen. Selbst wenn manche Rebellengruppen – wie etwa sezessionistische, die, wie in Kapitel 7 beschrieben, davor zurückschrecken, Zivilpersonen anzugreifen – gern betonen, dass sie das HVR auch dann einhalten, wenn die Regierung es nicht tut, ist es zudem für die normalerweise sehr viel mächtigere Regierung erheblich leichter, einen Friedensvertrag abzulehnen (mit der Begründung, das HVR sei nicht beachtet worden), als es für die meistens sehr viel weniger mächtigen Rebellengruppen ist, einen Friedensvertrag zu erzwingen (mit Hinweis auf die Einhaltung des HVR).

Stattdessen, so argumentiere ich, sind Friedensverträge nach Bürgerkriegen deshalb auf dem Vormarsch, weil die internationale Gemeinschaft eine Präferenz für solche Vereinbarungen zeigt. Das wird deutlich aus öffentlichen Äußerungen von Vertreter_innen der Vereinten Nationen und anderer, ähnlicher Organisationen und auch durch das Training und die Entsendung ganzer Heerscharen internationaler Vermittler_inner in der UN-Ära. Auch wenn die kriegführenden Parteien in Bürgerkriegen nicht so explizit auf die Gesetze des Krieges fokussiert sind wie die kriegführenden Parteien in zwischenstaatlichen Kriegen, schenken Rebellengruppen und Regierungen in Bürgerkriegen ohne Zweifel den Wünschen der internationalen Gemeinschaft Beachtung, die das humanitäre Völkerrecht entworfen hat. Während der zunehmende Rückgriff auf Friedensverträge in Bürgerkriegen als eine positive Entwicklung erscheinen mag, könnte die Vorliebe der internationalen Gemeinschaft für Friedensverträge die unbeabsichtigte Folge haben, dass die Verträge auf Kosten des nachfolgenden Friedens zu große Aufmerksamkeit erhalten.

Friedensverträge nach Bürgerkriegen: Ein Überblick

Heute enden mehr Bürgerkriege mit einer ausgehandelten Vereinbarung als vor 1945. Nach den Daten von C-WIT ist seit 1945 die Wahrscheinlichkeit mehr als doppelt so groß, dass Bürgerkriege mit Friedensverträgen – Vereinbarungen, die signifikant umfassender sind als ein Waffenstillstand oder eine Feuerpause – enden, als vor der UN-Ära. Der Unterschied ist sogar noch größer, wenn wir die Zeit nach dem Ende des Kalten Krieges mit den Jahrzehnten davor vergleichen.

Von 1989 bis 2007 endete über die Hälfte der Bürgerkriege mit Friedensverträgen, von 1816 bis 1989 waren es nicht einmal 11 Prozent. Etliche Forscher_innen haben diese Tendenz registriert,[2] aber sie wurde nicht gründlich untersucht. Eine Ausnahme ist die Völkerrechtsforscherin Christine Bell: Sie konstatiert den zunehmenden Einsatz von Friedensverträgen nach Bürgerkriegen und argumentiert, solche Verträge seien ein neuer Typus von Vereinbarung im Völkerrecht – eine »lex pacificatoria«, die gleichermaßen dem heimischen Regimewechsel diene und der Konfliktlösung.[3]

Herauszufinden, wann Friedensverträge geschlossen werden, was sie beinhalten und ob sie funktionieren, ist umso wichtiger, als sie verbreitete Instrumente bei der Lösung von Bürgerkriegen geworden sind. Frühere Forschungen zum Ende von Bürgerkriegen haben sich auf die Ursachen und Folgen von Interventionen einschließlich Friedenskonsolidierung und Vermittlung konzentriert sowie auf den Zusammenhang zwischen dem Inhalt der Friedensvereinbarungen und der Haltbarkeit des Friedens.[4] Eine kleinere Gruppe von Forscher_innen hat sich mit der Frage befasst, ob ausgehandelte Vereinbarungen am Ende von Bürgerkriegen effizienter den Frieden sichern als andere Lösungen.[5]

---

2   Toft, Securing the Peace, S. 51f.; Matanock, Electing Peace, S. 79; Walter, Committing to Peace, S. 5 f.; Howard, The Rise and Decline of the Norm of Negotiated Settlement, S. 1.

3   Bell, On the Law of Peace, Kap. 6–9.

4   Regan, Civil Wars and Foreign Powers; Fortna, Does Peacekeeping Work?; Howard, UN Peacekeeping in Civil Wars; Beardsley, The Mediation Dilemma; Beber, International Mediation of Military Conflicts; Bercovitch, Resolving International Conflicts; Mattes/Savun, Fostering Peace after Civil War; Matanock, Electing Peace; Hartzell/Hoddie, Crafting Peace; Joshi/Melander/Quinn, Sequencing the Peace; Akebo, The Politics of Ceasefires.

5   Toft, Securing the Peace, insb. S. 24, S. 150: De Rouen u. a., Civil War Peace Agreement Implementation and State Capacity; Stedman/Rothchild/Cousens, Ending Civil Wars; Walter, Why Bad Governance Leads to Repeat Civil War. Fearon/Laitin (Civil War Termination, S. 12) bringen den interessanten Hinweis, dass manche Friedensverträge wirksam einen militärischen Sieg (meistens der Regierung) verschleiern. C-WIT berücksichtigt diese Möglichkeit. Mit anderen Worten: Friedensvertrag und militärischer Sieg werden nicht als sich wechselseitig ausschließende Kategorien behandelt. C-WIT

Mehr Forschung gibt es dazu, warum und wann Friedensverträge zwischenstaatliche Kriege beenden.[6] Kyle Beardsley, einer derjenigen, die Friedensverträge in zwischenstaatlichen Kriegen als abhängige Variable untersucht haben, stellt fest, dass Vermittlung die Wahrscheinlichkeit einer formellen Vereinbarung – Verträge, Waffenstillstandsabkommen und Vereinbarungen über Feuerpausen – kurzfristig erhöht.[7] Gestützt auf Beardsleys Forschungen zu Vermittlung untersuche ich außerdem den zeitlichen Trend bei Vermittlung und Friedensvereinbarungen und konzentriere mich explizit auf einen Typus von Friedensvereinbarungen (Friedensverträge), außerdem auf den Kontext von Bürgerkriegen, und wende quantitative wie qualitative Methoden an.

Wie andere angemerkt haben, könnte das Vorhandensein eines Friedensvertrags womöglich weniger wichtig für den Frieden sein als die äußere Unterstützung in Form einer Intervention oder der Inhalt des Vertrags. Im Kontext von Bürgerkriegen hat Isak Svensson den Zusammenhang zwischen unterschiedlichen Typen von Vermittlung und dem Abschluss von Friedensvereinbarungen untersucht, aber er hat nicht Vermittlung und andere Wege zur Beendigung eines Krieges verglichen.[8] Page Fortna fand einen positiven Effekt von Friedenskonsolidierung auf die Dauer des Friedens nach einem Bürgerkrieg.[9] Michaela Mattes und Burcu Savun argumentieren, dass Friedensvereinbarungen nach Bürgerkriegen, die Regelungen zur Übermittlung von Informationen enthalten sowie Bestimmungen, die die Einhaltung sichern, mit besonders hoher Wahrscheinlichkeit wirkungsvoll sind.[10] Caroline Hartzell und Matthew Hoddie haben den Zusammenhang zwischen Regelungen zur Aufteilung der Macht und der Haltbarkeit

---

zeigt 19 Fälle, in denen Rebellengruppen siegten und Friedensverträge geschlossen wurden, 23 Fälle, in denen die Regierung siegte und Friedensverträge geschlossen wurden, und 14 Fälle, in denen keine Seite siegte und Friedensverträge geschlossen wurden, für den Zeitraum 1816 bis 2007.

6 Fazal, The Demise of Peace Treaties in Interstate War.

7 Beardsley, The Mediation Dilemma, S. 201.

8 Svensson, Bargaining, Bias and Peace Brokers; ders., Mediation with Muscles or Minds?

9 Fortna, Does Peacekeeping Work?

10 Mattes/Savun, Fostering Peace after Civil War.

des Friedens untersucht.[11] Aila Matanock weist darauf hin, wie wichtig für einen dauerhaften Frieden Regelungen sind, die gewährleisten, dass Rebellengruppen an Wahlen nach Kriegsende teilnehmen können.[12] In ähnlicher Weise argumentieren Madhav Joshi, Eric Melander und Jason Quinn, dass auf Friedensvereinbarungen unbedingt Wahlen folgen müssen, um ein Wiederaufflammen der Gewalt zu verhindern.[13] Monica Toft konzentriert sich auf die Reform des Sicherheitssektors und schreibt, dies sei der entscheidende erklärende Faktor, wie lange der Frieden nach einem Bürgerkrieg Bestand hat.[14] Ungeachtet aller Skepsis hinsichtlich der Effizienz von Friedensverträgen nach Bürgerkriegen verdient die Frage Aufmerksamkeit, warum sie immer öfter zum Einsatz kommen. Die weiteren Seiten dieses Kapitels beziehen darum zusätzliche Aspekte ein, um zu untersuchen, warum Friedensverträge nach Bürgerkriegen an Bedeutung gewonnen haben.

Was ist ein Friedensvertrag im Kontext eines Bürgerkriegs?

Ich benutze im Wesentlichen dieselbe Definition für Friedensverträge in zwischenstaatlichen Kriegen und in Bürgerkriegen: Ein Friedensvertrag ist ein schriftliches Dokument, das einen Vertrag zwischen kriegführenden Parteien beinhaltet, die Feindseligkeiten einzustellen und Streitfragen zu klären. Das Dokument muss von den Konfliktparteien unterschrieben werden.[15] Wie bei zwischenstaatlichen Kriegen zähle ich Feuerpausen, Waffenruhen und Waffenstillstände nicht zu den Friedensverträgen, weil sie die Kampfhandlungen nur vorübergehend unterbrechen und nicht unbedingt eine Lösung der strittigen Probleme beinhalten. Auch Resolutionen des UN-Sicherheitsrats berücksichtige ich nicht, obwohl man durchaus dafür plädieren könnte,

---

11 Hartzell/Hoddie, Crafting Peace.
12 Matanock, Electing Peace.
13 Joshi/Melander/Quinn, Sequencing the Peace.
14 Toft, Securing the Peace.
15 Ein Unterschied ist, dass ich bei Bürgerkriegen die Ratifizierungsanforderungen senke, weil Rebellengruppen üblicherweise keine formellen Ratifizierungsverfahren kennen.

sie bei Bürgerkriegen eher als bei zwischenstaatlichen Kriegen einzubeziehen und als Äquivalente zu Friedensverträgen zu betrachten.[16] Der Ausschluss von UN-Resolutionen verschiebt die Daten gegen meine Argumentation zum zunehmenden Einsatz von Friedensverträgen in Bürgerkriegen und zur Rolle der internationalen Gemeinschaft bei dieser Entwicklung.

Meine Definition ist sehr ähnlich wie die des bekannten Uppsala Conflict Data Program's Conflict Termination Dataset: »Eine *Friedensvereinbarung* ist definiert als eine Vereinbarung, bei der es um die Lösung einer Unverträglichkeit geht, die von allen oder den wichtigsten Akteur_innen eines Konflikts unterzeichnet und/oder öffentlich akzeptiert wird.«[17] Ganz ähnlich definiert auch das Projekt Peace Accords Matrix umfassende Friedensvereinbarungen durch zwei Hauptmerkmale: »(a) Die Hauptkonfliktparteien waren an den Verhandlungen beteiligt, aus denen die Vereinbarung hervorgegangen ist; und (b) die zentralen Themen der Kontroverse wurden in die Verhandlungen einbezogen.«[18]

Bürgerkriege aus der jüngeren Vergangenheit liefern reichlich Beispiele für Friedensverträge. Das Abkommen von Dayton aus dem Jahr 1995, das den Bosnienkrieg beenden half, regelte die Streitthemen mehrerer an dem Konflikt beteiligter Dyaden. Mit Forderungen nach Unabhängigkeit von bosnisch-serbischer, bosnisch-kroatischer und bosniakischer Seite war dieser Krieg besonders kompliziert und löste in erheblichem Umfang internationale Interventionen aus. Diese Interventionen spielten eine entscheidende Rolle für das Zustandekommen mehrerer Waffenstillstände, die der Formulierung und Annahme des Friedensvertrags vorausgingen. Das Abkommen teilte bosnisches Territorium zwischen der serbischen, der kroatischen und der bosniakischen Bevölkerungsgruppe auf, legte die Bedingungen für den Truppenabzug fest, definierte die Republika Srpska und die Föderation von Bosnien und Herzegowina als die beiden politischen Teil-

---

16 Bell, On the Law of Peace, S. 95 f.
17 Kreutz, How and When Armed Conflicts End, S. 245.
18 Joshi/Quinn/Regan, Annualized Implementation Data on Comprehensive Intrastate Peace Accords, S. 552.

gebiete des unabhängigen Staats Bosnien und Herzegowina und die Verteilung der Parlamentssitze nach ethnischer Zugehörigkeit. Das Abkommen von Dayton steht exemplarisch für einen modernen Friedensvertrag zur Beendigung eines Bürgerkriegs.[19]

Ein weiteres Beispiel ist das Lancaster-House-Abkommen, das den Rhodesienkonflikt der Jahre 1972 bis 1979 beendete. In dem Abkommen wurden erhebliche Differenzen zwischen der weißen Minderheitsregierung von Ian Smith und der Patriotischen Front, die gegen sie kämpfte, beigelegt. Das Abkommen regelte eine Vielzahl politischer Fragen wie das Mehrheitsprinzip, die Verteilung der Parlamentssitze zwischen der schwarzen und der weißen Bevölkerung, Verfassungsfragen, den Waffenstillstand und die Durchführung von Wahlen in der nächsten Zukunft.[20]

Im Unterschied dazu unterzeichneten die sezessionistischen Moro-Rebellen, die 1972 auf den Philippinen ihren Kampf begonnen hatten, zahlreiche Abkommen mit der philippinischen Regierung, aber bis vor Kurzem keinen echten Friedensvertrag. Der im Dezember 1976 zwischen der Nationalen Befreiungsfront der Moros (Moro National Liberation Front, MNLF) und der philippinischen Regierung geschlossene Vertrag von Tripolis beinhaltete eine Autonomievereinbarung, aber keine Regelungen für die Umsetzung, mit der Folge, dass die Auseinandersetzungen sofort wieder aufflammten. Eine Vereinbarung aus dem Jahr 1996 war ähnlich umfassend auf dem Papier, bezog aber die wichtigste damalige Rebellengruppe, die Islamische Befreiungsfront der Moros (Moro Islamic Liberation Front, MILF) nicht mit ein – und erfüllt damit das Kriterium nicht, dass alle Konfliktparteien sie unterzeichnet haben müssen.[21]

Ein Abkommen aus dem Jahr 1987 zwischen der Regierung von Sri Lanka und den Befreiungstigern von Tamil Eelam (Liberation Tigers of Tamil Eelam, LTTE) enthielt ebenfalls einige politische Regelungen über die Verpflichtung auf einen Waffenstillstand hinaus – so wurde

---

19 Belloni, State Building and International Intervention in Bosnia, Kap. 1; Ramet, The Three Yougoslavias, Kap. 16.

20 Davidow/Harvard University Center for International Affairs, A Peace in Southern Africa, Kap. 8.

21 Rodil, Kalinaw Mindanaw, Kap. 6.

erwähnt, dass die Nordprovinz und die Ostprovinz ein Referendum über den Zusammenschluss zu einer politischen Einheit durchführen sollten –, aber es war keine umfassende politische Regelung. Der Anführer der LTTE, Velupillai Prabhakaran, kommentierte, dass er diesen Teil des Abkommens nicht als tragfähig ansehe, und so wurde es nicht endgültig formuliert und unterzeichnet. Deshalb war es kein formeller Friedensvertrag.[22] Diese Abkommen waren nicht deshalb keine Friedensverträge, weil sie künftige Konflikte nicht verhindern konnten; wenn nur in diesem Sinn erfolgreiche Friedensverträge als solche gezählt würden, könnten wir keine überzeugenden Aussagen über die Wirkung von Friedensverträgen für die Dauer des anschließenden Friedens treffen. Diese Abkommen zählen vielmehr deswegen nicht als Friedensverträge, weil sie die Bedingungen für eine umfassende Regelung der strittigen Themen nicht erfüllen (entweder wegen inhaltlicher Mängel oder wegen fehlender Beteiligung) oder weil sie nicht als formelle Dokumente niedergeschrieben wurden.

Muster des Einsatzes von Friedensverträgen in Bürgerkriegen

In der UN-Ära und ganz besonders seit dem Ende des Kalten Krieges kommen Friedensverträge zunehmend häufiger zum Einsatz. Vor 1950 schwankte die Quote von Friedensverträgen am Ende von Bürgerkriegen, überstieg aber nie 25 Prozent, der Mittelwert liegt näher an 10 Prozent. Nach 1950 steigt die Quote jedoch stetig an. Abb. 8.1, die auf Daten aus C-WIT basiert, illustriert diese Tendenz. Besonders auffallend ist sie nach dem Ende des Kalten Krieges: 14 von 37 Bürgerkriegen, die in den 1990er Jahren endeten, und 8 von 24 Bürgerkriegen, die in den 2000er Jahren endeten, schlossen mit einem Friedensvertrag.

Andere Datensätze bestätigen diese Beobachtung. Abb. 8.2 basiert auf UCDP-Daten über bewaffnete Binnenkonflikte, bei denen die Untergrenze der Opfer für die Berücksichtigung der Konflikte sehr viel niedriger liegt (25 Tote) als bei der Bürgerkriegs-Liste der Correlates of

---

22 Balasingham, War and Peace, S. 110–113, Anhang 1; Peiris, Twilight of the Tigers, S. 35 f.

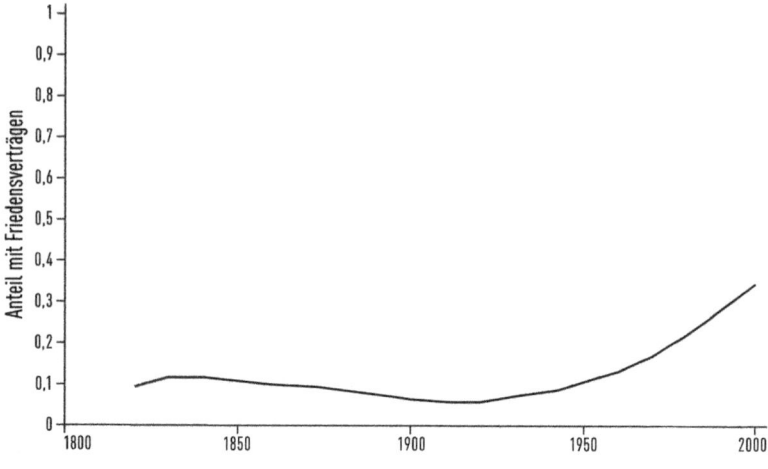

Abb. 8.1 Anteil von Bürgerkriegen, die mit Friedensverträgen endeten

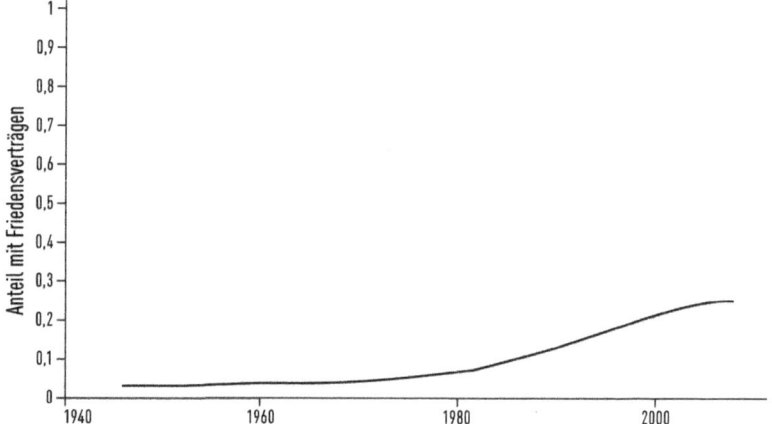

Abb. 8.2 Anteil von bewaffneten Binnenkonflikten, die mit Friedensverträgen endeten. Aus den UCDP-Daten über die Beendigung von Konflikten

War (1000 Tote), die die Grundlage für C-WIT darstellt. Die UCDP-Daten decken den Zeitraum von 1946 bis 2008 ab. Abb. 8.2 zeigt, dass der Einsatz von Friedensverträgen bei zwischenstaatlichen bewaffneten Konflikten in den letzten 60 Jahren zugenommen hat, vor allem seit dem Ende des Kalten Krieges. Toft hat außerdem herausgefunden, dass der Anteil von Bürgerkriegen, die seit 1940 mit einem ausgehan-

delten Abkommen endeten, von 0 Prozent in den 1940er Jahren auf
40 Prozent in den 1990er Jahren angestiegen ist.[23]

In ähnlicher Weise endete von 151 Bürgerkriegen nach 1945, die
Michael Doyle und Nicholas Sambanis untersucht haben,[24] fast ein
Drittel mit einem Friedensvertrag. Doyle und Sambanis listen 2 Friedensverträge aus den 1950er Jahren auf, einen aus den 1960er Jahren,
6 aus den 1970er Jahren, 4 aus den 1980er Jahren und 30 aus den 1990er
Jahren. Ihre Daten zeigen einen allgemeinen Aufwärtstrend über den
gesamten Zeitraum hinweg mit einem starken Zuwachs bei Friedensverträgen nach Bürgerkriegen in den 1990er Jahren. Während in den
1990er Jahren auch sehr viel mehr Bürgerkriege begannen als in den
Jahrzehnten zuvor (und die Zahl der Kriege, die in einem bestimmten
Jahrzehnt endeten, verweist grob auf die Zahl der Kriege, die in dem
Jahrzehnt begannen), hat sich die Zahl der Friedensverträge von 1950
bis 2000 verfünfzehnfacht. Die Zahl der neu begonnenen Bürgerkriege lag in den 1990er Jahren jedoch nur dreimal so hoch wie in den
1950er Jahren.

Diese Veränderung wirft mehrere Fragen auf: Warum verleihen
Regierungen Rebellengruppen Legitimität, indem sie Friedensverträge
mit ihnen schließen? Warum setzt diese Veränderung auf einmal Mitte
des 20. Jahrhunderts ein? Inwieweit hängt der zunehmende Rückgriff
auf Friedensverträge in Bürgerkriegen mit der abnehmenden Bedeutung von Friedensverträgen in zwischenstaatlichen Kriegen zusammen?

Theoretische Erwartungen

Bürgerkriege werden häufiger mit Friedensverträgen beendet, weil
die internationale Gemeinschaft deutlich gemacht hat, dass sie das
wünscht. Es gibt normative und auch strategische Gründe, warum die
internationale Gemeinschaft in der UN-Ära auf Friedensverträge
setzt. Eine normative Erklärung verweist auf die Schlüsselklauseln der

---

23   Toft, Securing the Peace, S. 7, Abb. 1.1.
24   Doyle/Sambanis, Making War and Building Peace.

UN-Charta.[25] Artikel 1 (1) der Charta nennt die vier Ziele der Vereinten Nationen: »den Weltfrieden und die internationale Sicherheit zu wahren und zu diesem Zweck wirksame Kollektivmaßnahmen zu treffen, um Bedrohungen des Friedens zu verhüten und zu beseitigen, Angriffshandlungen und andere Friedensbrüche zu unterdrücken und internationale Streitigkeiten oder Situationen, die zu einem Friedensbruch führen könnten, durch friedliche Mittel nach den Grundsätzen der Gerechtigkeit und des Völkerrechts zu bereinigen und beizulegen«.

Kapitel VI der UN-Charta behandelt »die friedliche Beilegung von Streitigkeiten«. Konflikt- und Kriegsparteien werden gedrängt, ihre Differenzen durch Instrumente wie Vermittlung zu lösen, und es wird vorgeschlagen, dass der Sicherheitsrat zur Konfliktlösung intervenieren kann. Die Art und Weise der Konfliktlösung wird in Kapitel VII weiterdiskutiert (Artikel 39–51). Akteur_innen, die sich zu den Grundsätzen der UN-Charta bekennen, werden dazu neigen, die Intervention zum Zweck der Konfliktvermeidung und Konfliktlösung als ein öffentliches Gut anzusehen.[26] Friedensverträge unterstreichen solche Interventionen, denn sie schreiben Vereinbarungen und Bedingungen, die einzuhalten sind, fest.

Eine strategische Interpretation, warum in der UN-Ära eine Präferenz für Friedensverträge festzustellen ist, beginnt ebenfalls mit der UN-Charta, aber berücksichtigt auch die in der Charta verankerten Prinzipien und organisationspolitische Aspekte. Eine Möglichkeit, wie die Vereinten Nationen ihre Bedeutung in der Weltpolitik behaupten und sichern, ist, dass sie ihre Vermittlungsdienste anbieten und zuweilen militärische Interventionen – Friedenssicherungseinsätze – autorisieren. Heute arbeiten in der Hauptabteilung Unterstützung für Feldeinsätze in New York, dem administrativen Arm der

---

25 Toft, Securing the Peace, S. 52.

26 Beardsley, The Mediation Dilemma, S. 22 ff. Für die friedliche Beilegung von Zwistigkeiten sprechen sich auch die Charta der Organisation Amerikanischer Staaten, der Vertrag über eine Verfassung für Europa aus dem Jahr 2004 und die Charta der NATO aus. Interessanterweise kommt sie in der Charta der Afrikanischen Union nicht vor; sie konzentriert sich mehr auf die Achtung der Souveränität ihrer Mitglieder.

Hauptabteilung Friedenssicherungseinsätze, über 400 Personen, und ihr Budget beläuft sich auf 67 Millionen Dollar.[27] 2006 hat die UN-Hauptabteilung Politische Angelegenheiten ein Büro zur Unterstützung von Vermittlungsmissionen (Mediation Support Unit, MSU) eingerichtet; es besteht aus einem Team von Mediationsexpert_innen, die im Bedarfsfall bei Konflikten in aller Welt eingesetzt werden können.[28] Wie Bell schreibt, wird die Einrichtung eines solchen Büros wahrscheinlich eine Ausweitung des Korps internationaler Vermittler_innen zur Folge haben, die aus organisatorischen und aus prinzipiellen Gründen bei Konflikten auf Vermittlung drängen.[29] Seit 2006 haben sich Ausbildung und Verfügbarkeit von Vermittler_innen verbessert, dank Kursen des schweizerischen Außenministeriums, des jährlichen Oslo-Forums des Centre for Humanitarian Dialogue und des Ausbildungs- und Forschungsinstituts der Vereinten Nationen.[30] Beardsley weist darauf hin, dass dritte Parteien als Vermittler_innen in der Regel dafür plädieren, Verhandlungen mit einem Friedensvertrag zu beenden, zum Teil weil»es leichter [ist], Anerkennung für die Vermittlung eines Friedens zu erhalten, wenn es am Ende ein Dokument gibt, in dem die dritte Partei als Friedensvermittlerin genannt wird«.[31] Dabei kann es durchaus sein, dass Schlüsselakteur_innen der internationalen Gemeinschaft bei der Propagierung von Interventionen, die zu Friedensverträgen führen könnten, strategisch agieren, weil sie zum einen die Interessen ihrer Organisation fördern wollen und zum anderen wirklich an die in der Charta der Vereinten Nationen niedergelegten Grundsätze glauben. In jedem Fall will die internationale Gemeinschaft Frieden mit der Minimaldefinition »Abwesenheit von Konflikt«; und heute wird Frieden in der Regel in Friedensverträgen niedergelegt.

Obwohl die internationale Gemeinschaft wünscht, dass Bürgerkriege mit Friedensverträgen enden, reicht das allein nicht aus, um die

27 United Nations, Field Support, Field Support Facts.
28 United Nations Peacemaker.
29 Bell, On the Law of Peace, S. 44.
30 Katia Papagianni, Center for Humanitarian Dialogue, Mitteilung per E-Mail an die Autorin, 19. Mai 2016.
31 Beardsley, The Mediation Dilemma, S. 74.

derzeitige Praxis zu erklären. Das Argument, dass die internationale Gemeinschaft Friedensverträge anderen Formen der Beendigung von Kriegen vorzieht, ist potenziell problematisch, weil die Präferenz gleichermaßen für zwischenstaatliche wie für Bürgerkriege gilt. Aber die Zahl der Friedensverträge nach zwischenstaatlichen Kriegen ist rückläufig, während sie nach Bürgerkriegen offenbar ansteigt. Wie ist der Unterschied zu erklären?

Um diese Frage zu beantworten, müssen wir zunächst die Anreize für die unterschiedlichen Beteiligten bei Bürgerkriegen einzeln untersuchen. Nehmen wir als Erstes die Präferenzen einer Regierung. In Kapitel 5 habe ich argumentiert, dass der Bedeutungsverlust von Friedensverträgen nach zwischenstaatlichen Kriegen damit zusammenhängt, dass das kodifizierte Kriegsrecht mehr Bedeutung erlangt hat. Weil die Gesetze des Krieges im Lauf der Zeit zahlreicher geworden sind, versuchen die Staaten – die kriegführenden Parteien in zwischenstaatlichen Kriegen – Schritte zu vermeiden, die sie eindeutig verpflichten würden, sich an das humanitäre Völkerrecht zu halten. Wie Friedensverträge unterstützt die internationale Gemeinschaft auch das HVR. Staaten, die zwischenstaatliche Kriege führen, haben in der Regel mehr Legitimität als Regierungen und Rebellengruppen in Bürgerkriegen. Regierungen, die Bürgerkriege führen, sind häufig politisch und militärisch schwächer als solche, die zwischenstaatliche Kriege führen – zum Beispiel weil sie eine fragwürdige oder schlechte Bilanz bei den Menschenrechten vorzuweisen haben. *Ceteris paribus* stehen Regierungen, gegen die sich eine Rebellion richtet, mit einem schlechteren Ruf da und sind deshalb womöglich eher geneigt, sich den Wünschen der internationalen Gemeinschaft zu beugen, als Staaten, die zwischenstaatliche Kriege führen. Das Verhalten von Indonesien während der Verhandlungen über einen Waffenstillstand im Unabhängigkeitskampf von Osttimor Anfang der 1980er Jahre ist ein Beispiel für diese Dynamik. Indonesien stimmte inmitten innerer politischer Unruhen Verhandlungen zu, zum Teil aus dem Grund, um Vertrauen für künftige Verhandlungen mit Australien über die Aufteilung von Ressourcen zu gewinnen.[32] Staaten, die zwischenstaatliche Kriege führen, können den Wünschen der internationalen Ge-

---

32 Keller, From Guns to Roses, S. 138.

meinschaft eher ausweichen als die Beteiligten von Bürgerkriegen. Wie Beardsley anmerkt, können Regierungen auch aus strategischen Gründen eine Vermittlung akzeptieren, um die gegnerische Partei hinzuhalten.[33] Das humanitäre Völkerrecht ist in einem Bürgerkrieg viel schwächer als in einem zwischenstaatlichen Krieg. Die Zusatzprotokolle von 1977 zu den Genfer Abkommen von 1949 weiten deren Geltungsbereich zwar theoretisch auf Bürgerkriege aus, aber die Ausweitung gilt nur für anerkannte kriegführende Parteien. Doch die Hürde für die Anerkennung als »kriegführende Partei«, die die Gesetze des Krieges aktiviert, wurde aus strategischen Gründen sowohl unbestimmt gelassen wie hoch gelegt. Deshalb ist es unwahrscheinlich, dass Regierungen, die einen Bürgerkrieg führen, es als besondere Herausforderung oder Notwendigkeit betrachten, sich den Verpflichtungen des Kriegsrechts zu entziehen, vor allem im Vergleich zu Staaten, die zwischenstaatliche Kriege führen. Die Spannung zwischen Einhaltung des Kriegsrechts und Abschluss eines Friedensvertrags ist deshalb im Kontext von Bürgerkriegen geringer.

Sehen wir uns nun die Wünsche der Rebellengruppen in Bürgerkriegen an. Für die meisten ist ein Platz am Verhandlungstisch, an dem über Friedensvereinbarungen gesprochen wird, ein erstrebenswertes Ziel.[34] Ein solcher Platz verleiht dem Regierungsanspruch solcher Gruppen Legitimität.[35] Die Bewegung Freies Aceh (GAM) beispielsweise trat explizit deshalb in Gespräche mit der indonesischen Regierung ein, um Anerkennung und Legitimität zu erlangen.[36] Eine Forscherin schreibt dazu: »Die GAM sah den Friedensprozess als zentrales Element ihrer Strategie der Internationalisierung und die Internationalisierung wiederum als den einzigen Weg zur Unabhängigkeit.«[37] Von dieser generellen Aussage gibt es zwei Ausnahmen. Ers-

---

33 Beardsley, The Mediation Dilemma, S. 20.
34 Mitchell, External Peace-Making Initiatives and Intranational Conflict, S. 277.
35 Guelke, Negotiations and Peace Processes, S. 68; Beardsley, The Mediation Dilemma, S. 20.
36 Akebo, The Politics of Ceasefires, S. 110.
37 Kirsten Schulze, zitiert in: Aspinall, Islam and Nation, S. 227.

tens ziehen manche Gruppen vielleicht eine Fortsetzung der Kämpfe dem Frieden vor. Rebellengruppen, die sich durch erbeutete Güter finanzieren, die sie auf dem Schwarzmarkt oder dem grauen Markt verkaufen können, wollen womöglich weiter von der Kriegswirtschaft profitieren und auf diese Profite nicht verzichten.[38] Zweitens steigt die Wahrscheinlichkeit, wegen Kriegsverbrechen angeklagt zu werden – die in Kapitel 2 diskutierten Haftungskosten –, im Lauf der Zeit, besonders weil immer mehr Institutionen zur juristischen Vergangenheitsbewältigung entstehen, wie der Internationale Strafgerichtshof. Rebellengruppen, die sich Kriegsverbrechen schuldig gemacht haben, wollen unter Umständen deshalb nicht in Friedensgespräche eintreten, weil sie strafrechtliche Verfolgung fürchten.[39] Auch wenn die Rebellengruppen den Versprechungen der Regierung in einem Friedensvertrag misstrauen, sollten wir dennoch generell erwarten, dass sie sich mit den gegnerischen Kräften an den Verhandlungstisch setzen.

Betrachten wir nun die Interessen von Regierungen und Rebellengruppen, die einen Bürgerkrieg führen, gemeinsam. Die Rebellengruppen werden üblicherweise bestrebt sein, einen Friedensvertrag zu schließen. Regierungen, die einen Bürgerkrieg führen, machen sich vielleicht weniger Gedanken um Fragen des humanitären Völkerrechts als solche, die zwischenstaatliche Kriege führen, aber sie zögern unter Umständen dennoch, in Friedensgespräche einzutreten. Während es den Rebellengruppen um die Legitimität geht, die ein Platz am Verhandlungstisch verleiht, wollen die Regierungen gerade verhindern, dass die Rebellengruppen diese Legitimität bekommen. Das war sicher eine Triebkraft der indonesischen Regierung bei ihren Verhandlungen mit der GAM. Es ging so weit, dass sie Anfang der 2000er Jahre explizit den Begriff »Waffenstillstand« vermied, weil er die Anerkennung der GAM als legitime kriegführende Partei impliziert hätte; stattdessen sprach sie von »humanitärer Pause«.[40] Molly Melin

---

38 King, The Benefits of Ethnic War, S. 525.
39 Das ist einer der Hauptkritikpunkte am Internationalen Strafgerichtshof. Siehe Allan, Prosecution and Peace, S. 243; Vinjamuri, Deterrence, Democracy, and the Pursuit of International Justice, S. 196.
40 Akebo, The Politics of Ceasefires, S. 200.

und Isak Svensson sind der Ansicht, dass das Zögern, Rebellengruppen durch Verhandlungen Legitimität zu verleihen, manchmal berechtigt ist: die Regierung von Sri Lanka, die 2003 mit den LTTE verhandelte, stürzte wenig später.[41] Und insofern Rebellengruppen weniger geneigt sind, gegen das Kriegsrecht zu verstoßen, als Regierungen – vielleicht ganz besonders in Bürgerkriegen, wie in Kapitel 7 diskutiert –, wäre es für Regierungen viel leichter, nach eigenen Verstößen gegen das HVR einen Friedensvertrag abzulehnen, als es für Rebellengruppen wäre, vor dem Hintergrund ihrer eigenen Rechtstreue und ihres Wunsches, die Regierung zur Verantwortung zu ziehen, auf einen Friedensvertrag zu drängen. Obwohl die internationale Gemeinschaft und Rebellengruppen womöglich einen Friedensvertrag vorziehen, wird die Regierung deshalb oft Widerstand leisten. Die »Legitimitätskluft« zwischen Regierungen und Rebellengruppen erklärt teilweise den moderaten Bedeutungsgewinn von Friedensverträgen in Bürgerkriegen, verglichen mit ihrem drastischen Bedeutungsverlust in zwischenstaatlichen Kriegen.

Damit die kriegführenden Parteien an den Verhandlungstisch kommen, muss die internationale Gemeinschaft in der Regel die Regierungen überzeugen – und manchmal auch die Rebellengruppen. Als Zuckerbrot setzt sie dabei wirtschaftliche und militärische Hilfe ein sowie mehr Legitimität und Anerkennung.[42] Als Peitsche dient

---

41 Als Teil dieser Verhandlungen verkündete der Premierminister von Sri Lanka, Ranil Wickremesinghe, »den Widerruf der Einstufung der LTTE als terroristische Organisation [...]. Damit wurde der LTTE Anerkennung zuteil und ihr erlaubt, als gleichrangige Partnerin in die Verhandlungen mit der Regierung einzutreten« (ebenda, S. 176). Es wurde eine Waffenstillstandsvereinbarung erreicht, aber nach einer kurzen Atempause begannen wieder Angriffe der LTTE, und die Partei des Premierministers verlor die Macht. Eine umfassende Darstellung siehe ebenda, Kapitel 5.

42 Beardsley, The Mediation Dilemma, S. 20, S. 32. Girod ist der Ansicht, dass die Effizienz der Hilfe von zwei Faktoren abhängt: vom Ressourcenreichtum des Staates, der in einen Bürgerkrieg verstrickt ist, und von seiner strategischen Bedeutung für Geldgeber_innen. In einer ähnlichen Richtung argumentiert Donno, IGOs würden besonders dann Reformen der Regierung fordern, wenn einerseits eine gute Überwachung besteht (z. B. durch Wahlbeobachtung) und daneben ein geopolitisches Interesse vorliegt. Girod, Effective Foreign Aid Following Civil War; Donno, Who is Punished?

eine tatsächliche oder angedrohte militärische Intervention, wie in den Kapiteln VI und VII der UN-Charta dargelegt.

Den Wunsch, die kriegführenden Parteien an den Verhandlungstisch zu bringen, statt sie den Konflikt bis zum Ende ausfechten zu lassen, hat die internationale Gemeinschaft bei mehreren Gelegenheiten klar zum Ausdruck gebracht. Die UNO hat in etlichen Konflikten in jüngster Zeit öffentlich angeboten zu vermitteln, so im Ukrainekonflikt[43], in Thailand[44] und in Syrien[45]. Appelle zur »friedlichen Konfliktbeilegung« ergehen regelmäßig, so etwa in Libyen[46], Burundi[47] und sogar in Ländern, wohin die Vereinten Nationen bereits Friedenskräfte entsandt haben, wie etwa in die Demokratische Republik Kongo (DR Kongo).[48] Im Westsahara[49]-, im Syrien[50]- und im Jemen-Konflikt[51] wurde regelmäßig zu Verhandlungen aufgerufen. Und um noch einmal zum Beispiel Aceh zurückzukehren: Das Ende des Kalten Kriegs eröffnete einen potenziellen Ausweg, weil das Interesse der internationalen Gemeinschaft an Konfliktlösung generell wuchs.[52]

Trotz der eindeutigen internationalen Präferenz für Friedensverträge ist der Weg dorthin weder schnell noch direkt. Die internationale Gemeinschaft nutzt üblicherweise zwei Instrumente, um die Konfliktlösung zu erleichtern und zu einem Friedensvertrag zu gelangen. Das erste und wichtigste Instrument ist Vermittlung, wobei eine dritte Partei die kriegführenden Parteien an den Verhandlungstisch bringt. Das anfängliche Ziel bei einer Vermittlung ist oft, einen Waffenstillstand zu erreichen, darüber hinaus eröffnet sie einen Weg für eine gewaltlose Konfliktlösung und für die Aushandlung eines formellen, umfassenden Friedensvertrags. Das zweite Instrument, eine mili-

---

43   Maigua, UN Offers to Mediate over the Ukrainian Political Crisis.
44   UN Calls for an End to Violence.
45   UN-Arab League Mediation Process for Syria Crisis »On Track«.
46   Libya. UN Calls for Peaceful Resolution of Disputes.
47   Harf, United States Calls for Peaceful Resolution to Crisis in Burundi.
48   Unanimously Adopting Resolution 2211, Security Council Extends Mission.
49   UN Annual Resolution on Western Sahara.
50   Laub, Low Expectations for UN Syria Talks.
51   UN Chief Calls for Negotiations to Resolve Yemen Crisis.
52   Aspinall, Islam and Nation, S. 224 f.

tärische Intervention, kommt üblicherweise in Form von Friedenssicherungsoperationen zum Einsatz. Solche Operationen trennen die beiden (oder mehr) Konfliktparteien und können eine Pattsituation oder einen Stillstand herbeiführen. Wenn keine Seite glaubt, dass sie auf dem Schlachtfeld einen endgültigen Sieg erringen kann, erscheint der Verhandlungstisch vielleicht attraktiver. Aber weil Friedensmissionen genauso häufig nach Friedensverträgen erfolgen, wie sie ihnen vorausgehen, liegt mein Fokus in diesem Kapitel auf der Vermittlung als dem bevorzugten Weg der internationalen Gemeinschaft zu einem Friedensvertrag.

Meine Erwartung ist deshalb, dass Vermittlung in Bürgerkriegen sehr stark mit Friedensverträgen korreliert. Noch genauer formuliert: Multilaterale Vermittlung sollte zu Friedensverträgen führen, weil sie signalisiert, dass die internationale Gemeinschaft sich der Lösung eines bestimmten Konflikts annimmt.

Wann enden Bürgerkriege mit Friedensverträgen?

Nach meiner Argumentation ist die Wahrscheinlichkeit, dass ein Bürgerkrieg mit einem Friedensvertrag endet, dann am größten, wenn die internationale Gemeinschaft vermittelnd eingreift, weil sie eine Verhandlungslösung der militärischen Konfliktlösung vorzieht. Beispiele für Vermittlung gibt es zwar seit Anfang des 19. Jahrhunderts, aber heute ist Vermittlung viel gebräuchlicher als in der Vergangenheit. Deshalb kann die Präferenz für Vermittlungslösungen auch erklären, warum in der Ära der Vereinten Nationen, die den Beginn der modernen internationalen Gemeinschaft markiert, mehr Friedensverträge abgeschlossen wurden.

Bevor wir uns in die empirische Analyse vertiefen, müssen zwei sowohl theoretische wie methodische Probleme angesprochen werden. Erstens könnte es sein, dass zwar eine statistisch signifikante Korrelation zwischen Vermittlung einerseits und Friedensverträgen andererseits besteht, diese Korrelation aber endogen ist. Mit anderen Worten: Vielleicht ermöglicht der Friedensvertrag irgendwie die Vermittlung statt umgekehrt. Das ist sicher bei Friedensmissionen der Fall, weil Friedenstruppen oft nach Unterzeichnung eines Friedensvertrags entsandt werden.[53] Ein Weg, das Problem der möglichen Endogenität anzugehen, besteht darin, auf die Abfolge zu achten. In keinem der weiter unten analysierten Fälle wurde ein Friedensvertrag vor der Vermittlung abgeschlossen. Das schließt aber nicht aus, dass andere Arten von Übereinkommen, wie etwa Waffenstillstandsvereinbarungen, schon vor der Vermittlung zustande gekommen sind.

Zweitens könnte ein Selektionseffekt am Werk sein. Vielleicht gibt es bei den Fällen mit Vermittlung einen unabhängigen Faktor, der dafür sorgt, dass sie auch besonders häufig mit Friedensverträgen enden. Die wahrscheinlichste Kandidatin für einen solchen Faktor ist die relative Behandelbarkeit des Konflikts. Wenn es zum Beispiel so sein sollte, dass Vermittler_innen die Fälle auswählen, bei denen sich am leichtesten eingreifen lässt, wäre es schwierig zu argumentieren, dass es einen unabhängigen Effekt der Vermittlung gibt. Frühere Forschungen von Beardsley haben jedoch überzeugend nachgewiesen, dass Vermittlung in der Regel bei den schwierigsten Fällen zum Einsatz kommt.[54] Darüber hinaus sollte der typische Widerstand von Regierungen, mit Rebellengruppen zu verhandeln, bedeuten, dass die Intervention der internationalen Gemeinschaft (zum Beispiel durch Vermittler_innen) nur in besonderen Härtefällen akzeptiert wird, wenn alle anderen Optionen – einschließlich der militärischen – ausgeschöpft sind.[55] Und, wie Kenneth Schultz argumentiert, selbst wenn

---

53 Forscher wie Michael Doyle und Nicholas Sambanis vertreten die Auffassung, Friedensmissionen würden möglicherweise besonders häufig in Fällen entsandt, in denen bereits Friedensverträge geschlossen worden seien. Doyle/Sambanis, Making War and Building Peace, S. 103 f. Daten aus C-WIT bestätigen diese Aussage. Rund in der Hälfte der 21 Fälle von 1816 bis 2007, in denen es sowohl Friedensmissionen wie auch Friedensverträge gab, wurden die Friedenstruppen nach Abschluss des Friedensvertrags entsandt; Regelungen zu Friedensmissionen wurden manchmal als Klausel in den Friedensvertrag mitaufgenommen.

54 Beardsley, The Mediation Dilemma, S. 47.

55 Melin/Svensson, Incentives for Talking. An anderer Stelle argumentiert Svensson, Vermittler_innen, die auf der Seite der Regierung stünden, könnten dazu beitragen, die Waagschalen zwischen Ablehnung von Vermittlung durch die Regierung und Befürwortung von Vermittlung durch die Rebellengruppen auszugleichen. Svensson, Bargaining, Bias and Peace Brokers.

ein Selektionseffekt Vermittlung in manchen Fällen wahrscheinlicher macht als in anderen, kann das die Wirksamkeit von Vermittlung belegen – sie wird ausgewählt, *weil* sie funktioniert –, was die hier dargelegte Argumentation unterstützt.[56] Ein verwandter Selektionseffekt könnte bei der Art der Vermittlung eine Rolle spielen. Sezessionistischen Bewegungen ist vielleicht besonders daran gelegen, internationale Vermittler_innen zu gewinnen, weil sie sich von ihnen einen positiven Einfluss im Hinblick auf ihre internationale Anerkennung versprechen; umgekehrt werden Regierungen in sezessionistischen Konflikten vielleicht nicht gerne eine multilaterale Vermittlung etwa durch die Vereinten Nationen akzeptieren. So war es sicher in Aceh. Dort hatte die Regierung drei Forderungen an die Vermittlung: »Kein ausländischer Staat, kein UN-Organ und keine militärische Institution.«[57] In solchen Fällen sind mögliche Selektionseffekte in der Theorie enthalten, insofern ich bei einer multilateralen Vermittlung eher erwarte, dass sie zu einem Friedensvertrag führt, als bei einer unilateralen.

Wie in den früheren Kapiteln setze ich qualitative und quantitative Analysen ein, um herauszufinden, unter welchen Bedingungen welche Friedensverträge in Bürgerkriegen geschlossen werden. Ich konzentriere mich auf die Rolle der internationalen Gemeinschaft bei der Vermittlung als Schlüsselprädikator von Friedensverträgen. Zuerst stelle ich die quantitative Analyse vor, es folgt eine abschließende Diskussion der drei Fallstudien, die bereits in den beiden vorangehenden Kapiteln erörtert wurden.

Quantitative Analyse

Das Universum der Fälle für diese Analyse sind alle Bürgerkriegsdyaden von 1816 bis 2007 in C-WIT – dasselbe wie bei der Analyse in Kapitel 7. Ein Unterschied zwischen der folgenden Analyse und der in Kapitel 7 präsentierten Regressionsanalyse ist, dass bei den Variablen, die in diesem Kapitel von Interesse sind, sehr wenig Daten fehlen. Des-

---

56 Schultz, The Enforcement Problem in Coercive Bargaining, S. 306.
57 Hasballah Saad, zitiert in: Akebo, The Politics of Ceasefires, S. 101.

halb muss ich nicht wie in Kapitel 7 auf Standardcodierung zurückgreifen; bei den im Folgenden analysierten Daten wurden keine derartigen Anpassungen vorgenommen.

Beschreibung der Variablen: Ich beginne mit der Beschreibung der unabhängigen Schlüsselvariablen, dabei liegt der Fokus auf den Variablen, die nicht in den früheren Analysen von Unabhängigkeitserklärungen oder Angriffen auf Zivilpersonen in Bürgerkriegen berücksichtigt wurden. Wie bei den Analysen in den Kapiteln 6 und 7 stammen die Variablen, sofern nichts anderes vermerkt ist, aus dem Datensatz von C-WIT.

Vermittlung: C-WIT definiert Vermittlung als die nicht zwangsweise Einbeziehung einer dritten Partei, wobei die dritte Partei und die kriegführenden Parteien miteinander über die Themen kommunizieren, um die es in dem Konflikt geht. In der Kommunikation ist es das erklärte Ziel der dritten Partei, zur Lösung des Konflikts beizutragen. Das schließt aus, dass die dritte Partei nur einer Seite Ratschläge erteilt oder dass die Beteiligten Appelle an eine dritte Partei richten, ebenso humanitäre Interventionen und »Gespräche über Gespräche«. Möglicherweise wird ein neutraler Ort für Friedensgespräche zur Verfügung gestellt.

Die Variable Vermittlung ist eigens für die oben beschriebene Regressionsanalyse codiert. Sie hat den Wert 0, wenn es in dem betreffenden Fall keine Vermittlung gab. Sie hat den Wert 1, wenn in dem Fall ein einzelner Staat vermittelte. So versuchten beispielsweise 1989 in einem Krieg zwischen Papua-Neuguinea und Inselbewohner_innen von Bougainville Neuseeland, die Solomon-Inseln und Australien jeweils voneinander unabhängig und zu unterschiedlichen Zeitpunkten zu vermitteln (deshalb ist *Vermittlung* = 1 für alle drei).[58] Die Variable hat den Wert 2, wenn es multilaterale Vermittlung gab – das heißt, wenn mehrere Länder gemeinsam vermittelten oder wenn eine internationale staatliche Organisation (IGO) oder eine internationale Nichtregierungsorganisation (INGO) vermittelte. Die Beteiligung

---

58 Partnering for Peace, S. 2.

von zwei oder mehr Ländern, die zusammenarbeiten, oder von IGOs oder INGOs sehe ich als repräsentativ für die internationale Gemeinschaft an. Zum Beispiel vermittelten die westlichen Alliierten (Frankreich, Russland und das Vereinigte Königreich) 1829 beim Vertrag von Adrianopel, mit dem der Russisch-Osmanische Krieg und der griechische Unabhängigkeitskrieg endeten. In jüngerer Vergangenheit half das Henri Dunant Center, eine NGO mit Sitz in Genf, im Jahr 2000 einen Waffenstillstand in Aceh auszuhandeln. Die NGO Crisis Management Group mit Sitz in Finnland vermittelte fünf Jahre später ebenfalls in Aceh. Weniger erfolgreich haben die Vereinten Nationen seit Beginn des syrischen Bürgerkriegs 2011 zumindest drei hochrangige Sonderrepräsentant_innen oder Gesandte in das Land geschickt.[59] Im Einklang mit dem Konsens in der Literatur über die zunehmende Bedeutung von Vermittlungsmissionen im Lauf der Zeit[60] korrelieren sowohl Vermittlung wie multilaterale Vermittlung signifikant und positiv damit, wie aktuell ein Konflikt ist.

Ausgang der Kriege: C-WIT erfasst den allgemeinen militärischen Ausgang eines Krieges. Diese Variable kann fünf unterschiedliche Werte annehmen: 0 = Patt; 1 = leichter Sieg einer Seite, wobei die Kämpfe ziemlich ausgeglichen waren, aber eine Seite einen kleinen Vorteil erlangt hat; 2 = klarer Sieg einer Seite; 3 = überragender Sieg einer Seite, und 4 = militärischer Sieg einer dritten Partei.[61] *Patt* basiert auf der ersten Kategorie militärischer Ergebnisse (0) und wird auf eine binäre Variable reduziert. *Sieg der Rebellen* ist eine binäre Variable, die mit 1 codiert wird, wenn das militärische Ergebnis 1, 2, oder 3 ist und die Rebellengruppen siegreich waren.[62] Ein Sieg der Regierung ist die Refe-

---

59 Dazu gehörten Kofi Annan, Lakdar Brahimi und Staffan De Mistura.
60 Beber, Institutional Mediation of Military Conflicts, S. 1, gibt einen nützlichen Überblick über die Literatur zu diesem Punkt.
61 Siege von Rebellengruppen sind ziemlich gleichmäßig über die Kategorien leichter Sieg, klarer Sieg und überragender Sieg verteilt; außerdem gibt es noch vier Fälle in der Kategorie militärischer Sieg einer dritten Partei.
62 Wenn der Krieg mit einem Gleichstand oder Patt endete, wird diese Variable mit null codiert, obwohl man argumentieren könnte, dass ein Patt oft als ein Sieg der Rebellengruppen betrachtet wird.

renzkategorie und wird ähnlich als eine binäre Variable codiert, die den Wert 1 annimmt, wenn das militärische Ergebnis 1, 2, oder 3 ist und die Regierung siegreich war.[63]

Militärische Ergebnisse und Friedensverträge können auf verschiedene Weise zusammenhängen. Im Kontext eines Bürgerkriegs bedeutet insbesondere der Sieg der Regierung oft, dass die gegnerische Seite eliminiert wird, um ein Wiederaufflammen des Konflikts zu vermeiden. In diesen Fällen ist der Abschluss eines Friedensvertrags unwahrscheinlich. Während die Mehrheit der Bürgerkriege mit einem militärischen Sieg – üblicherweise der Regierung[64] – endet, hat sich der Prozentsatz im Lauf der Jahre verändert.[65] Page Fortna und Monica Toft merken beide an, dass der Prozentsatz von Bürgerkriegen, die mit einem Patt enden, zugenommen hat.[66] Wenn Regierungen sich in einer Sackgasse wiederfinden, akzeptieren sie vielleicht widerwillig Friedensverhandlungen – und einen anschließenden Friedensvertrag –, lieber als die Aussicht, dass die Kämpfe noch jahrelang weitergehen. Wie William Zartman schreibt, machen beiderseitig schmerzhafte Pattsituationen Konflikte »reif« für eine Lösung.[67]

Regressionsanalyse und Diskussion: Wie bei den Unabhängigkeitserklärungen und bei Angriffen auf Zivilpersonen führe ich in Anbetracht der binären Natur der abhängigen Variablen eine logistische Regressionsanalyse durch, um den Abschluss von Friedensverträgen zu untersuchen. Tabelle 8.1 enthält die Ergebnisse zum Zusammenhang von Vermittlung und Vorliegen von Friedensverträgen.

---

63 C-WIT codiert beim militärischen Ausgang noch für eine andere Möglichkeit: militärischer Sieg einer dritten Partei. Dieser Fall ist sehr selten, es gibt nur vier Beispiele.

64 Toft, Ending Civil Wars, S. 13 f.

65 Toft, Securing the Peace, Abb. 1.1, S. 7.

66 Fortna, Where Have all the Victories Gone?, S. 1; Toft, Ending Civil Wars, S. 14.

67 Zartman, Ripe for Resolution, S. 220. Es könnte jedoch auch genau umgekehrt sein, dass Vermittlung oder energische Formen der Intervention zu einer für beide Seiten schmerzhaften Pattsituation führen. Beardsley, The Mediation Dilemma, S. 34, zitiert Chester Crocker.

Tabelle 8.1   Logistische Regressionen zu Friedensverträgen in Bürgerkriegen 1816–2007

	(1)	(2)	(3)	(4)	(5)	(6)	(7)	(8)
(Art der)	1,32	1,34	1,27	1,29	1,32	1,26	1,47	1,32
Vermittlung	(0,20)	(0,21)	(0,22)	(0,21)	(0,28)	(0,32)	(0,32)	(0,26)
	p=0,00	p=0,00	p=0,00	p=0,00	p=0,00	p=0,00	p=0,00	p=0,00
Schmuggel		0,82	0,89	0,85	1,55	−0,20	0,09	0,79
		(0,45)	(0,45)	(0,46)	(0,54)	(0,77)	(0,62)	(0,51)
		p=0,07	p=0,05	p=0,06	p=0,00	p=0,80	p=0,89	p=0,13
Sieg der			0,22	0,27	0,85	0,80	0,30	0,55
Rebellen			(0,45)	(0,45)	(0,54)	(0,60)	(0,61)	(0,51)
			p=0,63	p=0,56	p=0,11	p=0,18	p=0,63	=0,28
Patt			0,72	0,70	0,39	−0,29	−0,42	0,62
			(0,60)	(0,60)	(0,78)	(0,95)	(0,87)	(0,71)
			p=0,23	p=0,25	p=0,61	p=0,76	p=0,64	=0,38
sezessionistisch				−0,02	−0,26	−0,91	−0,03	−0,76
				(0,43)	(0,54)	(0,72)	(0,60)	(0,53)
				p=0,96	p=0,63	p=0,21	p=0,96	p=0,15
Polity-Wert					−0,03			
					(0,04)			
					p=0,52			
Stärkeverhältnis						0,03		
(im Einsatz)						(0,11)		
						p=0,76		
Stärkeverhältnis							0,13	
(insgesamt)							(0,32)	
							p=0,68	
Rebellen								−0,11
Faktionen								(0,14)
								p=0,44
Regierung								0,00
Faktionen								(0,20)
								p=0,99
Angriffe auf								−0,25
Zivilpersonen								(0,55)
durch Rebellen-								p=0,64
gruppen								
Angriffe auf								0,78
Zivilpersonen								(0,58)
durch Regierung								p=0,18

	(1)	(2)	(3)	(4)	(5)	(6)	(7)	(8)
Konstante	−2,61	−2,88	−3,00	−3,00	−3,37	−2,86	−2,85	−2,99
	(0,27)	(0,32)	(0,36)	(0,38)	(0,50)	(0,52)	(0,53)	(0,54)
	p=0,00	p=0,00	p=0,00	p=0,00	p=0,00	p=0,00	p=0,00	p=0,00
N	270	251	251	250	192	140	129	208
R²	0,20	0,23	0,24	0,24	0,27	0,21	0,25	0,26
LR Chi²	47,90	51,27	52,66	53,50	43,84	23,73	31,04	47,34
Plausibilität >								
Chi²	0,0000	0,0000	0,0000	0,0000	0,0000	0,0000	0,0000	0,0000
logarithmische								
Plausibilität	−96,08	−84,46	−83,76	−83,17	−59,59	−43,73	−46,46	−68,97
% korrekt								
vorhergesagt	84,44	84,46	84,46	84,40	87,50	86,43	86,05	84,13

Anmerkung: die Ergebnisse basieren auf summarischen Dyaden. Standardfehler in Klammern

Die empirischen Ergebnisse sprechen sehr dafür, dass Vermittlung in Bürgerkriegen eine positive Wirkung hinsichtlich des Abschlusses von Friedensverträgen hat. Bürgerkriege, bei denen es eine Vermittlung gab, endeten sechsmal häufiger mit einem Friedensvertrag als Bürgerkriege ohne Vermittlung. Die detaillierte Betrachtung der Variablen Vermittlung bringt weitere Aufschlüsse. Multilaterale Vermittlungen führen mehr als doppelt so oft zu einem Friedensvertrag wie unilaterale Vermittlungen (siehe Abb. 8.3). Außerdem ist die Veränderung der Basiswahrscheinlichkeiten – und nicht nur die prozentuale Veränderung, wenn Art/Vorhandensein von Vermittlung geändert wird – signifikant, sie bewegt sich von einer 5-prozentigen Chance auf einen Friedensvertrag ohne Vermittlung zu einer 15-prozentigen Chance bei Vermittlung durch eine Partei und bis zu 40 Prozent bei multilateraler Vermittlung.

Im Gegensatz dazu erbringen andere Variable, die in der Literatur häufig als wichtige alternative Prädikatoren von Friedensverträgen genannt werden, keine statistisch signifikanten Koeffizienten in Modellen, bei denen Vermittlung berücksichtigt wird. Obwohl der Koeffizient für Finanzierung durch Schmuggel – dazu heißt es oft, sie verlängere einen Bürgerkrieg und verringere die Aussichten auf ein Friedensabkommen – in manchen Modellen statistisch signifikant ist,

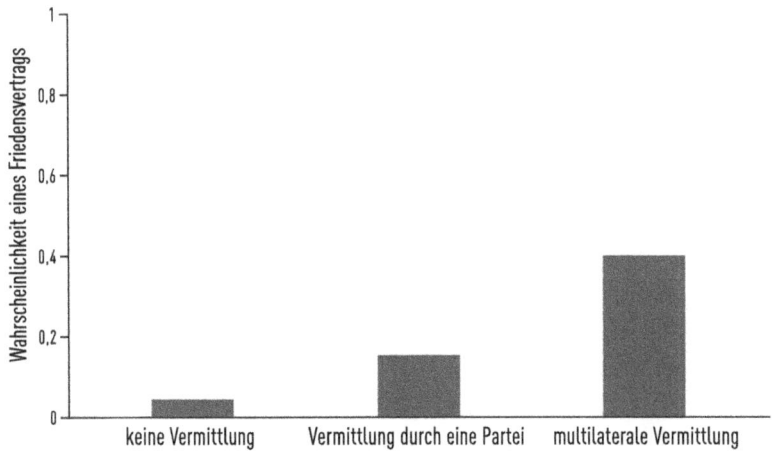

Abb. 8.3 Marginale Effekte von Vermittlung auf Friedensverträge.
0 = keine Vermittlung, 1 = Vermittlung durch eine Partei, 2 = multilaterale Vermittlung

ist das Vorzeichen bei dem Koeffizienten positiv, was bedeutet, dass Bürgerkriege, bei denen die Rebellengruppen sich durch Schmuggel finanzieren, eher häufiger als weniger häufig mit Friedensverträgen enden. Der Demokratie-Wert (Polity) des Staates, das Kräfteverhältnis zwischen Rebellengruppen und Regierung und der Grad der Zersplitterung aufseiten des Staates wie aufseiten der Rebellengruppen scheinen auf den Abschluss von Friedensverträgen keinen Einfluss zu haben, anders als in früheren Forschungen behauptet.[68] Das Verhältnis zwischen Sieg der Rebellengruppen und Patt auf der einen Seite und dem Abschluss von Friedensvereinbarungen nach Bürgerkriegen auf der anderen Seite ist hier wie in früheren Forschungen unklar.[69] Alles in allem könnte es einen schwach positiven Zusammenhang zwischen Sieg von Rebellengruppen und dem Abschluss von Friedensver-

---

68 Cunningham, Veto Players and Civil War Duration; Nilsson, Partial Peace; Hultquist, Power Parity and Peace?; Clayton, Relative Rebel Strength and the Onset and Outcome of Civil War Mediation; Findley, Bargaining and the Interdependent Stages of Civil War Resolution; Gent, Relative Rebel Strength and Power Sharing in Intrastate Conflicts; Cunningham/Gleditsch/Salehyan, It Takes Two.
69 Toft, Ending Civil Wars, S. 5–9.

trägen geben, aber der Koeffizient bei Pattsituationen hat weder ein stabiles Vorzeichen, noch ist er statistisch signifikant. Sezessionismus generiert einen stabil negativen Koeffizienten, was dafür spricht, dass sezessionistische Bürgerkriege vielleicht etwas weniger häufig mit Friedensverträgen enden als nichtsezessionistische Bürgerkriege, aber der Zusammenhang ist statistisch nicht signifikant.

Das stärkste positive Ergebnis aus Tabelle 8.1 ist, dass Bürgerkriege, in denen es Vermittlung gibt, signifikant häufiger mit Friedensverträgen enden als Bürgerkriege ohne Vermittlung. Dieses Ergebnis wirft die methodologische Frage auf, in welchen Kriegen am häufigsten Vermittlung zum Einsatz kommt. Es ist nicht so, dass der Friedensvertrag in irgendeiner Weise die Vermittlung verursacht hat: In allen Fällen von Vermittlung in den Daten von C-WIT ging die Vermittlung dem Friedensvertrag voraus.

Es könnte jedoch insoweit eine Scheinkorrelation sein, als bestimmte Merkmale von Bürgerkriegen *sowohl* die Chance für Vermittlung *als auch* für Friedensverträge erhöhen. Es gibt eine Fülle von Literatur darüber, wohin Friedenskräfte gehen,[70] aber sehr viel weniger Literatur darüber, wo Vermittlung stattfindet. Bernd Beber hat bei einem wichtigen Vorstoß in dieses Thema gezeigt, selbst wenn für die Entsendung von Vermittler_innen kontrolliert, bleibt der Effekt von Vermittlung bei der Beendigung von Bürgerkriegen positiv und signifikant.[71] Ähnlich hat Kyle Beardsley herausgefunden, dass Vermittlung besonders häufig bei extrem schwierigen zwischenstaatlichen Konflikten zum Einsatz kommt und dass Konflikte, bei denen es Vermittlung gab, zweimal so häufig mit formellen Vereinbarungen enden wie Konflikte ohne Vermittlung, selbst wenn für die Entsendung von Vermittler_innen kontrolliert wird.[72]

---

70 Fortna, Does Peacekeeping Work?; Gilligan/Stedman, Where Do the Peacekeepers Go?; Doyle/Sambanis, Making War and Building Peace.

71 Beber, Institutional Mediation of Military Conflicts, S. 140.

72 Beardsley, The Mediation Dilemma, Kap. 3, S. 72–76, S. 205. Anzumerken ist, dass ein Unterschied zwischen meiner Analyse und der von Beardsley darin besteht, dass er eine große Bandbreite von Friedensvereinbarungen einbezieht – auch Feuerpausen und Waffenstillstandsvereinbarungen –, während ich ausschließlich Friedensverträge berücksichtige. Davon abgesehen kom-

Qualitative Analyse

Die hier präsentierte quantitative Analyse zeigt eine klare Korrelation zwischen Vermittlung und dem Abschluss eines Friedensvertrags. Die im Folgenden vorgestellten Fallstudien untersuchen die Mechanismen, wie externe Akteur_innen Einfluss ausüben, näher und helfen damit, die Bedeutung anderer Faktoren – wie des militärischen Ausgangs eines Krieges – für den Abschluss von Friedensverträgen aufzuklären. Ich verwende dieselben Fallbeispiele wie in den Kapiteln 6 und 7 bei den Untersuchungen zu Unabhängigkeitserklärungen und Angriffen auf Zivilpersonen durch Rebellengruppen in Bürgerkriegen.

Nur in einem der drei unten diskutierten Fälle – dem Bürgerkrieg zwischen dem Nord- und dem Südsudan – gab es einen Friedensvertrag. Die Rebellengruppen siegten sowohl im sudanesischen wie im texanischen Bürgerkrieg, aber der sogenannte Vertrag von Velasco, der den texanischen Unabhängigkeitskrieg beenden sollte, war *de facto* kein Vertrag. Von diesen drei Fällen fand nur im Südsudan eine internationale Vermittlung statt. Doch der Abschluss eines Friedensvertrags führte nicht zum Frieden: Der Südsudan und der Sudan haben weiter schwere Differenzen, und der Vertrag, der diesen Krieg beendete, brachte die Unabhängigkeit des Südsudan, der mittlerweile in seinen eigenen Bürgerkrieg verstrickt ist.

Texas: Meine Vorhersage im Hinblick auf die formelle Beendigung des Texanischen Unabhängigkeitskriegs, in dem Texas um die Loslösung von Mexiko kämpfte, ist, dass kein Friedensvertrag geschlossen wurde, weil es keine Vermittlung gab. Diese Vorhersage wird potenziell durch den Vertrag von Velasco widerlegt. Damit stellt dieser Fall eine mögliche Ausnahme zu meiner Argumentation dar und bietet die Gelegenheit, ein Beispiel zu untersuchen, das aus der Reihe fällt. Wie im Weiteren jedoch erläutert wird, war der Vertrag von Velasco letztlich kein formeller Friedensvertrag, weil er auf massiven Druck hin zustande kam und von Mexiko nicht ratifiziert wurde.

Zwei Fassungen des Vertrags von Velasco aus dem Jahr 1836, der den Unabhängigkeitskrieg von Texas gegen Mexiko beenden sollte,

---

men wir zu sehr ähnlichen Ergebnissen, die das Argument unterstützen, dass Vermittlung stark mit Friedensvereinbarungen verbunden ist.

wurden unterzeichnet – eine öffentliche und eine geheime. Mexiko ratifizierte weder die eine noch die andere Fassung. Nach der Gefangennahme des mexikanischen Generals Santa Anna in San Jacinto diskutierte die texanische Führung über sein Schicksal. Viele Soldaten, die in dem Krieg gekämpft hatten, sprachen sich für ein öffentliches Gerichtsverfahren und die Exekution aus. Der texanische Präsident David Burnet hingegen sagte:»Ein toter Santa Anna ist nicht anders als ein toter Tom, Dick oder Harry, aber lebendig kann er Texas von großem Nutzen sein.«[73]

Die öffentliche Version der Vereinbarung beendete die Feindseligkeiten zwischen den beiden Armeen, die sich auf ihr jeweiliges Territorium zurückziehen und Kriegsgefangene austauschen sollten. Die geheime Version enthält das Versprechen von Santa Anna, sich dafür einzusetzen, dass Mexiko Texas als einen unabhängigen Staat anerkennen würde, wenn es ihm erlaubt werden sollte, unversehrt heimzukehren.[74]

Der Vertrag von Velasco wurde ohne internationale Vermittlung ausgehandelt.[75] Aber die Geschichte des Dokuments widerlegt die Behauptung, es handle sich dabei um eine Kriegsformalität. Mexiko ratifizierte die Vereinbarung nie. Außerdem stellte sich die mexikanische Regierung auf den Standpunkt, Santa Anna sei nicht befugt gewesen, zu verhandeln, und beschloss, für die Rückeroberung von Texas zu kämpfen.[76] Man könnte argumentieren, dass der texanische Mob, der Santa Anna an Bord eines Schiffs auf dem Weg nach Vera Cruz (wo er wieder an die mexikanischen Truppen übergeben werden sollte) gefangen genommen hatte, die Bestimmungen der Vereinbarung verletzt habe. Aber eine überzeugendere Argumentation verweist darauf, dass Zentralregierungen bei Friedensverträgen nach Bürgerkriegen oft unwillige Partnerinnen sind. Santa Anna verhandelte unter Druck, und so ist es nicht überraschend, dass er sich an

---

73 Zitiert bei Lack, The Texas Revolutionary Experience, S. 104.
74 Davis, Lone Star Rising, S. 282 f.
75 Großbritannien versuchte, nach dem Scheitern des Vertrags zu vermitteln, jedoch erfolglos. Reichstein, Der texanische Unabhängigkeitskrieg 1835/36, S. 174.
76 Davis, Lone Star Rising, S. 285.

sein Wort und seine Unterschrift nicht gebunden fühlte. Als er 1838 als Präsident Mexikos wiedergewählt wurde, erkannte er tatsächlich Texas nicht an und startete eine neue, wenn auch kurze Invasion. Vier Jahre später endete eine zweite Invasion mit einem unterzeichneten Waffenstillstand, der wie der Vertrag von Velasco nie ratifiziert wurde, »denn er besagte, dass Texas ein Teil Mexikos war«.[77] Der Vertrag von Velasco war auch in Texas unbeliebt. Zu einem gewissen Grad spiegelte die Ablehnung eher den Unmut über die Differenzen innerhalb der Regierung wieder als Unzufriedenheit mit den Vertragsbedingungen.[78] Es ist eine interessante Frage, wie das Ergebnis ausgesehen hätte, wenn ein internationaler Vermittler an den Verhandlungen beteiligt gewesen wäre. Wahrscheinlich hätte ein Vermittler es abgelehnt, mit einem Gefangenen zu verhandeln, er hätte die texanische Seite zu Zugeständnissen gezwungen und sich um heimische Unterstützung auf beiden Seiten bemüht, bevor er ein Abkommen vorgeschlagen hätte, das man hätte zu Papier bringen können. Es ist sehr gut denkbar, dass solche Bemühungen nicht erfolgreich gewesen wären und es keinen Vertrag gegeben hätte. Texas wäre wahrscheinlich nicht schlechter dagestanden, weil das Abkommen, das zustande kam, ziemlich schnell wieder hinfällig war. Der Konflikt zwischen Texas und Mexiko brach immer wieder auf, bis zum Mexikanisch-Amerikanischen Krieg zehn Jahre später, der 1848 mit dem Vertrag von Guadalupe Hidalgo endete. Darin erkannte Mexiko an, dass es Texas verloren hatte, das inzwischen einer von 29 Staaten der Vereinigten Staaten war.

Südmolukken: Weil im Konflikt um die Südmolukken keine internationale Vermittlung stattfand, ist zu vermuten, dass es auch keinen Friedensvertrag gab. Dieses Beispiel ist jedoch vielleicht hilfreicher für das Verständnis, inwieweit der militärische Sieg der Regierung dazu beitragen kann, einen Friedensvertrag zu verhindern. Ein rascher militärischer Sieg der Regierung und Vermittlung können zusammenhängen, weil das eine unter Umständen dem anderen im Weg steht.

---

77 Reichstein, Der texanische Unabhängigkeitskrieg 1935/36, S. 175.
78 Davis, Lone Star Rising, S. 282.

Die Südmolukken scheiterten mit ihren Unabhängigkeitsbestrebungen. Ihre Streitkräfte wurden von den Regierungskräften besiegt, und die Regierung bot keine Friedensbedingungen an. In diesem Fall lag es wohl mehr an der Regierung als an den Südmolukken, dass es keinen Friedensvertrag gab. Die Rebellengruppen unternahmen große Anstrengungen ähnlich den in Kapitel 7 diskutierten Bemühungen, um eine UN-Vermittlung zu erreichen. Die Völkerrechtsexpertin Karen Parker hat sieben entsprechende Appelle von Juli bis September 1950 gezählt.[79] Die Indonesien-Kommission der Vereinten Nationen (UN Commission on Indonesia, UNCI) erklärte sich bereit zu vermitteln und bot wiederholt ihre »guten Dienste« an.[80] Jedes Mal lehnte die Regierung in Jakarta ab. Aus internen Aufzeichnungen der Kommission spricht die Befürchtung, ihre Mitglieder könnten – von der indonesischen Regierung – daran gehindert werden, nach Ambon zu gelangen und Vermittlungsdienste zu leisten.[81] Die indonesische Regierung erklärte ihre Ablehnung damit, die direkte Einmischung der UNCI werde die Bevölkerung Ambons dazu bringen zu glauben, ihre Sache habe »internationale Bedeutung« erlangt.[82] Die Reaktion der Regierung illustriert zwei Dynamiken. Erstens schien ein Vertrag überflüssig, weil die Regierung ihren Sieg sicher glaubte. Sie rechnete damit, dass sie den Rebellengruppen einfach ihren Willen aufzwingen könnte. Zweitens wollte die Regierung die Rebellengruppen nicht dadurch legitimieren, dass sie mit ihnen verhandelte.

Als die Südmolukken endlich in den Vereinigten Staaten einen Fürsprecher gefunden hatten, der bereit war, die Angelegenheit vor

79 Parker, Republik Maluku.

80 Prins, Location. History, Forgotten Struggle, S. 39.

81 Der Vorsitzende der Indonesien-Kommission äußerte Sorge über extremistische Kräfte in Indonesien, die der Bevölkerung von Ambon gegenüber feindselig eingestellt waren. Übersetzung einer Postkarte an den Teamkoordinator 2A, BANDOENG über üblichen Postweg, diktiert vom Team-Koordinator an Lt. Col. E. F. Aitken um 11.30 Uhr am 1. Oktober 1950. UN-Archiv: Series-S-0681/Box 15/File 2/Acc. DAG13/2.00/UN Commission for Indonesia (UNCI): South Molucsas Affair (with Annexes).

82 Telegramm von der UNCI an die UNO, nicht datiert, UN-Archiv: Series-S-0681/Box 15/File 2/Acc, DAG13/2.00/UN Commission for Indonesia (UNCI): South Molucca Affair (with Annexes).

den UN-Sicherheitsrat zu bringen, waren die Würfel gefallen. Die Zentralregierung achtete sehr genau auf das Timing, sie wusste, dass sie die Südmolukken besiegen musste, bevor sie ihre Forderungen auf der UN-Bühne erheben konnten. In den Worten eines Historikers, der sich mit dem Konflikt befasst hat: »So gering das internationale Interesse am Konflikt um die Südmolukken auch sein mochte, es war ein Anreiz für die RI [Republik Indonesien], die RMS [Republik Maluku Selatan] so schnell wie möglich zu vernichten.«[83]

Für die Regierung wäre ein Friedensvertrag mit den Südmolukken, der vermutlich eine Änderung der jüngsten Verfassung Indonesiens mit sich gebracht hätte, um den Südmolukken mehr Unabhängigkeit zu gewähren, ein gefährlicher Präzedenzfall gewesen. Indonesien hatte mehrere Bürgerkriege wegen Unabhängigkeitsbestrebungen erlebt, außer mit den Südmolukken auch Konflikte mit Aceh und West-Papua. Aceh besaß bereits größere Unabhängigkeit als andere indonesische Provinzen; würden auch West-Papua, die Südmolukken und Sulawesi ähnliche Zugeständnisse bekommen, würde das den fragilen Zugriff der Regierung auf den gesamten Archipel weiter schwächen und zusätzliche Probleme schaffen.

Südsudan: Das Umfassende Friedensabkommen (Comprehensive Peace Agreement, CPA) für den Sudan aus dem Jahr 2005 war der letzte in einer Reihe jahrzehntelanger Versuche, den Krieg zwischen dem Nord- und dem Südsudan zu beenden. Meine wichtigste Hypothese zum Abschluss von Friedensverträgen nach Bürgerkriegen besagt, dass internationale Vermittlung die Wahrscheinlichkeit erhöht, dass ein Friedensvertrag geschlossen wird. Von den drei in diesem Abschnitt diskutierten Fällen bietet der Südsudan am meisten Gelegenheit, das Verhalten von Vermittlungsinstanzen zu beobachten. Meine Erwartung ist, dass die Vermittler_innen nicht nur versuchen, die Konfliktparteien zu einer Einigung zu bewegen, sondern auch, die Einigung in einen formellen Vertrag zu gießen. Deshalb sollten wir eine positive Korrelation zwischen der Anzahl der Vermittlungsversuche und der Zahl formeller Friedensverträge sehen.

---

83 Prins, Location. History, Forgotten Struggle, S. 41f.

In den letzten Jahrzehnten gab es im Sudan eine Vielzahl von Vermittlungsversuchen; als Vermittler_innen traten Jimmy Carter, Olusegun Obasanjo, die OAU, Ägypten, Libyen und am erfolgreichsten die Intergovernmental Authority on Development (IGAD), eine regionale Organisation afrikanischer Staaten, auf. Die IGAD zählt unter anderem die Förderung und Sicherung des Friedens auf dem Kontinent zu ihren Aufgaben. In diesem Fall lautet die Frage deshalb weniger, ob Vermittlung den kriegführenden Parteien half, zu einem Friedensvertrag zu gelangen, sondern eher, warum und wie der Friedensvertrag im Jahr 2005 geschlossen wurde und nicht zu einem anderen Zeitpunkt.

Ein Faktor, der den Friedensprozess über Jahre behinderte, war die starke Zersplitterung der Rebellengruppen im Süden.[84] Wie bereits David Cunningham und andere Forscher_innen argumentiert haben (aber im Gegensatz zu den Ergebnissen der oben referierten statistischen Untersuchungen), ermöglichte die Zersplitterung der Regierung, die Rebellengruppen dadurch zu spalten, dass sie zu unterschiedlichen Zeitpunkten einzelne Abkommen mit unterschiedlichen Faktionen abschloss. Zum Beispiel unterzeichnete die Regierung des Sudan 1997 ein Friedensabkommen mit Riek Machars Südsudanesischer Unabhängigkeitsbewegung/-armee (South Sudan Independence Movement/Army, SSIM/A) und mit Kerubino Kwan-yin Bols Sudanesischer Volksbefreiungsarmee/-bewegung, Gruppe Bahr el-Ghazal (Sudan People's Liberation Movement and Army SPLM/A-BGG). Aber dieses Abkommen bezog John Garang und die wichtigste Faktion, die Sudanesische Volksbefreiungsbewegung (Sudan People's Liberation Movement, SPLM), nicht mit ein.[85] Auch ohne Einmischung der Regierung konnten die Rebellengruppen sich bei wichtigen Themen nicht einigen, wie etwa bei der Frage, ob die Bewegung wirklich demokratisch war und, besonders wichtig, wer sie führen sollte. Diese Spaltungen wurden 1999 zumindest vorübergehend überwunden, als sich Garangs und Machars Faktion einigten.

Sobald die Rebellengruppen eine einige Front präsentierten, teils sogar schon vorher, begrüßten die Kräfte, die im Süden kämpften, in-

---

84   Khalid, War and Peace in Sudan, S. 332f., S. 335.
85   Ebenda, S. 337; Sudan. Towards an Incomplete Peace, S. 14, S. 16, S. 24.

ternationale Vermittlung.[86] Das hing auch damit zusammen, dass die Rebellengruppen die vermittelnden Personen als verständnisvoll erlebten. Die Vermittler_innen zeigten sich entsetzt über die Übergriffe der Regierung im Süden. Es war zu erwarten, dass die Rebellengruppen sogar mit relativ neutralen Vermittlungsinstanzen wie der IGAD in Verhandlungen eher kooperieren würden als die Regierung, die selbst so zersplittert war, dass sie nicht zu einem gemeinsamen Standpunkt fand.[87] 1994 hatte die Regierung die Verhandlungen unter der Leitung der IGAD verlassen, weil sie einen Vorschlag für die Selbstbestimmung des Südens ablehnte.[88] Dass die Rebellengruppen die internationale Vermittlung begrüßten und sogar suchten, ist nicht überraschend – ein Platz am Verhandlungstisch verlieh ihnen Legitimität, und wenn sie die Regierung des Sudan zwangen, ihre Vorschläge anzuhören, erhöhte es die Chance, dass sie ihre politischen Ziele erreichten.

Erstaunlicher dabei ist, warum die Regierung des Sudan schließlich im Jahr 2005 einem Friedensvertrag zustimmte. Bisher hatte sie alle Friedensbemühungen torpediert, die nicht einen geeinten, theokratischen Sudan zum Ziel hatten. Doch das CPA enthielt Regelungen zur Selbstbestimmung, sah ein Unabhängigkeitsreferendum für den Süden vor und beschränkte die Geltung der Scharia strikt auf den Norden.

Khartum stimmte dem Abkommen zu, weil die Lage sich verändert hatte. Anfang der 2000er Jahre stand der Sudan einer geschlossenen Rebellenbewegung gegenüber, die im Krieg eine Pattsituation erzwungen hatte; außerdem verschlechterte sich die wirtschaftliche Situation.[89] Weil die Menschen im ganzen Land kriegsmüde waren, geriet die Regierung unter einheimischen Druck, zu verhandeln. Der Zeitpunkt der Vermittlung passt überdies zu der Feststellung von Melin und Svensson, dass Vermittlung oft in den schwierigsten Fällen stattfindet.[90]

86 Rolandsen, Sudan, S. 78 f.
87 Khalid, War and Peace in Sudan, S. 372.
88 Thyne, Sudan (1983–2005), S. 748.
89 Rolandsen, Sudan, S. 76.
90 Melin/Svensson, Incentives for Talking, S. 255.

Nach Angaben der International Crisis Group gab »der verzwei-felte Überlebenskampf der herrschenden Partei«[91] den Ausschlag für den Beginn der Verhandlungen. Die Regierung kämpfte nicht nur mi-litärisch, sondern stand auch außenpolitisch unter Druck. Nach den Angriffen vom 11. September 2001 in den Vereinigten Staaten geriet der Sudan ins Visier der westlichen Staaten. Oynstein Rolandsen schreibt, zu diesem Zeitpunkt sei »die Aufnahme von Verhandlungen [...] zu einer Überlebensfrage für die Anführer der NCP [National Congress Party, die Regierungspartei]« geworden.[92] Zudem erzeugte die Darfur-Krise enormen Druck der internationalen Gemeinschaft, zu einer Einigung mit dem Süden zu gelangen, und es sah so aus, als würde sich das Zeitfenster dafür rasch schließen. Wie ein Experte für das Land und seine Konflikte schreibt: »Als die Aussicht auf einen schnellen Sieg in Darfur verpuffte, nahm der Aufstand eine interna-tionale Dimension an, und Khartum wurde mit Schimpf und Schande überhäuft, was es noch wichtiger machte, in Naivasha zu einer Verein-barung mit der SPLM/A zu gelangen, bevor die sudanesische Regie-rung bei der internationalen Gemeinschaft, die als Friedensvermittle-rin auftrat, auch noch den Rest ihrer Glaubwürdigkeit verlor.«[93] Sogar als die Glaubwürdigkeit der sudanesischen Regierung am Verhand-lungstisch erodierte, hielt sich die internationale Gemeinschaft bei ei-ner Sondersitzung des UN-Sicherheitsrats im November 2004 mit Kritik an Khartum »auffallend« zurück.[94] Die Regierung des Sudan ergriff die Gelegenheit, die Vereinbarung (Memorandum of Under-standing) zu unterzeichnen, die die Grundlage für das im nächsten Jahr abgeschlossene Umfassende Friedensabkommen lieferte.

Einmischung von außen war »eine notwendige Zutat« für das Zu-standekommen eines Friedensvertrags zwischen dem Norden und

---

91 Sudan. Towards an Incomplete Peace, S. 11.
92 Rolandsen, Sudan, S. 79.
93 Collins, A History of Modern Sudan, S. 268. Die Rebellengruppen in Darfur lehnten das CPA ab, weil es ihrer Ansicht nach der Regierung freie Hand gab, im Westen den Krieg gegen sie fortzusetzen, und weil ein umfassendes Ab-kommen für das ganze Land hätte gelten sollen und nicht nur für den Süden. Sudan. Towards an Incomplete Peace.
94 Collins, A History of Modern Sudan, S. 268.

dem Süden.[95] Das CPA stieß zwar von 2005 bis zum Unabhängigkeits-referendum 2011 auf eine Reihe von Implementierungshindernissen, aber sein Abschluss 2005 war ein wichtiger Erfolg.[96] Es beendete zumindest vorübergehend die bewaffneten Auseinandersetzungen zwischen dem Norden und dem Süden. In der Übergangszeit von 2005 bis 2011 war der Süden der bevorzugte Verbündete der internationalen Gemeinschaft, während der Darfur-Konflikt weiter wütete. Natürlich ist es die große und traurige Ironie des CPA, dass es die Grundlage für die Unabhängigkeit des Südens legte, der Südsudan nun aber einen neuen Frieden braucht, um das Blutvergießen zu beenden, das seine ersten eigenständigen Jahre überschattet hat.

Die moderne internationale Gemeinschaft hat seit dem Ende des Zweiten Weltkriegs und ganz sicher seit dem Ende des Kalten Kriegs erfolgreicher Bürgerkriege mit Friedensverträgen beendet als zwischenstaatliche Kriege. Dafür gibt es mindestens drei Gründe. Erstens entwickelte sich in der UN-Ära der Konsens, dass Friedensverträge die bevorzugte Form der Konfliktlösung darstellen. In der UN-Ära lösten auch Bürgerkriege die zwischenstaatlichen Kriege als dominierende Form der Auseinandersetzung ab. Deshalb hatte die internationale Gemeinschaft mehr Gelegenheiten, Konfliktparteien in Bürgerkriegen zum Abschluss von Friedensverträgen zu drängen, als in zwischenstaatlichen Kriegen. Zweitens erhöht die doppelte Legitimitätskluft – einmal zwischen Regierungen, die in Bürgerkriegen kämpfen, und solchen, die in zwischenstaatliche Kriege verstrickt sind, und dann zwischen Regierungen und den gegnerischen Rebellengruppen – die relative Wahrscheinlichkeit, dass in Bürgerkriegen Friedensverträge geschlossen werden. Drittens wird die Spannung zwischen zwei Normensystemen – dem modernen humanitären Völkerrecht, das Anreize schafft, die gegen die Unterzeichnung von Friedensverträgen sprechen, und die Präferenz für Verhandlungslösungen, die Konfliktparteien zur Unterzeichnung von Verträgen drängt – im Kontext von Bürgerkriegen anders aufgelöst, weil die internationale Gemeinschaft

---

95   Rolandsen, Sudan, S.76f.
96   Implementing Sudan's Comprehensive Peace Agreement.

in der Regel auf die Beteiligten eines Bürgerkriegs mehr Einfluss hat als auf die Beteiligten eines zwischenstaatlichen Kriegs. Dass die internationale Gemeinschaft Friedensverträge präferiert, wurde wiederholt festgestellt.[97] In der Praxis findet ihre Präferenz Ausdruck in der Entsendung von Vermittler_innen. Vermittlung kommt nicht nur immer häufiger vor, sie ist auch eindeutig mit Friedensverträgen verknüpft: Nach Vermittlung wird sechsmal häufiger ein Friedensvertrag abgeschlossen als ohne Vermittlung. Immer mehr Bürgerkriege enden mit Friedensverträgen, weil die internationale Gemeinschaft sie wünscht. Aber wie die Normen des humanitären Völkerrechts kann auch die Norm, ausgehandelte Vereinbarungen zu bevorzugen, unbeabsichtigte, womöglich sogar der ursprünglichen Absicht zuwiderlaufende Wirkungen entfalten. Mehrere Forscher_innen haben darauf hingewiesen, dass Friedensverträge insbesondere in Bürgerkriegen nicht sehr erfolgreich darin sind, den Frieden dauerhaft zu sichern. In diesem Sinn kommt Beardsley zu dem Ergebnis, dass zwar die kurzfristigen Wirkungen von Vermittlung positiv sind, nicht aber die langfristigen. Diese Diskrepanz hängt teilweise damit zusammen, dass manche Vereinbarungen ohne die konstante Präsenz einer dritten Partei nicht tragfähig oder gar nicht umsetzbar sind.[98] Mehmet Gurses, Nicolas Rost und Patrick McLeod zeigen, dass die Teilnahme an Vermittlungsbemühungen zwar bewirkt, dass der anschließende Frieden länger hält, die Existenz ausgehandelter *Vereinbarungen* – zum Beispiel Friedensverträge, die nach Vermittlung geschlossen wurden – aber die Dauer des Friedenszustands signifikant verkürzt.[99] Toft vergleicht zwei Arten der Beendi-

---

97 Damit zusammenhängend haben Tir und Karreth festgestellt, dass die Mitgliedschaft in »hochgradig strukturierten internationalen Regierungsorganisationen« – wie der UNO oder dem IWF – in der Regel hinreichend Druck auf Mitglieder erzeugt, die in Konflikte niedriger Intensität verstrickt sind, sodass allein die Mitgliedschaft die Wahrscheinlichkeit verringert, dass der Konflikt zu einem Bürgerkrieg eskaliert. In solchen Fällen unterzeichnen die betreffenden Staaten, die Mitglieder von IGOs sind, mit besonders hoher Wahrscheinlichkeit Friedensabkommen. Tir/Karreth, Incentivizing Peace.
98 Beardsley, The Mediation Dilemma, S. 111.
99 Gurses/Rost/McLeod, Mediating Civil War Settlements and the Duration of Peace.

gung von Bürgerkriegen und kommt zu dem Ergebnis, dass ausgehandelte Vereinbarungen – vor allem wenn sie keine Regelungen für eine Reform des Sicherheitssektors enthalten – sehr viel seltener für einen dauerhaften Frieden sorgen als militärische Siege, insbesondere Siege von Rebellengruppen. Dem zunehmenden Einsatz von Friedensverträgen liegen zwar gute Absichten zugrunde, aber dahinter könnten sich längerfristige negative Effekte verbergen. Diese und andere unbeabsichtigte Konsequenzen der Entwicklungen bei den Gesetzen des Krieges diskutiere ich im Schlusskapitel.

Umgehung, Beachtung und die Gesetze des Krieges

Der Krieg, der zwischenstaatliche wie der Bürgerkrieg, ist inzwischen hochgradig reguliert. Die heute existierenden zahlreichen Gesetze hinsichtlich der Kriegführung wurden konzipiert, um die zwischenstaatliche Kriegführung zu regeln, aber sie haben unbeabsichtigt auch die Art und Weise beeinflusst, wie Kriege begonnen und beendet werden. Die aktuellen Präferenzen der internationalen Gemeinschaft gehen dahin, zu bestimmen, wie Bürgerkriege anfangen und enden, aber – ebenfalls ungewollt – haben sie Anreize insbesondere für sezessionistische Gruppen geschaffen, ihr Verhalten im Krieg so auszurichten, dass es mit dem humanitären Völkerrecht übereinstimmt.

Die unbeabsichtigten Folgen der Ausweitung des humanitären Völkerrechts und allgemeiner die Regulierung des Krieges hatten deshalb sehr unterschiedliche Wirkungen im Kontext von zwischenstaatlichen Kriegen und im Kontext von Bürgerkriegen. Wenn es Staaten in ihren Kriegen untereinander vermeiden, Kriegserklärungen abzugeben und Friedensverträge zu schließen, weil sie Unklarheit hinsichtlich der Gültigkeit des HVR erzeugen wollen, dann sollten wir erwägen, die Gesetze des Krieges zu reduzieren. Aber gegen solche Überlegungen spricht die Situation bei Bürgerkriegen, die heute sehr viel häufiger sind und in denen Rebellengruppen zunehmend bestrebt sind, die Gesetze des Krieges zu beachten.

Internationale Normen bestimmen zusammen mit der Legitimität und den strategischen Bedürfnissen der kriegführenden Parteien Trends bei den Formalitäten des Krieges und die Art der Kriegführung in zwischenstaatlichen wie in Bürgerkriegen. In zwischenstaatlichen Kriegen hemmte die Ausweitung des kodifizierten HVR – eines Bestands an Rechtsnormen, die die internationale Gemeinschaft formuliert und angenommen hat – Staaten, zuzugeben, dass sie sich in einem Kriegszustand befinden, weil sie dann eindeutig verpflichtet wären, sich an das HVR zu halten. Der Wunsch, sich der rechtlichen Verpflichtung zu entziehen, hat Staaten veranlasst, in ihren Konflikten mit anderen Staaten auf Kriegserklärungen zu verzichten und sie nicht mit Friedensverträgen zu beenden. Aber in Bürgerkriegen hat ein sich überlappender Bestand an internationalen Normen andere, manchmal gegenläufige Trends erzeugt. Sezessionistische Gruppen – Rebellengruppen, die die Präferenzen der internationalen Gemeinschaft besonders aufmerksam registrieren – haben sich in der UN-Ära bereitwillig an den internationalen Normen orientiert, statt sie zu ignorieren, weil ihnen die Legitimität wichtig ist, die nur die internationale Gemeinschaft verleihen kann. Sie agieren sehr vorsichtig, wenn es um die formelle Erklärung der Unabhängigkeit geht, bezüglich Angriffen auf Zivilpersonen und sogar der prinzipiellen Entscheidung, Gewalt einzusetzen; bei jedem Schritt sind sie sich der Präferenzen der internationalen Gemeinschaft bewusst. Selbst Regierungen, die in Bürgerkriege verwickelt sind und deren Legitimität zu Hause wie international gering ist, achten auf die Wünsche der internationalen Gemeinschaft. Teils deshalb sehen wir, dass Bürgerkriege zunehmend öfter mit Friedensverträgen enden, während in zwischenstaatlichen Konflikten Friedensverträge immer seltener zum Einsatz kommen.

Wie können wir den Wert dieser verschiedenen Regeln für den Krieg einschätzen? Mein Maßstab dafür ist das Gelingen, die Kosten des Krieges für die Menschen zu verringern, und ich sage, dass das Ergebnis gemischt ausfällt und positive Effekte in der Zukunft keineswegs garantiert sind.

Selbst wenn Staaten einigermaßen im Dunklen lassen wollen, ob sie verpflichtet sind, sich an das HVR zu halten, indem sie die Formalitäten des zwischenstaatlichen Krieges vermeiden, ist, wie in Kapitel 4 gezeigt, nicht eindeutig, dass das Fehlen der Formalitäten die Einhaltung des HVR negativ beeinflusst. Wichtiger noch: Zwischenstaatliche Kriege sind heute seltener als Bürgerkriege. Dem Uppsala Conflict Data Program zufolge waren von 40 bewaffneten Konflikten im Jahr 2016 nur zwei (zwischen Indien und Pakistan und zwischen Eritrea und Äthiopien) rein zwischenstaatlich. Die übrigen waren entweder Binnenkonflikte oder bewaffnete innere Konflikte, die eine internationale Dimension angenommen hatten, und in mehr als der Hälfte davon wurde über territoriale Fragen wie Sezessionsbestrebungen gestritten.[1] Deshalb wirkt sich jede Verbesserung beim Verhalten von sezessionistischen Gruppen langfristig positiv auf die Natur bewaffneter Konflikte aus. Auf die positive Seite gehört auch, dass die Sensibilität sezessionistischer Gruppen für internationale Normen zum Einsatz von Gewalt einen Sieg der Gesetze des Krieges bedeutet. Negativ schlägt zu Buche, dass die gegenläufige Tendenz beim Einsatz von Friedensverträgen in zwischenstaatlichen Kriegen und in Bürgerkriegen genau den gegenteiligen Effekt auf die Dauer des Friedens haben könnte, als wünschenswert wäre. Lotta Themnér und Peter Wallensteen schreiben, »eine positive Entwicklung seit 2011 ist, dass mehr Friedensabkommen unterzeichnet wurden«.[2] Abkommen sind jedoch nicht unbedingt *per se* gut, und ein Abkommen so zu gestalten, dass es einen Bürgerkrieg wirksam beendet, ist eine besondere Herausforderung wegen der Probleme mit der Einhaltung bei solchen Konflikten.

Angesichts dieser gemischten Ergebnisse sollte die Aufgabe für die Zukunft darin bestehen, auf den Erfolgen aufzubauen und Fehler zu korrigieren. Deshalb wende ich mich im Folgenden drei wichtigen politischen Themen zu: dem Prozess, wie HVR zustande kommt; der Spannung zwischen dem Verhalten, das die internationale Gemeinschaft von sezessionistischen Gruppen verlangt, und ihren Reaktionen auf das Verhalten sezessionistischer Gruppen; und dem unterschiedlichen Einsatz sowie den unterschiedlichen Wirkungen von Friedensverträgen in zwischenstaatlichen Kriegen und in Bürgerkriegen.

Wer sitzt mit am Tisch?

Wie Gesetze zustande kommen, hat langfristige Auswirkungen darauf, wie sie aufgenommen werden. In Kapitel 1 haben wir dargelegt, dass in den letzten beiden Jahrhunderten die Beteiligung von Militärs an großen Konferenzen zum HVR immer mehr abgenommen hat. Die wachsende Kluft zwischen den »Gesetzgebenden« und den »Ge-

---

1 Allansson/Melander/Themnér, Organized Violence, 1989–2017.
2 Themnér/Wallensteen, Armed Conflict, 1946–2014, S. 536.

setznehmenden« spiegelt eine Fehlausrichtung der Anreize wider, die die Staaten dazu gebracht hat, sich nicht auf die Formalitäten des Krieges einzulassen.

Das Militär sollte in den Prozess der Formulierung des HVR stärker einbezogen werden. Die NGOs und Menschenrechtsanwält_innen, die sich in vielen Bewegungen an vorderster Front für das HVR einsetzen, stehen dem Militär oft misstrauisch gegenüber und zögern deshalb vielleicht, Militärs an entsprechenden Beratungen zu beteiligen. Aber das Militärpersonal zieht es im Allgemeinen vor, auf dem Schlachtfeld nach Regeln zu kämpfen, und ihre Präferenzen decken sich oft auf interessante Weise mit den Anliegen der NGOs. Neue Bestimmungen des internationalen Völkerrechts werden eher Erfolg haben, wenn die Militärs ihre Sicht einbringen.

Zwei aktuelle Ansätze bei der Formulierung von HVR bieten die Gelegenheit, das Verhältnis zwischen NROs/der humanitären Gemeinschaft und dem Militär in Echtzeit zu beobachten. Die jüngsten Aktivitäten konzentrieren sich auf bestimmte Waffen – Landminen, Streubomben, autonome Waffensysteme und Cyberwaffen – und weniger auf die Prinzipien der Kriegführung. Diese Verschiebung verdient Beachtung, weil die Formulierung von Gesetzen im Hinblick auf Waffen eher militärische Gesichtspunkte einbezieht als die Gesetzgebung in anderen Bereichen, denn das Militär kann praktische Informationen über die Einsatzmöglichkeiten bestimmter Waffen liefern.

Kampfroboter

Die Kampagne Killer-Roboter stoppen (Campaign to Stop Killer Robots) möchte ein Verbot vollkommen autonomer Waffen (auch bekannt als tödliche autonome Waffensysteme, Lethal Autonomous Weapons oder LAWS) erreichen. Die Kampagne richtet sich vor allem gegen Waffen, »die Ziele ohne wirksame Kontrolle suchen und angreifen können«.[3] Die Besonderheit der Kampagne ist, dass sie auch einen Waffentypus verbieten möchte, der noch gar nicht existiert. Eher vertraut ist, dass NGOs bei der Kampagne eine zentrale Rolle spielen. Einer wichtigen Vertreterin zufolge können überhaupt nur NGOs offi-

---

3 Bonnie Docherty in einer E-Mail an die Autorin, 7. Juli 2016.

ziell Mitglieder der Kampagne werden.[4] Trotz der herausragenden Bedeutung von NGOs arbeitet die Kampagne mit Militärpersonal aus den Vereinigten Staaten und anderen Ländern, insbesondere Kanada, zusammen. Die Zusammenarbeit findet teilweise im Rahmen der UN-Konvention über bestimmte konventionelle Waffen (Convention on Certain Conventional Weapons, CCW) statt; 2014 und 2015 veranstaltete die CCE mehrere Konferenzen zum Thema Killer-Roboter/LAWS. Die Kooperation mit dem Militär bei diesem Thema hat sich als fruchtbar erwiesen, u. a. weil viele Militärangehörige große Vorbehalte gegen autonome Waffensysteme hegen; sie möchten, dass militärische Entscheidungen weiterhin von Menschen getroffen werden.[5] Dass das Militär in diese Erörterungen eingebunden wird, ist vielversprechend. Aber angesichts der definitorischen Probleme, die auftauchen, wenn gesetzliche Regelungen für eine Technologie aufgestellt werden sollen, die nur theoretisch existiert[6], könnte es ein Risiko sein, neben Militärs nicht auch Vertreter_innen der Industrie einzubeziehen.

Cyberwaffen

Die juristische Dynamik rund um den Einsatz von Cyberwaffen im Krieg war zugleich formalisierter und weniger formell als die Kampagne gegen Killer-Roboter. Sehr viel wurde darüber diskutiert, welche Handlungen im Cyberspace als Kriegshandlungen qualifiziert werden können.[7] Ich konzentriere mich hier auf das Tallinn Manual, das das *ius in bello* für die Cyberkriegführung interpretiert.[8] Das Tallinn Manual behandelt die Frage, was einen Akt der Cyberkriegführung oder einen bewaffneten Angriff darstellt, primär geht es aber darum, welches Verhalten im Cyberspace nach dem bestehenden humanitären

---

4 Bonnie Docherty, telefonisches Interview mit der Autorin, 14. Juli 2015.
5 Ebenda.
6 Scharre/Horowitz, Should »Killer Robots« Be Banned?
7 Gartzke, The Myth of Cyberwar; Rid, Mythos Cyberwar; Waxman, Cyber-Attacks and the Use of Force.
8 Tallinn ist die Hauptstadt von Estland, das 2007 einen Hackerangriff in Form massiver absichtlich herbeigeführter Serverüberlastungen an mehreren Stellen erlebte, angeblich durch Russland.

Völkerrecht zulässig ist. Das Projekt galt der *lex lata* – der Interpretation des bestehenden Rechts – und weniger der *lex ferenda*, der Schaffung neuen Rechts.

Das Tallinn Manual ist selbst kein Rechtskodex, hat aber große Bedeutung, weil es der erste Versuch war, das HVR auf die Cybersphäre zu übertragen. Die Expertengruppe, die damit beauftragt wurde, das Handbuch zu verfassen, arbeitete im Rahmen des NATO Cooperative Cyber Defence Center of Excellence (NATO-Kompetenzzentrum für Cyberverteidigung) in Tallinn; sie bestand aus international renommierten Rechtsexpert_innen aus verschiedenen NATO-Ländern, und das Handbuch wurde von einem sehr angesehenen wissenschaftlichen Verlag veröffentlicht.[9] Das Tallin Manual ist das Modell eines Regelwerks, das Regierungen weltweit als Orientierung dienen soll.[10]

Die Formulierung des Völkerrechts im Hinblick auf die Cybersphäre befindet sich noch im Anfangsstadium. Das bietet eine sehr gute Gelegenheit, zu beobachten, wie HVR zustande kommt. Wie bereits gesagt, ist das Tallinn Manual selbst kein Gesetz, es soll vielmehr eine wichtige Quelle darstellen, wenn die Staaten einmal erwägen, einen Vertrag über das HVR und Cyberwaffen zu schließen.[11] Ein auffallendes Merkmal der Entstehungsgeschichte des Tallinn Manual war die Zusammensetzung der internationalen Sachverständigengruppe, insbesondere im Vergleich zu früheren Bemühungen um die Formulierung von HVR. Von den 40 Mitgliedern waren 7 (17,5 Prozent) aktive Militärs und mehrere weitere – darunter auch der Projektleiter Michael Schmitt – Militärs im Ruhestand. Außerdem gehörten der Gruppe mehrere Vertreter_innen von NGOs an, aber nur wenige Vertreter_innen von Verteidigungsministerien. Schmitt zufolge hielten die Staaten die Gruppe, die das Handbuch formulierte, auf Distanz,

---

9   Schmitt, Tallinn Manual on the International Law Applicable to Cyber Warfare, S. x-xii.

10   In dieser Hinsicht ist es ähnlich wie das San Remo Manual on International Law Applicable to Armed Conflicts at Sea.

11   Dass ein solcher Vertrag zustande kommt, ist angesichts des Tempos der technischen Entwicklungen auf diesem Gebiet unwahrscheinlich. Umso größere Bedeutung hat das Tallinn Manual.

obwohl es dringlich ist, Probleme der Cybersphäre rechtlich zu fassen: »Genauso groß wie ihr Wunsch nach einer Antwort war ihre Angst vor der Antwort, die sie bekommen würden.«[12] Diese Interpretation spricht für eine interessante Trennung zwischen Bemühungen, die unabhängig von Staaten stattfinden (auch wenn sie deren Verhalten regeln sollen), wie der Arbeit am Tallinn Manual, und Bemühungen, die von Staaten initiiert werden. Insoweit der militärische Input beim Tallinn Manual in künftige Bemühungen um einen Vertrag einfließen wird, der den Einsatz von Cyberwaffen im Krieg regeln soll, könnte die Einbeziehung von Militärs bei diesem kritischen ersten Schritt die Kluft zwischen »Gesetzgebenden« und »Gesetznehmenden« verringern. Es könnte allerdings auch sein, dass der Prozess der Vertragsausarbeitung die in Tallinn getroffenen Entscheidungen in den Hintergrund drängt und der ursprüngliche Input der Militärs revidiert wird. In gewissem Umfang ist diese Dynamik bereits in der United Nations Group of Governmental Experts (UNGGE) zu beobachten, einer internationalen staatlichen Expertengruppe zu Cyberwaffen. Die UNGGE hat eine Reihe kurzer Berichte herausgegeben, die zu weiteren Untersuchungen und der Einhaltung der bestehenden Gesetze aufrufen, sich aber mehr auf die Zivilgesellschaft als Partnerin konzentrieren als auf das Militär.[13]

Wie es aussieht, beziehen sowohl der Tallinn-Prozess wie auch, in geringerem Umfang, die Kampagne Killer-Roboter stoppen stärker als in Kapitel 1 beschrieben Militärpersonal ein. Doch dieser Unterschied könnte zum Teil damit zusammenhängen, dass sich beide Bewegungen auf eine bestimmte Art von Waffen und Technologie konzentrieren. Staatliche Militärs beschäftigen sich bereits mit Cyberwaffen und setzen sie ein, auch für autonome Waffensysteme interessieren sie sich sehr und machen sich große Sorgen darum. Die Industrie spielt bisher in beiden Bereichen eine deutlich geringere Rolle, aber bei der künftigen Regulierung wird ihre Kooperation vonnöten sein. Mit diesen

---

12 Michael Schmitt, telefonisches Interview mit der Autorin, 16. Juli 2015.
13 Siehe zum Beispiel UNGGE, Group of Governmental Experts on Developments in the Field of Information and Telecommunications in the Context of International Security.

neuen Technologien könnten wir somit eine neue Art von Kluft zwischen »Gesetzgebenden« und »Gesetznehmenden« erleben.

Die Formulierung von HVR und Rebellengruppen

Es mag sein, dass staatliches Militärpersonal mit am Tisch sitzt, wenn wichtige Bestimmungen des HVR diskutiert und verhandelt werden, aber nichtstaatliches Militärpersonal ist üblicherweise nicht anwesend. Bei aktuellen Bemühungen, wie denen im Zusammenhang mit autonomen Waffensystemen und Streumunition, ist ein Grund für die Abwesenheit von Rebellengruppen, dass sie nicht die Ressourcen haben, um solche Waffen zu erwerben oder einzusetzen. Cyberwaffen hingegen wurden in Bürgerkriegen von Georgien bis Syrien verwendet, Rebellengruppen wie der Islamische Staat können sie sich beschaffen. Doch der entscheidende Grund, dass Rebellengruppen an derartigen Diskussionen nicht beteiligt sind, hat mit ihrem Status zu tun. Das Völkerrecht gründet auf einem System zwischenstaatlicher Interaktion. Rebellengruppen fordern dieses System heraus, indem sie die Souveränität von Staaten infrage stellen. Deshalb ist nicht zu erwarten, dass das Völkerrecht Akteur_innen einbezieht, die an diesem Fundament rütteln, indem es Rebellengruppen anerkennt; die Urheber_innen des Völkerrechts würden damit ihr eigenes Unterfangen untergraben. Wie der Direktor des Tallinn-Projekts sagt, war es eine bewusste Entscheidung, sich auf zwischenstaatliche Kriege zu konzentrieren, veranlasst durch die Tatsache, dass es mehr Untersuchungen, Vertragsrecht und Rechtsprechung zu zwischenstaatlichen Kriegen als zu Bürgerkriegen gibt.[14] Das Tallinn Manual behandelt nichtinternationale bewaffnete Konflikte, die Diskussion über internationale bewaffnete Konflikte ist schon sehr viel weiter entwickelt.

Verhandlungen über Themen wie Killerroboter sind eindeutig wichtig, konzentrieren sich aber auf wenige staatliche Militärapparate. Falls derartige Waffen jemals eingesetzt werden sollten, werden große Mächte sie sicher verwenden. Doch die meisten Kriege werden heute nicht von Staaten geführt und auch nicht innerhalb der Grenzen großer Mächte. Die meisten Kriege heute sind Bürgerkriege in Ent-

---

14   Michael Schmitt, telefonisches Interview mit der Autorin, 16. Juli 2015.

wicklungsländern, wo der Einsatz von Waffen wie Killerrobotern sehr unwahrscheinlich ist, selbst wenn sie entwickelt werden sollten. Durch die starke Konzentration auf Themen, die in erster Linie Staaten und staatliche Militärapparate betreffen, riskieren die Urheber_innen des humanitären Völkerrechts, ihr Projekt als Ganzes zu schwächen, weil es implizit Rebellengruppen feindselig gegenüber ist. Hier geht es nicht darum, diese Feindseligkeit zu verurteilen, sondern auf ihre wichtigen Folgen hinzuweisen. Wir können zumindest zwei große Differenzen zwischen »Gesetzgebenden« und »Gesetznehmenden« konstatieren: zwischen den Völkerrechtsexpert_innen/NGOs, die viele Diskussionen anstoßen, und dem Militär, und dann zwischen den Staaten, die völkerrechtliche Verträge unterzeichnen, und den nichtstaatlichen Akteur_innen, gegen die sie kämpfen. Das Militär auszuschließen kann zur Folge haben, dass Militärangehörige das HVR in einem weniger positiven Licht sehen. Umgekehrt kann die Einbeziehung von Rebellengruppen in der einen oder anderen Weise dazu führen, dass sie sich eher an das HVR halten. Einen solchen Versuch der Einbeziehung hat die NGO Geneva Call mit ihrem Instrument Deeds of Commitment (Selbstverpflichtungserklärungen) unternommen. Ähnlich wie bei einem multilateralen Vertrag erklären dabei Rebellengruppen öffentlich, dass sie keine Landminen oder Kindersoldat_innen einsetzen werden und keine sexuelle Gewalt anwenden.[15] Es ist zwar schwierig zu beurteilen, wie effizient die Deeds of Commitment sind, aber um eine bessere Einhaltung des HVR zu erreichen, mag es gerechtfertigt sein, Rebellengruppen Legitimität zu verleihen.

Das Dilemma sezessionistischer Gruppen

Sezessionistische Gruppen brauchen die Unterstützung der internationalen Gemeinschaft, um ihre politischen Ziele zu erreichen. Das ist ein Grund, warum sie besonders auf deren erklärte Präferenzen hin-

---

15 Fazal/Konaev, Homelands Versus Minelands; Gleditsch u. a., International Conventions and Non-State Actors.

sichtlich des Einsatzes von Gewalt, Angriffen auf Zivilpersonen und Unabhängigkeitserklärungen achten. Ein Dilemma taucht jedoch auf, wenn wir uns ansehen, wie wirksam es ist, die Wünsche der internationalen Gemeinschaft zu berücksichtigen. Denn wie sich herausstellt, zahlt sich anständiges Verhalten für sezessionistische Gruppen nicht unbedingt aus.

Um ein Beispiel zu zitieren: In ihrem einflussreichen Buch über die relative Effizienz nicht gewalttätiger politischer Kampagnen schreiben Erica Chenoweth und Maria Stephan, dass Gewaltlosigkeit – der von der internationalen Gemeinschaft bevorzugte Modus der politischen Auseinandersetzung – im Allgemeinen effizienter ist als Gewalt, ausgenommen bei Sezessionsbestrebungen.[16] Wie in Kapitel 7 diskutiert, greifen sezessionistische Rebellengruppen seltener als nichtsezessionistische Zivilpersonen an, teils als Signal an die internationale Gemeinschaft, dass sie sich an ihre Regeln halten. Aber das hat nicht unbedingt Vorteile für sie. Wenige sezessionistische Gruppen sind erfolgreich. Die GAM in Aceh beispielsweise richtete ihre Botschaft sehr an den Wünschen der internationalen Gemeinschaft aus, aber letzten Endes blieb ihr internationale Anerkennung verwehrt.[17] Und ohne Zweifel gibt es viele Beispiele für gegenteilige Fälle – wie die SPLM/A im Sudan –, in denen Rebellengruppen brutal Zivilpersonen attackiert und am Schluss doch einen unabhängigen Staat errungen haben, während das zurückhaltenderen Gruppen nicht gelungen ist.

Möglicherweise spüren sezessionistische Gruppen dieses Dilemma bis zu einem gewissen Grad nicht; sie werden wohl kaum eine weltweite Untersuchung dazu durchführen, was funktioniert und was nicht. Aber insofern die internationale Gemeinschaft darauf achtet, wie sezessionistische Gruppen Gewalt einsetzen, ob sie Zivilpersonen angreifen, wie sie es mit Unabhängigkeitserklärungen und Friedensverträgen halten, sollte sie nicht auf dauerhafte Unwissenheit von Rebellengruppen zählen.[18] Sezessionistische Gruppen haben zudem informelle Begegnungsmöglichkeiten genutzt, und daraus können

---

16 Chenoweth/Stephan, Why Civil Resistance Works, S. 7.
17 Aspinall, Islam and Nation, S. 228.
18 Cunningham/Sawyer, Is Self-Determination Contagious?

weitere Plattformen und weiterer Austausch entstehen.[19] Ereignisse aus jüngster Zeit belegen das: Beim Referendum über die Unabhängigkeit Schottlands 2014 waren katalanische Vertreter_innen anwesend; Katalonien stimmte drei Jahre später über seine Unabhängigkeit ab. Irgendwann werden sezessionistische Gruppen den Widerspruch zwischen den Vorgaben der internationalen Gemeinschaft und ihrem Verhalten erkennen. Möglicherweise haben wir diesen Punkt schon erreicht. Kurz bevor diese Zeilen geschrieben wurden, haben Katalonien und die Kurd_innen im Irak beide Referenden über die Unabhängigkeit durchgeführt und massiven Widerstand von der spanischen und der irakischen Zentralregierung wie auch von der internationalen Gemeinschaft generell erfahren. Es bleibt abzuwarten, wie die heutigen sezessionistischen Gruppen reagieren werden: Werden sie ihre Pläne für eine Unabhängigkeit *ad acta* legen, oder werden sie noch härter dafür kämpfen aus lauter Frustration, dass sie von der internationalen Gemeinschaft keine Unterstützung bekommen, obwohl sie doch deren Rat zu folgen versuchen?

Somit ist das Dilemma der sezessionistischen Gruppen auch ein Dilemma für die internationale Gemeinschaft. Sezessionistische Bestrebungen stellen das Fundament der internationalen Beziehungen infrage – die staatliche Souveränität. Das Völkerrecht und seine Normen ruhen zu einem großen Teil darauf. Selbst wenn sezessionistische Gruppen sich mit vielen Insignien der Staatlichkeit schmücken – wenn sie ein Territorium kontrollieren, eine Bevölkerung haben und internationale Beziehungen pflegen –, enthält ihnen die internationale Gemeinschaft doch oft die internationale Anerkennung und die damit verbundenen Vorteile vor. Deshalb existieren viele De-facto-Staaten in einem Schwebezustand. Manche orientieren sich weiterhin an der internationalen Gemeinschaft und verkünden, dass sie deren Normen einhalten. Andere, wie Eritrea während seines Unabhängigkeitskriegs, haben sich von der internationalen Gemeinschaft abgewandt, weil diese Wohlverhalten nicht mit Anerkennung belohnt hat.

---

19 Zum Beispiel gibt es eine Fußballweltmeisterschaft für sezessionistische Bewegungen (CONIFA), an der 2014 unter anderem Kurdistan und Südossetien teilgenommen haben. Fischer, Forget Brazil 2014.

Neue Strategien sind nötig, um sezessionistische Gruppen einzubinden. In gewisser Weise hat Palästina den Weg dafür bereitet, indem es sich um Anerkennung durch die UN-Generalversammlung bemühte, nachdem die Vereinigten Staaten im Sicherheitsrat ihr Veto gegen den palästinensischen Antrag auf UN-Mitgliedschaft eingelegt hatten. Durch die Umgehung des Sicherheitsrats erhielt Palästina Zugang zu einer Reihe von internationalen Organisationen und kam in den Genuss einiger Vorteile einer UN-Mitgliedschaft. In ähnlicher Weise hat der Kosovo, der nicht Mitglied der UNO ist, die Mitgliedschaft im IWF erreicht und ist mittlerweile Standort etlicher weiterer internationaler Organisationen; fast 100 Länder haben zudem den Kosovo anerkannt.[20] In sehr viel kleinerem Maßstab hat die Frente Polisario in der Westsahara einigermaßen erfolgreich für die Vorteile einer Mitgliedschaft gekämpft – den Schutz der souveränen Küstengewässer –, indem sie die EU davon überzeugt hat, dass ein Fischereiabkommen, das Marokko berechtigt hätte, in von Westsahara beanspruchten Gewässern zu fischen, mehr Ärger als Nutzen bringen würde.[21]

Die Dezentralisierung von Anerkennung könnte eine Strategie sein – in vielen Fällen wird sie bereits eingesetzt –, um Wohlverhalten explizit mit den Vorteilen der Staatlichkeit zu verknüpfen. Die kurdische Bevölkerung in Syrien erhält gegenwärtig Militärhilfe von den Vereinigten Staaten und von anderen Ländern, weil sie bewiesen hat, dass sie willens und in der Lage ist, sich an das Völkerrecht zu halten.[22] In solchen Fällen können wichtige Akteur_innen der internationalen Gemeinschaft, die hohe Legitimität genießen, eine Vorreiterrolle spielen, gefolgt von den Akteur_innen, für die die Anerkennung eher eine strategische Frage ist. Bei Gruppen wie der kurdischen Bevölkerung in Syrien dürfte diese Strategie jedoch wahrscheinlich nicht funktionieren; die Vereinigten Staaten sind ganz offenbar nicht bereit, Hilfe in

---

20 Countries That Have Recognized Kosovo as an Independent State.
21 Dean Bialek von der NGO Independent Diplomat, Interview mit der Autorin, 7. Juli 2011. Der Streit um die Westsahara hat bereits Marokkos Pläne für die Anlage von Solarparks in der Region behindert. El Yaakoubi, Western Sahara Dispute Dims Morocco's Solar Dreams.
22 Nissenbaum/Parkinson, U. S. Giving Military Aid to Kurds in Fight Against Insurgents.

Anerkennung umzuwandeln, obwohl sie die kurdische Unterstützung im syrischen Bürgerkrieg durchaus würdigen.

Eine andere Strategie könnte darin bestehen, neue Formen der Mitgliedschaft in wichtigen, aber politisch weniger sensiblen internationalen Institutionen (wie z. B. dem Weltpostverein und der Internationalen Fernmeldeunion) zu ermöglichen. Selbst eine befristete Mitgliedschaft in diesen Organisationen könnte für De-facto-Staaten erhebliche Vorteile haben, und die dauerhafte Mitgliedschaft könnte explizit an Wohlverhalten geknüpft werden. Wenn beispielsweise Somaliland eine international anerkannte Zentralbank hätte, hätte es besseren Zugang zu internationalen Märkten und könnte Transportversicherungen für seinen Handel bekommen.[23] Durch eine solche Verknüpfung würde unbestreitbar ein doppelter Standard geschaffen, aber einer, der für die Menschen in den De-facto-Staaten wohl Vorteile hätte.

Wenn die internationale Gemeinschaft heute sagt »Spring«, antworten sezessionistische Bewegungen oft »Wie hoch?«. Aber weil die internationale Gemeinschaft sie nicht auffängt, merken sie schnell, dass der Zusammenhang zwischen Wohlverhalten und Belohnungen meist trügerisch ist. Es könnte sein, dass sich angesichts der parallelen Entwicklungen – mehr Bürgerkriege und mehr Sezessionismus – die Fiktion des Zusammenhangs nicht aufrechterhalten lässt.

Aufstieg und Niedergang von Friedensverträgen

Dass Friedensverträge bei zwischenstaatlichen Kriegen aus der Mode kommen, aber bei Bürgerkriegen immer häufiger eingesetzt werden, ist in zweierlei Hinsicht verblüffend. Warum sollte, erstens, der Einsatz von Friedensverträgen in einem Fall abnehmen, aber in einem anderen ansteigen? Die Kapitel 5 und 8 geben Antworten auf diese Frage, indem sie den Status von und die Anreize für kriegführende Parteien in zwischenstaatlichen und in Bürgerkriegen vergleichen und die sich wandelnden Präferenzen der internationalen Gemeinschaft betrach-

---

23 Fazal / Griffiths, Membership Has its Privileges, S. 94.

ten. Aber die Erklärung erzeugt ein zweites Rätsel: Warum korrelieren Friedensverträge in zwischenstaatlichen Kriegen mit längeren Friedensphasen, in Bürgerkriegen hingegen mit kürzeren? Mit anderen Worten: Zumindest bei oberflächlicher Betrachtung sieht es so aus, als wären Friedensverträge in zwischenstaatlichen Kriegen ein wirksames Mittel, in Bürgerkriegen jedoch kontraproduktiv.

Eine Antwort auf diese Frage zu finden, ist von allerhöchster Wichtigkeit, da heute die meisten Kriege Bürgerkriege sind und ein wachsender Teil davon mit Friedensverträgen endet, die von der internationalen Gemeinschaft vermittelt wurden. Während dieses Buch entstand, wurden 36 bewaffnete Binnenkonflikte geführt, und in mindestens 20 davon gab es irgendwann einmal Vermittlungsbemühungen.[24] Wie in Kapitel 8 ausgeführt, enden Bürgerkriege, in denen es Vermittlung gab, sechsmal häufiger mit einem Friedensvertrag als Bürgerkriege ohne Vermittlungsbemühungen. Die Konvergenz der beiden Trends ist beunruhigend. Aber eine einfache Lösung existiert nicht. Zum Beispiel wäre es töricht, bei Bürgerkriegen ganz auf Friedensverträge zu verzichten, weil man eine Korrelation zwischen Friedensverträgen und geringerer Haltbarkeit des Friedens beobachtet hat.

Friedensverträge sind in zwischenstaatlichen Kriegen mit einer längeren Friedensdauer und in Bürgerkriegen mit einer kürzeren Friedensdauer verbunden, weil die Einhaltung in Bürgerkriegen ein größeres Problem darstellt als in zwischenstaatlichen Kriegen. Mit den wenigen Ausnahmen erfolgreicher Sezessionsbewegungen müssen die Beteiligten eines Bürgerkriegs nach dem Ende der Feindseligkeiten weiter zusammenleben. Das Misstrauen, das zum Krieg geführt hat, wird wahrscheinlich weiterbestehen und durch die Kampfhandlungen sogar noch größer geworden sein. Die unterlegene Seite dazu zu bringen, dass sie die Waffen abgibt, ist oft der schwierigste Punkt bei der Einhaltung (und ein weiterer Unterschied zu zwischenstaatlichen Kriegen, nach denen die Beteiligten üblicherweise ihre Militärapparate behalten). Die mangelnde Bereitschaft, abzurüsten, verhindert unter Umständen, dass Friedensverträge nach Bürgerkriegen vollständig umgesetzt werden. Hinzu kommt noch, dass das Problem

---

24   IISS, Armed Conflict Database, 2017.

der Einhaltung sich weiter verschärft, wenn die kriegführenden Parteien – insbesondere Rebellengruppen oder die jeweils schwächere Seite – Verhandlungen als Hinhaltetaktik nutzen.[25] Friedensverträge können Zeit kaufen, um die eigenen Truppen neu aufzustellen und eine neue Offensive zu starten.

In jüngerer Zeit hat sich die Forschung darauf konzentriert, wie gut konzipierte Friedensverträge nach Bürgerkriegen dieses Problem lösen können. Die Forschung hat sich insofern in der Praxis niedergeschlagen, als die Zahl der Friedensvereinbarungen nach Bürgerkriegen von 1989 bis 2006 auf fast das Doppelte angestiegen ist.[26] Aber um das Problem mit der Einhaltung wirklich zu lösen, wird mehr erforderlich sein als kluges Design. Viele Regelungen, die das Problem mit der Einhaltung vielleicht lösen könnten – wie Abrüstungskontrolle und Wahlen –, können ohne Interventionen von außen nicht umgesetzt werden, und das verlangt nachhaltige Ressourcen.

Der historische Vergleich von Siegen und Friedensverträgen in zwischenstaatlichen und in Bürgerkriegen hilft, diesen Punkt zu illustrieren. In den letzten 200 Jahren endeten beide Formen von Kriegen ähnlich häufig mit einem Sieg. Aber Friedensverträge korrelieren in Bürgerkriegen sehr viel stärker mit Pattsituationen als in zwischenstaatlichen Kriegen, was eine sowieso schon schwierige Transformation in der Konfliktfolgezeit noch schwieriger macht.

Deshalb muss die internationale Gemeinschaft ihre Neigung zu Verhandlungslösungen zügeln.[27] Sie sollte nur intervenieren, wenn sie ihr eigenes Problem mit der Einhaltung gelöst hat und zuverlässig die erforderlichen Ressourcen zur Verfügung stellt. Halbheiten nützen wenig und schaden langfristig, wenn sie das einem Bürgerkrieg inhärente Problem mit der Einhaltung schaffen oder verschärfen und dadurch die Kosten des Krieges für die Menschen in die Höhe treiben. So verlockend Friedensverträge erscheinen mögen, sie sind nicht immer die richtige Lösung.

---

25 Beardsley, The Mediation Dilemma, S. 153.
26 Diese Statistik basiert auf einer Analyse der Anzahl von Bestimmungen in umfassenden Friedensvereinbarungen. Daten von Peace Accords Matrix (s. Joshi/Quinn/Regan, Annnualized Implementation Data).
27 Toft, Securing the Peace, insb. Kapitel 9.

Offene Fragen

Die Untersuchung, welche Folgen die Entwicklung internationaler Normen für die Regulierung von Kriegen im Lauf der letzten 200 Jahre hatte, wirft viele Fragen auf. Diese offenen Fragen bieten Gelegenheiten für künftige Forschung, angefangen damit, wie internationales Recht und internationale Normen zustande kommen. Eine historische Auseinandersetzung mit den Genfer Abkommen von 1949 ist überfällig. Wir können uns glücklich schätzen, zahlreiche historische Abhandlungen zum humanitären Völkerrecht zu haben, aber keine stellt die Abkommen als Gesamtheit – und insbesondere das wichtige vierte Abkommen über den Umgang mit Zivilpersonen – in den Mittelpunkt. Eine Untersuchung der Genfer Abkommen aus der Perspektive der Geschichte der internationalen Beziehungen wäre äußerst wertvoll, genau wie eine Sozial- und Kulturgeschichte.

Ein Aspekt, der dabei sicher breiten Raum einnehmen würde, wäre die herausragende Bedeutung, die das IKRK für ihr Zustandekommen hatte. Die Rolle des IKRK in der Geschichte der Genfer Abkommen ist ähnlich wie die Rolle, die viele NGOs und INGOs heute bei der Formulierung des humanitären Völkerrechts spielen. Die Vermehrung der NGOs hat den Anstoß zu einer Reihe von Studien zu dem Thema gegeben.[28] Viele konzentrieren sich auf die NGOs als wichtigste Akteur_innen in diesem Feld.[29] Aber NGOs versuchen oft, Regierungen zu beeinflussen, und wir wissen zu wenig, wie Regierungen in diesem Zusammenhang auf NGOs reagieren. Zum Beispiel hielten die Vereinigten Staaten die Cluster Munitions Coalition (die sich wie die Kampagne zum Stopp von Killerrobotern für das Verbot eines bestimmten Waffentypus einsetzt, in diesem Fall von Streumunition) auf Distanz. Das Übereinkommen über Streumunition (auch als Streubomben-Konvention bezeichnet) aus dem Jahr 2008 wurde von etlichen Verbündeten der Vereinigten Staaten unterzeichnet, aber die USA selbst lehnten eine Unterzeichnung ab mit der Begründung,

---

28 Eine bahnbrechende Untersuchung ist Cooley/Ron, The NGO Scramble.
29 Hervorstechende Beispiele dafür sind Carpenter, »Lost« Causes; Barnett, Empire of Humanity; Avant/Finnemore/Sell (Hg.), Who Governs the Globe?

Streumunition sei unter militärischen Gesichtspunkten nützlich. Mehrere Jahre später übernahmen die USA eine Vorreiterrolle beim Kampf gegen ältere Streumunition, aber diese Bemühungen scheiterten, weil viele Unterzeichnerstaaten des Abkommens von 2008 argumentierten, das neue Abkommen bedeute nur eine minimale Veränderung. Hätten die Vereinigten Staaten enger mit der Cluster Munitions Campaign kooperiert, hätten sie am Ende vielleicht ein Abkommen erreicht, das ihren Vorstellungen mehr entsprochen hätte. Deutlich enger ist die Zusammenarbeit der USA mit der Campaign to Stop Killer Robots. Der Unterschied könnte daher rühren, dass die USA in ihren Beziehungen zu NGOs einen Lernprozess durchlaufen haben.

Nicht nur hinsichtlich der Formulierung von Rechtsnormen, auch hinsichtlich des Verhaltens im Krieg bleibt noch viel Forschungsarbeit im Zusammenhang mit Sezessionismus zu tun. In Kapitel 7 habe ich gezeigt, dass sezessionistische Gruppen seltener Zivilpersonen attackieren als nichtsezessionistische Gruppen und dass seit Mitte des 20. Jahrhunderts sezessionistische Gruppen generell in geringerem Umfang Gewalt anwenden. Die Daten, die diese Aussagen stützen, decken einen langen Zeitraum ab, aber reichen nicht tief in die Geschichte der einzelnen sezessionistischen Bewegungen hinein. Da Sezessionismus eine immer größere Rolle spielt, ist es für das Verständnis sezessionistischer Gewalt unerlässlich, Sezessionismus in seinem gesamten Lebenszyklus zu untersuchen – und ganz besonders die Anfänge. Unter welchen Umständen entscheiden sezessionistische Gruppen, ihre Anliegen gewaltsam zu verfolgen? Ändert sich der Einsatz von Gewalt gegen Zivilpersonen im Verlauf eines Konflikts? Die Zunahme sezessionistischer Bestrebungen – und ganz besonders die Zunahme der Fälle, dass sezessionistische Gruppen ein bestimmtes Territorium kontrollieren – erfordert auch mehr Analyse der politischen Optionen im Umgang mit solchen Gruppen. Gibt es für manche sezessionistischen Bewegungen, wie etwa in Schottland oder in Somaliland, neue Wege, in den Genuss der Vorteile einer eingeschränkten Mitgliedschaft in der internationalen Gemeinschaft zu kommen, ohne dass das Gebäude der staatlichen Souveränität und des Völkerrechts ins Wanken gerät?

Die Kämpfe um die Gesetze des Krieges entstehen, wenn Kriege auf rechtmäßige Weise geführt werden, aber auch, wenn Rechtsregime in Konflikt geraten. Im Bereich der Gesetze des Krieges sind beide Phänomene zu beobachten. Dank der Bemühungen vieler, die in den letzten zwei Jahrhunderten den humanitären Gedanken hochgehalten haben, werden viele bewaffnete Konflikte heute erfolgreich reguliert. Dass heute weniger Staaten Kriege gegeneinander führen, ist zumindest zum Teil auch den Verfasser_innen des humanitären Völkerrechts zu verdanken. Aber viele Kriege werden auf eine Weise geführt, die den humanitären Idealen widerspricht, manchmal weil die Versuche, den Krieg zu regulieren, unerwartete oder unbeabsichtigte Folgen zeitigten.

Krieg ist grauenvoll, und deshalb ist der Antrieb stark, seine negativen Auswirkungen zu begrenzen. Aber wenn der Antrieb drängender wird, kann es sein, dass er eigene Kollateralschäden erzeugt. Mein Ziel in diesem Buch war es, einen Schritt zurückzutreten und über die Weiterentwicklung des humanitären Völkerrechts zu reflektieren. Nur wenn wir mit kritischem Blick Bilanz ziehen, können wir die nötigen Anpassungen vornehmen, damit die Gesetze des Krieges möglichst positiv wirken können.

Danksagung

Mit diesem Projekt habe ich vor mehr als einem Jahrzehnt begonnen, noch unter dem Eindruck der Ereignisse vom 11. September 2001. Als frisch promovierte Forscherin beobachtete ich aus der Ferne, wie amerikanische Truppen nach Afghanistan entsandt wurden, und fragte mich: Warum erklärten die Vereinigten Staaten nicht den Krieg? Wenn es jemals einen eindeutigen Fall für eine Kriegserklärung gegeben hätte, dann schien mir dies ein solcher zu sein. Im Lauf der Ereignisse und vor allem als die berüchtigten »Folter-Memos« ans Licht kamen und der damalige Justizminister Alberto Gonzales sich abschätzig über die Genfer Abkommen von 1949 äußerte, wuchs meine Verwirrung. Aber dann erweiterte ich meinen Blick zeitlich und geografisch und erkannte, dass nicht allein die Vereinigten Staaten derartige Entscheidungen trafen. Je höher die Hürden wurden, die das Kriegsrecht errichtete, desto mehr rechtliche Verrenkungen betrieben die Staaten, um ihrer Verpflichtung zu dessen Einhaltung zu entgehen.

Zugleich verfolgte ich als Forscherin, die sich mit staatlicher Souveränität befasste, wie sezessionistische Gruppen in Mexiko, Indonesien und der Westsahara mit der internationalen Gemeinschaft um Anerkennung rangen. Sie hoben hervor, dass sie in der Lage seien zu regieren, wiesen darauf hin, was sie hatten erdulden müssen, und beteuerten immer öfter, dass sie das Völkerrecht einhielten, als Zeichen dafür, dass sie eine gerechte Sache vertraten. Ich war (und bin es immer noch) hinreichend skeptisch, ob und inwieweit die internationale Gemeinschaft erwarten kann, dass diese Gruppen bei ihren Zielen Erfolg haben werden. Aber es beeindruckte mich, dass sie sich auf die Gesetze des Krieges beriefen, zum einen als strategische Entscheidung, aber dann war es für mich auch ein Zeichen dafür, wie machtvoll dieser Teil des Völkerrechts ist. Zum Zeitpunkt der Drucklegung dieses Buchs unterstrichen Vorgänge in Katalonien und im irakischen Teil

Kurdistans, wie wichtig es ist zu verstehen, warum und wann sezessionistische Gruppen einseitige Unabhängigkeitserklärungen abgeben. Ich bin extrem gespannt, wie diese Gruppen mit dem »sezessionistischen Dilemma« umgehen werden, das im vorliegenden Buch skizziert wird.

Das Buch hat eine lange Geschichte. Während der Arbeit daran habe ich geheiratet, zwei Kinder zur Welt gebracht, habe erst nicht und dann doch eine Professur auf Lebenszeit erhalten, bin zweimal umgezogen und habe meinen Vater verloren. Ohne die Unterstützung meiner Familie, von Freund_innen und Kolleg_innen, die die ganze Zeit kritische Beiträge geleistet haben, wäre ich mit all diesen lebensverändernden Ereignissen nicht fertig geworden, und ganz sicher wäre dieses Buch nicht fertig geworden. Der schwierigste Teil beim Abfassen einer Danksagung ist, zu wissen, wie viele Menschen man dabei vergessen wird. Deshalb beginne ich mit einer Entschuldigung und dem Dank an alle, die dieses Projekt unterstützt haben, aber deren Namen ich im Folgenden nicht nenne.

Ernsthaft begonnen mit der Arbeit an dem Buch habe ich an der Columbia University, wo ich das außerordentliche Glück hatte, mit so großzügigen Kolleg_innen zusammenzuarbeiten wie Dick Betts, Michael Doyle, Robert Jervis, Erik Gartzke, Melissa Schwartzberg und Pablo Pinto. Sie alle haben verschiedene Teile des Buchs gelesen und kommentiert, während Ingrid Gertsmann vom Saltzman Institute of War and Peace Studies dafür sorgte, dass der Zeitplan eingehalten wurde. Ich danke auch meinen Kolleg_innen von der Columbia Law School – insbesondere Sam Moyn, Anthea Roberts und John Fabian Witt –, die mir erlaubt haben, an ihren Kursen teilzunehmen und viele lästige Fragen zu stellen. Meine Studentinnen und Studenten – viele von ihnen sind inzwischen Kolleg_innen – haben ebenfalls einen großen Beitrag zu dem Projekt geleistet, vor allem Ryan Griffiths, Reyko Huang, Jessica Stanton, Alex Weisiger und Marko Djuranovic. Page Fortna verdient mehr Dank, als ich ausdrücken kann. Sie hat unzählige Entwürfe von Papern und Kapiteln gelesen, ist Daten mit mir durchgegangen und hat mir unerschütterliche Freundschaft und Unterstützung entgegengebracht. Auf der ganzen Welt gibt es nicht genug Kekse als Dank dafür.

An der University of Notre Dame hatte ich das Glück, in Sue Collins, Michael Desch, Gary Goertz, Madhav Joshi, Mary Ellen O'Connell, Emilia Powell, Jason Quinn und vor allem Pat Regan großzügige Kolleg_innen zu finden, die ausnahmslos geduldig meine vielen Fragen beantworteten und mir exzellentes Feedback gaben. Und ich hatte das Glück, am Kroc Institute for International Peace Studies und an der Fakultät für Politische Wissenschaften jeweils eine zweite intellektuelle Heimat zu finden. Ich bin dankbar für die Unterstützung dieser Institutionen.

Außerdem danke ich David Armitage, Charli Carpenter, Bridget Coggins, Kathleen Cunningham, Mike Horowitz, Hyeran Jo, Helen Kinsella, Aila Matanock, Courtenay Monroe, Barry O'Neill, Sandesh Sivakumaran und Michael Schmitt für ihr Feedback zu verschiedenen Teilen des Projekts. Page Fortna, Pat Regan, Beth Simmons und Peter Wallensteen nahmen im Oktober 2014 an einem Workshop zu dem Projekt und dem Buch teil, und ihre Kommentare haben es sehr viel besser gemacht. Ich danke Ben Denison und Rita Konaev, dass sie sich bei dem Workshop als Berichterstatter_in zur Verfügung gestellt haben. David Ratzan und Svetlana Tsalik haben mir bei Übersetzungen aus dem Lateinischen und dem Russischen geholfen. Mehrere Fachleute haben mir ebenfalls großzügig ihre Zeit zur Verfügung gestellt und Anmerkungen zu dem Buch gemacht, insbesondere Pascal Bongard, Bonnie Docherty, Andrew Lewis und Willem Sopacua. Verschiedene Abschnitte des Projekts wurden an der Columbia University, an der University of Wisconsin in Madison, an der University of Washington in Seattle, der University of Texas in Austin, am MIT, an der University of Connecticut, der School of Oriental and African Studies, an der Stanford University, der Princeton University, der University of Pennsylvania, der George Mason University, der University of Notre Dame, der Cornell University der der University of Minnesota präsentiert. Ich danke allen Teilnehmer_innen der Seminare für ihre aufmerksamen Kommentare und Anregungen.

Zwei Datensätze, die mithilfe zweier Armeen von Forschungsassistent_innen erstellt wurden, geben die Grundlage für den empirischen Teil des Buchs ab. Ich danke allen Forschungsassistent_innen, die an den Projekten I-WIT und C-WIT beteiligt waren, insbesondere Marko Djuranovic, Jessica Stanton, Alex Weisiger, Shelley Liu, Leslie Huang, Gabriella Ann Levy und Sarah Faith Thompson. Der statistische Anhang, Kopien der Daten und weiteres ergänzendes Material sind online verfügbar unter http://www.tanishafazal.com/publications/. Ich danke Allison Hostetler, Nora Keller, Simone Oberschmied und Ilana Rothkopf, die mir zusätzliche und äußerst nützliche Hilfe bei der Forschung geleistet haben. Durch Theresa Lawsons gründliches Lektorat einer früheren Fassung des Manuskripts ist das Buch dichter und deutlich besser geworden.

Ich danke Roger Haydon von Cornell University Press, dass er das Projekt angenommen und die ganze Zeit über mit Interesse begleitet hat. Die Zusammenarbeit mit Roger, dessen herausragendes Gespür legendär ist, war für mich eine Ehre. Ich danke auch den hervorragenden Mitarbeiter_innen des Verlags, darunter Susan Specter, Julia Cook, Martyn Beeny und Meagan Dermody, dass sie mitgeholfen haben, aus dem Manuskript ein richtiges Buch zu machen.

Für finanzielle Unterstützung danke ich dem Institute for Social and Economic Research and Policy an der Columbia University, dem Kroc Institute for International Studies an der University of Notre Dame und dem Institute for the Study of the Liberal Arts an der University of Notre Dame. Die Recherchen zu dem Buch erhielten außerdem großzügige finanzielle Unterstützung von der Ford Foundation, der Carnegie Corporation in New York und der National Science Foundation (Grant #0904791).

Teile des Buchs sind übernommen aus »Why States No Longer Declare War«, *Security Studies* 21 Nr. 4 (November 2012), Copyright Taylor & Francis, abrufbar unter http://dx.doi.org/10.1080/09636412.2012.734227; »The Demise of Peace Treaties in Interstate War«, *International Organization* 67 Nr. 4 (Herbst 2013) und »Rebellion, War Aims, and the Laws of War«, *Daedalus* (Winter 2017).

Meine Familie hat mir die ganze Zeit über, als die Arbeit mich von zu Hause fernhielt, grenzenlose Unterstützung und großes Verständnis entgegengebracht, sodass ich das Buch schreiben konnte. Mein Ehemann Lou hat geduldig und klaglos die Heimatfront übernommen und war überdies mein klügster und effizientester Lektor. Er spornt mich an, jeden Tag besser zu werden. Unsere Kinder Tag und Vi haben mit ihrem Lachen, ihren Fragen nach der Welt und Diskussionen über die Bedeutung des humanitären Völkerrechts in den Welten von Star Wars dafür gesorgt, dass ich den Bezug zum Alltag nicht verloren habe. Meine Schwester Shaena schafft es immer, mich daran zu erinnern, dass sie denkt, ich wüsste mehr als sie, aber tatsächlich weiß sie wahrscheinlich mehr als ich.

Schließlich danke ich meinen Eltern Maydene und Abul, dass sie mich gezwungen haben, meine Komfortzone zu verlassen, und mir von frühester Kindheit an Eindrücke von der Welt vermittelt haben, die die meisten in den Vereinigten Staaten geborenen Kinder niemals bekommen. Diese prägenden Erfahrungen, dazu ihr ruhiger und fester Glaube, dass ich jedes Ziel erreichen kann, haben mehr als alles andere dazu beigetragen, mich zu der Forscherin und dem Menschen zu machen, die ich heute bin. Dieses Buch – das, wie mein Vater gesagt hätte, »ganz, ganz langsam« geschrieben wurde – ist ihnen gewidmet.

Bibliografie

1,500 Ambonese March in Hague. Seek Home Rule, *The New York Times*, 7. November, o. J.

Abulof, Uriel, Normative Concepts Analysis. Unpacking the Language of Legitimation, *International Journal of Social Research Methodology* 18 (1) 2013, S. 73–89.

Ackerman, David A./Grimmett, Richard F., Declarations of War and Authorizations for the Use of Military Force. Background and Legal Implications, in: Ernest V. Klun (Hg.), *Declarations of War*, New York 2002, S. 1–118.

Aid Group Says Sudan Bombed Its Hospital, *The New York Times*, 4. März 2000.

Akebo, Malin, The Politics of Ceasefires. On Ceasefire Agreements and Peace Processes in Aceh and Sri Lanka, Diss. Universität Umea, 2013.

Aldrich, John H. u. a., Foreign Policy and the Electoral Connection, *Annual Review of Political Science* 9, 2006, S. 477–502.

Allan, Kate, Prosecution and Peace. A Role for Amnesty before the ICC, *Denver Journal of International Law* 39, 2010, S. 239–302.

Allansson, Marie/Melander, Erik/Themnér, Lotta, Organized Violence, 1989–2017, *Journal of Peace Research* 54 (4) 2017, S. 574–589.

Arkin, James, After One Year of War on ISIS, No AUMF in Sight, *RealClearPolitics*, 5. August 2015.

Armitage, David, Bürgerkrieg. Vom Wesen innerstaatlicher Konflikte, Stuttgart 2018.

Ders., The Declaration of Independence. A Global History, Cambridge 2007.

Aspinall, Edward, Islam and Nation. Separatist Rebellion in Aceh, Indonesia, Stanford 2009.

Ders., The Construction of Grievance. Natural Resources and Identity in a Separatist Conflict, *Journal of Conflict Resolution* 51 (6) 2007, S. 950–972.

Associated Press, Senate Will Not Take Up Obama's War Powers Request to Fight ISIS, *PBS News Hour*, 10. Januar 2016, https://www.pbs.org/newshour/politics/senate-will-not-take-up-obamas-new-war-powers-request-to-fight-isis [6. 3. 2019].

Avant, Deborah D./Finnemore, Martha/Sell, Susan K. (Hg.), Who Governs the Globe?, Cambridge 2010.

Axworthy Criticizes Sudan for Attacks, *The Globe and Mail*, 8. März 2000.

Balasingham, Anton, War and Peace. Armed Struggle and Peace Efforts of the Liberation Tigers, Mitcham 2004.

Balz, Dan/Morin, Richard, Bush Poll Numbers on Iraq at New Low, *The Washington Post*, 25. Mai 2004.

Barnett, Michael, Empire of Humanity. A History of Humanitarianism, Ithaca 2011.

Bartlett, Evan, Here are All the Countries that Recognise Palestinian Statehood, *Indy 100*, 13. Oktober 2014, https://www.indy100.com/article/here-are-all-the-countries-that-recognise-palestinian-statehood--xkVle9I-8e [6. 3. 2019].

Bayram, Burcu, Due Deference. Cosmopolitan Social Identity and the Psychology of Legal Obligation in International Politics, *International Organization* 71 (S1) 2017, S. 137–163, DOI: https://doi.org/10.1017/S0020818316000485.

Bean, Richard, War and the Birth of the Nation-State, *Journal of Economic History* 33 (1) 1973, S. 203–221.

Beardsley, Kyle, The Mediation Dilemma, Ithaca 2011.

Beber, Bernd, International Mediation of Military Conflicts. Causes and Consequences, Diss. Columbia University, 2010.

Bell, Christine, On the Law of Peace. Peace Agreements and the Lex Pacificatoria, Oxford 2008.

Belloni, Roberto, State Building and International Intervention in Bosnia, Security and Governance Series, London 2007.

Benvenisti, Eyal/Cohen, Amichai, War is Governance. Explaining the Logic of the Laws of War from a Principal-Agent Perspective, *Michigan Law Review* 112 (8) 2014, S. 1363–1416.

Bercovitch, Jacob, Resolving International Conflicts. The Theory and Practice of Mediation, Boulder 1995.

Berkeley, Bill, The Longest War in the World, *The New York Times Magazine*, 3. März 1996.

Best, Geoffrey, War and Law since 1945, Oxford 1994, https://www.nytimes.com/1996/03/03/news/the-longest-war-in-the-world.html [6. 3. 2019].

Ders., Humanity in Warfare, New York 1980.

Betts, Richard K., Compromised Command, *Foreign Affairs*, Juli/August 2001.

Bierman, Noah, Few Have Faced Consequences for Abuses at Abu Ghraib Prison in Iraq, *Los Angeles Times*, 17. März 2015.

Bilefsky, Dan, World Court Rules Kosovo Declaration Was Legal, *The New York Times*, 22. Juli 2010, https://www.nytimes.com/2010/07/23/world/europe/23kosovo.html [6. 3. 2019].

Bill, Brian/Marsh, Jeremy, Operational Law Handbook, hrsg. von Center for Law and Military Operations, Charlottesville 2010.

Binkley, William C., The Texas Revolution, Baton Rouge 1952.

Blagov, Sergei, Russia Pays Millions in Rewards After Killing of Chechen Leader, *cnsnews.com*, 7. Juli 2008, https://www.crosswalk.com/1318419/ [6. 3. 2019].

Bob, Clifford, The Marketing of Rebellion. Insurgents, Media, and International Activism, Cambridge Studies in Contentious Politics, New York 2005.

Booth, William/DeYoung, Karen, Ukraine Calls Russian Troops »Invasion«. Tension in Ukraine. From Kiev to Crimea, *The Washington Post*, 1. März 2014, https://www.washingtonpost.com/world/ukraine-calls-russian-troops-inva sion/2014/02/28/e066bfc8-a0be-11e3-878c-65222df220eb_story.html?utm_ term=.59433d5f92b7 [6.3.2019].

Borgen, Christopher, Kosovo's Declaration of Independence. Self-Determination, Secession and Recognition, *ASIL Insights* 12 (2) 2008, https://www.asil.org/ insights/volume/12/issue/2/kosovos-declaration-independence-self-determi nation-secession-and-recognition [6.3.2019].

Bothe, Michael, Kosovo – So What? The Holding of the International Court of Justice is Not the Last Word on Kosovo's Independence, *German Law Journal* 11 (7/8) 2010, S. 837–840.

Brackman, Arnold C., World's Forgotten War Ending in Spice Islands, *Christian Science Monitor*, 29. Juli 1952.

Brands, Henry W., The Reckless Decade. America in the 1890s, New York 1995.

Braumoeller, Bear, Is War Disappearing?, Diskussionspapier für die Jahrestagung der American Political Science Association, Chicago 2013.

Brody, Reed, The Road to Abu Ghraib, Human Rights Watch, 8. Juni 2004, https:// www.hrw.org/report/2004/06/08/road-abu-ghraib [6.3.2019].

Browne, Malcome W., Emergency Is Set, *The New York Times*, 24.11.1971, S. A1.

Brownlie, Ian, Basic Documents on African Affairs, Oxford 1971.

Ders., International Law and the Use of Force by States, Oxford 1963.

Bruno, Greg, U.S. Security Agreements and Iraq, Council on Foreign Relations, 23. Dezember 2008, https://www.cfr.org/backgrounder/us-security-agree ments-and-iraq. [6.3.2019].

Bryce, Trevor, The »Eternal Treaty« from the Hittite Perspective, *British Museum Studies in Ancient Egypt and Sudan* 6/2006, S.1–11.

Burke, S. M., The Postwar Diplomacy of the Indo-Pakistani War of 1971, *Asian Survey* 13 (11) 1973, S.1036–1049.

Byman, Daniel/Kreps, Sarah, Agents of Destruction? Applying Principal-Agent Analysis to State-Sponsored Terrorism, *International Studies Perspectives* 11/ 2010, S.1–18.

Cardoso, Oscar R./Kirschbaum, Ricardo/Van Der Kooy, Eduardo, Falklands – The Secret Plot, East Molesy 1987.

Carpenter, R. Charli, »Lost« Causes. Agenda Vetting in Global Issue Networks and the Shaping of Human Security, Ithaca 2014.

Carter, David/Goemans, Hein, The Making of the Territorial Order. New Borders and the Emergence of Interstate Conflict, *International Organization* 65 (2) 2011, S. 275–309.

Cassese, Antonio, Self-Determination of Peoples. A Legal Reappraisal, New York 1995.

Catalonia's Leaders Plan Secession from Spain, *The Takeaway*, Public Radio International, 16. April 2015, https://www.pri.org/stories/2015-04-16/catalonias-leaders-plan-secession-spain [6. 3. 2019].

Chameau, Jean-Lou / Ballhaus, William F. / Lin, Herbert S., Emerging and Readily Available Technologies and National Security. A Framework for Addressing Ethical, Legal and Societal Issues, Washington DC 2014, *The National Academy Press*, https://www.nap.edu/catalog/18512/emerging-and-readily-available-technologies-and-national-security-a-framework [6. 3. 2019].

Chauvel, Richard, Nationalists, Soldiers and Separatists. The Ambonese Islands from Colonialism to Revolt, 1880–1950, Verhandelingen van het Koninklijk Instituut voor Taal-, Land- en Volkenkunde, Leiden 1990.

Cheibub, José Antonio / Gandhi, Jennifer / Vreeland, James Raymond, Democracy and Dictatorship Revisited, *Public Choice* 143, 2010, S. 67–101.

Chenoweth, Erica, Terrorism and Democracy, *Annual Review of Political Science* 16, 2013, S. 355–378, DOI: https://doi.org/10.1146/annurev-polisci-032211-221825 [6. 3. 2019].

Dies. / Stephan, Maria, Why Civil Resistance Works. The Strategic Logic of Nonviolent Conflict, New York 2011.

Dies., Democratic Competition and Terrorist Activity, *Journal of Politics* 72 (1) 2010, S. 16–30.

Chivers, C. J., Chechen Government Intensifies Scare Tactics, Rebels' Families Say, *The New York Times*, 29. September 2008.

Christie, Clive J., A Modern History of Southeast Asia. Decolonization, Nationalism and Separatism, London / New York 1996.

Cicero, De Officiis = Von den Pflichten, Lateinisch und Deutsch. Neu übertragen und herausgegeben von Harald Merklin, mit einem Nachwort von Manfred Fuhrman, Frankfurt a. M. / Leipzig 1991.

Cirkovic, Elena, An Analysis of the ICJ Advisory Opinion on Kosovo's Unilateral Declaration of Independence, *German Law Journal* 11 (7/8) 2010, S. 895–912.

Clayton, Govinda, Relative Rebel Strength and the Onset and Outcome of Civil War Mediation, *Journal of Peace Research* 50 (5) 2013, S. 609–622.

Clodfelter, Michael, Warfare and Armed Conflicts. A Statistical Encyclopedia of Casualty and Other Figures, 1494–2007, Jefferson 2008.

Coggins, Bridget, Terrorism, Substitution, and Unintended Consequences. Do International Incentives Change the Intensity of Civil Wars?, Diskussionspapier, University of California, Santa Barbara 2015.

Dies., Petitioning Power. Rebel Diplomats and the Search for Independence, Diskussionspapier, University of California, Santa Barbara 2014.

Dies., Power Politics and State Formation in the Twentieth Century. The Dynamics of Recognition, Cambridge 2014.

Dies., Secession and Rebel Diplomacy. Evidence from the Former Yugoslavia, Diskussionspapier für die Jahrestagung der American Political Science Association, Washington DC 2014.

Dies., Friends in High Places. International Politics and the Emergence of States from Secessonism, *International Organization* 65, 2011, S. 433–467.

Dies., Secession, Recognition, and the International Politics of Statehood, Diss. Ohio State University, 2006.

Collins, Robert O., A History of Modern Sudan, Cambridge 2008.

Committee to Protect Journalists, CPJ Releases Investigative Report on Palestine Hotel Attack, Pressemitteilung, 27. Mai 2003.

Cooley, Alexander/Ron, James, The NGO Scramble. Organizational Insecurity and the Political Economy of Transnational Action, *International Security* 27 (1) 2002, S. 5–39.

Coox, Alvin D., Nomonhan. Japan against Russia, 1939, Stanford 1985.

Coppedge, Michael u. a., Measuring High Level Democratic Principles Using the V-Dem Data, *International Political Science Review* 37 (5) 2015, S. 580–593.

Cornwell, Rupert, Bitter Armenian Dispute Edges towards Accord, *The Independent*, 17. November 1999.

Correspondence Relating to the War with Spain, Including the Insurrection in the Philippine Islands and the China Relief Expedition, between the Adjutant-General of the Army and Military Commanders in the United States, Cuba, Porto Rico, and the Philippine Islands from April 15, 1898 to July 30, 1902, Washington 1902, https://history.army.mil/html/books/070/70-28/CMH_Pub_70-28_Vol2.pdf [6.3.2019].

Corten, Olivier, Are There Gaps in the International Law of Secession?, in: Marcelo Kohen (Hg.), *Secession. International Law Perspectives*, Cambridge 2006, S. 231–254.

Council, Command of the Defence, British Maritime Document, hrsg. von Ministry of Defence, Norwich 2004.

Countries That Have Recognized Kosovo as an Independent State, http://www.beinkosovo.com/countries-that-have-recognized-kosovo-as-an-independent-state/ [6.3.2019].

Cowan, Edward J., »For Freedom Alone«. The Declaration of Arbroath, 1320, East Linton 2003.

Cunha, Euclides da, Krieg im Sertão, Berlin 1994.

Cunningham, David, Veto Players and Civil War Duration, *American Journal of Political Science* 50 (4) 2006, S. 875–892.

Ders./Lemke, Douglas, Combining Civil and Interstate Wars, *International Organization* 67 (3) 2013, S. 609–627.

Ders./Gleditsch, Kristian Skrede/Salehyan, Idean, It Takes Two. A Dyadic Analysis of Civil War Duration and Outcome, *Journal of Conflict Resolution* 53 (4) 2009, S. 570–597.

Cunningham, Kathleen Gallagher, Inside the Politics of Self-Determination, Oxford 2014.

Dies./Sawyer, Katherine, Is Self-Determination Contagious? A Spatial Analysis of the Spread of Self-Determination Claims, *International Organization* 71 (3) 2017, S. 585–604.

Dies./Bakke, Kristen/Seymour, Lee J. M., Shirts Today, Skins Tomorrow. Dual

Contests and the Effects of Fragmentation in Self-Determination Disputes, *Journal of Conflict Resolution* 56 (1) 2012, S. 67–93.

Dies., Divide and Conquer or Divide and Concede. How Do States Respond to Internally Divided Separatists?, *American Political Science Review* 105 (2) 2011, S. 275–297.

Daly, Sarah Zukerman, Organized Violence After Civil War. The Geography of Recruitment in Latin America, New York 2016.

Dasgupta, C., War and Diplomacy in Kashmir, 1947–48, Neu-Delhi 2002.

Davidow, Jeffrey / Harvard University Center for International Affairs, A Peace in Southern Africa. The Lancaster House Conference on Rhodesia, 1979, Westview Special Studies on Africa, Boulder 1984.

Davis, Calvin DeArmond, The United States and the Second Hague Peace Conference. American Diplomacy and International Organization, 1899–1914, Durham 1975.

Ders., The United States and the First Hague Peace Conference, Ithaca 1962.

Davis, William C., Lone Star Rising. The Revolutionary Birth of the Texas Republic, New York 2004.

Declaration on the »Guidelines on the Recognition of New States in Eastern Europe and in the Soviet Union« (16. Dezember 1991), https://www.di publico.org/100636/declaration-on-the-guidelineson-the-recognition-of-new-states-in-eastern-europe-and-in-the-soviet-union-16-december-1991 [6. 3. 2019].

Deed of Commitment under Geneva Call for Adherence to a Total Ban on Anti-Personnel Mines and for Cooperation in Mine Action, 11. August 2002, http://theirwords.org/media/transfer/doc/sc_iq_kdp_2002_03-0c4c08afbc1 18366c3cec3e0be81b06f.pdf [6. 3. 2019].

De Rouen, Karl u. a., Civil War Peace Agreement Implementation and State Capacity, *Journal of Peace Research* 47 (3) 2010, S. 333–346.

Des Hugo Grotius drei Bücher über das Recht des Krieges und Friedens, in welchem das Natur- und Völkerrecht und das Wichtigste aus dem öffentlichen Recht erklärt werden (1625), Bd. II, Faksimile der Ausgabe Berlin 1869, übers. und hrsg. von J. H. von Kirchmann, o. O. 2007.

Department of Foreign Relations, Kurdistan Regional Government, http://dfr. gov.krd/p/p.aspx?p=37 [6. 3. 2019].

Derecho Internacional, Web, Declaration on the »Guidelines on the Recognition of New States in Eastern Europe and in the Soviet Union« (16. Dezember 1991), 15. 10. 2010, https://www.dipublico.org/100636/declaration-on-the-guidelineson-the-recognition-of-new-states-in-eastern-europe-and-in-the-soviet-union-16-december-1991/ [6. 3. 2019].

Detrez, Raymond, Recent International Advisory Opinion, *Harvard Law Review* 124 (4) 2011, S. 1098–1105.

Diamond, Jeremy, War Debate Looms for Congress, *CNN*, 15. Februar 2015.

Dillon, G. M., The Falklands, Politics and War, Houndmills 1989.

Dixon, William J., Democracy and the Peaceful Settlement of International Conflict, *American Political Science Review* 88 (1) 1994, S. 14–32.

Dobbs, Michael, Halliburton's Deals Greater than Thought, *The Washington Post*, 28. August 2003.

Donno, Daniela, Who is Punished? Regional Intergovernmental Organizations and the Enforcement of Democratic Norms, *International Organization* 64 (4) 2010, S. 593–625.

Dougherty, Beth K., Colombia, in: Karl de Rouen / Uk Heo (Hg.), *Civil Wars of the World. Major Conflicts Since World War II*, Santa Barbara 2007, S. 125–142.

Downes, Alexander B. / Monten, Jonathan, Forced to be Free? Why Foreign-Imposed Regime Change Rarely Leads to Democratization, *International Security* 37 (4) 2013, S. 90–131.

Ders., Targeting Civilians in War, Ithaca 2008.

Ders., Restraint or Propellant? Democracy and Civilian Fatalities in Interstate Wars, *Journal of Conflict Resolution* 51 (6) 2007, S. 872–904.

Ders., Desperate Times, Desperate Measures. The Causes of Civilian Victimization in War, *International Security* 30 (4) 2006, S. 152–195.

Doyle, Michael W. / Sambanis, Nicholas, Making War and Building Peace, United Nations Peace Operations, Princeton 2006.

Drakos, Konstantinos / Gofas, Andreas, The Devil You Know but Are Afraid to Face. Underreporting Bias and its Distorting Effects on the Study of Terrorism, *Journal of Conflict Resolution* 50 (5) 2006, S. 714–735.

Dudziak, Mary L., War Time. An Idea, Its History, Its Consequences, New York 2012.

Duiker, William J., Cultures in Collision. The Boxer Rebellion, San Rafael 1978.

Dunant, J. Henry (1862), Eine Erinnerung an Solferino, Zürich 1962.

Eck, Kristine / Hultman, Lisa, One-Sided Violence against Civilians in War. Insights from New Fatality Data, *Journal of Peace Research* 44 (2) 2007, S. 233–246.

Eddy, Paul / Linklater, Magnus / Gillman, Peter, Falkland. Der Krieg vor den Toren der Antarktis, Stuttgart 1984.

El Yaakoubi, Aziz, Western Sahara Dispute Dims Morocco's Solar Dreams, *Reuters*, 2. Januar 2014.

Elazar, Daniel, Federal Systems of the World. A Handbook of Federal, Confederal, and Autonomy Arrangements, Essex 1991.

Elsea, Jennifer K. / Weed, Matthew C., Declarations of War and Authorizations for the Use of Military Force. Historical Background and Legal Implications, Congressional Research Service, Washington DC 2014.

Epps, Garrett, Can the Courts Make Congress Declare War?, *The Atlantic*, 1. Juni 2016.

Etsthus, Raymond A., Double Eagle and Rising Sun. The Russians and Japanese at Portsmouth in 1905, Durham 1988.

Eubank, William / Weinberg, Leonard, Does Democracy Encourage Terrorism?, *Terrorism and Political Violence* 6 (4) 1994, S. 417–443.

Europäische Kommission, European Neighbourhood Policy and Enlargement Negotiations. Conditions for Membership, https://ec.europa.eu/neighbour hood-enlargement/policy/conditions-membership_en [6.3.2019].

Evangelista, Matthew, Law, Ethics, and the War on Terror, Cambridge 2008.

Fabry, Mikulas, Recognizing States. International Society and the Establishment of New States since 1776, Oxford 2010.

Falklands, Iran, Palestine, Issues of Mrs. Kirchner Address to UN Assembly, Merco-Press, 24. September 2010, https://en.mercopress.com/2010/09/24/ falklands-iran-palestine-issues-of-mrs-kirchner-address-to-un-assembly [6.3.2019].

Fariss, Christopher J., Respect for Human Rights has Improved Over Time. Modeling the Changing Standard of Accountability, *American Political Science Review* 108 (2) 2014, S. 297–318.

Fazal, Tanisha M., Religionist Rebels and the Sovereignty of the Divine, *Daedalus* 147 (1) 2018, S. 25–35.

Dies. / Konaev, Margarita, Homelands Versus Minelands. When and Why do Rebel Groups Commit to Adhere to the Laws of War?, Diskussionspapier für die Jahrestagung der International Studies Association, Atlanta 2016.

Dies. / Greene, Brooke C., A Particular Difference. European Identity and Civilian Targeting, *British Journal of Political Science* 45 (4) 2015, S. 829–851.

Dies., Is the Islamic State a Secessionist Movement? Blog post for the International Relations and Security Network, Department of Humanities, Social and Political Sciences, Center for Security Studies, Zürich 2015, http://www.css.ethz. ch/content/specialinterest/gess/cis/center-for-securities-studies/en/services/ digital-library/articles/article.html/188149 [6.3.2019].

Dies. / Griffiths, Ryan D., Membership Has its Privileges. The Changing Benefits of Statehood, *International Studies Review* 16 (1) 2014, S. 79–106.

Dies., Dead Wrong? Battle Deaths, Military Medicine, and the Exaggerated Reports of War's Demise, *International Security* 39 (1) 2014, S. 95–125.

Dies., The Demise of Peace Treaties in Interstate War, *International Organization* 67 (4) 2013, S. 695–724.

Dies., Statistical Appendix, http://www.tanishafazal.com/publications/ [6.3.2019].

Dies. / Fortna, Virginia Page, Guerrillas in the Mist. Civil War and Insurgency, 1816–2007, Diskussionspapier für die Jahrestagung der International Studies Association, San Francisco 2013.

Dies. u. a., War Initiation and Termination (WIT) Coding Instrument and Data Set, Diskussionspapier, Columbia University 2012.

Dies., State Death. The Politics and Geography of Conquest, Occupation, and Annexation, Princeton 2007.

Fearon, James D. / Laitin, David D., Civil War Termination, Diskussionspapier, Stanford University 2008.

Dies., Ethnicity, Insurgency, and Civil War, *American Political Science Review* 97 (1) 2003, S. 75–90.

Dies., Signaling Versus the Balance of Power and Interests, An Empirical Test of a Crisis Bargaining Model, *Journal of Conflict Resolution* 38 (2) 1994, S. 236–269.

Felter, Joseph / Shapiro, Jacob, Limiting Civilian Casualties as Part of a Winning Strategy. The Case of Courageous Restraint, *Daedalus* 146 (1) 2017, S. 44–58.

Fierstein, Daniel, Kosovo's Declaration of Independence. An Incident Analysis of Legality, Policy and Future Implications, *Boston University International Law Journal* 26 (2) 2008, S. 417.

Final Record of the Diplomatic Conference of Geneva of 1949, Eidgenössisches Politisches Departement, Bern 1949.

Final Report to the Prosecutor by the Committee Established to Review the NATO Bombing Campaign Against the Federal Republic of Yugoslavia, Internationaler Strafgerichtshof für das ehemalige Jugoslawien, Den Haag, o. J., http://www.icty.org/en/press/final-report-prosecutor-committee-established-review-nato-bombing-campaign-against-federal [6. 3. 2019].

Findley, Michael G., Bargaining and the Interdependent Stages of Civil War Resolution, *Journal of Conflict Resolution* 57 (5) 2012, S. 905–932.

Finnemore, Martha, National Interests in International Society, Ithaca 1996.

Dies. / Sikkink, Kathryn, International Norm Dynamics and Political Change, *International Organization* 52 (4) 1998, S. 887–917.

First Declaration of the Lacandona Jungle, EZLN's Declaration of War, »Today we say ›enough is enough!‹ (Ya Basta!)«, December 1993, Schools for Chiapas, http://schoolsforchiapas.org/wp-content/uploads/2014/03/1st-Declaration-of-the-Lacandona-Jungle.pdf [21. 03. 2016].

Fischer, Dana, Decisions to Use the International Court of Justice. Four Recent Cases, *International Studies Quarterly* 26 (2) 1982, S. 251–277.

Fischer, Martha, Forget Brazil 2014. The Alternative World Cup, *French Football Weekly,* 1. Juni 2014.

Fisher, Ian / Wong, Edward, Battles in Najaf and Karbala Near Shiite's Religious Sites, *The New York Times,* 15. Mai 2004, S. 9.

Fisher, Max / Taub, Amanda, A Will to Secede Doesn't Always Mean There's a Way, *The New York Times,* 29. September 2017, S. A10.

Forrest, Craig, International Law and the Protection of Cultural Heritage, London 2010.

Fortna, Virginia Page, Do Terrorists Win? Rebels' Use of Terrorism and Civil War Outcomes, *International Organization* 69 (3) 2015, S. 519–556.

Dies., Has Violence Declined in World Politics? A Discussion of Joshua S. Goldstein's Winning the War on War. The Decline of Armed Conflict Worldwide, *Perspectives on Politics* 11 (2) 2013, S. 566–570.

Dies., Where Have all the Victories Gone? Peacekeeping and War Outcomes, Diskussionspapier für die Jahrestagung der American Political Science Association, Toronto 2009.

Dies., Does Peacekeeping Work? Shaping Belligerents' Choices after Civil War, Princeton 2008.

Dies., Peace Time. Cease-Fire Agreements and the Durability of Peace, Princeton 2004.

Four Days Later from Europe. Official Declaration of War Between Turkey and Russia, *The New York Times*, 31. Oktober 1853, S. 2.

Fox, James, Dictionary of International and Comparative Law, 2. Aufl., Dobbs Ferry 1997.

Freedman, Lawrence, The Official History of the Falklands Campaign, 2 Bde., Whitehall Histories, Government Official History Series, London 2005.

Ders./Gamba-Stonehouse, Virginia, Signals of War. The Falklands Conflict of 1982, Princeton 1991.

Ders., Britain and the Falklands War, Making Contemporary Britain, Oxford 1988.

Freedom in the World. Discarding Democracy. Return to the Iron Fist, Freedom House 2015, https://freedomhouse.org/sites/default/files/01152015_FIW_2015_final.pdf [6. 3. 2019].

Freeman, Samuel (Hg.), John Rawls. Collected Papers, Cambridge 1999.

Fry, Douglas P. (Hg.), War, Peace, and Human Nature. The Convergence of Evolutionary and Cultural Views, Oxford 2013.

Gabriel, Richard A., Between Flesh and Steel. A History of Military Medicine from the Middle Ages to the War in Afghanistan, Washington DC 2013.

Ganguly, Sumit, Conflict Unending. India-Pakistan Tensions since 1947, New York/Washington DC 2002.

Garner, Bryan (Hg.), Black's Law Dictionary, 8. Aufl., St. Paul 2004.

Gartzke, Erik, The Myth of Cyberwar. Bringing War in Cyberspace Back Down to Earth, *International Security* 38 (2) 2013, S. 41–73.

General Staff, General Order No. 1. Promulgating a Code of Conduct Regulating the Affairs of the Bangsamoro Islamic Armed Forces, Prescribing its Powers, Duties and Functions, and Other Related Purposes, 23. 05. 2014, http://their words.org/media/transfer/doc/sc_ph_milf_biaf_2006_09-9dbc781bd3fc677c 268ce003582f4f58.pdf [6. 3. 2019].

Geneva Call, Action Plan between the Moro Islamic Liberation Front (MILF) and the United Nations in the Philippines regarding the issue of Recruitment and Use of Child Soldiers in the Armed Conflict in Mindanao, 2010, http://their words.org/media/transfer/doc/1_ph_milf_biaf_2009_13-d74703efad5c37df5a b9842bc87e67a2.pdf [6. 3. 2019].

Dies., Mission, https://www.genevacall.org/mission/ [6. 3. 2019].

Dies., Their Words. Directory of Armed Non-State Actor Humanitarian Commitments, http://theirwords.org/?country=MLI&ansa=228&document_type=3 [6. 3. 2019].

Gent, Stephen, Relative Rebel Strength and Power Sharing in Intrastate Conflicts, *International Interactions* 37, 2011, S. 215–228.

Gerring, John, Case Study Research. Principles and Practices, Cambridge 2007.

Gibler, Douglas M., The Territorial Peace. Borders, State Development, and International Conflict, Cambridge 2012.

Gilligan, Michael J./Stedman, Stephen John, Where Do the Peacekeepers Go?, *International Studies Review* 5 (4) 2003, S. 37–54.

Girod, Desha M., Effective Foreign Aid Following Civil War. The Nonstrategic-Desperation Hypothesis, *American Journal of Political Science* 56 (1) 2012, S. 188–201.

Gleditsch, Kristian Skrede u. a., International Conventions and Non-State Actors. Selection, Signaling, and Reputation Effects, *Journal of Conflict Resolution*, 62 (2) 2016, S. 346–380.

GlobalSecurity.org, Privateers, https://www.globalsecurity.org/military/agency/navy/privateer.htm [6. 3. 2019].

Global Terrorism Database, Codebook. Inclusion Criteria and Variables, Website des National Consortium for the Study of Terrorism and Responses to Terrorism (START), S. 6, https://www.start.umd.edu/gtd/downloads/Codebook.pdf [6. 3. 2019].

Goertz, Gary, Multimethod Research, Causal Mechanism, and Case Studies. The Research Triad, Princeton 2017.

Ders./Diehl, Paul/Balas, Alexandru, The Puzzle of Peace. The Evolution of Peace in the International System, New York 2016.

Goldberg, Carey, Armenia Choking as Economic Stranglehold Tightens, *Los Angeles Times*, 20. September 1992.

Goldstein, Joshua S., Winning the War on War. The Decline of Armed Conflict Worldwide, New York 2011.

Goltz, Thomas, Severed Ears, Slavery and the Azeri. A Forgotten, Brutal War, *The Washington Post*, 7. August 1994.

Greene, Brooke C., Normative Ambiguity and the Limits of Compliance. Noncombatant Immunity in America's (Not Too) Recent Wars, Diskussionspapier, Columbia University 2009.

Grewe, Wilhelm (Hg.), Fontes historiae iuris gentium, Band 1, Berlin 1995.

Ders., Peace Treaties, in: *Encyclopedia of Public International Law*, hrsg. von Rudolf Bernhardt, Max-Planck-Institut für ausländisches öffentliches Recht und Völkerrecht, Amsterdam 1992, Bd. 3, S. 938–946.

Griffin, Stephen M., The Legal Justification for the Vietnam War. Backwards and Forwards with Nicholas de Belleville Katzenbach, Diskussionspapier für The American Experience in Southeast Asia, 1946–1975, US Department of State 2010.

Griffiths, Ryan D., Age of Secession. The International and Domestic Determinants of State Birth, Cambridge 2016.

Ders., Between Dissolution and Blood. How Administrative Lines and Categories Shape Outcomes, *International Organization* 69 (3) 2015, S. 731–751.

Grimmer, Justin/Stewart, Brandon, Text as Data. The Promise and Pitfalls of Automatic Content Analysis Methods for Political Texts, *Political Analysis* 21 (3) 2013, S. 267–297.

Ders., Catch and Release. Expansion, Contraction, and the Downsizing of States, Diss. Columbia University, 2010.

Grob, Fritz, The Relativity of War and Peace. A Study in Law, History, and Politics, New Haven 1949.

Guelke, Adrian, Negotiations and Peace Processes, in: John Darby/Roger MacGinty (Hg.), *Contemporary Peacemaking. Conflict, Peace Processes and Post-War Reconstruction,* New York 2008, S. 63–77.

Gurses, Mehmet/Rost, Nicolas/McLeod, Patrick, Mediating Civil War Settlements and the Duration of Peace, *International Interactions* 34, 2008, S. 129–155.

Hallett, Brien, Declaring War. Congress, the President, and What the Constitution Does Not Say, Cambridge 2013.

Ders., The Lost Art of Declaring War, Urbana 1998.

Harf, Marie, United States Calls for Peaceful Resolution to Crisis in Burundi, hrsg. von Department of State, Washington DC 2015.

Hartzell, Caroline/Hoddie, Matthew, Crafting Peace. Power-Sharing Institutions and the Negotiated Settlement of Civil Wars, University Park 2007.

Hathaway, Oona/Shapiro, Scott J., The Internationalists. How a Radical Plan to Outlaw War Remade the World, New York 2017.

Dies., Do Human Rights Treaties Make a Difference?, *The Yale Law Journal* 111 (8) 2002, S. 1935–2042.

Hawramy, Fazel, Kurdish Security Forces Shield Region from Iraq Security Woes, *Al Monitor,* 24. Juli 2013.

Hazen, Jennifer, What Rebels Want. Resources and Supply Networks in Wartime, Ithaca 2013.

Heinisz, Witold J., The Institutional Environment for Infrastructure Investment, *Industrial and Corporate Change* 11 (2) 2002, S. 355–389.

Hendrickson, Kenneth E., The Spanish-American War, Westport 2003.

Hendrickson, Ryan C., Obama at War. Congress and the Imperial Presidency, Lexington 2015.

Herron, Michael/Quinn, Kevin, A Careful Look at Modern Qualitative Case Selection Methods, *Sociological Methods and Research* 45 (3) 2009, S. 458–492.

Hersh, Seymour M., Torture at Abu Ghraib, *The New Yorker,* 10. Mai 2004.

Higgins, Noelle, Regulating the Use of Force in Wars of National Liberation. A Study of the South Moluccas and Aceh, Leiden 2009.

Hobson, Richmond Pearson, The Sinking of the »Merrimac«, Annapolis 1987.

Holquist, Peter, Codifying the »Laws and Customs of War«. Diskussionspapier für die Tagung The Laws of War as an International Regime. History, Theory, and Prospects, Princeton University 2015.

Holsti, Ole, Public Opinion and American Foreign Policy, Ann Arbor 2004.

Hopgood, Stephen, The Endtimes of Human Rights, Ithaca 2013.

Horowitz, Donald L., A Right to Secede?, in: Stephen Macedo/Allen Buchanan (Hg.), *Secession and Self-Determination,* New York 2003, S. 50–76.

Howard, Lise Morjé, UN Peacekeeping in Civil Wars, Cambridge 2008.

Dies., The Rise and Decline of the Norm of Negotiated Settlement, Diskussions-papier für den Georgetown Junior Faculty Workshop on Intervention, Washington DC 2003.

Howell, William/Pevehouse, Jon, While Dangers Gather. Congressional Checks on Presidential War Powers, Princeton 2007.

Hozier, Henry Montague, The Russo-Turkish War, London 1877–1879.

Huang, Reyko, Rebel Diplomacy in Civil Wars, *International Security* 40 (4) 2016, S. 89–126.

Hull, Isabel, A Scrap of Paper. Breaking and Making International Law during the Great War, Ithaca 2014.

Hultquist, Philip, Power Parity and Peace? The Role of Relative Power in Civil War Settlement, *Journal of Peace Research* 50 (5) 2013, S. 623–634.

Human Rights Watch, Hissène Habré, 2015, https://www.hrw.org/tag/hissene-habre.

Dass., La Plaine des Morts, Le Tchad de Hissène Habré 1982–1990; Sant Andreu de la Barca 2013; https://www.refworld.org/docid/52a5c5884.html [6. 3. 2019].

Dass., Death from the Skies. Deliberate and Indiscriminate Air Strikes on Civilians, 10. April 2013, https://www.hrw.org/report/2013/04/10/death-skies/deliberate-and-indiscriminate-air-strikes-civilians [6. 3. 2019].

Dass., Tchad. Le régime de Hissène Habré a commis des atrocités systématiques Un nouvel ouvrage revient en détail sur les abus massifs perpétrés sous l'ancien dictateur tchadien, 3. Dezember 2013, https://www.hrw.org/fr/news/2013/12/03/tchad-le-regime-de-hissene-habre-commis-des-atrocites-systematiques [6. 3. 2019].

Human Security Report Project, Human Security Report 2012. Sexual Violence, Education, and War. Beyond the Mainstream Narrative, Vancouver 2012.

Hunt, Lynn, Inventing Human Rights. A History, New York 2007.

Hurd, Ian, After Anarchy. Legitimacy & Power in the United Nations Security Council, Princeton 2007.

IISS, Armed Conflict Database, https://acd.iiss.org [6. 3. 2019].

Implementing Sudan's Comprehensive Peace Agreement. Prospects and Challenges, Washington DC 2008.

India Country Profile, in: *NTI* [Nuclear Threat Initiative], Building a Safer World, Letztes Update Juni 2015, https://www.nti.org/learn/countries/india/biological/ [6. 3. 2019].

International Committee of the Red Cross (ICRC), Official Records of the Diplomatic Conference on the Reaffirmation and Development of International Humanitarian Law Applicable in Armed Conflicts, Genf (1974–1977), Bern 1977, Eidgenössisches Departement für auswärtige Angelegenheiten.

Dass., Treaties, State Parties and Commentaries, https://www.icrc.org/ihl [6. 3. 2019].

Dass., Treaties, State Parties and Commentaries, Declaration Respecting Maritime Law, Paris, 16. April 1856, https://www.icrc.org/applic/ihl/ihl.nsf/Treaty.

xsp?action=openDocument&documentId=10207465E7477D90C12563CD00 2D65A3 [6. 3. 2019].

Dass., What Is International Humanitarian Law?, 31. Dezember 2014, https://www.icrc.org/en/document/what-international-humanitarian-law [6. 3. 2019].

Dass., Military Necessity, https://casebook.icrc.org/glossary/military-necessity [6. 3. 2019].

Dass., State Parties and Commentaries, https://ihl-databases.icrc.org/applic/ihl/ihl.nsf/vwTreatiesByDate.xsp [6. 3. 2019].

International Court of Justice (Hg.), Case Concerning Trial of Pakistani Prisoners of War, Den Haag 1976.

Ders. (Hg.), Accordance with International Law of the Unilateral Declaration of Independence in Respect of Kosovo, Den Haag 2010.

International Criminal Court, Statement by ICC Prosecutor Concerning Mali, 28. Januar 2013, https://www.icc-cpi.int/Pages/item.aspx?name=OTPstatement 280113&ln=en [6. 3. 2019].

Ders., Statement of the Prosecutor on the Agreement of the Creation of a Special Jurisdiction for Peace in Colombia, 14. September 2015, https://www.icc-cpi.int/legalAidConsultations?name=otp_stat_24-09-2015.

Internationales Komitee vom Roten Kreuz, Mandat und Auftrag, https://www.icrc.org/de/wer-wir-sind/mandat-und-auftrag-des-ikrk [6. 3. 2019].

Jack, Homer A., The India-Pakistan Crisis at the United Nations, in: Verinder Grover/ Ranjana Arora (Hg.), *50 Years of Indo-Pak Relations,* Bd. I, Neu-Delhi 1998, S. 499–518.

Jackson, Robert Victor/International Institute for Strategic Studies, South Asian Crisis. India, Pakistan, and Bangla Desh. A Political and Historical Analysis of the 1971 War, Praeger Special Studies in International Politics and Government, New York 1975.

Jahan, Rounaq, Pakistan. Failure in National Integration, New York 1972.

Japan Rejects Putin's Claim It is to Blame for Stalled Islands Talks, *The Japan Times,* 18. April 2015.

Jo, Hyeran, Compliant Rebels, Cambridge 2015.

Dies./Simmons, Beth A., Can the International Criminal Court Deter Atrocity?, *International Organization* 70 (3) 2016, S. 443–475.

Dies./Thomson, Catarina, Legitimacy and Compliance with International Law. Access to Detainees in Civil Conflicts, 1991–2006, *British Journal of Political Science* 44 (2) 2013, S. 323–355.

Johnson, James Turner, The Holy War Idea in Western and Islamic Traditions, University Park 1997.

Jok, Jok Madut/Hutchinson, John F., Sudan's Prolonged Second Civil War and the Militarization of Nuer and Dinka Ethnic Identities, *African Studies Review* 42 (2) 1999, S. 125–145.

Jolly, Rick, Surgeon Commander, Falklands Field Hospital, in: Iain Dale (Hg.), *Memories of the Falklands,* London 2002, S. 73–75.

Jones, Anthony R./Fay, George R., Executive Summary. Investigation of Intelligence Activities at Abu Ghraib, Combined Joint Task Force Seven, United States Army, 2004.

Jones, Daniel M./Bremer, Stuart A./Singer, David, Militarized Interstate Disputes, 1816–1992. Rationale, Coding Rules, and Empirical Patterns, *Conflict Management and Peace Science* 15 (2) 1996, S. 163–213.

Joshi, Madhav/Melander, Eric/Quinn, Jason Michael, Sequencing the Peace. How the Order of Peace Agreement Implementation Can Reduce the Destabilizing Effects of Post-accord Elections, *Journal of Conflict Resolution* 61 (1) 2015, S. 4–28.

Ders./Quinn, Jason Michael/Regan, Patrick, Annualized Implementation Data on Comprehensive Intrastate Peace Accords, 1989–2012, *Journal of Peace Research* 52 (4) 2015, S. 551–562.

Kahl, Colin, In the Crossfire or the Crosshairs? Norms, Civilian Casualties, and US Conduct in Iraq, *International Security* 32 (1) 2007, S. 7–46.

Kahler, Miles, State Building and State Survival. Polynesia in the 19th Century, Diskussionspapier für die Jahrestagung der American Political Science Association, Seattle 2011.

Kalyvas, Stathis N., Wanton and Senseless? The Logic of Massacres in Algeria, *Rationality and Society* 11 (3) 1999, S. 243–285.

Ders., The Logic of Violence in Civil War, Cambridge 2006.

Ders./Balcells, Laia, International System and Technologies of Rebellion. How the End of the Cold War Shaped Internal Conflict, *American Political Science Review* 104 (3) 2010, S. 415–429.

Kaplan, Morgan, Strategies of Insurgent Diplomacy. Evidence from the Middle East and North Africa, Diskussionspapier für die Jahrestagung der International Studies Association, Toronto 2014.

Karon, Tony, How the Prison Scandal Sabotages the US in Iraq, *Time*, 4. Mai 2004.

Katzenbach, Nicholas de Belleville, Some of It Was Fun. Working with RFK and LBJ, New York 2008.

Kecskemeti, Paul, Strategic Surrender. The Politics of Victory and Defeat, New York 1964.

Keller, Nora, From Guns to Roses. Explaining Rebel Use of Nonviolent Action, Diss. Columbia University, 2017.

Kelly, John, A Forgotten Conference. The Negotiations at Peking, 1900–1901, Genf 1963.

Keown-Boyd, Henry, The Fists of Righteous Harmony. A History of the Boxer Uprising in the Year 1900, London 1991.

Kershner, Isabel, After Failed Peace Talks. Pushing to Label Israel as Occupier of Palestine, *The New York Times*, 4. Mai 2014.

Khalid, Mansour, War and Peace in Sudan. A Tale of Two Countries, London 2003.

King, Charles, The Benefits of Ethnic War. Understanding Eurasia's Unrecognized States, *World Politics* 53 (4) 2001, S. 524–552.

King, Gary/Keohane, Robert O./Verba, Sidney, Designing Social Inquiry. Scientific Inference in Qualitative Research, Princeton 1994.

Ders./Tomz, Michael/Wittenberg, Jason, Making the Most of Statistical Analyses. Improving Interpretation and Presentation, *American Journal of Political Science* 44 (2) 2000, S. 341–355.

Kinsella, Helen M., The Image Before the Weapon. Critical History of the Distinction between Combatant and Civilian, Ithaca 2011.

Kinzer, Stephen, Germans Follow Own Line on Yugoslav Republics, *The New York Times*, 8. Dezember 1991.

Kippenberg, Juliane, The International Criminal Court. How Nongovernmental Organizations Can Contribute to the Prosecution of War Criminals, Human Rights Watch, 10. September 2004, https://www.hrw.org/report/2004/09/10/international-criminal-court/how-nongovernmental-organizations-can-contribute [6. 3. 2019].

Koch, Michael T./Nicholson, Stephen P., Death and Turnout. The Human Costs of War and Voter Participation in Democracies, *American Journal of Political Science* 60 (4) 2015, S. 932–946.

Korman, Sharon, The Right of Conquest. The Acquisition of Territory by Force in International Law and Practice, Oxford 1996.

Koskenniemi, Martti, The Gentle Civilizer of Nations. The Rise and Fall of International Law 1870–1960, Cambridge 2002.

Ders., From Apology to Utopia. The Structure of International Legal Argument, Cambridge 2006.

Kosovo Declaration of Independence, https://www.assembly-kosova.org/common/docs/Dek_Pav_e.pdf [6. 3. 2019].

Krasner, Stephen D., Sovereignty. Organized Hypocrisy, Princeton 1999.

Kreutz, Joakim, How and When Armed Conflicts End. Introducing the UCDP Conflict Termination Dataset, *Journal of Peace Research* 47 (2) 2010, S. 243–250.

Kuperman, Alan J., The Moral Hazard of Humanitarian Intervention. Lessons from the Balkans, *International Studies Quarterly* 52 (1) 2008, S. 49–80.

Kurdistan Democratic Party, Constitution and Bylaws, 13th Congress, December 11–18, 2010, Erbil, https://www.kdp.se/kdpprogram.pdf [6. 3. 2019].

Kurdistan Regional Government, Department of Foreign Relations, Current Foreign Representation in the Kurdistan Region, http://dfr.gov.krd/p/p.aspx?p=37&l=12&s=020100&r=363 [6. 3. 2019].

Lack, Paul D., The Texas Revolutionary Experience. A Political and Social History, 1835–1836, College Station 1992.

Lasley, Trace/Thyne, Clayton, Secession, Legitimacy and the Use of Child Soldiers, *Conflict Management and Peace Science* 32 (3) 2014, S. 289–308.

Laub, Zachary, Low Expectations for UN Syria Talks, *Council on Foreign Relations*, 6. Mai 2015, https://www.cfr.org/interview/low-expectations-un-syria-talks [6. 3. 2019].

Lauterpacht, Elihu, The Legal Irrelevance of the »State of War«. Diskussionspapier für die Jahrestagung der American Society of International Law, Washington DC 1968.

Lauterpacht, Hersh, Recognition in International Law, Cambridge 1947.

Law, Gwillim, Administrative Subdivisions of Countries. A Comprehensive World Reference, 1900 through 1998, Jefferson 1999.

Leatherby, Lauren, Whatever Happened to the Debate over Use of Force against ISIS?, *National Public Radio*, 17. Juni 2015.

Legal Lessons Learned from Afghanistan and Iraq, Bd. 1, Major Combat Operations (11 September 2001 to 1 May 2003), Charlottesville 2004.

Levie, Howard S., The Falklands Crisis and the Laws of War, in: Alberto R. Coll/Anthony C. Arend (Hg.), *The Falklands War. Lessons for Strategy, Diplomacy, and International Law*, Boston 1985, S. 64–77.

Lewis, Michael W., The Law of Aerial Bombardment in the 1991 Gulf War, *American Journal of International Law* 97 (3) 2003, S. 481–509.

Libya. UN Calls for Peaceful Resolution of Disputes after Attack on Government Official, UN News, 7. März 2013, https://www.un.org/apps/news/story.asp?NewsID=44312#.WejxhkyZNBw [6. 3. 2019].

Lilja, Jannie/Hultman, Lisa, Intraethnic Dominance and Control. Violence Against Co-Ethnics in the Early Sri Lankan Civil War, *Security Studies* 20 (2) 2011, S. 171–197.

Lo, Nigel/Hashimoto, Barry/Reiter, Dan, Ensuring Peace. Foreign-Imposed Regime Change and Postwar Peace Duration, 1914–2001, *International Organization* 62, 2008, S. 717–736.

Lohr, Michael F./Gallotta, Steve, Legal Support in War. The Role of Military Lawyers, *Chicago Journal of International Law* 4 (2) 2003, S. 465–478.

Lok Sabha Debates, Bd. 9, Third Congress, Neu-Delhi 1962.

Lyall, Jason, Why Armies Break. Explaining Mass Desertion in Conventional War, unveröffentlichtes Manuskript, 2014.

Maigua, Patrick, UN Offers to Mediate over the Ukrainian Political Crisis, United Nations Radio, 3. März 2014, https://news.un.org/en/audio/2014/03/586322 Ban. both sides in Ukraine conflict should »lower the temperature«, engage in dialogue [27. 3. 2019].

Mantilla, Giovanni, Under (Social) Pressure. The Historical Regulation of Internal Armed Conflicts through International Law, Diss. University of Minnesota, 2013.

Mao Tse-tung, Manifesto of the Chinese People's Liberation Army, Selected Works of Mao Tse-tung, transkribiert von Maoist Documentation Project, 2004, https://www.marxists.org/reference/archive/mao/selected-works/volume-4/mswv4_22.htm [6. 3. 2019].

Marshall, Monty/Gurr, Ted Robert, Polity IV Project. Political Regime Characteristics and Transitions, 1800–2013. Polity IV Individual Country Regime Trends, 1946–2013, Center for Systemic Peace, https://www.systemicpeace.org/polity/polity4x.htm [6. 3. 2019].

Ders./Jaggers, Keith/Gurr, Ted Robert, Polity IV Project, 1800–2016. Political Regime Characteristics and Transitions, Dataset Users' Manual, Center for Systemic Peace, 2011, https://www.systemicpeace.org/inscr/p4manualv2016.pdf [6.3.2019].

Martins, Mark S., Rules of Engagement for Land Forces. A Matter of Training, Not Lawyering, *Military Law Review* 143, 1994, S. 4–160.

Matanock, Aila, Electing Peace. From Civil Conflict to Political Participation, Cambridge 2017.

Matinuddin, Kamal, Tragedy of Errors. East Pakistan Crisis, 1968–1971, Lahore 1994.

Mattes, Michaela/Savun, Burcu, Fostering Peace after Civil War. Commitment Problems and Agreement Design, *International Studies Quarterly* 53 (3) 2009, S. 737–760.

Maurice, Sir John Frederick, Hostilities without Declaration of War. An Historical Abstract of the Cases in which Hostilities Have Occurred between Civilized Powers Prior to Declaration or Warning, from 1700 to 1870, London 1883.

McLauchlin, Theodore, Loyalty Strategies and Military Defection in Rebellion, *Comparative Politics* 42 (3) 2010, S. 333–350.

Mearsheimer, John J., The False Promise of International Institutions, *International Security* 19 (3) 1994, S. 5–49.

Melin, Molly M./Svensson, Isak, Incentives for Talking. Accepting Mediation in International and Civil Wars, *International Interactions* 35, 2009, S. 249–271.

Milanovic, Marko/Wood, Michael (Hg.), The Law and Politics of the Kosovo Advisory Opinion, Oxford 2015.

Miller, Hunter (Hg.), British-American Diplomacy. Cartel for the Exchange of Prisoners of War between Great Britain and the United States Army, in: *Treaties and Other International Acts of the United States of America*, Bd. 2, Documents 1–40. 1776–1880, Washington 1931, Avalon Project 2008, http://avalon.law.yale.edu/19th_century/cart1812.asp [6.3.2019].

Ministerio del Estado, Spanish Diplomatic Correspondence and Documents, 1896–1900 (1905), Presented to the Cortes by the Minister of State [Translation], Washington DC 2016.

Mitchell, C. R., External Peace-Making Initiatives and Intranational Conflict, in: Manus I. Midlarsky (Hg.), *The Internationalization of Communal Strife*, New York 1992, S. 274–296.

Montevideo-Convention, Convention on Rights and Duties of States (inter-American), December 26, 1933, The Avalon Project, Yale Law School, avalon.law.yale.edu/20th-century/intam03.asp [6.3.2019].

Moorehead, Caroline, Dunant's Dream. War, Switzerland and the History of the Red Cross, New York 1998.

Morelli, Massimo/Rohner, Dominic, Resource Concentration and Civil Wars, NBER Working Paper 20129, 2014, https://www.nber.org/papers/w20129.pdf [6.3.2019].

Morrow, James D., When Do States Follow the Laws of War?, *American Political Science Review* 101 (3) 2007, S. 559–572.

Ders., Order within Anarchy. The Laws of War as an International Institution, Cambridge 2014.

Ders./Jo, Hyeran, Compliance with the Laws of War. Data Set and Coding Rules, *Conflict Management and Peace Science* 23 (1) 2006, S. 91–113.

Mueller, John, Retreat from Doomsday. The Obsolescence of Major War, New York 1989.

Mueller, John E., The Remnants of War, Ithaca 2004.

Musicant, Ivant, Empire by Default. The Spanish-American War and the Dawn of the American Century, New York 1990.

Myers, Stephen Lee, Putin, Flashing Disdain, Defends Action in Crimea, *The New York Times*, 5. März 2014.

Neff, Stephen, The Rights and Duties of Neutrals. A General History, Manchester 2000.

Ders., Peace and Prosperity. Commercial Aspects of Peacemaking, in: Randall Lesaffer (Hg.), *Peace Treaties and International Law in European History. From the Late Middle Ages to World War One*, Cambridge 2004, S. 365–381.

Ders., War and the Law of Nations. A General History, Cambridge 2005.

Network of Researchers in International Affairs, From the NMA to the NMLA. The Shift to Armed Struggle, 10. Juni 2014, https://www.noria-research.com/from-the-nma-to-the-nmla-the-shift-to-armed-struggle/ [6. 3. 2019].

Nilsson, Desirée, Partial Peace. Rebel Groups Inside and Outside of Civil War Settlements, *Journal of Peace Research* 45 (4) 2008, S. 479–495.

Nikijuluw, Charles L., Stand of South Moluccas. Struggle for Independence is Said to be No Revolt, Letter to the editor, *The New York Times*, 11. November 1950.

Nikijuluw, Karel K., Stand of South Molucca. Creation of the Public is Declared Expression of the People's Will, Letter to the editor, *The New York Times*, 22. September 1952.

Nikijuluw, Karl J., The War in the Moluccas, *Christian Science Monitor*, 1952.

Nimmo, William, Stars and Stripes Across the Pacific. The United States, Japan, and Asia/Pacific Region, 1895–1945, Westport 2001.

Nissenbaum, Dion/Parkinson, Joe, U.S. Giving Military Aid to Kurds in Fight Against Insurgents, *Wall Street Journal*, 11. August 2014.

Not a State of War Yet. Policy of the United States is to Prevent a Formal Recognition of War. Other Powers Join It, *The New York Times*, 22. Juni 1990, S. 2.

Nott, John, Here Today, Gone Tomorrow. Recollections of an Errant Politician, London 2002.

O'Connell, Mary Ellen, International Law and the Use of Force. Documentary Supplement, New York 2005.

Dies., Final Report on the Meaning of Armed Conflict in International Law, Den Haag 2010.

O'Hanlon, Michael/Livingston, Ian, Iraq Index. Tracking Variables of Reconstruction & Security in Post-Saddam Iraq, Washington DC 2010.

O'Keefe, Roger, The Protection of Cultural Property in Armed Conflict, New York 2006.

O'Loughlin, Ed, Sudan's Southern Rebels Ready for Final Push, *Sydney Morning Herald*, 30. August 1997, S. 25.

Obama to Seek Authority from Congress for Islamic State Fight, *The New York Times*, 5. November 2014.

Ober, Josiah, Classical Greek Times, in: Michael Howard/George J. Andreopoulos/Mark R. Shulman, *The Laws of War. Constraints on Warfare in the Western World*, New Haven 1994, S. 12–26.

Oeter, Stefan, The Role of Recognition and Non-Recognition with Regard to Secession, in: Christian Walter/Antje von Ungern-Sternberg/Kavus Abushov, *Self-Determination and Secession in International Law*, Oxford 2014, S. 45–67.

Ofner, John L., An Unwanted War. The Diplomacy of the United States and Spain over Cuba, 1895–1898, Chapel Hill 1992.

Ohlin, Jens David, The Assault on International Law, Oxford 2015.

Omer, Mohammed, Who Are Israel's Palestinian Informants?, *Al Jazeera*, 6. September 2014.

Oppenheim, Ben u. a., True Believers, Deserters, and Traitors. Who Leaves Insurgent Groups and Why, *Journal of Conflict Resolution* 59 (5) 2015, S. 794–823.

Pak Bid to Divert World Opinion Seen, *Times of India*, 14. Mai 1973, S. 1.

Pakistan Country Profile, in: *NTI* [Nuclear Threat Initiative], letztes Update: Dezember 2015, https://www.nti.org/learn/countries/pakistan/biological/ [6. 3. 2019].

Panico, Christopher, Azerbaijan. Seven Years of Conflict in Nagorno-Karabakh, Human Rights Watch, New York 1994.

Parker, Geoffrey, Early Modern Europe, in: Michael Howard/George J. Andreopoulos/Mark R. Shulman, *The Laws of War. Constraints on Warfare in the Western World*, New Haven 1994, S. 40–58.

Parker, Karen, Republik Maluku. The Case for Self-Determination, Informationspapier für das Humanitarian Law Project, International Education Development, Association of Humanitarian Lawyers, https://www.humanlaw.org/KPmaluku.html#33 [6. 3. 2019].

Parkinson, Sarah, Organizing Rebellion. Rethinking High-Risk Mobilization and Social Networks in War, *American Political Science Review* 107 (3) 2013, S. 418–432.

Parry, Clive/Grant, John P., Parry and Grant Encyclopaedic Dictionary of International Law, Dobbs Ferry 1986.

Partnering for Peace. Australia's Peacekeeping and Peacebuilding Experiences in the Autonomous Region of Bougainville in Papua New Guinea, and in Solomon Islands and Timor-Leste, Australian Civil-Military Centre, Queanbeyan 2012.

Peiris, Gerald H., Twilight of the Tigers. Peace Efforts and Power Struggles in Sri Lanka, Neu-Delhi 2009.

Perry, Elizabeth/Chang, Tom, The Mystery of Yellow Cliff. A Controversial »Rebellion« in Late Qing, *Modern China* 6 (2) 1980, S. 123–160.

Peter, Fabienne, Political Legitimacy, in: Edward N. Zalta (Hg.), The Stanford Encyclopedia of Philosophy, Stanford 2017, Erstveröffentlichung: 29. 4. 2010, letzte Überarbeitung: 24. 4. 2017, https://plato.stanford.edu/entries/legitimacy/ [6. 3. 20119].

Peters, Anne, Has the Advisory Opinion's Finding that Kosovo's Declaration of Independence was not Contrary to International Law Set an Unfortunate Precedent?, in: Marko Milanovic/Michael Wood (Hg.), *The Law and Politics of the Kosovo Advisory Opinion*, Oxford 2015, S. 291–313.

Peters, Jeremy, Obama Is to Seek War Power Bill from Congress, *The New York Times*, 11. Februar 2015.

Pictet, Jean, Commentary to First 1949 Geneva Convention, For the Amelioration of the Condition of the Wounded and Sick in Armed Forces in the Field, International Committee of the Red Cross, Genf 1952.

Ders., Commentary to 4th 1949 Geneva Convention, Relative to the Protection of Civilian Persons in Time of War, International Committee of the Red Cross, Genf 1958.

Ders., Commentary on the Additional Protocols of 8 June 1977 to the Geneva Conventions of 12 August 1949, International Committee of the Red Cross, Genf 1987.

Pinker, Steven, The Better Angels of Our Nature. Why Violence Has Declined, New York 2011.

PKK Statement to the United Nations, Newsdesk Amsterdam, 24. Januar 1995, archiviert auf *Hartford Web Publishing*, http://www.hartford-hwp.com/archives/51/009.html [6. 3. 2019].

Ponce, Alvaro, La Rebelión de las Provincias. Relatos sobre la Revolucion de los Conventillos y la Guerra de los Supremos, Bogota 2003.

Poole, David, The Eritrean People's Liberation Front, in: Christopher Clapham (Hg.), *African Guerrillas*, Oxford 1998, S. 19–35.

Posner, Eric, The Twilight of Human Rights Law, Inalienable Rights series, Oxford 2014.

Prins, J., Location. History, Forgotten Struggle, in: J. C. Bouma (Hg.), The South Moluccas. Rebellious Province or Occupied State, Leyden 1960, S. 9–47.

Proklamation des Führers an das Deutsche Volk und Note des Auswärtigen Amtes an die Sowjet-Regierung, 22. Juni 1941, https://archive.org/details/Proklamation DesFhrersAnDasDeutscheVolkUndNoteDesAuswrtigenAmtes/page/n25 [6. 3. 2019].

Pyke, H. Reason, The Law of Contraband of War, Oxford 1915.

Rahman, H., The Making of the Gulf War. Origins of Kuwait's Long-Standing Territorial Dispute with Iraq, Reading 1997.

Ramet, Sabrina P., The Three Yugoslavias. State-Building and Legitimation, 1918–2005, Washington DC/Bloomington 2006.

Rattenbach Commission, Informe Rattenbach. El drama de Malvinas, Buenos Aires 1988.

Rawls, John, Die Idee des öffentlichen Vernunftgebrauchs, in: ders., *Politischer Liberalismus,* übers. von Wilfried Hinsch, Frankfurt am Main 1998, S. 312–363.

Records of the Conference Convened by the United Nations Educational, Scientific and Cultural Organization, Held at the Hague from 21 April to 14 May 1954, Paper read at Conference. Intergovernmental Conference on the Protection of Cultural Property in the Event of Armed Conflict, Den Haag 1961.

Regan, Patrick M., Civil Wars and Foreign Powers. Interventions and Intrastate Conflict, Ann Arbor 2000.

Regan, Patrick M./Wallensteen, Peter, Federal Institutions, Declarations of Independence and Civil War, *Civil Wars* 15 (3) 2013, S. 261–280.

Reichstein, Andreas V., Der texanische Unabhängigkeitskrieg 1835/36. Ursachen und Wirkungen, Berlin 1984.

Reid, Whitelas, Making Peace with Spain. The Diary of Whitelaw Reid, Austin 1965.

Richters, Sven, Norm Diffusion Beyond the State. Legitimacy and Non-State Actor Commitment to Humanitarian Norms, Magisterarbeit Graduate Institute of Geneva, Genf 2014.

Rid, Thomas, Mythos Cyberwar. Über digitale Spionage, Sabotage und andere Gefahren, Hamburg 2018.

Roberts, Anthea/Sivakumaran, Sandesh, Lawmaking by Nonstate Actors. Engaging Armed Groups in the Creation of International Humanitarian Law, *The Yale Journal of International Law* 37 (1) 2012, S. 107–152.

Rock, Grey, Planning and Preparing for a Disaster – Argentina and the Falklands, *Naval Review* 73, 1985, S. 115–121.

Rodil, B. R., Kalinaw Mindanaw. The Story of the GRP-MNLF Peace Process, 1975–1996, Alternate Forum for Research in Mindanao, Davao City 2000.

Roeder, Philip G., Where Nation-States Come From. Institutional Change in the Age of Nationalism, Princeton 2007.

Rolandsen, Oystein H., Sudan. The Role of Foreign Involvement in the Shaping and Implementation of the Sudan Comprehensive Peace Agreement, in: Mikael Eriksson/Roland Kostic (Hg.), *Mediation and Liberal Peacebuilding. Peace from the Ashes of War?,* London 2013, S. 76–91.

Rosenfeld, Harvey, Diary of a Dirty Little War. The Spanish-American War of 1898, Westport 2000.

Ross, Michael L., How Do Natural Resources Influence Civil War? Evidence from Thirteen Cases, *International Organization* 58, 2004, S. 35–67.

Roth, Brad R., Secessions, Coups and the International Rule of Law. Assessing the Decline of the Effective Control Doctrine, *Melbourne Journal of International Law* 11 (2) 2010, S. 1–48.

Rothenberg, Gunther, The Age of Napoleon, in: Michael Howard/George J. Andreopoulos/Mark R. Shulman, *The Laws of War. Constraints on Warfare in the Western World*, New Haven 1994 S. 86–97.

Rozman, Gilbert, Introduction, in: ders. (Hg.), *Japan and Russia. The Tortuous Path to Normalization, 1949–1999*, New York 2000, S. 1–14.

Rudoren, Jodi/Hadid, Diaa, Vatican to Recognize Palestinian State in New Treaty, *The New York Times*, 13. Mai 2015.

Rugman, Jonathan, Armenia Pays Dearly for Karabakh Victory, *The Guardian*, 16. September 1995, S. 14.

Russell, Frederick, The Just War in the Middle Ages, Cambridge 1975.

Russian Declaration of War against Turkey, *The London Times*, 4. Mai 1828.

Ryngaert, Cedric, The ICJ's Advisory Opinion on Kosovo's Declaration of Independence. A Missed Opportunity?, *Netherlands International Law Review* 57 (3) 2010, S. 481–494.

Sahadevan, P., Managing Internal Conflicts in India, Nepal, Sri Lanka and Myanmar. Strategies and Outcomes, in: V. R. Raghavan (Hg.), *Policy Choices in Internal Conflicts. Governing Systems and Outcomes*, Neu-Delhi 2013, S. 77–189.

Salehyan, Idean/Siroky, David/Wood, Reed, External Rebel Sponsorship and Civilian Abuse. A Principal-Agent Analysis of Wartime Atrocities, *International Organization* 68 (3) 2014, S. 633–661.

Samuels, Kirsti, Political Violence and the International Community. Developments in Law and Policy, Den Haag 2007.

Sandholtz, Wayne, Prohibiting Plunder. How Norms Change, New York 2007.

Ders., Plunder, Restitution, and International Law, *International Journal of Cultural Property* 17, 2010, S. 147–176.

Sargent, Greg, Obama's War Authorization Request Is Way Too Broad. And the Damage Has Already Been Done, *The Washington Post*, 11. Februar 2015.

Sarkees, Meredith Reid/Wayman, Frank Whelon, Resort to War. 1816–2007, Washington DC 2010.

Sattar, Abdul, Simla Pact. Negotiation Under Duress, in: Verinder Grover/Ranjana Arora (Hg.), *50 Years of Indo-Pak Relations*, Bd. I, Neu-Delhi 1998, S. 472–496.

Scharre, Paul/Horowitz, Michael, Should »Killer Robots« Be Banned?, *National Interest*, 26. Juni 2015, https://nationalinterest.org/feature/should-killer-robots-be-banned-13196[6. 3. 2019].

Schlesinger, Arthur, The Imperial Presidency, Boston 1973.

Schmitt, Michael (Hg.), Tallinn Manual on the International Law Applicable to Cyber Warfare, Cambridge 2013.

Schmitt, Michael N., Blockade Law. Research Design and Sources, Buffalo 1991.

Schultz, Kenneth A., The Enforcement Problem in Coercive Bargaining. Interstate Conflict over Rebel Support in Civil Wars, *International Organization* 64 (2) 2010, S. 281–312.

Schwarz, Lawrence J., The Case for Court-Martial Jurisdiction Over Civilians Under Article 2(a)(10) of the Uniform Code of Military Justice, *The Army Lawyer*, Department of the Army Pamphlet 27-50-357 (Oktober/November) 2002, S. 31–37.

Scott, James Brown (Hg.), The Hague Conventions and Declarations of 1899 and 1907, Accompanied by Tables of Signatures, Ratifications and Adhesions of the Various Powers and Texts of Reservations, New York 1915.

Ders. (Hg.), Proceedings of the Hague Peace Conferences, New York 1920.

Senate Democrats Oppose »Blank Check« for Islamic State Fight, *The New York Times*, 11. März 2015.

Senn, Alfred Erich, The Emergence of Modern Lithuania, New York 1959.

Shermatova, Sanobar, The Silk Way for Oil, *The Moscow News*, 10. September 1998.

Simmons, Beth A., Territorial Disputes and Their Resolution. The Case of Ecuador and Peru, Washington DC 1999.

Dies., Mobilizing for Human Rights. International Law in Domestic Politics, Cambridge 2009.

Sinclair, Ian, Sir Ian Sinclair. Legal Adviser to the FCO, 1976–84, in: Iain Dale (Hg.), *Memories of the Falklands*, London 2002, S. 124 ff.

Singer, J. David, Reconstructing the Correlates of War Data Set on Major Capabilities of States, 1816–1985, *International Interactions* 14, 1987, S. 115–132.

Ders./Bremer, Stuart/Stuckey, John, Capability Distribution, Uncertainty, and Major Power War, 1820–1965, in: Bruce M. Russett (Hg.), *Peace, War, and Numbers*, Beverly Hills 1972, S. 19–48.

Sisson, Richard/Rose, Leo E., War and Secession. Pakistan, India, and the Creation of Bangladesh, Berkeley 1990.

Sivakumaran, Sandesh, Reenvisaging the International Law of Internal Armed Conflict, *European Journal of International Law* 22 (1) 2011, S. 219–264.

Ders., Command Responsibility in Irregular Groups, *Journal of International Criminal Justice* 10, 2012, S. 1129–1150.

Ders., The Law of Non-International Armed Conflict, Oxford 2012.

Smith, Joseph, The Spanish-American War. Conflict in the Caribbean and the Pacific, 1895–1902, New York 1994.

Somin, Ilya, Reactions to the Obama Administration's proposed ISIS AUMF, *The Washington Post*, 15. Februar 2015.

Staniland, Paul, Organizing Insurgency. Networks, Resources, and Rebellion in South Asia, *International Security* 37 (1) 2012, S. 142–177.

Stanton, Jessica, Terrorism in the Context of Civil War, *Journal of Politics* 75 (4) 2013, S. 1009–1022.

Dies., The Impact of Civilian Targeting on Civil War Outcomes in the Post-Cold War Era, Diskussionspapier, University of Pennsylvania 2015.

Dies., Violence and Restraint in Civil War. Civilian Targeting in the Shadow of International Law, New York 2016.

Stedman, Stephen John/Rothchild, Donald/Cousens, Elizabeth M. (Hg.), Ending Civil Wars. The Implementation of Peace Agreements, Boulder 2002.

Steiger, Heinhard, Peace Treaties from Paris to Versailles, in: Randall Lesaffer (Hg.), *Peace Treaties and International Law in European History. From the Late Middle Ages to World War One*, Cambridge 2004, S. 59–102.

Stein, Jana von, Do Treaties Constrain or Screen? Selection Bias and Treaty Compliance, *American Political Science Review* 99 (4) 2005, S. 611–622.

Strachan, Hew, The Direction of War. Contemporary Strategy in Historical Perspective, Cambridge 2014.

Sudan. Towards an Incomplete Peace, International Crisis Group, Nairobi/Brüssel 2003.

Sudan's Cruel War, *The Washington Post*, 24. September 1986.

Summers, James (Hg.), Kosovo. A Precedent? The Declaration of Independence, the Advisory Opinion and Implications for Statehood, Self-Determination and Minority Rights, Leiden 2011.

Svensson, Isak, Bargaining, Bias and Peace Brokers. How Rebels Commit to Peace, *Journal of Peace Research* 44 (2) 2007, S. 177–194.

Ders., Mediation with Muscles or Minds? Exploring Power Mediators and Pure Mediators in Civil Wars, *International Negotiation* 12, 2007, S. 229–248.

Syria Civil War. Kurds Declare Federal Region in North, *Al Jazeera*, 17. März 2016.

Szewczyk, Bart, Lawfulness of Kosovo's Declaration of Independence, *ASIL [The American Society of International Law] Insights* 14 (27), 17. August 2010, https://www.asil.org/insights/volume/14/issue/27/lawfulness-kosovos-declaration-independence [6. 3. 2019].

Talmon, Stefan, Recognition of Governments. An Analysis of the New British Policy and Practice, *British Yearbook of International Law* 1993, S. 231–297.

Ders., Recognition of Opposition Groups as the Legitimate Representative of a People, *Chinese Journal of International Law* 12 (2) 2013, S. 219–253.

Tan, Chester C., The Boxer Catastrophe, New York 1967.

Tancredi, Antonello, Secession and the Use of Force, in: Christian Walter/Antje von Ungern-Sternberg/Kavus Abushov, *Self-Determination and Secession in International Law*, Oxford 2014, S. 219–302.

Thaci, Hashim, To Kosovans, Blair Is a True Hero, *The Guardian*, 2. September 2010.

Thatcher, Margaret, Downing Street No. 10. Die Erinnerungen, Düsseldorf/Wien/New York/Moskau 1993.

Thatcher, Oliver J. (Hg.), The Library of Original Sources, 10 Bände, New York 1907.

The Diplomat Advisory Group, Independent Diplomat, https://www.independentdiplomat.org [6. 3. 2019].

UCDP Peace Agreement Dataset, UCDP Downloads, https://ucdp.uu.se/downloads/#d13 [6. 3. 2019].

Themnér, Lotta/Wallensteen, Peter, Armed Conflict, 1946–2014, *Journal of Peace Research* 52 (4), 2015, S. 536–550.

Thomas, Raju G. C., Democracy, Security, and Development in India, New York 1996.

Thompson, Julian, No Picnic. 3 Commando Brigade in the South Atlantic, 1982, 2. Aufl. London 1992.

Thukydides, Der Peloponnesische Krieg I, übers. und hrsg. von Helmuth Vretska und Werner Rinner, Stuttgart 2018.

Thyne, Clayton, Sudan (1983–2005), in: Karl de Rouen/Uk Heo (Hg.), Civil Wars of the World. Major Conflicts Since World War II, Bd. 2, Santa Barbara 2007, S. 735–751.

Tilly, Charles (Hg.), The Formation of National States in Western Europe, Princeton 1975.

Tir, Jaroslav, Keeping the Peace After Secession. Territorial Conflicts between Rump and Secessionist States, Journal of Conflict Resolution 49 (5) 2005, S. 713–774.

Ders./Karreth, Johannes, Incentivizing Peace. How International Organizations Can Help Prevent Civil Wars in Member Countries, Oxford 2018.

Toft, Monica Duffy, The Geography of Ethnic Violence. Identity, Interests, and the Indivisibility of Territory, Princeton 2003.

Dies., Peace Through Victory? Diskussionspapier für die Jahrestagung der American Political Science Association 2003.

Dies., Securing the Peace. The Durable Settlement of Civil Wars, Princeton 2009.

Dies., Ending Civil Wars. A Case for Rebel Victory?, International Security 34 (4) 2010, S. 7–36.

Tomz, Michael, Reputation and the Effect of International Law on Preferences and Beliefs, Diskussionspapier Stanford University, zuletzt überarbeitet Februar 2008, https://web.stanford.edu/~tomz/working/Tomz-IntlLaw-2008-02-11a.pdf [6. 3. 2019].

Trading with the Enemy Act, https://www.legislation.gov.uk/ukpga/Geo6/2-3/89/introduction [6. 3. 2019].

Trask, David F., The War with Spain in 1898, New York 1981.

Triffterer, Otto (Hg.), Commentary on the Rome Statute of the International Criminal Court. Observers' Notes, Article by Article, Oxford 2008.

Tsebelis, George, Decision Making in Political Systems. Veto Players in Presidentialism, Parliamentarism, Multicameralism and Multipartyism, British Journal of Political Science 25 (3) 1995, S. 289–325.

The Turkish Manifesto, The London Times, 28. April 1877, S. 7.

Tzu, Sun, Sun-tzu on the Art of War. The Oldest Military Treatise in the World, übersetzt von Lionel Giles, London 1910 [SunTsu, Über die Kriegskunst, übersetzt und kommentiert v. Klaus Leibnitz, Karlsruhe 1998.

Unanimously Adopting Resolution 2211, Security Council Extends Mission, Intervention Brigade in Democratic Republic of Congo, in: United Nations. Meetings Coverage and Press Releases, New York 2015.

UN Annual Resolution on Western Sahara Renews Call for Negotiated Political Solution to the Conflict, Reuters, 28. April 2015.

UN-Arab League Mediation Process for Syria Crisis »On Track«, Says Official, *UN News Centre*, 4. Mai 2012, https://www.un.org/apps/news/story.asp?NewsID =41928#.Wej9FEyZNBw [6. 3. 2019].

UN Calls for an End to Violence, Offers to Mediate, *The Nation*, 24. Februar 2014.

UN Chief Calls for Negotiations to Resolve Yemen Crisis, *PressTV*, 28. März 2015, https://www.presstv.com/Detail/2015/03/28/403704/Ban-urges-talks-to-settle-Yemen-crisis [6. 3. 2019].

U.N. Seeks to Halt Amboina Fighting. Unit for Indonesia Considers Steps Following Appeals by both Rebels and Dutch, *The New York Times*, 6. Oktober 1950.

UNGGE, Group of Governmental Experts on Developments in the Field of Information and Telecommunications in the Context of International Security, Dokument A/68/98, 24. Juni 2013, http://www.un.org/ga/search/view_doc.asp?symbol=A/68/98 [6. 3. 2019].

United Nations, Security Council Meets in Emergency Session Following Kosovo's Declaration of Independence, With Members Sharply Divided on Issue, *United Nations*, 18. Februar 2008.

United Nations High Commissioner for Refugees (UNHCR), The State of the World's Refugees 2000, Oxford 2000.

Ders., UNHCR CDR Background Paper on Refugees and Asylum Seekers from Armenia, 1. August 1995, https://www.refworld.org/docid/3ae6a6560.html [6. 3. 2019].

Uniform Code of Military Justice, Cornell Law School, Legal Information Institute, https://www.law.cornell.edu/uscode/text/10/802 [6. 3. 2019].

United Nations Diplomatic Conference of Plenipotentiaries on the Establishment of an International Criminal Court, Official Records, United Nations, New York 1998.

United Nations, Field Support, Field Support Facts, http://www.un.org/en/peace keeping/operations/financing.shtml [16. 04. 2015].

United Nations Peacemaker. Mediation Support Unit, https://peacemaker.un.org/ mediation-support [6. 3. 2019].

United Nations Security Council Resolution 169 (1961), http://www.un.org/en/ga/ search/view_doc.asp?symbol=S/RES/169(1961) [6. 3. 2019].

United States Department of State, Papers Relating to the Treaty with Spain, Washington DC 1899.

Dies., Papers Relating to the Foreign Relations of the United States, with the Annual Message of the President Transmitted to Congress December 3, 1900, Washington DC 1900, http://digicoll.library.wisc.edu/cgi-bin/FRUS/FRUS-idx?id=FRUS.FRUS1900 [6. 3. 2019].

United States of America, Written Statement of the United States of America Regarding Accordance with International Law of the Unilateral Declaration of Independence with respect to Kosovo, Advisory Opinion of the International Court of Justice, April 2009.

Valentino, Benjamin A./Huth, Paul K./Balch-Lindsay, Dylan, Draining the Sea. Mass Killing and Guerrilla Warfare, *International Organization* 58 (2) 2004, S. 375–407.

Ders./Huth Paul K./Croco, Sarah, Covenants without the Sword. International Law and the Protection of Civilians in Times of War, *World Politics* 58 (3) 2006, S. 339–377.

Vasquez, John A., The War Puzzle, Cambridge 1993.

Vattel, Emmerich de, The Law of Nations or the Principles of International Law, London 1758.

Verdier, Pierre-Hughes/Voeten, Erik, How Does Customary International Law Change? The Case of State Immunity, *International Studies Quarterly* 59 (2) 2015, S. 209–222.

Vereinte Nationen, Resolution 787 (1992), http://www.un.org/Depts/german/sr/sr_92/s-inf-48.pdf [6. 3. 2019].

Vidmar, Jure, International Legal Responses to Kosovo's Declaration of Independence, *Vanderbilt Journal of Transnational Law* 42, 2009, S. 779–852.

Ders., Conceptualizing Declarations of Independence in International Law, *Oxford Journal of Legal Studies* 32 (1) 2012, S. 153–177.

Vinjamuri, Leslie, Deterrence, Democracy, and the Pursuit of International Justice, *Ethics and International Affairs* 24, 2010, S. 191–211.

Vollrath, Hanna, The Kiss of Peace, in: Randall Lesaffer (Hg.), *Peace Treaties and International Law in European History. From the Late Middle Ages to World War One*, Cambridge 2004, S. 162–183.

Vreeland, James A., The Effect of Political Regime on Civil War, *Journal of Conflict Resolution* 52 (3) 2008, S. 401–425.

Wallace, Geoffrey, Regulating Conflict. Historical Legacies and State Commitment to the Laws of War, *Foreign Policy Analysis* 8 (2) 2012, S. 151–172.

Ders., International Law and Public Attitudes toward Torture. An Experimental Study, *International Organization* 67 (1) 2013, S. 105–140.

Ders., Life and Death in Captivity. The Abuse of Prisoners During War, Ithaca 2015.

Wallensteen, Peter, Quality Peace. Peacebuilding, Victory and World Order, Studies in Strategic Peacebuilding, Oxford 2015.

Walsh, Declan/Ahmed, Azam, Mending Alliance, U.S. and Afghanistan Sign Long-Term Security Agreement, *The New York Times*, 30. September 2014.

Walter, Barbara F., Committing to Peace. The Successful Settlement of Civil Wars, Princeton 2001.

Dies., Why Bad Governance Leads to Repeat Civil War, *Journal of Conflict Resolution* 59 (7) 2014, S. 1242–1272.

Dies., Reputation and Civil War. Why Separatist Conflicts Are So Violent, Cambridge 2009.

Warbrick, Colin, Recognition of States, *International and Comparative Law Quarterly*, 1992, S. 473–482.

Ward, R. Plumer, An Enquiry into the Manner in which the Different Wars in Europe Have Commenced, during the Last Two Centuries, To Which are added the Authorities upon the Nature of a Modern Declaration, London 1805.

Waxman, Matthew C., Cyber-Attacks and the Use of Force. Back to the Future of Article 2(4), *The Yale Journal of International Law* 36 (2) 2011, S. 421–459.

Weber, Max, Wirtschaft und Gesellschaft. Grundriss der verstehenden Soziologie, 5. rev. Aufl., 1. Halbband, Tübingen 1976.

Wechsler, Lawrence, Exceptional Cases in Rome. The United States and the Struggle for an ICC, in: Sarah B. Sewall/Carl Kaysen (Hg.), *The United States and the International Criminal Court*, New York 2000, S. 85–111.

Weinstein, Jeremy M., Inside Rebellion. The Politics of Insurgent Violence, Cambridge 2007.

Wendt, Alexander, Social Theory of International Politics, Cambridge 1999.

Werner, Suzanne/Yuen, Amy, Making and Keeping Peace, *International Organization* 59 (2) 2005, S. 261–292.

Wertheimer, Linda, Political Fallout of Abu Ghraib Scandal, *All Things Considered*, 30. Mai 2004.

Whitman, James Q., The Verdict of Battle. The Law of Victory and the Making of Modern War, Cambridge 2012.

Why Syria's Kurds Want Federalism, and Who Opposes It, *Al Jazeera*, 17. März 2016.

Wieland, Alexander R., Foreign Relations of the United States, 1981–1988. Conflict in the South Atlantic, 1981–1984, Department of State, Washington DC 2015.

Wilde, Ralph, Self-Determination, Secession, and Dispute Settlement after the Kosovo Advisory Opinion, *Leiden Journal of International Law* 24, 2011, S. 149–154.

Wilkins, Jesse, The Making and Unmaking of Great Powers. The Role of Third Party Observers, Diss. Columbia University, 2008.

Witt, John Fabian, Lincoln's Code. The Laws of War in American History, New York 2012.

Wood, Reed, Rebel Capability and Strategic Violence against Civilians, *Journal of Peace Research* 47 (5) 2010, S. 601–614.

Woodward, Bob, Plan of Attack, New York 2004 (Bob Woodward, Der Angriff, München 2004).

World. Analysis Sudan. A Political and Military History, *BBC News*, 21. Februar 1999, http://news.bbc.co.uk/2/hi/world/analysis/84927.stm [6.3.2019].

Xiang, Lanxin, The Origins of the Boxer War. A Multinational Study, London 2003.

York, Geoffrey, Rebel Soldiers of Misfortune. Sudan, *Globe and Mail*, 1. Februar 1993.

Zacher, Mark W., The Territorial Integrity Norm. International Boundaries and the Use of Force, *International Organization* 55 (2) 2001, S. 215–250.

Zaheer, Hasan, The Separation of East Pakistan. The Rise and Realization of Bengali Muslim Nationalism, Karachi 1994.

Zarrow, Peter Gue, China in War and Revolution, 1895–1949, Asia's Transformations, London 2005.

Zartman, I. William, Ripe for Resolution. Conflict and Intervention in Africa, New York 1985.

Ziegler, Karl-Heinz, The Influence of Medieval Roman Law on Peace Treaties, in: Randall Lesaffer (Hg.), *Peace Treaties and International Law in European History. From the Late Middle Ages to World War One,* Cambridge 2004, S. 147–161.

Zucchino, David, As Kurds Celebrate Independence Vote, Neighbors Threaten Military Action, *The New York Times,* 25. September 2017, https://www.nytimes.com/2017/09/25/world/middleeast/kurds-referendum.html [6. 3. 2019].

Zusatzprotokoll zu den Genfer Abkommen vom 12. August 1949 über den Schutz der Opfer internationaler bewaffneter Konflikte (Protokoll I), https://www.admin.ch/opc/de/classified-compilation/19770112/index.html [6. 3. 2019].

Die **kleinen reihe**
der Hamburger Edition –
fokussierte Interventionen
zu aktuellen Themen

William A. Schabas

Kein Frieden ohne Gerechtigkeit?

Die Rolle der
internationalen Strafjustiz

Seit 2002 existiert der internationale Strafgerichtshof in Den Haag, zuständig für Delikte des Völker-
strafrechts. Eine Errungenschaft zweifellos, gleichzeitig eine ständige Herausforderung an Recht,
Gesetz und Politik.
Kann der Gerichtshof die Anforderung an die
Neutralität internationaler Rechtsprechung erfüllen, oder wie groß ist der Einfluss der Politik auf
die Verfahren? Welche Rolle spielen Überlegungen
zur Amnestie? Und wie agieren die internationalen
Gerichte im Spannungsfeld zwischen Friedens-
sicherung und Gerechtigkeit?

Geb, 104 S., € 12,–
ISBN 978-3-86854-256-1
auch als e-Book erhältlich

»William Schabas resümiert die knapp 100-jährige Geschichte
des internationalen Strafrechts. [...] Selten lässt sich so deutlich
das Werden des Rechts und seine Abhängigkeit von politischen
Machtverhältnissen nachverfolgen. [...] Bei der Lektüre entsteht
der Eindruck, als würde man der Rechtsgöttin Justizia zusehen,
wie sie mit ihrer Waage hantiert, und man sehen könnte,
wie schwer die Argumente mal nach dieser, mal nach jener
Seite der Waagschale ausschlagen.

Ein Buch, das allen Juristen, Historikern und NGO-Aktivisten
zu empfehlen ist, die sich mit internationalen Großverbrechen
auseinandersetzen.«   Conrad Lay, Andruck, *Deutschlandfunk*

Patrice C. McMahon

Das NGO-Spiel

Zur ambivalenten Rolle
von Hilfsorganisationen in
Postkonfliktländern

Hamburger Edition

Geb., 312 S., 18 Grafiken
und Tabellen, € 35,–
ISBN 978-3-86854-331-5
auch als e-Book erhältlich

McMahons empirische Untersuchungen in verschiedenen Postkonfliktländern, ihre zahlreichen Interviews mit Menschen vor allem im Kosovo
und in Bosnien stützen die provokante These der Autorin, dass NGOs
nicht so sehr eine Hilfe bei der Schaffung dauerhaften Friedens sind,
sondern vielmehr Teil der anhaltenden Probleme in postkonfliktuellen
Gesellschaften.

»Die US-Politikwissenschaftlerin Patrice McMahon kritisiert in einer
Studie große internationale Nichtregierungsorganisationen: Diese
seien im Westen ›romantisch verklärt‹ worden – dabei sei deren Arbeit
bisweilen sogar kontraproduktiv.«
Keno Verseck (Interview mit Patrice McMahon), *Spiegel online*

Hamburger Edition
Verlag des Hamburger Instituts für Sozialforschung